Franz Xaver Wetzel

Illustrierte Weltgeschichte

Franz Xaver Wetzel

Illustrierte Weltgeschichte

ISBN/EAN: 9783743325630

Hergestellt in Europa, USA, Kanada, Australien, Japan

Cover: Foto ©ninafisch / pixelio.de

Manufactured and distributed by brebook publishing software
(www.brebook.com)

Franz Xaver Wetzel

Illustrierte Weltgeschichte

Illustrirte

Weltgeschichte

in

Charakterbildern

in Verbindung mit einem Abriß der Geschichte.

~~~~

Für Schule und Haus

bearbeitet von

Franz Xav. Wetzel,

Religionslehrer an der Kantonsschule in St. Gallen.

Einsiedeln, New-York, Cincinnati und St. Louis.

Druck und Verlag von

Gebr. Karl & Nikolaus Benziger.

1879.

„Nur wer sich auf den Mittelpunkt gestellt,
Auf Golgatha vom Licht der Welt umflossen,
Versteht die alte wie die neue Welt; —
Den Uebrigen bleibt ihr lichter Geist verschlossen.“

Redwitz.

Vorrede.

Die Weltgeschichte ist die große Erzieherin der Mensch=
heit für Gott. Denn wenn nach dem Ausdrucke der hl.
Schrift „Gott das Ziel alles Geschaffenen ist", dann ha=
ben auch die Menschen und Völker aller Zeiten keinen
andern Zweck, als Gott zu dienen und ihn zu verherrli=
chen. Diese Verherrlichung kann aber, nachdem Jesus
Christus der Mittler zwischen Gott und den Menschen
geworden, nur durch Jesus Christus geschehen. Daher
ist Christus der Mittelpunkt der ganzen Weltgeschichte,
die Geschichte nichts Anderes, als der in der Zeit
sich entwickelnde ewige Plan Gottes mit der
durch ihren freien Willen geleiteten Mensch=
heit, sich in ihr durch Christus eine würdige
Verherrlichung zu bereiten. Das ist die tiefste
und einzig richtige Auffassung der Geschichte.

Dieser Auffassung entsprechend, haben wir die vor=
liegende „Weltgeschichte in Charakterbildern"
geschrieben; es soll eine christliche, eine katholische
Weltgeschichte sein. Das Motto, das wir an die Spitze
des Buches gestellt, kennzeichnet vollständig den Standpunkt,
den wir eingenommen. Wohl kennen wir auch andere,
ganz vortreffliche Geschichtsbücher, die von dieser Auffas=
sung getragen sind; aber es kam uns noch keines zu Ge=
sichte, das in allgemein verständlicher Form immer und
immer wieder auf diese letzte und höchste Thatsache der
Geschichte zurückkommt und bei jedem gegebenen Anlasse
darauf hinweist. Das scheint uns aber durchaus noth=
wendig zu sein, um dem Leser ein volles Verständniß

der Geschichte beizubringen, besonders in einem Buche, das nicht für Gelehrte geschrieben ist.

Nun aber ist die gegenwärtige Geschichte vorzüglich für höhere Mädchen- oder Realschulen und für den Familienkreis bestimmt. Längst schon herrschte da das Bedürfniß nach einer geschichtlichen Darstellung, die leicht verständlich und kurz gefaßt, in möglichst anziehender Form, das Interessanteste und Wichtigste aus der Weltgeschichte bietet. Wir vernahmen diese Klage auch zu wiederholten Malen aus dem Munde von Schulvorständen, Lehrerinnen und Familienvätern. Daher machten wir, wenn auch mit einiger Furcht, den Versuch, ein diesem Bedürfnisse entsprechendes Geschichtsbuch herzustellen.

Die großen Schwierigkeiten einer solchen Arbeit nicht verkennend, glaubten wir auf folgende Weise unsere Aufgabe am besten lösen zu können: Ohne uns in die endlosen Details der Geschichte einzulassen und das Gedächtniß mit einem unnützen Ballast von Daten und Thatsachen zu überladen, faßten wir jede der drei großen Perioden der Geschichte in einen kurzen Abriß zusammen und zeichneten dann in Charakterbildern aus dem jeweiligen Zeitraume jene Personen und Ereignisse, in denen ein Volk oder ein Zeitabschnitt gleichsam gipfelt, und welche dieselben am besten charakterisiren. Der geschichtliche Abriß bildet gleichsam den nothwendigen Hintergrund, auf dem das Colorit des Gemäldes sich abhebt; eines ohne das andere scheint uns unvollständig zu sein.

Auf diese Weise werden zugleich die wichtigsten Personen und Begebenheiten der Geschichte dem Geiste am leichtesten bleibend eingeprägt. Betreffend die Reihenfolge der Charakterbilder mußten wir uns, um Verwirrung, besonders im Unterrichte, zu verhüten, strenge an den Abriß anlehnen. Daher kommt es, daß die einzelnen Charakterbilder nicht immer in chronologischer Ordnung konnten aneinander gereiht werden.

Ferner haben wir nicht unterlassen, auch den jeweiligen Einwürfen zu begegnen, soweit dieselben historisch unrichtig sind, ohne jedoch wirklich geschehene Fehler zu verhehlen oder dunkle Punkte der Geschichte lichthell darzustellen.

Bei unserer Bearbeitung benützten wir neben vielen andern bewährten Geschichtswerken vorzüglich das bekannte, ausgezeichnete „Lehrbuch der Weltgeschichte“ von Th. B. Welter.

Wie es nichts Vollkommenes gibt unter der Sonne, so haften auch an diesem Buche gewiß noch gar manche Fehler und Mängel. Wir werden aber diesbezügliche Bemerkungen und Winke stets mit größtem Danke entgegennehmen.

Sollte es uns gelungen sein, durch unsere Arbeit in der Familie und vor allem bei der Jugend, die wir so sehr lieben, zu einer gründlichen Auffassung der Geschichte beizutragen, den Leser mit Haß vor allem Niedrigen und Gemeinen, sowie mit Begeisterung für das wahrhaft Große und Gute zu erfüllen und gegenüber dem Gifte tendenziöser Geschichtsbücher ein heilsames Gegengift zu bieten, — so sind wir für alle unsere Mühe überreich belohnt. Gott gebe es!

St. Gallen, den 13. Oktober 1878.

Der Verfasser.

Inhaltsverzeichniss.

Die neuere Geschichte.

A. Abriß der neueren Geschichte.

B. Bilder aus der neueren Geschichte.

Eintheilung der Weltgeschichte.

Um die Masse der Begebenheiten zweckmäßiger zu ordnen und klarer zu überschauen, hat man das große Gebiet der Weltgeschichte in drei Theile zerlegt: in die alte, mittlere und neuere Geschichte. Jeder Theil hat wieder seine besonderen Eigenthümlichkeiten und bildet ein für sich bestehendes Ganze.

1. **Die alte Geschichte** reicht von Erschaffung der Welt bis zum Untergange des weströmischen Reiches oder von ungefähr 4000 vor Christus bis 476 nach Christus.

2. **Die mittlere Geschichte** oder die Geschichte des Mittelalters enthält die Begebenheiten seit der Auflösung dieses riesenhaften Ganzen bis zur Entdeckung von Amerika, die einen neuen Erdtheil für die Geschichte aufschloß, von 476 bis 1492 n. Chr.

3. **Die neuere Geschichte** umfaßt die Begebenheiten der vier letzten Jahrhunderte.

Die alte Geschichte.

A. Abriß der alten Geschichte.

Die alte Geschichte, ausgehend von der Erschaffung der Welt und des Menschen (s. Bild I.), umfasst nachstehende Völker:

1. Die Israeliten,
2. Die Aegyptier,
3. Die Inder und Chinesen,
4. Die Phönizier,
5. Die Babylonier, Assyrier und Meder,
6. Die Perser,
7. Die Griechen,
8. Die Macedonier,
9. Die Römer.

1. Die Israeliten.

Abraham wurde 2000 v. Chr. wegen seiner Tugend der Stammvater des Volkes Israel, in dem die wahre Erkenntniss Gottes erhalten und über die ganze Erde verbreitet werden sollte. Das Volk Israel hat seinen Namen von Jacob, der auch Israel, d. i. der Starke, hiess. Dieser zog zur Zeit der Theurung zu seinem Sohne Joseph nach Aegypten, der ihm das Land Gosen in Unterägypten zum Wohnsitze anwies. Zu einem grossen Volke herangewachsen, wurden die Israeliten von den Aegyptiern bald sehr bedrückt. Da ward Moses 1500 v. Chr. von Gott zum Befreier seines Volkes aus der ägyptischen Knechtschaft auserwählt; Josue aber führte dasselbe nach einem vierzigjährigen Aufenthalte in der Wüste in's gelobte Land Palästina (s. Bild II.). Von 1425 bis 1095 lebten die Israeliten unter den Richtern; die heldenmüthigsten sind: Gideon, Jephte, Samson und Samuel. Hernach regierten Könige in Israel: Saul, David, Salomon, Roboam, unter dem sich das Reich in zwei Königreiche: Israel und Juda theilte.

Israel, von Zeit zu Zeit durch die Propheten aus seiner Gottvergessenheit aufgerüttelt, kam im J. 722 in die assyrische Gefangenschaft, aus der es nicht mehr zurückkehrte. Juda wurde (588) durch Nebukadnezar, König von Babylon, erobert und in die grosse babylonische Gefangenschaft abgeführt. 536 v. Chr. gestattete Cyrus, der Babylon eroberte, den Juden, in ihr Land zurückzukehren und Jerusalem und den Tempel wieder aufzubauen. Unter den Makkabäern lebte das Volk in seiner alten Kraft noch einmal auf, wurde dann (64 v. Chr.) von den Römern unterworfen und 70 n. Chr. von Titus, dem Sohne des Kaisers Vespasian, nach Zerstörung des Tempels, in alle Welt zerstreut.

2. Die Aegyptier.

In der frühesten Zeit, von 3000 bis 2100 v. Chr. bestand Aegypten aus lauter kleinen Staaten. Jeder hatte einen besondern König. Menes, der Gründer des ältesten Staates mit der Hauptstadt Memphis, und seine Nachfolger, insbesondere Chephren, Cheops und Mykerinos werden auch als die Erbauer der schönsten und grössten Pyramiden (s. Bild III.) bei Memphis angegeben. Im Jahre 2100 eroberten und beherrschten einige Zeit Hirtenkönige aus Arabien, Hyksos genannt, das Land Aegypten. Nach ihrer Vertreibung erreichte es den Gipfel seines Ruhmes unter Sethos und seinem Sohne Ramses dem Grossen. Im Jahre 525 v. Chr. kamen die Aegyptier, von Cambyses, dem Könige der Perser bei Pelusium besiegt, unter persische, 331 v. Chr. unter macedonische und endlich 30 v. Chr. unter römische Herrschaft. Im Jahre 640 n. Chr. eroberte der türkische Chalif Omar Aegypten.

3. Die Inder und Chinesen.

Die ursprünglichen Bewohner Indiens waren wahrscheinlich Neger und wurden bald von den Ariern verdrängt, die sich auf dem Hindukuh von ihren Stammesgenossen getrennt hatten. Die Arier liessen sich in dem Pendschab (Fünfstromland) nieder, in dem Lande am Fusse des Himalaya, welches von fünf Strömen, die sich später mit dem Indus vereinigen, durchzogen wird. Die Krieger und die Priester waren die herrschenden Kasten. Die Sprache derselben (das Sanskrit) enthält die Wurzelworte, aus denen die Gelehrten eine Verwandtschaft der germanischen Völker mit den Indern nachweisen.

China ist das grösste Reich in Asien und nach Russland das grösste Reich der Erde. Es wurde schon früh von Semiten bewohnt. Wahrscheinlich wandte sich Noe nach der Sprachverwirrung dahin. Im Jahre 552 v. Chr. soll Confucius gelebt haben, der es unternahm, die alte Religion zu verbessern, und der bei vielen Chinesen Anhang fand, ja selbst göttlich verehrt wurde. Um das Reich nach Aussen zu schützen, baute Tschinng-Wang, der zuerst den Titel Kaiser annahm, die berühmte 300 Meilen lange chinesische Mauer.

4. Die Phönizier.

Berühmt durch seinen Welthandel, seine zahlreichen Erfindungen (s. Bild IV.) und seine Riesenbauten, wurde Phönizien im J. 332 v. Chr. von Alexander dem Grossen erobert. Aermliche Fischerhütten stehen jetzt dort, wo früher die volkreichsten Städte blühten.

5. Die Babylonier, Assyrier und Meder.

Das alte Reich Babylonien ist das älteste Culturland der Erde; von hier aus ergossen sich Völkerstämme und mit ihnen die Bildung nach allen Ländern der alten Welt, zunächst dem Mittelmeere zu, nach den Niederungen von Aegypten, Phönizien, Kleinasien und von dort nach Europa hinüber. Sein Bestand dauerte von 2000 bis 1250 v. Chr., wo es unter assyrische Herrschaft kam.

Unter König Ninus (Ninive, s. Bild V.), dessen Gemahlin Semiramis beinahe ganz Asien unterjochte, stieg auch Assyrien zu hoher Blüthe, wurde aber um 606 v. Chr., sowie das Reich der Meder, das ebenfalls kurze Zeit eine asiatische Grossmacht bildete, eine Beute der mächtigen Perser. Mit Assyrien und Medien wurde auch Babylonien von dem Perserkönig Cyrus erobert.

6. Die Perser.

Der erste König der Perser war Cyrus (s. Bild VI.), der beinahe ganz Asien eroberte und den in der babylonischen

Gefangenschaft weilenden Juden gestattete, nach Jerusalem zurückzukehren und den Tempel wieder aufzubauen. Sein Sohn und Nachfolger Cambyses brachte Aegypten und Aethiopien unter die Herrschaft der Perser. Darius und nach ihm sein Sohn Xerxes wollten auch Europa erobern, aber die Griechen geboten ihnen Halt.

7. Die Griechen.

Die ältesten Einwohner von Griechenland waren die Pelasger. Später verschwanden diese ganz, und es gelangten zur Geltung die Hellenen, deren Stammvater Hellen war. Die Nachkommen seiner vier Söhne wurden nach ihren Namen Dorier, Jonier, Aeoler und Achäer genannt. Die Römer aber hiessen die Hellenen nach dem alten Stamme der Gräken — Griechen.

Die älteste Geschichte der Griechen meldet von grossen Helden (s. Bild VII.). Der glorreichste Heldenzug war die Fahrt nach Troia in Kleinasien (1194—1184 v. Chr.). Paris, der Sohn des Königs Priamus von Troia, hatte die Gemahlin des Königs Menelaus von Sparta, Helena, geraubt. Deshalb schiffte Menelaus mit vielen griechischen Fürsten (Agamemnon, der zum Anführer erwählt wurde, Achilles, Nestor, Odysseus und andern) aus Rache gegen Troia, belagerte die Stadt zehn Jahre lang, eroberte sie endlich mittelst einer List (hölzernes Pferd) und verbrannte die ganze Stadt.

Ungeachtet der Zerstückelung des Landes in eine Menge kleiner unabhängiger Staaten, blieben die Griechen dennoch miteinander verbunden: 1. durch die gemeinsame Religion (s. Bild VIII.); 2. durch die Orakel (das berühmteste war in Delphi); 3. durch die Amphiktyonen d. i. Bündnisse zum Schutze der Orakel, und 4. durch die Nationalspiele, von denen z. B. die olympischen Spiele alle Griechen in Elis (Peloponnes) vereinigten.

Die vorzüglichsten Staaten Griechenlands waren Sparta und Athen.

Sparta erhielt durch Lykurg eine aristokratische Verfassung mit zwei Königen, an deren Seite der Rath der 28

Alten (Gerusia) stand. Die strengste Lebensweise (s. Bild
IX.) wurde eingeführt und aller Handel und Verkehr mit
andern Ländern untersagt. Hiedurch wurden die Spartaner
ein tüchtiges Kriegsvolk und errangen für längere Zeit die
Hegemonie, d. i. die Oberanführung des verbündeten griechischen Heeres, bis diese gegen Ende der Perserkriege an
die Athener überging.

Athen gelangte durch die republikanische Verfassung
Solons (594) zu noch schönerer Blüthe. Ueber alle wichtigen Angelegenheiten des Krieges und des Friedens entschied
die Volksversammlung, wo jeder, der 20 Jahre alt
war, erscheinen und stimmen konnte. Der oberste Wächter
des Staates war der Gerichtshof des Areopag, der aus den
weisesten und besten Männern zusammengesetzt war und
auch über Leben und Tod entscheiden konnte. Wissenschaft
und Künste fanden die sorgfältigste Pflege.

Noch zu Lebzeiten Solons riss Pisistratus die Allein-
herrschaft in Athen an sich (560 v. Chr.), die auch auf seine
Söhne Hippias und Hipparchus überging. Doch Hipparchus ward in einer Verschwörung getödtet, und Hippias,
aus Athen vertrieben, floh zu den Persern. Als nun die
Griechen auf die Aufforderung des Perserkönigs Darius den
Hippias nicht wieder aufnahmen und sogar den gegen die
Perser gezogenen Griechen in Kleinasien Hilfe sandten, da
brachen die Perserkriege aus.

Die persischen Heere unter Mardonius, sowie unter
Datis und Artaphernes, wurden bei Athos und Marathon (490 v. Chr.) gänzlich geschlagen. Hernach rückte
Xerxes, Darius Sohn, mit 1,700,000 Mann gegen Griechenland, schlug den Leonidas mit seinen heldenmüthigen 300
Spartanern und 700 Thespiern, durch den verrätherischen
Griechen Ephialtes bei den Thermopylen in den Rücken
derselben geführt, erlitt aber bei Salamis (480 v. Chr.) eine
furchtbare Niederlage durch den athenischen Feldherrn Themistokles und kehrte so schnell als möglich nach Kleinasien zurück (s. Bild X.).

Zur höchsten Blüthe gelangte Athen unter Perikles
(468 v. Chr.), dem gefeierten Redner und Staatsmann, und

erregte daher die Eifersucht der benachbarten Spartaner. Diese rief den sg. peloponnesischen Krieg mit allen seinen traurigen Folgen (s. Bild XI.) hervor, in welchem bald die Athener, bald die Spartaner die Oberhand hatten, unter Pelopidas und Epaminondas aber die Spartaner von den vereinigten Thebanern und Athenern geschlagen wurden, bis endlich Philipp II. von Macedonien, den die Thebaner selbst in ihre Händel zogen und zur Züchtigung der frevelhaften Phokier herbeiriefen, in der Schlacht bei Chäronea (338 v. Chr.) ganz Griechenland sich unterwarf.

8. Die Macedonier.

Dem König Philipp II. von Macedonien folgte sein Sohn Alexander (s. Bild XII.), der Aristoteles zum Lehrer gehabt hatte. Nachdem Griechenland von seinem Vater unterworfen war, zog Alexander gegen die Perser, schlug dieselben am Flusse Granikus (334 v. Chr.) und bei Issus (333), wo unter Anführung des Darius 100,000 Perser fielen, eroberte hernach Aegypten, und nachdem er dort die Stadt Alexandria gegründet hatte, schlug er im Jahre 331 noch einmal die Perser bei Gaugamela, wodurch er Herr von ganz Persien wurde. Darauf wollte er sich die reichen Goldländer Indiens unterwerfen, setzte über den Indus, besiegte den König Porus, musste aber, da seine Soldaten nicht weiter ziehen wollten, wieder zurückkehren. Er kam bis nach Babylon, wo er plötzlich erkrankte und nur 33 Jahre alt starb (323 v. Chr.).

Das Weltreich Alexanders des Grossen wurde getheilt; Aegypten erhielt Ptolomäus, der Alexandria zum Centralherd griechischer Wissenschaft und Kunst und zum Mittelpunkte des Handels machte; Syrien bekam Seleucus, und Macedonien nebst Griechenland Kassander, bis endlich sämmtliche Staaten des grossen macedonischen Reiches unter die Herrschaft der Römer kamen.

9. Die Römer.

Rom unter Königen, v. 753—510 v. Chr.

Im J. 753 v. Chr. wurde durch das Brüderpaar Romulus und Remus in dem von Natur aus zur Weltherrschaft bestimmten Italien (s. Bild XIII.) die Stadt Rom erbaut. Romulus war der erste König Rom's, welcher, umgeben von einem Rathe der ersten und angesehensten Familienhäupter, den kleinen Staat regierte. Ihm folgten als Könige der fromme und friedliche Numa Pompilius, der wildkriegerische Tullus Hostilius, der gleich ausgezeichnete Regent und Feldherr Ancus Marcius, der kunstliebende Grieche Tarquinius Priscus, der staatskundige Servius Tullius, der das ganze Volk nach dem Vermögen in 6 Klassen eintheilte, und endlich der übermüthige Tarquinius, Superbus . deshalb genannt, der i. J. 510 durch Brutus vertrieben wurde. Die meisten dieser Könige vergrösserten Rom durch Unterjochung der benachbarten Völker und Versetzung derselben auf die sieben Hügel Rom's (s. Bild XIV.).

Rom ein Freistaat, von 510 bis 30 v. Chr.

An die Stelle des gestürzten Königthums trat jetzt die Republik, deren erste Vorsteher oder Consuln Brutus und Collatinus waren. Sie regierten an der Spitze des Senates das Volk in der Stadt und führten es im Felde an. In dieser Zeit hatten die Römer innere und äussere Kämpfe zu führen.

Der innere Kampf drehte sich um die Gleichberechtigung zwischen Patrizier (Altbürger) und Plebejer (Neubürger). Da die Patrizier die Plebejer hart bedrückten (s. Bild XV.), versagten letztere den Kriegsdienst und zogen auf den hl. Berg, welchen sie erst nach Einsetzung von Volkstribunen wieder verliessen, die jeden für die Plebejer nachtheiligen Senatsbeschluss durch das Veto (ich verbiete) sofort wieder aufheben konnten. Der langwierige Streit endete aber erst dann, als die Plebejer zu allen Würden, selbst zur Priesterwürde zugelassen wurden (300 v. Chr.).

Der äussere Kampf umfasst:

1. Den Krieg gegen Porsenna. Durch den aus Rom vertriebenen Tarquinius aufgereizt, bekriegte Porsenna, der mächtige König von Clusium, die Römer, zog aber, durch die Tapferkeit des Horatius Cocles und Mucius Scävola bewogen, wieder ab (s. Bild XVI.).

2. Den Krieg gegen die Gallier. Im Jahre 390

v. Chr. fielen unter Anführung des stolzen Brennus die
Gallier in Rom ein und eroberten die Stadt; nur das Capitol
wurde gerettet, da die schnatternden Gänse die Römer auf
die Nachts die Burg erstürmenden Gallier aufmerksam machten. Von Camillus aber, der eben in Rom ankam, wurden
die Gallier wieder völlig geschlagen, und sie mussten abziehen.
Camillus wird daher der zweite Romulus genannt.

3. Den Krieg gegen die Samniter und Tarentiner.
Die Römer suchten ihr Reich immer mehr auszubreiten, und
bekriegten desshalb, von den Campanern zu Hilfe gerufen, die
Samniter, wurden zwar bei Caudium schmählich besiegt,
unterwarfen sie aber doch endlich nach fünfzigjährigem
Kampfe durch den Consul Curius Dentatus (290).

Nun wollten sie auch Tarent in Unteritalien erobern,
das den mächtigen König Pyrrhus zu Hilfe rief. Dieser
besiegte die Römer zweimal, bei Heraklea und bei Asku-
lum, und zwar vorzüglich durch seine Elephanten, welche
die Römer verwirrten. Curius Dentatus brachte jedoch
dem Pyrrhus bei Beneventum (275) eine völlige Niederlage bei; und nun waren die Römer Herren von ganz Italien, von den Südspitzen bei Rhegium und Leuca bis nördlich
hinauf zu den Grenzflüssen Rubico und Macra.

4. Den Krieg gegen die Karthager oder die
punischen Kriege.

a) Der erste punische Krieg (264—241). Die Römer suchten ihre Herrschaft auch nach Sizilien auszudehnen,
welches die Karthager, von den Miethstruppen des Königs von
Syrakus herbeigerufen, zum Theil in Besitz hatten. Sie besiegten die Karthager und zogen nun gegen Karthago (in Afrika)
selbst, erlitten aber bei Tunis eine schreckliche Niederlage, in
welcher der Consul Regulus gefangen wurde (255). Im Jahre
242 siegten wieder die Römer; die Karthager schlossen Frieden und traten Sizilien ab, welches die erste römische
Provinz wurde.

b) Der zweite punische Krieg (218—201) brach
unter Hannibal (s. Bild XVII.), dem Sohne Hamilkars, aus.
Er erstürmte Sagunt in Spanien, überschritt den Ebro, zog über
das Grenzgebirge Spaniens, die Pyrenäen, dann durch Gallien,

setzte über die Alpen und fiel den Römern in den Rücken,
besiegte sie zuerst am Flusse Ticinus, dann an der Trebia,
hierauf beim Trasimenischen See und bei Cannä (216
v. Chr.). Rom selbst griff er noch nicht an, sondern schlug
sein Lager zu Capua auf und wartete auf kräftige Unterstützung von Karthago aus. Da diese nicht erschien, wurden
die Römer dem Hannibal wieder überlegen und besiegten unter
Scipio Afrikanus zuerst Hannibals Bruder Hasdrubal, welchen die Karthager endlich aus Spanien nach Italien hatten
ziehen lassen; dann brachten sie dem Hannibal selbst eine
Niederlage bei Zama in Afrika bei (202 v. Chr.). Jetzt
musste Karthago einen schimpflichen Frieden schliessen: auf
Spanien Verzicht leisten, seine Flotte bis auf zehn kleine
Schiffe, zur Nothwehr gegen Seeräuber, verbrennen, innerhalb
50 Jahren zehntausend Talente (fast zwölf Millionen Thaler)
Kriegskosten zahlen und zudem geloben, keinen Krieg ohne
die Erlaubniss der Römer zu führen.

c) Im dritten punischen Krieg wurde auf Antrag
Cato's durch Scipio Aemilianus Karthago selbst zerstört, und
das karthagische Gebiet unter dem Namen Afrika zur römischen Provinz gemacht (146 v. Chr.). Desgleichen unterwarfen sich die Römer zu gleicher Zeit Macedonien, Il-
lyrien, Griechenland und zerstörten Korinth.

Mit den punischen Kriegen schloss die Glanzperiode der
römischen Republik ab; Luxus und Sittenlosigkeit nahmen
in bedenklicher Weise überhand; feige Bestechlichkeit ent-
ehrte die Römer. Die beiden Brüder Tiberius und Cajus
Gracchus, welche der Unterdrückung des Volkes durch
den Adel steuern wollten, wurden getödtet. Wohl erhoben
sich die Römer nochmals mit alter Kraft gegen die Cim-
bern und Teutonen, die sie unter der Anführung des stolzen Marius bei Aquä Sextiä (Aix 102) und bei Vercellæ
(101) besiegten; aber die darauf folgenden Bürgerkriege
führten nur um so rascher den Untergang der römischen
Republik herbei.

1. Der erste Bürgerkrieg entspann sich zwischen
Marius und Sulla. Marius tief erbittert, dass Sulla zum
Anführer im mithridatischen Kriege erwählt wurde, verband

sich mit Cinna und plünderte die Stadt Rom (86). Eben waren Marius und Cinna gestorben, da kehrte Sulla zurück, um seine Gegner zu vernichten. Er übertraf den Marius noch an Grausamkeit, setzte sogar einen hohen Preis auf den Kopf eines jeden seiner Feinde (Proscriptionen). In diesem Mordgeschäft leistete ihm die besten Dienste C a t i l i n a, der sogar zum Umsturz aller Ordnung eine Verschwörung anzettelte, die jedoch durch den berühmten Redner C i c e r o entdeckt wurde. Cicero erhielt dafür den Ehrennamen : V a t e r d e s V a t e r l a n d e s.

2. D e r z w e i t e B ü r g e r k r i e g brach aus zwischen C ä s a r und P o m p e j u s. Im Jahre 60 vor Chr. schlossen Cäsar, Pompejus und Crassus einen Bund, das erste T r i u m - v i r a t. Cäsar erhielt Gallien, Pompejus Spanien und Afrika, Crassus Syrien. Dieser starb bald darauf im Kriege gegen die Parther. Cäsar eroberte ganz Gallien und drang sogar bis nach Britannien, dem heutigen England. Da aber Pompejus in Rom nach Willkür regierte, zog Cäsar gegen Rom, unterwarf sich in 60 Tagen Italien, besiegte den Pompejus bei P h a r s a l u s in Thessalien und verfolgte den Fliehenden bis nach Aegypten, wo Pompejus bei Ptolomäus, dem jungen König des Landes, statt freundliche Aufnahme den Tod durch Meuchelmord fand. Jedoch am 15. März des Jahres 44 traf auch Cäsar, dem nur noch die Königskrone fehlte, dasselbe Loos durch die von ihm am meisten Begünstigten, Brutus und Cassius (s. Bild XVIII.).

3. D e r d r i t t e B ü r g e r k r i e g entstand unter A n t o - nius und O c t a v i a n u s. Im Jahre 43 schlossen Antonius, Octavianus und Lepidus ein z w e i t e s T r i u m v i r a t. Lepidus wurde von seinem Heere verlassen, das zu Octavian überging. Nun trat Octavian gegen Antonius auf, der in Aegypten bei Kleopatra der Schwelgerei lebte, und besiegte ihn beim Vorgebirge A c t i u m. Antonius stürzte sich, von Octavian bis nach Aegypten verfolgt, in's Schwert, und Kleopatra tödtete sich durch eine Viper. Jetzt im Jahre 31 v. Chr. war Octavian A l l e i n h e r r s c h e r, K a i s e r, und erhielt vom Senate den Beinamen A u g u s t u s, der Erhabene.

Rom unter Kaisern, von 30 v. Chr. bis 476 nach Chr.

Der erste römische Kaiser war Augustus. Wie er Künste und Wissenschaften beförderte, so suchte er auch das Reich nach Aussen zu vergrössern durch Eroberung von Deutschland, wohin er seine beiden Stiefsöhne Drusus und Tiberius sandte. Diese machten grosse Fortschritte. Daher erhoben sich die Deutschen unter Hermann oder Arminius und brachten dem römischen Statthalter Varus im Teutoburgerwald eine vollständige Niederlage bei (9 n. Ch.).

Hernach regierten Tiberius, Cajus (Caligula), Claudius und Nero, deren Uebermuth und Grausamkeit keine Grenzen kannten. Nero zündete sogar die Stadt Rom an, beschuldigte dann die Christen als Urheber des Brandes und liess eine zahllose Menge, unter ihnen die Apostelfürsten Petrus und Paulus, theils kreuzigen, theils verbrennen. Um so glücklicher war das Volk unter der Regierung Vespasians und seines Sohnes Titus, welche die verfallene Zucht und Sitte wieder herzustellen suchten. Titus war auch das Werkzeug in der Hand Gottes zur Zerstörung Jerusalems (s. Bild XIX.). Ebenso segensreich regierten Nerva, Trajan, Hadrian, Antoninus Pius, welche die Stadt durch neue Bauten verschönerten, während Domitian, Marc-Aurel, mit dem Beinamen der Philosoph oder der Weise, Decius und Diocletian ihre Namen durch die blutigsten Christenverfolgungen entehrten.

Rom stand jetzt auf dem Gipfel seiner äussern Macht, aber zugleich am nächsten seinem innern Zerfalle (s. Bild XX.). Das Heidenthum war nicht mehr im Stande, diesen Zerfall aufzuhalten. Daher fügte es die göttliche Vorsehung, dass Constantin, dessen Mutter die fromme Helena war, den wankenden Thron bestieg, nach Besiegung seiner Mitherrscher als unumschränkter Gebieter regierte und das Christenthum zur Staatsreligion erhob (324 n. Chr.). Er verlegte seine Residenz nach Byzanz (Constantinopel), wo sich statt der heidnischen Tempel christliche Kirchen erhoben, auf deren Thürmen das Kreuz als glorreiches Siegeszeichen des Christenthums über das Heidenthum prangte (s. Bild XXI.). Noch einmal versuchte ein Kaiser, Julian der Abtrünnige, der vom Christenthume wieder zum Heidenthume abfiel, die heidnische Religion wieder herzustellen, aber umsonst; er starb bald im Kriege gegen die Perser. Die hierauf folgende **Völkerwanderung** fegte die alten siechkranken Völker noch vollends hinweg, um neue lebenskräftige Stämme, die auserwählten Träger des Christenthums, an deren Stelle zu setzen.

Zuerst brachen die **Gothen** herein. Kaiser **Theodosius** theilte bei seinem Tode das Reich in ein **abendländisches** oder **weströmisches** und ein **morgenländisches** oder **oströmisches** Kaiserthum, welche von seinen beiden Söhnen **Honorius** und **Arcadius** beherrscht wurden. Rufinus, der Minister des jungen Arcadius, reizte **Alarich**, den König der Westgothen, zum Einfalle in Italien. Dieser rückte dreimal auf Rom los und eroberte die Stadt (410 n. Chr.). Unter Athaulf zogen die Gothen dann nach Gallien und Spanien und gründeten diesseits und jenseits der Pyrenäen das **westgothische** Reich.

Die **Hunnen** drangen unter **Attila**, die Gottesgeissel genannt, bis zum Rhein vor, brachen in Gallien ein, wurden bei **Chalons** (451) von dem römischen Feldherrn **Aëtius** zwar geschlagen, rückten aber gleichwohl im nächsten Jahre gegen Rom, das nur durch die Vermittlung des Papstes **Leo** verschont blieb. Attila zog nach Panonien (Ungarn) zurück und starb 453. Sein Reich fiel auseinander.

Die **Vandalen** und **Sueven** zogen nach Spanien, von da unter **Geiserich** nach Afrika und gründeten daselbst das **vandalische** Reich. Im Jahre 455 kam Geiserich nach Rom und plünderte die Stadt vierzehn Tage lang.

Die **Burgunder** nahmen ihre Wohnsitze am Oberrhein, die **Franken** an der Mosel; die **Angeln** und **Sachsen** zogen nach Britannien und gründeten **Angelsachsen**, das heutige England.

Rom war zum Spielball der Völker geworden, indem bald diese, bald jene dort herrschten, bis **Odoaker**, Befehlshaber der Heruler und Rugier, den letzten Kaiser von Rom, **Romulus Augustulus**, vom Throne stiess und so den Untergang des **weströmischen** Reiches herbeiführte im Jahre 476 n. Chr. Das oströmische Reich bestand bis zum Jahre 1453, wo es von den Türken erobert wurde.

B. Bilder aus der alten Geschichte.

1. Das Paradies.

Das heiligste und ehrwürdigste Buch, das wir Christen besitzen, ist die Bibel oder die hl. Schrift. Diese gibt uns die einfachsten und doch erhabensten Nachrichten über die Entstehung der Welt und des Menschen, über dessen erste Schicksale, über die Verbreitung der Volksstämme, über ihre Lebensart und ihre Sitten. Nach dieser hl. Urkunde, mit welcher die Sagen der alten heidnischen Völker mehr oder weniger übereinstimmen, schuf Gott das Weltall bloß durch sein Wort „Es werde!“ in sechs Tagen. Am sechsten und letzten Tage schuf er den Menschen nach seinem Ebenbilde und machte ihn zum Herrn über die ganze Schöpfung. Er nannte ihn Adam, d. i. Mann von Erde, und gab ihm eine Gefährtin, die Eva.

Dieses erste Menschenpaar setzte Gott in einen schönen Garten, Paradies genannt. Hier grünten die anmuthigsten Bäume, hier wuchsen die köstlichsten Früchte. Eine reiche Quelle, die sich in vier klare Ströme theilte, machte den Garten noch schöner und angenehmer. In diesen blühenden Gefilden der Anmuth und des Segens lebten die beiden ersten Menschen in voller Unschuld und Freude. Sie liebten Gott über Alles, und dieser ging so liebreich und freundlich mit ihnen um, wie ein Vater mit seinen Kindern. „Esset nur,“ sprach er, „von allen Bäumen im Paradiese, aber von diesem Baume hier, dem Baume der Erkenntniß des Guten und des Bösen, sollet ihr nicht essen, sonst werdet ihr des Todes sterben.“

So hatten jetzt die ersten Menschen eine sehr schöne Gelegenheit, durch Gehorsam gegen ihren gütigen Schöpfer sich dankbar zu beweisen. Gleichwohl kamen sie zum Falle. Von dem bösen Geiste unter der Gestalt einer Schlange verführt, aßen sie von der verbotenen Frucht. Nun gingen ihnen die Augen auf. Sie erkannten, wie sehr sie gesündiget hatten, und verbargen sich vor dem Angesichte des Herrn. Aus dem Paradiese verstoßen, mußten sie und alle ihre Nachkommen im Schweiße des Angesichtes ihre Nahrung gewinnen, ihr Leib wurde sterblich, der Wille schwach und zum Bösen geneigt.

Von diesen ersten Eltern stammen der Bibel gemäß alle Menschen auf der ganzen Erde. Wohl hat die Verschiedenheit der Nahrungsmittel, der Lebensweise und vorzüglich der Luft manchen Einfluß gehabt auf die äußere Bildung und Gestalt ihrer Nachkommen. So finden wir ganze Völker, die kohlschwarz sind, z. B. die Neger und Mohren in Afrika; andere sind kupferroth, wie die Indianer im nördlichen und die Patagonen im südlichen Amerika. Dieselben Patagonen sind fast von riesenmäßiger Größe; die Lappen, Samojeden und Grönländer hingegen, die tief im Norden unter einem äußerst kalten Himmelsstriche wohnen, ungewöhnlich klein (nur vier Fuß hoch). Bei aller Verschiedenheit in Farbe, Größe und Bildung finden wir jedoch immer die auffallendste Aehnlichkeit wieder, die auf jene gemeinsame Abstammung zurückweiset. Selbst die gewiegtesten Naturforscher, wie Blumenbach, Cüvier, Al. v. Humboldt, haben sich daher, unabhängig von der hl. Schrift, für die Einheit des Menschengeschlechtes erklärt und bewiesen, daß alle Menschenracen nur Formen einer einzigen Art, der Stammeltern im Paradiese, sind. Durch die Sündfluth wurde die Oberfläche der Erde so verändert, daß es nicht mehr möglich ist, die Gegend in Asien zu bestimmen, wo das Paradies gestanden. Alle Annahmen der Gelehrten weisen auf die Hochebene des mittlern Asiens hin. Es genügt uns jedoch zu wissen, daß die Weltgeschichte von hier ihren Anfang nahm.

II. Das heilige Land.

Gott der Herr leitet Alles wunderbar in der Geschichte; Land und Leute müssen nach seinen hl. Zwecken sich richten. Palästina war schon von Anfang an ein abgesondertes Land und sollte es auch sein, wie Israel ein abgesondertes Volk. Auf die wunderbarste Weise hatte Gott die Israeliten durch Moses aus der ägyptischen Knechtschaft befreit und ihnen endlich nach vierzigjährigem Aufenthalte in der Wüste das fruchtbare Land Palästina angewiesen. Da blüheten die herrlichsten Saatfelder; da hingen die Trauben schwer an den Reben herunter; da prangten die Bäume mit Feigen und Granatäpfeln. Quellen und Bäche erfrischten Berge und Thäler. Von Norden nach Süden durchschnitt das Land der Jordan, der, nachdem er durch den klaren fischreichen See von Genezareth gegangen ist, sich in's todte Meer ergießt; in seinen Niederungen lagen die üppigsten Weiden. Im nördlichen Theile des Landes, später Galiläa genannt, erhob sich der prächtige Karmel, d. i. Garten Gottes, mit seinen weinbekränzten Vorbergen, aus denen sich zahlreiche Bäche nach allen Richtungen in die lieblichen Thäler ergossen. Aus den schönen Fluren von Israel stieg majestätisch der Tabor empor, auf welchem Christus verklärt wurde. Noch reizender waren die südlich gelegenen Balsamgärten und Palmwälder von Jericho, d. i. der Palmenstadt.

Durch diesen innern Reichthum des Landes hinlänglich beglückt und durch die Natur von den Nachbarstaaten der Babylonier, Assyrier, Meder, Perser, Phönizier getrennt, sollte Palästina von dem Götzen- und Heidenthum rein bewahrt und vorbereitet werden, den Erlöser in seinem Schooße aufzunehmen. Denn das Land war zu gleicher Zeit doch wiederum so günstig gelegen, daß die Boten des Evangeliums die Lehre Jesu Christi von hier aus ganz leicht in alle Welt hinaus tragen konnten. Der

Herr zeigte auf ganz wunderbare Weise, daß er an dieses Land und Volk seine großen Verheißungen geknüpft habe.

Ein heiliger Schauer überläuft uns, so oft wir an die hochheiligen Stätten von Palästina denken. Wir gehen zurück in der Erinnerung auf Abraham und Melchisedech, die hier ihr Gezelt aufgeschlagen, auf König David, der hier das Scepter geführt und seine Psalmen gedichtet, auf die Propheten alle, die hier ihre Stimmen ertönen ließen, bis auf Christus, welcher den Schlußstein des alten Bundes, seiner Könige, Priester und Propheten bildet. Wir schauen endlich mit dem französischen Reisenden Lamartine vom Oelberg auf das heutige Jerusalem hinab: es ist nicht ein unförmlicher Haufe von Trümmern und Asche, auf welchem einige Hütten von Arabern hingeworfen, oder ein Paar beduinische Zelte aufgeschlagen sind; es ist nicht, wie Athen, ein Chaos von Staub und eingestürzten Mauern, nein, eine lichtschimmernde Stadt. Sie bietet den Blicken noch ihre zinnenbedeckten Mauern, ihre tausend strahlenden Kuppeln, ihre alten Thürme, die Wächter ihrer Mauern, an denen kein Stein, keine Schießscharte, keine Zinne fehlt; und endlich mitten in diesem Ocean von Häusern und dieser Wolke von kleinen Kuppeln, welche sie bedecken, sieht das Auge eine schwarze gedrückte Kuppel von größerm Umfange als die andern, über die noch eine weiße Kuppel hervorragt, es ist das heilige Grab.

Indessen, wenn man die Stadt Jerusalem aufmerksam in der Nähe betrachtet, ist es nur ein Schatten mehr der Stadt Davids und Salomons. Kein Geräusch erhebt sich auf ihren Plätzen und in ihren Straßen. Es gibt keine Wege mehr, welche zu ihren Thoren führen. Nur einsame Pfade schlängeln sich hinter den Felsen hin, wo uns nichts begegnet als ein Paar halbnackte Araber, die auf ihren Eseln reiten, oder einige Kameeltreiber von Damaskus oder einige Weiber aus Bethlehem oder Jericho, welche auf

Berg Carmel.

ihren Köpfen Körbe mit Trauben von Engaddi tragen. Und die Umgebung von Jerusalem! Berge ohne Schatten, Thäler ohne Wasser, Erde ohne Grün, Felsen ohne Großartigkeit, ein Paar graue Steinblöcke, zuweilen daneben ein Feigenbaum, eine Gazelle oder ein Schakal, welcher verstohlen aus den Spalten des Felsens schlüpft, einige Weinstöcke, welche auf der grauen Asche des Bodens hinkriechen, hie und da ein Wald von bloßen Oelbäumen; kein Windhauch, der auf den Zinnen oder zwischen den Aesten der Oelbäume sich regte, kein Vogel, der singt, keine Grille, die in der graslosen Furche zirpt: — vollkommene, ewige Stille in der Stadt, auf den Wegen, auf dem Felde! Der Segen Gottes, der auf dem auserlesenen Lande ruhte, hat sich in Fluch verwandelt, da das Volk den Messias verwarf, — eine große Lehre der Geschichte, die über allen Fürstenhäusern und Regierungspalästen mit unauslöschlichen Lettern sollte geschrieben stehen!

III. Die Pyramiden.

Kein Volk hat der Nachwelt so riesenhafte Denkmäler seiner Baukunst hinterlassen als die Aegyptier. In den östlichen Felsengebirgen fanden sie das vortrefflichste Material zu denselben, Granit, Porphyr, Marmor, Alabaster, und dieses benutzten baulustige Könige, um Werke aufzuführen, deren Größe und Pracht wahrhaft in Erstaunen setzen. Zwar liegen die meisten dieser ungeheuren Denkmäler des Alterthums zertrümmert oder mit dem aus der Wüste hergewehten Sande bedeckt; viele jedoch stehen noch jetzt da als ehrwürdige Zeugen des anhaltenden Fleißes der Aegyptier.

Neben den Katakomben oder Ruhestätten der Todten und den 50 — 180 Fuß hohen, aus einem einzigen Stein bestehenden Obelisken, ziehen besonders die Pyramiden unsere Aufmerksamkeit auf sich. Im Alterthum wurden

Jerusalem.

sie zu den Wundern der Welt gezählt. Sie stehen in Mittelägypten, an der Westseite des Nil, in fünf Gruppen gesondert. Es sind ihrer im Ganzen vierzig. Sie sind große viereckige, inwendig aus vielen Gängen und Kammern bestehende Gebäude, genau nach den vier Himmelsgegenden gerichtet. Von einer breiten Grundfläche laufen sie nach oben immer schmaler aus und enden theils in eine völlige Spitze theils in eine platte Fläche. Die Höhe derselben steigt von 20 bis zu 450 Fuß. Sie sind größtentheils

Die Pyramiden.

aus Kalksteinen erbaut, die über einander gelegt, bloß durch ihre Schwere zusammenhalten. Einige sind mit Granit oder Marmor bekleidet gewesen. Drei zeichnen sich durch ihren Riesenbau aus, unter diesen die Pyramide des Cheops, welche nordwestlich von Memphis bei dem Dorfe Ghize steht. Sie war ursprünglich 480 Fuß hoch, jetzt nur noch 450 Fuß, da die Spitze zerbröckelt, und eine kleine Terrasse an deren Stelle getreten ist. Man kann auf künstlich angebrachten Stufen bis zu ihrem Gipfel steigen. Einige

Gänge führen zuletzt in ein längliches Gemach, in welchem ein marmorner Sarkophag stand. Hunderttausend Menschen sollen zwanzig Jahre an dieser Pyramide gebaut haben.

Wozu diese Riesenmassen gedient, blieb lange ungewiß. Einige hielten sie für Kornmagazine, andere für Wasserbehälter, noch andere für eitle Prunkgebäude ägyptischer Könige, die durch mühevolle Arbeit das Volk im Zaume zu halten suchten. Ja, die frommen Pilger, welche einst hingezogen gen Jerusalem, glaubten voll Verwunderung, hier den babylonischen Thurm zu sehen. Jetzt aber, nach der genauen Untersuchung des Innern, weiß man, daß sie Königsgräber waren. Man hat auch Grabkammern und Sarkophage in denselben gefunden.

Kein Volk verwendete mehr Zeit und Fleiß auf seine Gräber, als die Aegyptier. Allgemein war nämlich der Glaube an die Fortdauer der Seele nach dem Tode. Diese Fortdauer hing jedoch von der Erhaltung des Leichnams ab. War dieser nicht erhalten, so konnte der Verstorbene — glaubte man — nicht in das selige Reich der Todten in der Unterwelt gelangen. Daher sorgten sie so sehr für die Erhaltung der Leichname. Jeder bauete die Grabmale seiner Angehörigen, ja sein eigenes Grab im Voraus an einsamen und abgeschiedenen Orten, deren Natur der Stille des Grabes entsprach. Diese Ruhestätten der Entschlafenen wurden westlich in den Felsenboden eingehauen, der das fruchtbare Land von der libyschen Küste scheidet. In solchen unzerstörbaren Grabkammern, die der austretende Nil nicht berühren konnte, sollten die Todten ruhen. Und um die Verwesung abzuwehren, wurde die Leiche einbalsamirt. Aeußerlich überzogen sie dieselbe mit einer härtenden, aber durchsichtigen Materie und setzten sie dann bei. Solche einbalsamirte Leichname nennt man Mumien, von dem dazu gebrauchten persischen Erdharze Mum. Tausende haben sich bis auf den heutigen Tag erhalten. Die Haut ist ganz schwarz und von dem Gummi und Erdharze so durchdrungen, daß sie steinhart ist. Diese fast versteinerten Todten wurden oft bei Gastmählern der Aegyptier hingestellt und überhaupt als das köstlichste Gut von ihnen geehrt.

Wie hoch nun die Könige im Leben über ihren Mit= menschen standen, so hoch wollten sie auch im Tode her= vorragen. Die Stätte, wo ein König ruhte, sollte königlich bezeichnet und weithin sichtbar, seine Grabkammer schwerer zu öffnen sein. Daher die riesenhaften Königsgräber, die Pyramiden, bei der alten Königsstadt Memphis. Wäh= rend die Religion der Aegyptier, die Vereh= rung des Ibis, des Krokodils, der Katzen und besonders des hl. Stieres, Apis genannt, uns ein mitleidiges Lächeln abgewinnt, flößen uns jene Riesendenkmäler Staunen und Bewun= derung ein und geben ein unwiderstehliches Zeugniß von der Macht der Herrscher von Mem= phis und von der Kraft ihres Volkes in alter Zeit. Es muß schon damals eine dichte, an Arbeit ge= wöhnte und in der Arbeit geübte Bevölkerung vorhanden gewesen sein; den Königen muß die unbedingte Verfügung über die Kräfte der Unterthanen zugestanden haben. „Die Könige Aegyptens," sagt ein Geschichtschreiber, „bauten große und staunenswürdige Werke durch vieler Hände Ar= beit, um unsterbliche Andenken ihres Ruhmes zu hinter= lassen."

IV. Die ersten Erfindungen.

Die Urvölker waren ganz auf sich selbst und auf die Natur angewiesen; wohin sie kamen, mußten sie dem Boden den nöthigen Lebensunterhalt mit schwerer Mühe erst abgewinnen. Was war da natürlicher, als daß die Menschen nothgedrungen eine nützliche Erfindung nach der andern machten?

Zuerst galt es, die tägliche Nahrung sich zu verschaffen.

Neben der Jagd suchten daher die Leute auch die Erzeugnisse der Erde sich nutzbar zu machen. Die Natur selbst
wies hiezu den Weg an. Sie bemerkten, daß die Körner,
die aus der vollen Aehre in den lockeren Boden fielen,
wieder neue Früchte trieben. Auch sie streuten jetzt eine
Menge reifer Körner in den Boden. Und siehe! grüne
Saaten sproßten empor, aus den Saaten die Halme, an
den Halmen die Aehren, in den Aehren die Frucht. Jedes
eingestreute Körnchen gab hundertfachen Ersatz zurück. Eine
treffliche Erfindung! Der Segen derselben war so groß,
daß heidnische Völker voll Bewunderung und Dankbarkeit
glaubten, ihre Götter wären einst selbst vom Himmel zu
den Menschen herniedergestiegen, um sie den Ackerbau
zu lehren.

Indeß gab es Gegenden, wo der Boden nicht so locker war,
wo er, hart und schwer, unsägliche Arbeit erforderte. Wozu
die Hände zu schwach waren, das vollbrachten Werkzeuge.
Man zog mit zugespitztem Holze lange Furchen für den
Samen. Auch konnte man die Erde mit Ochsenhörnern,
oder mit den breiten Rippen verschiedener Thiere umgra-
ben, wie man dieses bei neuentdeckten Völkern gesehen
hat. Eine geraume Zeit mochte vergangen sein, ehe man
den Pflug erfand. Bei den Aegyptiern wird derselbe
schon sehr früh erwähnt.

Man bemerkte, daß bei anhaltender Dürre die Pflanzen ermatteten, nach einem Regen aber schnell sich wieder
erholten. Man bemerkte ferner, daß da, wo ein über-
getretener Strom Schlamm zurückgelassen hatte, die
Fruchtbarkeit größer war. Beide Entdeckungen wurden
benutzt. Der Landmann gab seinen Pflanzungen einen
künstlichen Regen und brachte Schlamm auf seinen Acker,
wenn kein Fluß in der Nähe war, der ihm solchen geben
konnte. So lernte er begießen und düngen.

Um die Körner aus den Aehren herauszubringen, wäre
es mühsam gewesen, sie mit den Händen auszureiben. Leichter

war es, sie mit Baumzweigen auszuschlagen oder durch
Thiere ausstampfen zu lassen. Letzteres war vorzüglich bei
den Israeliten Sitte. Sehr früh lernte man das Korn zwischen zwei Steinen zu Mehl zerreiben. Der untere Stein,
auf welchen das Korn geschüttet wurde, lag fest, der obere
wurde hierüber hin und her bewegt. So hatte man eine
Art Handmühlen, die schon zur Zeit des Moses bei
den Israeliten im Gebrauche waren. Die Kunst aber,
zu diesem Reiben oder Mahlen auch des Wassers, des
Windes und selbst des Dampfes sich zu bedienen, ist eine
weit spätere Erfindung. Die Wassermühlen findet man
hin und wieder um die Zeit der Geburt Christi; die Wind-
mühlen kennt man in Europa kaum seit siebenhundert
Jahren; die Dampfmühlen sind eine Erfindung unserer Zeit.

Durch den Ackerbau bekam der Mensch einen festen
bleibenden Wohnsitz. Dort, wo er den Samen ausgestreut
hatte, wollte er natürlich auch die Ernte abwarten. Dazu
erforderte der Acker seine unausgesetzte Pflege. Er schlug
deshalb bei demselben eine Hütte auf. Diese mußte anfänglich gewiß sehr einfach gewesen sein. Eingerammte
Stäbe, mit Zweigen und Gesträuchen durchflochten, mit
Thierfellen bedeckt, bildeten wohl die erste Hütte, welche
den Landmann zu erquickender Ruhe einlud, wenn er am
Abend mit Schweiß von seinem Acker zurückkehrte. Mehrere
solche Hütten zusammen, die nach und nach fester und ge-
räumiger wurden und so den Uebergang zu den Häusern
machten, bildeten das erste Dorf, das sich mit der Zeit
zu einer kleinen Stadt erweiterte.

Bald bemerkte der Mensch auch, wie seine kranken
Thiere durch dieses oder jenes Kraut wieder hergestellt
wurden. Man gebrauchte dieselben Kräuter für die kranken
Leute, und so kam man auf die ersten Spuren der Heilkunde. Der Hirte sah, wie sich am Felle der Schafe
die Flocken bei der Nässe zusammendrehten. Er konnte
sie ausrupfen, sie eben so zusammendrehen und manches

künstliche Geflecht bereiten. So kam er vielleicht mit der Zeit auf das Spinnen und Weben.

Besonders nützlich war die Erfindung des Feuers. Schon vor der Sündfluth war den Menschen das Feuer bekannt. Denn die Bibel erzählt uns, Tubalkain sei der erste Schmied gewesen, ein Zeichen, daß man es schon zur Bearbeitung der Metalle zu gebrauchen wußte. Es ist nicht bekannt, wie die Menschen zur Kenntniß des Feuers gekommen sind. Bei den Griechen ging eine alte Volks= sage, Prometheus, d. i. der Vorausdenker, habe sich, eine Fackel in der Hand, zum Himmel hinaufgeschwungen, sie dort an der Sonne angezündet und so das himmlische Feuer auf die Erde gebracht. Diese Sage beweiset, daß die Kenntniß des Feuers, dessen Erfinder unbekannt ist, in's tiefste Alterthum zurückgeht. Wie sehr die alten Völ= ker den Nutzen des Feuers zu schätzen wußten, geht aus der Verehrung hervor, die sie demselben erwiesen. Zu Rom mußte in alten Zeiten ein besonderer Orden von Priesterinnen, Vestalinnen genannt, in einem Tempel Tag und Nacht ein ununterbrochenes Feuer unterhalten. Die Perser und andere Völker verehrten es geradezu als die wohlthätigste Gottheit und ordneten für den Dienst derselben besondere Priester an, die man Feuerpriester nannte. — Der berühmte portugiesische Seefahrer Ma= gelhaens, der im sechzehnten Jahrhundert lebte, soll auf einer der Marianen=Inseln, die östlich von China liegen, ein Volk angetroffen haben, das noch gar keinen Begriff vom Feuer hatte. Als er mit seinen Schiffsge= fährten ein Feuer anmachte, staunten sie wie über ein Wunder. Sie meinten, es sei ein wildes Thier, welches Holz fresse. Nur mit Angst traten sie etwas näher und stierten mit großen Augen das Wunderthier an. Plötzlich ergriff die Flamme ihre Kleider. Da liefen alle schreiend davon. Sie glaubten, das fremde Thier wolle sie beißen und verfolge sie noch mit seinem schwarzen Hauche.

Der Mensch schritt so von Erfindung zu Erfindung. Die Bewohner des unfruchtbaren Meeresstrandes, die sich vom Fischfange ernährten, sahen bald mit Entsetzen, wie die Fische, ihre einzige Nahrung, immer mehr vom Ufer weg in die hohe See zurückwichen. Dort ihnen beizukommen, schien unmöglich; die Fischer geriethen in die höchste Noth. Mit Sehnsucht blickten sie hinüber nach der schönen grünen Insel, die vor ihnen im Meere lag und allerlei Genüsse versprach. Thiere sah man vom Gestade muthig hinüberschwimmen nach der reizenden Insel. Der Mensch versuchte zu schwimmen wie sie; aber der Weg war zu weit. Und konnte er auch die Insel erreichen, wie hätte er zurückschwimmend Lebensmittel mit hinüberschaffen können für Weib und Kind? Und siehe! — auf dem Meere schwimmt ein Baumstamm. Schaaren von Vögeln setzen sich darauf, schiffen wie tüchtige Seeleute daher und singen ein fröhliches Liedchen zum Abschied. Da trägt der erfindungsreiche Mensch Baumstämme zusammen, verbindet sie durch Weidenruthen, bedeckt sie mit Thierfellen und bringt das erste Floß auf die See. Nicht ohne Angst besteigt er das neue Fahrzeug und schiebt es mit einem langen Stabe vorsichtig weiter oder rudert es langsam vorwärts, wenn der Stab den Meeresgrund nicht mehr erreichen kann. Andere setzen sich rittlings auf einen Baum und reiten, sich voranschiebend, durch das Meer dahin; noch Andere höhlen ihn zuvor durch Feuer aus und setzen sich in den weiten Bauch des Holzes. Das erste Wagestück gelingt. Man durchschneidet glücklich die ruhige Wasserfläche und betritt hier die schöne Insel, dort an den Flüssen das jenseitige fruchtbare Ufer. Die Mühe, die Angst ist hinlänglich belohnt. Reich beladen kehren sie zurück. Alles am Gestade jubelt den Kommenden entgegen. Der erste glückliche Versuch erhöhet den Muth, weckt die Theilnahme Anderer und bringt eine Verbesserung nach der andern an dem Fahrzeuge hervor. Der Fisch,

als bester Schwimmer, konnte hiebei zum Muster dienen.
Das Vorder= und Hintertheil spitzte man zu, damit es
leichter die Wasserfläche durchschneide. Statt der Floß=
federn band man Schaufeln als Ruder zur Seite; durch
welche das Schiff fortgeschoben wurde. Von diesem Schie=
ben hat das Schiff (altdeutsch Schieb) vielleicht seinen
Namen. Statt des Schweifes band man ein Steuerruder
an den hintern Theil desselben. Um das Ueberschlagen
des Wassers zu verhindern, befestigte man an den Seiten
dicht haltende Bäume, in der Folge Bretter. Später kamen
auch noch Segel hinzu. Zufällig mochte einer sein naß
gewordenes Kleid auf dem Schiffe an Stäben auseinander
gehängt haben, um es an der Sonne zu trocknen; der Wind
blies dagegen und beschleunigte die Fahrt. Hiedurch auf=
merksam gemacht, suchte man durch ausgespannte Thier=
felle, durch Matten, aus Binsen geflochten, endlich auch
durch ein langes Tuch den Wind sich zu Nutzen zu machen.
Aber wie viele unglückliche Versuche mögen vorangegangen
sein, um die Fahrt auf dem gefahrvollen Meere zu sichern!
Von dem ersten Nachen, dem man sich anvertraute, bis
zum großen Kriegsschiffe neuerer Zeit, — welch' ein
Riesenschritt des erfindungsreichen Menschen! Mit mehr
als hundert Kanonen, mit tausend Menschen besetzt, fliegt
dieses, Wind und Wetter trotzend, mit wehenden Flaggen
und Wimpeln pfeilschnell über's Meer. Ein einziger Druck
von der Hand des kundigen Steuermannes wirft es in
einem Nu hierhin und dorthin. Fremde Völker, die ein
solches zum erstenmale sahen, glaubten, eine ganze Stadt
komme an ihre Küste geschwommen; die ragenden Ma=
sten erschienen wie Thürme. Andere warfen sich voll
Ehrfurcht vor demselben nieder und verehrten es als ein
höheres Wesen, als eine Gottheit. Als die Wilden an
der Küste von Neuholland das erste Dampfschiff ankommen
sahen, geriethen sie vor Schrecken fast außer sich. Sie
hielten es für ein großes Seeungeheuer, das aus seinem

hochemporgestreckten weiten Rachen einen dicken schwarzen Hauch wie eine Rauchwolke ausstoße, die weithin den Himmel verdunkelte, und sie flohen voll Entsetzen vom Strande.

Mit ihren ersten Fahrzeugen wagten sich die Menschen freilich noch nicht auf die offene See. Sie hielten sich vielmehr vorsichtig am Ufer und schwammen von einer Küste zur andern, oder wagten sich doch nur so weit auf's Meer, daß sie immer die Küste im Auge behielten, aus Furcht, das Land nicht wieder finden zu können. Für den Fall, daß ein plötzlicher Sturm das Schiff aus dem Angesichte des festen Landes verschlage, nahmen sie Vögel aus ihrem Lande mit sich auf's Schiff. Diese ließen sie alsdann fliegen und folgten der Richtung ihres Fluges. Sie setzten nämlich voraus, daß die Vögel aus natürlichem Hange ihrem Vaterlande wieder zufliegen würden. Es wurde auch nur bei hellem Tage geschifft. Denn wie leicht hätte in stockfinsterer Nacht auf dem brausenden Meere das Schiff auf verborgene Klippen, auf Sandbänke gerathen können!

Die Phönizier waren die Ersten, welche die Schifffahrt auch auf offener See, bei Nacht sowohl als bei Tage, wagten. Die prachtvollen Cedern des Libanon gaben ihnen das nöthige Holz zum Baue der Schiffe. Sie hatten deren zwei Arten: lange und runde. Die ersteren waren schmal und zugespitzt und führten den Namen Argo, d. i. Schnellsegler. Sie wurden vorzüglich zum Kriege gebraucht. Die anderen hießen Gauloi, runde, weil sie für die Ladung der Waaren einen weiten Bauch und glatten Boden hatten. Diese waren Kauffahrteischiffe und gingen nur langsam.

Mit solchen Schiffen wagten sich die Phönizier kühn hinaus auf das offen vor ihnen liegende Mittelländische Meer. Bei Tag diente ihnen der Stand der Sonne, bei Nacht der gestirnte Himmel zum Wegweiser. Unter dem zahllosen Heere der Sterne, die über uns am Firmamente leuchten, zeichnen sich einige durch ihren Glanz aus und behalten fast immer denselben Platz, ohne jemals unter=zugehen. Diese Sterne und die unter denselben nach jener Richtung hin liegenden Länder merkte man sich zuvor und fand sich dann auf dem Meere leicht wieder zurecht.

Wie aber, wenn die Witterung trübe, der Himmel düster umwölkt war? Dann hielt sich auch der Phönizier

Dreiruderer.

vorsichtig an seinen Küsten. Denn in dunkler Sturmes=nacht auf das offene Meer zu schiffen, durfte man nicht eher wagen, als bis man die Magnetnadel kannte. Diese hat nämlich die wunderbare Eigenschaft, mit ihrer Spitze immer nach Norden zu zeigen. Daher wissen die Schiffer bei Tag und bei Nacht die vier Himmelsgegenden zu bestimmen und zu unterscheiden, wohin sie fahren müssen. Sehr spät mag man wohl auf diese nützliche Erfindung gekommen sein. Die Europäer lernten sie zuerst um das

Jahr 1100 von den Arabern kennen, als sie hinaufzogen nach dem gelobten Lande, das hl. Grab von den Türken zu befreien. In allgemeinen Gebrauch aber kam sie erst um das Jahr 1300, nachdem dieselbe von den seefahrenden Venetianern vervollkommnet war. Da erst stiegen Handel und Schifffahrt zu einer nie gesehenen Höhe, kein Meer blieb unbeschifft, neue Welttheile sogar wurden entdeckt.

Wegen ihres Welthandels waren die Phönizier gewiß auch die Ersten, welche die M ü n z e n erfanden. Anfangs wägte man das Metall und gab es in größeren oder kleineren Stücken gegen das hin, was man kaufen wollte. So tragen noch wohl jetzt Kaufleute in China dünne Silberplatten bei sich, von denen sie bei Handelsgeschäften mit einer Scheere das für die erkaufte Waare erforderliche Stück Silber abschneiden. Späterhin wurde in das Metall ein Zeichen gegraben oder gestempelt, wie viel es an Werth betrage, und noch später wurde es geprägt mit der Bestimmung, was es im Handel und Verkehr mit einander g e l t e n solle. Deshalb heißt es bei uns G e l d.

Diesen zur Befriedigung der menschlichen Bedürfnisse nothwendigen Erfindungen folgten in kurzer Zeit auch andere, die mehr der Bequemlichkeit oder dem Vergnügen des Menschen dienen.

Ein Schäferhund, so geht die Sage, hatte am Meeresstrande nahe bei der Stadt Tyrus Purpurschnecken zerbissen und kam mit hochrother Schnauze zu seinem Herrn zurück. Dieser meinte, sein Hund sei verwundet und wischte ihm mit Wolle das vermeintliche Blut ab. Zu seinem Erstaunen fand er nicht die geringste Verwundung, die Wolle aber schön und glänzend roth gefärbt. Neugierig folgte er der Spur seines Hundes und entdeckte nun, daß die vom Meere an die tyrische Küste ausgeworfenen Schnecken einen solchen rothfärbenden Saft enthielten. So erfand man den t y r i s c h e n P u r p u r.

Ebenso zufällig soll die Erfindung des Glases gewesen sein. Phönizische Schiffer wollten sich am Ufer
eine Mahlzeit bereiten. Und als es ihnen an Steinen
zu einem Herde fehlte, nahmen sie Stücke Salpeter aus
ihrer Schiffsladung und setzten ihre Töpfe darauf. Der
Salpeter schmolz im Feuer, vermischte sich mit dem Sande
und der Asche und bildete zum Erstaunen der Schiffer
einen glänzenden Strom, der kalt geworden den schönen
durchsichtigen Stein, das Glas, gab. Doch dürfte diese
Erzählung kaum auf Wahrheit beruhen, da bei der geringen Hitze eines Kochfeuers der nothwendige Schmel-
zungsproceß nicht denkbar ist, und da schon lange vor
dem Auftauchen der Phönizier in ägyptischen Grabgewölben
bereits Glasbläser abgebildet wurden.

Anfangs wurde das Glas nur zum Putze gebraucht
und den Edelsteinen gleich geschätzt. Noch um die Zeit
der Geburt Christi war das Glas in hohem Preise. Kein
König konnte ein Haus mit Glasfenstern bezahlen.

Von dem wichtigsten Einflusse aber auf die geistige
Ausbildung des Menschen war die Erfindung der Buch-
stabenschrift. Wenn man recht deutlich sehen will,
wie nützlich diese Erfindung ist, so darf man nur an die
Chinesen denken. Dieses Volk hatte in der frühesten Zeit
keine bestimmten Buchstaben, sondern für jedes Wort ein
besonderes Zeichen, eine besondere Figur. Statt daß wir
nur vierundzwanzig Buchstaben lernen dürfen, um alle
Wörter lesen und schreiben zu können, mußte man dort
ebensoviele Zeichen lernen, als Wörter in der Sprache
waren. Es sollen deren achtzigtausend gewesen sein. Wer
diese alle verstand, d. h. wer lesen konnte, — und hierüber
mochte Mancher wohl ein Greis werden — war dort
ein Gelehrter. Bei uns kann schon ein Kind von sechs
bis sieben Jahren lesen. Auch die Hieroglyphenschrift war
sehr schwer verständlich. In Aegypten verstanden sie nur
die Gelehrtesten, und das waren die Priester, ihre heiligen

Männer. Diese Schrift bestand aus lauter kleinen Bildern.
Der hingemalte Löwe deutete den wirklichen Löwen, das
hingemalte Auge das wirkliche Auge an. Man kürzte

Ein Obelisk mit Hieroglyphen.

auch ab. Der Kopf eines Menschen bezeichnete den ganzen
Menschen; eine Sturmleiter die Belagerung einer Stadt.
Um so mehr ist deshalb die Erfindung der Buchstaben-
schrift zu begrüßen, die das Lesen und Schreiben einem
Jedem so leicht macht. Man kennt den Erfinder nicht.

Die Meisten geben den Phönizier Taut an, welcher um das Jahr 2000 v. Chr. lebte.

Alle diese Erfindungen legen Zeugniß ab von der Größe des menschlichen Geistes und weisen uns immer von Neuem auf jenen unendlichen Geist hin, von dem des Menschen Geist nur ein matter Abglanz ist.

V. Babylon und Ninive.

Babylon, die Hauptstadt von Babylonien, hatte einen gewaltigen Nebenbuhler an Assyrien mit seiner gigantischen Hauptstadt Ninive. Wie später Athen und Sparta um die Oberherrschaft in Griechenland, Rom und Karthago um jene über das Mittelmeer, so lagen Babylon und Ninive Jahrhunderte lang mit einander in blutigem Kampfe um die Oberherrschaft in Asien. Das Glück begünstigte abwechselnd die eine und die andere Macht, bis endlich beide von einer dritten verschlungen wurden.

Längst sind Babylon und Ninive untergegangen, aber ihre Trümmer verkünden uns noch lauter als Worte die Geschichte der beiden Städte. Besonders merkwürdig ist die Uebereinstimmung der Resultate der neuesten Nachforschungen mit dem Berichte der Bibel über das Schicksal der beiden Städte.

Als Nebukadnezar seine Bauten in Babylon vollendet hatte und von der Gallerie seines Schlosses aus die Riesenstadt überschaute, entlockte ihm der Uebermuth das stolze Wort: „Ist das nicht die stolze Babel, die ich zur Königswohnung erbaut durch meine starke Macht, und zu meiner Herrlichkeit?" Der Uebermuth des Königs ging bald über auf seine Unterthanen. In der großen Hauptstadt sammelte sich der Tribut einer Reihe unterworfener Völker; auf ihrem Weltmarkte wurden die Schätze Indiens und Arabiens neben den Produkten des Nordens ausgestellt. Die Erzeugnisse babylonischen Kunstfleißes behaupteten in der ganzen damaligen Welt den ersten Rang.

Mit dem Ueberflusse aller Güter und Bequemlichkeiten drang aber die größte Genußsucht in die gesammte Bevölkerung der Hauptstadt, und unter dem Beispiel schwelgerischer Herrscher wurde Babylon die Heimath aller Art von Ueppigkeit und Wohlleben. Bald war die Stadt, die erst durch ihre Weisheit, dann durch ihren Kunstfleiß die Augen der ganzen Welt auf sich gezogen, allenthalben durch ihre Lasterhaftigkeit bekannt, und der Name Babylon wurde sprichwörtlich, um den Herd der gräuelvollsten Laster zu bezeichnen.

Eine solche Versunkenheit bezeichnet aber bei jedem Volke einen Wendepunkt in seiner äußern Geschichte, und so ging auch Babylon, nachdem es auf der größten Höhe irdischer Herrlichkeit angelangt war, einem raschen Verfalle entgegen. Es wurde von den Persern eingenommen und zerstört. Bald war Babylon nichts mehr Anderes als eine Fundgrube von Baumaterial; sämmtliche Städte in der Nähe von Babylon (Seleucia, Ktesiphon, Bagdad) sind aus den Steinen erbaut, die man von dessen Prachtgebäuden herholte. Als nämlich der Schutt nicht mehr ausreichte, wurden zuerst die Stadtmauern und später die verlassenen Paläste zu Steinbrüchen benützt, die ein fast unerschöpfliches Material lieferten. Dieses langsame Werk der Zerstörung machte Babylons Herrlichkeit viel sicherer ein Ende, als die gewaltsame Plünderung eines Eroberers oder eine plötzliche Zerstörung. Dadurch ging aber zugleich das Wort des Propheten buchstäblich in Erfüllung: „Die überbreite Mauer Babylons soll untergraben, ja gänzlich untergraben werden." Die ungeheuern Ringmauern Babylons sind sozusagen bis auf die letzte Spur verschwunden, „gänzlich untergraben", wie der Prophet geweissagt hat. Und auch auf dem westlichen Ufer des Euphrat finden sich außer dem Birs Nimrud nur spärliche Trümmer vor. So ist die „schönste unter den Königsstädten, die herrliche Pracht der

Chaldäer" jetzt zu einer öden Stätte voll Schutt und Ver=
lassenheit geworden. Noch ist das Werk der Zerstörung
nicht ganz vollendet, denn ehe die Steinbrüche, welche
die übermüthigen Chaldäerkönige in ihrer Stadt aufge=
thürmt haben, erschöpft sind, werden noch Jahrhunderte
vergehen. Aber die kalte Habsucht der Chaldäer und die
zerstörende Macht der Elemente werden das Gericht Gottes
an Babylon fortsetzen bis zu seiner Vollendung, und
kommen wird die Zeit, von der schon Jeremias gesprochen
hat: „Nie mehr wird man von dir Ecksteine und
Grundsteine holen, sondern zerstört sollst du
sein in Ewigkeit, spricht der Herr."

Nicht minder buchstäblich erfüllen sich die Worte der
Schrift an Ninive, der Nebenbuhlerin Babylons. Auch
diese Stadt erreichte eine außerordentlich hohe Blüthe,
und obwohl von den Medern und Babyloniern auf kurze
Zeit niedergebeugt, erhob sie sich unter einer neuen Herr=
scherfamilie zu neuem Glanze. Zuerst machte der König
Phul den König von Israel zinsbar. Salmanassar
führte die zehn Stämme Israels in die Gefangenschaft;
Sancherib besiegte den König von Juda. Aber auf die
höchste Blüthe folgte schnell der völlige Untergang. Der
letzte König war Sarak oder Sardanapal. Unter
seiner Regierung wurde Ninive von Kyaxares, König
von Medien, erobert, damit sich das Wort des Propheten
(Sophon.) erfülle: „Und der Herr streckt seine Hand
gegen Norden und vertilgt Assyrien, und machet
die schöne Stadt (Ninive) zur Einöde, zum weg=
losen Land und einer Wüste gleich. Dann lagern
sich in ihr die Heerden aller unreinen Thiere,
Nachteulen und Igel herbergen in ihren Häu=
sern, ihr Geheul ertönt in den Fenstern, Raben
sitzen auf den Schwellen; denn ich vernichte ihre
Macht. Das ist die herrliche Stadt, die sorglos

wohnende, die in ihrem Herzen spricht: Ich bin's und außer mir keine mehr! Wie ist sie zur Wüste geworden, zum Lager des Wildes!"

Die Trümmer von Ninive sind in den letzten Jahren von Frankreich und nachher von England aus untersucht und erforscht worden. Alles hat sich buchstäblich erfüllt. Ninive ist zur Wüste und zum Lager des Wildes geworden bis auf den heutigen Tag. Man hat die Ruinen des ungeheuern Königspalastes entdeckt, dessen Pracht und Größe seither unerreicht geblieben. Der Besucher mußte auf gewaltiger Treppe von der niedern Stadt auf die Terrasse emporsteigen, auf welcher der Palast erbaut war. Diese Treppe war rechts und links begrenzt von Hallen mit bildlichen Darstellungen, auf welchen die Abgesandten der unterjochten Völker den Tribut ihres Landes dem Herrscher entgegenbrachten. Oben wurde der Fremdling über einer Estrade von künstlichem Steinwerk auf ein ungeheures Portal zugeführt und mit jedem Schritte mußte er von der Größe Assyriens mehr überwältiget werden. Eine zweite doppelflügelige Treppe führte zu der eigentlichen Palastterrasse. Der Eingang war von riesigen Gestalten bewacht, von kolossalen geflügelten Löwen oder Stieren mit Menschenhäuptern, die in unwiderstehlicher Majestät des kleinen Menschen zu spotten schienen. Der innere Palasthof stellte durch seine Bilder die ganze Reichsgeschichte dar. Schlachten, Siege, Triumphzüge, Heldenthaten auf der Jagd, religiöse Ceremonien waren an den Wänden in Alabaster gehauen und in prächtig glänzenden Farben dargestellt. Unter jedem Bilde stand in Keilschrift, die mit leuchtendem Kupfer ausgefüllt war, die Erzählung der dargestellten Szene. Es ist kaum ein Punkt aus dem staatlichen, religiösen oder bürgerlichen Leben des assyrischen Volkes, über den nicht die Bildwerke und Geräthschaften Aufschluß geben. Die verschiedensten Kriegsszenen bieten sich unserm Auge. Da

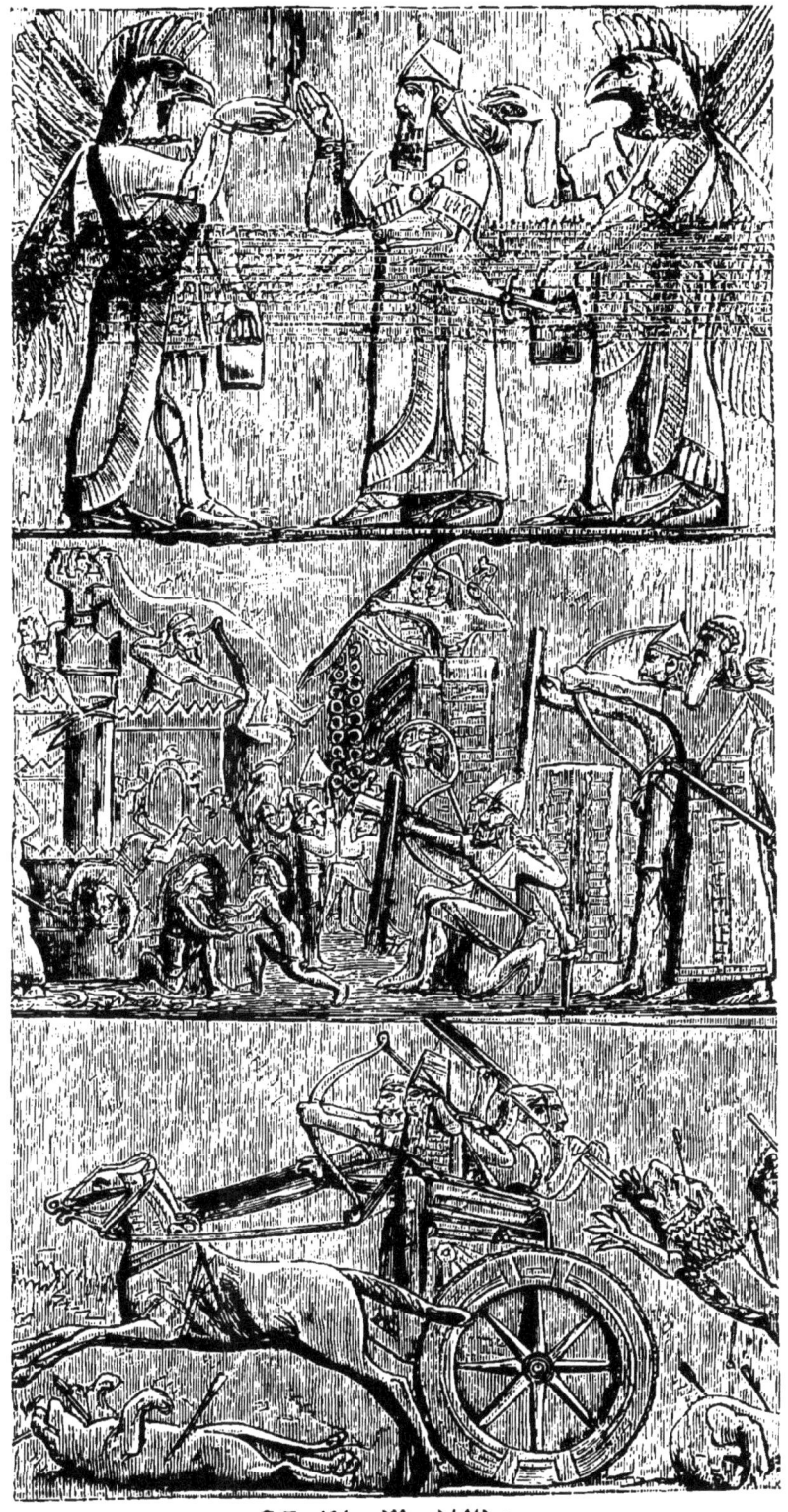

Affyrifche Wandbilder.

sehen wir das Fußvolk in Reih und Glied vorrücken; es sind vollkräftige Gestalten, in kriegerischer Rüstung. Dort stehen die Streitwagen oder sprengen die Rosse die Feinde unter die Hufe. Da wird über einen Strom auf mit Luft gefüllten Schläuchen gesetzt, dort zu Schiff eine Insel bestiegen. Da ist eine belagerte Feste, von den Zinnen herab schleudern die Vertheidiger Lanzen, Pfeile, Steine; dort wird der Sturmbock an die Mauer gebracht und in der Nähe Gefangene gespießt. Was auf den Bildern dar= gestellt ist, wurde auch fast Alles in Wirklichkeit gefunden: Handwerksgeräthe, bronzene Möbel, Schmucksachen, Waffen, Pferdezeug, selbst die Gußformen eines Goldschmiedes für Ohrenringe. All' diese Herrlichkeit ist jetzt untergegangen, weil das Volk seinen Genüssen nachging; Nachteulen und Igel herbergen in den zerfallenen Fenstermauern, wie der Prophet es vorausverkündete.

Die ausgegrabenen Trümmer von Ninive legen zugleich ein unwidersprechliches Zeugniß ab von der Wahrheit der biblischen Geschichte. Die ganze biblische Zeitrech= nung dieser Periode — sie begreift nahezu 30 Daten — wird in den Keilschriften bestätiget. Eine einzige Jahrzahl bot anfänglich Schwierigkeiten, die jetzt beseitiget sind, und das Resultat der ganzen Forschung ist ein auch für Ungläubige unumstößlicher Beweis der Glaubwürdigkeit der geschichtlichen Bücher des Alten Te= stamentes.

Wer hätte geglaubt, daß in den Wüsten Mesopota= miens noch Bilder und Text zur biblischen Geschichte in der Erde ruhen, und daß sie gerade in unsern Tagen wieder erstehen, wo man meint, mit der Bibel aufgeräumt zu haben? Das Grab der alten Riesenstädte öffnet sich, der todte Stein gewinnt Leben und Sprache, und von den Wänden ihrer Paläste herab er= zählen die alten Könige von ihren Kämpfen mit Juda und Israel und legen Zeugniß ab für die geschichtliche Wahrheit der hl. Schrift, während die Ruinen zu gleicher Zeit in der überraschend=sten Weise die Worte der Propheten bestätigen.

VI. Die Jugendzeit des Königs Cyrus.

Astyages, der letzte König von Medien, hatte eine Tochter, die er an einen Perser, Cambyses, verheira=thete. Sie bekam einen Sohn, welcher den Namen Cyrus oder Kores, d. h. Sonne, erhielt. Nun befiel den König Astyages große Angst wegen eines Traumes, den er ge= habt hatte. Er fürchtete, Cyrus könnte ihn einst von dem Throne stürzen. Daher ließ er das Kind vor sich bringen und übergab es dem Harpagus, einem seiner Hofleute, mit dem Befehle, dasselbe im wildesten Gebirge zum Verhungern auszusetzen. Harpagus nahm das Kind, ging fort und weinte. Er konnte es nicht über's Herz bringen, selbst das Kind zu tödten. Doch fürchtete er den Zorn seines Königs und gab es einem Hirten zum Aussetzen. Auch der gute Hirt konnte es nicht. Er nahm das schöne Knäblein mit sich nach Hause und gab es seiner Frau, deren Kind gerade gestorben war. Und sie schmückten ihr todtes Kind mit den schönen Kleidern des Cyrus und setzten es statt seiner aus.

Cyrus aber wuchs in voller Schönheit in des Hirten Hütte heran. Fröhlich wie das Lämmlein auf der Weide hüpfte er umher und spielte mit den andern Kindern. Gewiß ahnte Keiner, daß das muntere Knäblein in seinem Schäferröckchen einst noch der mächtigste König von Asien werden würde. Die Kinder hatten ihn alle lieb, weil er so munter und verständig war. Bei ihren Spielen mußte er immer König sein. Einst spielte auch der Sohn eines vornehmen Meders mit ihnen. Cyrus war wieder König und wies jedem seinen Posten an. Das vornehme Söhn= chen aber wollte sich von dem Hirtenknaben nicht befehlen lassen. Da half nichts; es wurde für seinen Ungehorsam von dem Hirtenknaben mit recht derben Schlägen gezüchtiget. Nun lief es weinend nach Hause und klagte seinem Vater, was Cyrus ihm gethan habe. Der Vater ging sogleich zu Astyages und forderte, den frechen Hirtenknaben zu bestrafen.

Der König ward zornig und ließ den Hirten rufen sammt seinem Sohne. „Wie hast du dich unterstehen können," fuhr er den Cyrus an, „so schmählich den Sohn eines Mannes zu behandeln, der bei mir in großen Ehren steht?" „O Herr," antwortete Cyrus freimüthig, „dem ist nichts als sein Recht geschehen. Die Knaben des Ortes, unter welchen auch dieser war, hatten mich beim Spiele zum König ernannt. Die andern thaten, was ihnen geboten war. Der aber war ungehorsam und machte sich nichts aus mir. Dafür hat er seinen Lohn empfangen. Hab' ich darum Strafe verdient, nun, hier bin ich ja!"

Als der Knabe so sprach, schöpfte Astyages sogleich Verdacht. Die edle Haltung, die Gesichtszüge, welche die auffallendste Aehnlichkeit mit denen seiner Tochter hatten, und das Alter, welches mit der Zeit der Aussetzung zusammentraf, — Alles bestärkte ihn in dem Verdachte, der Knabe da sei der Sohn seiner Tochter. „Wer hat dir den Knaben gegeben?" fuhr er den Hirten an. Dieser gestand vor Angst Alles. Jetzt zürnte der König dem Harpagus und ließ ihm in seiner Ruchlosigkeit bei einem Mahle das Fleisch des eigenen Kindes vorsetzen. Harpagus verbarg seinen Grimm in stiller Brust, schwur aber zugleich ewige Rache dem Astyages.

Astyages, von den Traumdeutern über die Erhaltung des Cyrus beruhiget, sandte nun denselben seinen Eltern zurück, die sich über ihr längst todt geglaubtes Kind über alle Maßen freuten; bald aber mußte er wiederum zu Astyages zurückkehren, der unterdessen den Knaben lieb gewonnen hatte. Der Knabe war in der strengen, kriegerischen Lebensweise der Perser auferzogen und machte

große Augen, als er hier Alles so fein geputzt und ge=
schmückt fand. Selbst der König auf seinem Throne war
tüchtig geschminkt an Augenbrauen, an Stirn, an Lippen,
an Wangen. Cyrus sprang, als er in das Zimmer trat,
auf den geputzten Alten zu, fiel ihm um den Hals und
rief: „O was ich für einen schönen Großvater habe!"
„Ist er denn schöner als dein Vater?" fragte lächelnd
die Mutter. „Unter den Persern," antwortete Cyrus,
„ist mein Vater der schönste; aber unter den Medern gibt
es keinen schönern als den Großvater." Dem Alten gefiel
die Antwort. Er beschenkte den Knaben reichlich, und
dieser mußte bei Tische immer neben ihm sitzen. Hier
wunderte er sich sehr über die Menge Gerichte, mit wel=
chen die Tische von oben bis unten besetzt wurden. „Groß=
vater," rief er, „du hast doch viele Mühe satt zu werden,
wenn du von dem Allem essen mußt!" Astyages lachte
und sprach: „Ist's denn hier nicht besser, als bei euch in
Persien?" „Ich weiß nicht," antwortete Cyrus, „aber
bei uns wird man viel geschwinder und leichter satt; ihr
aber, welche Mühe, welche Last habt ihr, bis ihr so weit
kommt!" Mit Erlaubniß des Großvaters vertheilte nun
Cyrus die übrig gebliebenen Speisen unter die Diener,
und Alle bekamen etwas, nur nicht Sakas, der Mund=
schenk und Liebling des Königs. „Warum bekommt denn
dieser nichts?" fragte scherzend der König; „er schenkt ja
so geschickt den Wein ein." — „Das kann ich auch,"
erwiederte rasch der Kleine, „und trinke dir nicht zuvor
den halben Becher aus!" Darauf nahm er den Becher,
füllte ihn mit Wein und reichte ihn ganz artig dem Kö=
nige. „Nun," sprach der Großvater, „du wirst doch auch
wohl den Wein erst kosten?" — „Das werde ich wohl
lassen," antwortete der Kleine, „denn es ist Gift darin,
das habe ich neulich bei euerm Trinkgelage wohl bemerkt.
Was war das für ein Lärm! Wie habt ihr durcheinander
gejubelt und gelacht! Die Sänger schrieen sich die Kehlen

heiser, und Niemand konnte sie hören. So lange ihr saßet, prahltet ihr mit eurer Stärke, und als ihr aufstandet, konnte keiner stehen, ihr fielet über eure eigenen Füße. Ihr wußtet alle nicht mehr, wer und was ihr waret: du nicht, daß du König, jene nicht, daß sie Unterthanen waren." „Aber," sprach Astyages, „wenn dein Vater trinkt, berauscht er sich nie?" „Nie!" „Und was macht er denn?" „Er hört auf zu dursten, sonst nichts."

Wegen dieser und ähnlicher Einfälle gewann Astyages seinen Enkel immer lieber. Er ließ ihn reiten lernen, schenkte ihm die schönsten Reitpferde und nahm ihn mit sich auf die Jagd. So wuchs Cyrus zum kräftigen Jüngling heran, und es kam nun die Zeit, wo er wieder nach Persien zurückkehren mußte.

Hier galt er bald für den angesehensten und rüstigsten Mann im ganzen Lande. Eines Tages erhielt er von Harpagus einen Hasen zum Geschenke. „Du möchtest ihn," sagte der Bote leise und mit geheimnißvoller Miene, „allein, ohne daß Jemand zugegen ist, aufschneiden." Er that das und fand zu seinem Erstaunen in dem Bauche einen Brief. Harpagus ermunterte ihn hierin, die Perser zum Abfall von der medischen Herrschaft zu bewegen und dann seinen tyrannischen Großvater selbst mit Krieg zu überziehen. Der Vorschlag gefiel ihm. Er wiegelte das Volk gegen die Meder auf, zog gegen seinen grausamen Großvater Astyages, besiegte ihn und ward Herr von Medien. Von da eilte er von Stadt zu Stadt, von Sieg zu Sieg, eroberte Lydien, Griechenland, das große Assyrische Reich, beinahe ganz Asien. Aus dem einstigen Hirtenknaben war der mächtigste König geworden. Die Freilassung der Juden jedoch war die folgenreichste und weltgeschichtlich wichtigste That seines reichen Heldenlebens. Ob bewußt oder unbewußt, Cyrus handelte da als das Werkzeug der Vorsehung, indem er in diesem unbedeutend scheinenden Volke die große Zukunft rettete, deren Träger es war.

Neunundvierzig englische Meilen von Persepolis auf dem Wege von Schiras nach Jspahan, in der Nähe des Dorfes Merghab, steht heute noch das Grabmal des Cyrus, majestätisch durch seine Einfachheit und die Groß= artigkeit der Umgebung. Auf einer Pyramide von sieben Stufen ruht ein einfaches Häuschen mit Giebeldach, aus weißem Marmor wie die Stufen der Pyramide selber. Darinnen lag auf einem Ruhebette der goldene Sarg des Königs Cyrus, sein Gewand und Schmuck von Edelsteinen; Boden und Wände waren mit Purpur und babylonischen Teppichen bekleidet. Das Grabmal war im Viereck von einer Säulenhalle umgeben. Jn der Nähe war ein kleines Haus für die Magier, die das Grab zu bewachen und die Todtenopfer jeden Tag darzubringen hatten. Alexander von Macedonien sah noch die Leiche. Während er in Jndien war, haben Griechen das Grabmal geplündert. Er ließ nach der Rückkehr die Thäter hinrichten und schloß das Grabmal mit seinem Siegelring. Jetzt ist es leer, von den Säulen steht noch eine einzige. Einst soll eine Jnschrift dort besagt haben: „O ihr Sterblichen! Jch bin Cyrus, Sohn des Cambyses, Gründer der persischen Monarchie und Beherrscher Asiens: beneidet mich deshalb nicht um dieses Grabmal!" König Cyrus war ein großer Heerführer, ein sgroßer Herrscher, bei aller Macht mild und gerecht im Urtheil, hochherzigen Sinnes, einer der Gewaltigen des Herrn, die Epochen im Völkerleben be= ginnen oder abschließen.

VII. Das Heldenzeitalter der Griechen.

„Jn der Jugend der Völker und Staaten," sagt der englische Staatskanzler Bacon von Verulam, „blühen die Waffen und die Künste des Krieges; im reifen, männlichen Alter der Völker und Staaten Künste und Wissenschaften; dann eine Zeit lang beide zusammen, Waffenkunst und Musenkünste; endlich im Greisenalter der Völker und

Staaten Handel und Industrie, Luxus und Moden." So war es in allen heidnischen Staaten. Sie glänzten einige Zeit durch kriegerische Heldenthaten, durch Wissenschaft und Kunst, verloren sich dann in Luxus und Genußsucht und gingen schließlich unter; denn es fehlte ihnen eben die stets neugestaltende Kraft des Christenthums, das auch gesunkene Völker wiederum heben kann.

Auch in Griechenland erwachte gleich im Anfang ein eigenthümlicher Heldengeist. Körperkraft und kühner Muth galten für das Höchste; Waffen waren die köstlichsten Schätze. Während die Frauen in stiller und abgesonderter Häuslichkeit wohnten und webten, übten sich die Männer in ritterlichen Spielen, oder durchzogen, bald einzeln, bald in ganzen Schaaren, das Land, um es von Räubern und wilden Thieren zu säubern. Denn damals hausten noch in dem Dickicht der Wälder wilde Eber, in den sumpfigen Seen gräuliche Schlangen, Berg und Thal erscholl vom Gebrülle der Löwen und Büffel. Auch fern von der Heimath, in weit entlegenen Ländern, suchten sie Kampf und Beute. Menschen und Vieh wurden im Triumphe als Siegesbeute fortgeführt. Durch ihre Großthaten haben sich Herkules, Theseus, Perseus, Bellerophon und andere Helden der grauen Vorzeit einen solchen Ruhm erworben, daß ihre Nachkommen voll Erstaunen sie als Halbgötter verehrten und ihre wunderbaren Thaten in schönen Liedern besangen. Kämpfe mit Drachen, Riesen und Ungeheuern aller Art, selbst Reisen in die Unterwelt sind in den Sagen und Liedern von den Großthaten dieser Helden nichts Seltenes. So heißt es von Herkules, er habe schon als Kind in der Wiege zwei Schlangen wie zarte Faden zerrissen. Als Knabe soll er einen Oliven=baum aus der Erde gewunden, aus diesem sich eine Keule verfertiget und hiemit einen Löwen erschlagen haben, dessen Haut ihm dann als Bekleidung diente. Wenn auch an diesen und ähnlichen Erzählungen Vieles übertrieben und er=

dichtet ist, so läßt sich dennoch nicht leugnen, daß Griechen= land große Helden aufzuweisen hatte.

Ganz besonders trat dieser Heldenmuth in dem troja= nischen Kriege hervor, den Homer mit unsterblichen Versen besungen hat. Da war es, wo Achilles und Hektor, die beiden größten Helden des griechischen Alterthums, sich gegenüber standen. Die Griechen hatten sich am See= gestade vor der Stadt Troja oder Ilion Hütten gebaut. In dieses hölzerne Lager zogen sie sich des Nachts zurück, und am Tage kämpften sie mit den Feinden, die schaaren= weise aus der Stadt hervorkamen. An eine regelmäßige Bestürmung oder auch nur Einschließung der Stadt wurde nicht gedacht. Da die Griechen bald alle mitgebrachten Lebensmittel aufgezehrt hatten, so suchten sie sich das Nöthige aus der Gegend räuberisch zusammenzuschleppen. Die Plünderer scheuten die größten Grausamkeiten nicht, eine Menge unschuldiger Landbebauer wurde aus ihren Hütten gejagt und ermordet; besonders wüthete Achill überall mit Feuer und Schwert. Wie ein verheerender Strom wälzte er sich brausend fort und kehrte mit uner= meßlicher Beute zurück, welche dem gesammten Heere zu gut kam, und mit zahllosen Gefangenen, welche die Feld= herren als Sclaven und Sclavinnen unter sich vertheilten. Und erst, als Hektor seinen Herzensfreund Patroklus er= schlagen hatte, da kannte sein Grimm keine Grenzen mehr. Wüthend durchrannte er das Schlachtfeld und durchbohrte einen Trojaner nach dem andern. Doch alles Blut der Erschlagenen konnte seine Rache nicht sättigen. Hektor, den Mörder seines Freundes, suchte er. Er traf ihn am Abend und erhob ein fürchterliches Freudengeschrei. Hektor, so kühn er auch sonst war, diesmal floh er vor Angst davon. Aber hastig war Achilles mit der Lanze hinter ihm her und holte ihn ein. Nun begann zwischen beiden ein grimmiger Kampf. Achilles traf endlich seinen Geg= ner mit der Lanze gerade in die Kehle, so daß dieser sinnlos niederstürzte. Sterbend bat der Unglückliche noch, seinen Leichnam nicht zu schänden. Aber für den Mörder des theuersten Freundes gab es keine Gnade mehr. Achilles durchbohrte ihm die Füße, zog einen Riemen hindurch und band den Leichnam an seinen Wagen. Dann peitschte er die wilden Pferde an und jagte mit ihm über Stock und Stein nach dem griechischen Lager, — zum bittersten Schmerze des alten Vaters und aller übrigen Trojaner, die oben auf der Mauer standen und dem schrecklichen Schauspiele zusahen. So weit kann die Leidenschaft ent= menschlichen!

Zehn Jahre lang dauerte der Heldenkampf vor Troja, bis endlich die Griechen durch eine List des Nachts in die Stadt eindrangen und sie in einen Schutthaufen ver= wandelten. Nun erfüllte sich das Wort, das Homer dem griechischen Heerführer Agamemnon in den Mund legt:

„Einst wird kommen der Tag, da die heilige Ilios hinsinkt,
Priamus selbst und das Volk des lanzenkundigen Königs.“

VIII. Die Götter Griechenlands.

Die Griechen hatten sich eine ganze Welt von Göttern gebildet und die einzelnen Götter mit den Tugenden und Fehlern der Menschen ausgestattet. Die griechischen Gott= heiten erscheinen als Glieder einer großen Familie, welche im Olymp wohnt. An der Spitze derselben stand Uranus, der Himmel, aus dem Alles hervorging. Sein Sohn Chronos (bei den Römern Saturnus) verschlang, als Sinnbild der Alles verzehrenden Zeit, seine Kinder; nur Zeus (Jupiter) wurde durch List gerettet. Als König der Götter beherrschte dieser den Olympus und leitete nach des Schicksals Fügungen die Angelegenheiten der Götter und Menschen; denn über ihm stand das Schick= sal oder Fatum als eine eiserne Nothwendigkeit. Des Zeus Gemahlin, Hera (Juno), wird als sehr neidisch und feindselig geschildert. Poseidon (Neptunus), der Gott des Meeres, bewegte und beruhigte die Fluthen des Meeres. Ares (Mars) wurde als Gott des Krieges verehrt. Hermes (Merkur), der Bote und Mittler zwischen Göttern und Menschen, führte am Himmel das Licht empor, führte auch die Menschen in's Leben ein und begleitete sie aus demselben hinaus. Als Botschafter der Götter wurde er mit einem Heroldstabe in der Hand und mit Fittigen an den Fersen abgebildet. Hades (Pluto), der Gott der Unterwelt, herrschte mit seiner Gemahlin Proserpina über die Schatten der Verstorbenen. Hephästus (Bulkanus), das Sinnbild des Feuers, war in allen Künsten erfahren und verfertigte für Helden und Götter Rüstungen und Waffen. In den Tiefen der feuerspeienden Berge hatte er seine Werkstatt. Dionysus oder Bacchus war das Sinnbild der im Frühling jugendlich emporblühenden Natur und Vorsteher des Weinbaues. Pallas Athene (Minerva), die Vorsteherin der Künste und Wissenschaften, entsprang bewaffnet aus dem Kopfe des Zeus, nachdem dieser die Mutter derselben, Metis (Weisheit), verschlungen hatte. Sie galt als Schutzgöttin der Städte und der bürgerlichen Einrichtungen. Daher fand sich auch ihr Bildniß als Bürgergöttin, das „Palladium“, in den meisten griechischen Städten vor. Aphrodite (Venus), aus dem Schaume des Meeres emporgestiegen, war die Göttin der weiblichen Schönheit und Anmuth. Demeter (Ceres) wurde als Erfinderin und Vorsteherin des Getreidebaues verehrt, Phöbus (Apollo) als Licht- und Sonnengott. Zugleich war dieser der Gott der schönen Künste und als solcher der Führer der neun Musen. Artemis (Diana) oder die Göttin der Jagd war das Sinnbild des bei Nacht Alles erhellenden Mondes. Castor und Pollux waren Sinnbilder des Morgen- und Abendsternes. Eos (Aurora) schließt als Morgenröthe dem Sonnengotte die Pforten des Morgens auf; dann fliegt dessen Wagen, von den Horen (den Stunden) begleitet, am Himmel vorüber; ihm folgt, wenn er in's Meer sinkt, die Nacht. — Die Musen waren die Göttinnen des Gesanges und der damit verbundenen Musik, und die Charitinnen (Grazien) spendeten jegliche Gabe der Anmuth.

Ueberdies dachten sich die Griechen die ganze Natur als belebt und mit höhern Wesen erfüllt. Jede Bewegung in derselben schien ihnen ein Wink irgend einer Gottheit zu sein. Der Regenbogen ist für sie der Weg, welchen die Götterbotin Iris zurücklegt; Winde und Stürme sind Genien, die in den Lüften kämpfen; Wälder und Flüsse sind von Nymphen bewohnt. Auch in dem Innern des Menschen walten die Götter als Richter seiner Gesinnungen und Handlungen; die Vorwürfe des Gewissens erscheinen unter dem schrecklichen Bilde der Erinnyen (Furien) oder Rachegöttinnen.

Etwas Höheres muß der Mensch anerkennen; wer nun den wahren Gott nicht kennt oder verläßt, der verfällt in alle möglichen Albernheiten. Wie armselig sind nicht diese griechischen Götter! Sie erscheinen groß, stark, schön; doch braucht sich ein Held oder König nicht zu schämen, wenn er ihnen zur Seite steht. Sie essen und trinken wie der Mensch, nur aber Nektar und Ambrosia. Sie werden als allwissend gerühmt, aber neben der Allwissenheit sehen wir Einfalt und lächerliche Unwissenheit. Ulysses verdeckt sich unter Seehundsfellen und überrumpelt den „allwissenden" Protens. Die Götter werden ferner von Homer als allmächtig gepriesen. Der Olymp zittert, wenn Jupiter die Locken schüttelt; Athene bläst die feindlichen Speere mit einem Hauche weg. Und doch ist wieder jeder einzelne Gott von dem eisernen Schicksale abhängig, dem nichts entgeht. Endlich zeichnen sich die Götter durch Heiligkeit und Gerechtigkeit aus; daneben reizen sie zur Grausamkeit, zur Lüge, zum Ehebruch, zum Meineid; Tücke und Neid, Eifersucht und Haß sind ihnen so wenig fremd als böse Lüste und Furcht, die selbst ein Sterblicher ihnen einflößt.

In solche traurige Widersprüche verliert sich der Mensch, der sich freiwillig von der Wahrheit entfernt. Auch die Heiden hätten den einzig wahren Gott erkennen können, obwohl ihnen das Licht der göttlichen Offenbarung noch nicht leuchtete. Denn „Thoren sind alle Menschen," sagt die hl. Schrift, „bei denen keine Kenntniß Gottes ist; aus dem Guten, das sichtbar erscheint, vermochten sie nicht den zu erkennen, der da ist, und ob sie gleich die Werke betrachteten, erkannten sie nicht, wer der Meister ist, sondern hielten entweder das Feuer oder den Wind, oder die leicht bewegliche Luft, oder den Kreis der Gestirne, oder das mächtige Wasser, oder Sonne und Mond für Götter, welche die Welt regieren." Aber die Heiden wollten eben die Wahrheit, den Schöpfer nicht erkennen, um ihren Gelüsten fröhnen zu können. Der Christ hat daher wahrlich nicht Ursache, sich „nach diesen Göttern" zurückzusehnen, wie dies der berühmte Dichter Schiller in seinem Gedichte „Die Götter Griechenland's" gethan hat.

IX. Die schwarze Suppe.

Der Grundzug der Verfassung, welche der spartanische Gesetzgeber Lykurg seinem Volke gab, war die Abhärtung für den Krieg, während die Verfassung Solon's vorzüglich Künste und Wissenschaften beförderte.

Jeder Spartaner war ein geborner Krieger, das ganze Volk ein Kriegervolk, dem keine Anstrengung, keine Gefahr zu groß war, wenn es galt, das Vaterland zu vertheidigen und den väterlichen Herd zu schützen. Den größten Theil des Tages übte es sich im Fechten, Ringen, Laufen und Werfen, um den Körper recht behende und zur Ertragung der Kriegsbeschwerden geschickt zu machen. In die Schlacht zogen die Spartaner bekränzt, mit Musik und Gesang, wie zu einem Feste, in blutfarbiger Kleidung. Sieg oder Tod war die Losung. Der Flüchtling blieb als Ehrloser ausgestoßen. Darum gab einst eine spartanische Mutter ihrem Sohne, als er in den Krieg zog, den Schild mit den Worten: „Mit ihm oder auf ihm!" d. h. kehre entweder siegend aus der Schlacht mit deinem Schilde zurück, oder fällst du, so sei es doch nach der tapfersten Gegenwehr, so daß man dich mir auf deinem geretteten Schilde zurücktragen kann.

Schon die erste Erziehung des jungen Spartaners wies auf seine künftige Bestimmung hin. War ein Kind nicht gesund und stark, so wurde es zum Verhungern ausgesetzt; denn die Stadt sollte nur aus starken, wehrhaften Bürgern bestehen. Sonst behielten es die Eltern bis zum siebenten Jahre. Ihre ganze Erziehung bezweckte fast einzig Abhärtung des Körpers. Halbnackt liefen die Kleinen umher, halbnackt schliefen sie auf hartem Lager von Schilf, welchen sie sich, sobald sie laufen konnten, vom Ufer des Eurotas selbst holen mußten. Mit dem siebenten Jahre gehörten die Kinder dem Staate an und kamen unter strenge männliche Aufsicht. Sie wurden abgehärtet gegen Hunger und Durst, Hitze und Kälte, ja sogar gegen empfindliche Körperschmerzen. Jährlich einmal wurden die Knaben öffentlich am Altare der Diana bis auf's Blut gegeißelt. Die Eltern standen dabei und munterten ihre Kinder auf, muthig bis an's Ende auszuhalten. Weinen war dabei die größte Schande. Manche Knaben sollen unter den Geißelhieben todt hingesunken sein, ohne einen Laut des Schmerzes von sich zu geben. Besonders ehrerbietig mußten die Knaben gegen die Alten sein. Auf der Straße hatten sie ihnen auf die Frage: Woher und wohin? augenblicklich Rede zu stehen. In ihrer Gesellschaft durften sie durchaus nicht sprechen, es sei denn, daß sie gefragt wurden. Auf Fragen aber, die man an sie stellte, mußten sie kurz und verständig antworten. Noch jetzt nennt man eine kurze, aber vielsagende Antwort eine lakonische.

Auch die Jungfrauen trieben die Uebungen der Knaben und Männer, damit alle in gleicher Körperkraft aufblüh= ten. Künste und Wissenschaften waren hier nicht zu suchen. Die Stadt glich vielmehr einem großen Kriegslager, in welchem der ganze dorische Adel stets mit gesammter Macht zum Ausrücken fertig und bereit stand.

Die merkwürdigste Anordnung Lykurg's aber war wohl die gemeinschaftliche schwarze Suppe, die zugleich am deutlichsten die Grundabsicht der lykurgischen Verfassung offenbart. Kein Spartaner durfte zu Hause speisen, selbst die beiden Könige nicht. Zur bestimmten Stunde mußte sich Jeder auf den Markt verfügen, wo gemeinschaftlich gespeiset wurde. Fünfzehn saßen gewöhnlich an einem Tische. Jeder mußte monatlich hierzu Etwas beitragen. Die Aeltesten sorgten bei Tische für Mäßigkeit und an= ständige Unterhaltung. Die Jüngern durften bloß zuhören. Ueppigkeit und Schwelgerei waren durchaus nicht gelitten. Die schwarze Suppe, wahrscheinlich ein Gemisch von Schweinefleischbrühe, Blut, Essig und Salz, gehörte zu ihren gewöhnlichen Gerichten. Ein fremder Fürst, der viel von dieser Suppe gehört hatte, ließ absichtlich einen spar= tanischen Koch kommen, um sich eine solche bereiten zu lassen. Aber ihm wollte sie gar nicht schmecken. „Das dachte ich wohl," sagte der Koch, „denn unsere Suppe schmeckt nur denen gut, die tüchtig gearbeitet und ge= hungert haben."

Vierhundert Jahre lang blieb die lykurgische Ver= fassung ungeschmälert, und Sparta stand da als erster Staat Griechenlands. Alsdann aber änderte sich durch den erweiterten politischen Verkehr Manches, und Sparta sank seitdem mehr und mehr von der Höhe seiner Macht und seines Ansehens hinab.

X. Der Uebergang des Königs Xerxes über den Hellespont.

Unerträglich war der Schimpf bei Marathon dem stolzen Darius, König von Persien, und entflammte ihn zur äußersten Rache. Jetzt wollte er selbst gegen die Griechen ziehen. Sein ganzes Reich mußte sich zu diesem Zuge drei Jahre lang rüsten. Da starb er. Xerxes, sein Sohn und Nachfolger, setzte die Rüstung fort. Des Sieges gewiß hatte er nicht Lust, wie er prahlend sagte, künftig attische Feigen zu kaufen; er wollte sich des ganzen Landes bemächtigen und dann nur eigene Feigen essen. Nach der Unterwerfung Griechenlands gedachte er ganz Europa zu überfluthen, bis der Himmel selbst die alleinige Grenze des Perserreiches wäre, und die Sonne kein benachbartes Land mehr beschiene. Doch dieser Uebermuth wurde bitter bestraft.

Alle Anstalten zu dem Zuge waren riesenartiger Natur. Sechsundfünfzig verschiedene Nationen, die dem Großherrn unterthänig waren, wurden zu dem neuen Rachezuge aufgeboten. Ganz Asien war in Bewegung; aus den entlegensten Gegenden kamen die Völker herangezogen. Die Menge war so groß, daß man sie nicht zählen konnte. Um ihre Zahl ungefähr zu bestimmen, ließ Xerxes zehntausend Mann abzählen, diese eng zusammentreten und um sie her eine Art Hürde ziehen. Dann ließ er diese hinaustreten und den für zehntausend Mann abgeschlagenen Raum mit andern füllen. Hundert und siebenzig Mal füllte und leerte sich dieser Raum, und es waren demnach gegen 1,700,000 Menschen aufgeboten. Furchtbar wie die Landmacht war auch die Seemacht. Die Zahl der Kriegsschiffe belief sich auf zwölfhundert, die noch von dreitausend Lastschiffen begleitet wurden. An der Spitze dieser Millionen stand Xerxes selbst, wie ein Abgott von seinen Völkern geehrt und zugleich gefürchtet.

Mit dem Frühlinge des Jahres 480 setzte sich der Zug in Bewegung. Es war, als käme ganz Asien dahergewandert. Im Andenken an das Unglück, welches dem Mardonius beim Umsegeln des Athos widerfahren war, ließ der König einen Kanal durch den Berg ziehen, und die Flotte segelte hindurch. Zum Behufe eines sichern Uebergangs des Landheeres ließ er zwei Brücken über den Hellespont schlagen. Dieser ist eine schmale Meerenge, die Europa von Asien trennt, und heißt jetzt von den an beiden Seiten gelegenen festen Schlössern, die den Eingang vertheidigen, Straße der Dardanellen. Aber der Sturm zerstörte den Bau. Da gerieth Xerxes in Wuth. Er ließ die Werkleute enthaupten, in das widerspenstige Meer aber dicke Ketten werfen, als wollte er dieses jetzt ebenso fesseln, wie über kurz die Griechen selbst, und zuletzt soll er es noch mit dreihundert Peitschenhieben gezüchtigt haben unter den stolzen Worten: „Diese Strafe gibt dir dein Gebieter, weil du ihn ohne Grund beleidiget hast. Ueber deinen Rücken wird er hinziehen, du magst wollen oder nicht, du böses Meer!" Schnell war eine neue Brücke fertig, und nun wurden Anstalten zu einem feierlichen Uebergange gemacht.

Früh am Morgen, als der Himmel im Osten sich röthete, wurde ein feierliches Opfer gebracht. Man zündete Weihrauch auf der Brücke an und bestreute diese mit Zweigen von Myrtenbäumen. Und als die Sonne in hoher Majestät emporstieg, neigten sich voll Ehrfurcht die Völker Asiens, und tiefe Stille herrschte ringsum. Xerxes goß aus goldener Schale ein Trankopfer in's Meer und flehte das aufgehende Tagesgestirn um Sieg für die persischen Waffen an. Dann warf er den Becher nebst einem persischen Schwerte in die See und gab das Zeichen zum Aufbruche. Nun setzten sich all' die Millionen in Bewegung. Sieben Tage und eben so viele Nächte dauerte der Uebergang über die Brücke unaufhörlich fort.

Zunächst ergoß sich der große Völkerstrom über Thracien. Hernach überschwemmten die wilden Asiaten wie eine Sündfluth das nördliche Griechenland. Da war kein Gedanke an Widerstand; von allen Seiten schickte man ihnen Wasser und Erde, die Zeichen der Unterwerfung, freiwillig entgegen. Wohin der Weg führte, Alles mußte folgen, und die Heeresmassen wuchsen zum Unendlichen heran.

Doch einige Monate später setzte ein Mann, ganz allein, mit verstörtem Gesichte und voll hastiger Eile in einem armseligen Fischerkahne über denselben Hellespont: es war Xerxes, dessen Riesenmacht, beinahe schon bei den Thermopylen durch den Heldenmuth des Leonidas und seiner dreihundert Spartaner und siebenhundert Thespier gebrochen, bei der Insel Salamis durch den athenischen Feldherrn Themistokles vollständig vernichtet worden. Während folgende Inschrift den Ruhm der spartanischen Helden der Nachwelt verkündet:

„Wanderer, sag's zu Sparta, daß seinen Gesetzen gehorsam
Wir erschlagen hier liegen!"

ward der Name des stolzen Xerxes mit Verachtung genannt, und sein Uebermuth in der empfindlichsten Weise bestraft. Kurz vor dem Anfang dieser Periode hatten die Perser, ein armes Bergvolk, unter der Führung eines kühnen und klugen Eroberers, die Herrschaft der reichen Meder niedergeworfen, mit einem Schwertstreich die Lyder, die Herren von Kleinasien, besiegt; Babylon und Assyrien traf dasselbe Schicksal, und an den südlichen Küsten des Mittelmeeres ergab sich ihnen das reichste Handelsvolk der alten Welt, die Phönizier. Selbst reich geworden, verließ sie der Sieg. Ein kleines Volk stieß ihre zahllosen Heere mit Schmach zurück und erniedrigte in Kurzem den Stolz der Perser so sehr, daß sie Gesetze von ihm annehmen, das Mittelmeer auf seinen Befehl gänzlich verlassen mußten und selbst nicht mehr die Küsten

Kleinasiens mit ihren Heeren betreten durften. Im Kriege gegen die Perser hatten sich die Griechen wohl den größten Ruhm erworben.

XI. Sokrates.

Unter Perikles, dem gefeierten Redner und Staats=mann, strahlte Athen nicht nur durch äußere Macht, son=dern auch durch Künste und Wissenschaften vor allen andern Staaten hervor. Ruinen von den Prachtwerken des kunst=sinnigen Volkes stehen noch in jenen Gegenden, als trauerten sie über die gesunkene alte Größe, und selbst die gefallenen Säulen sind noch immer würdige Grabsteine einer längst erstorbenen Blüthezeit der Kunst. Je höher aber die Athener stiegen, desto mehr erregten sie den Neid ihres Bruder=volkes, der Spartaner. Der peloponnesische Krieg (431— 404 v. Chr.) brach aus, und mit ihm sank auch die Kunst wieder von ihrer Höhe herab. Denn

„Wo die Waffen erklirren
Mit eisernem Klang,
Wo der Haß und der Wahn die Herzen verwirren,
Wo die Menschen wandeln im ewigen Irren —
Da wenden wir flüchtig den eilenden Gang,"

läßt Schiller in treffender Wahrheit die Künste sprechen. Ein höchst verderblicher Zeitgeist untergrub auch in kurzer Zeit Religion und Tugend, die festesten Grundpfeiler eines Staates. Athen sank immer tiefer.

Gegen dieses Verderbniß erhob sich mit aller Kraft ein Freund echter Weisheit und Menschenwürde, der große Philosoph Sokrates. Er war im Jahre 469 zu Athen geboren. Sein Vater war hier Bildhauer, und er selbst trieb einige Zeit diese Kunst. Vielleicht mochte ihn aber der böse Zeitgeist zu ernsten Betrachtungen der hohen Würde und Bestimmung des Menschen hingezogen haben. Denn bald nachher entsagte er allen andern Beschäftigungen und widmete sich stiller Betrachtung. In diese war er oft so vertieft, daß er den ganzen Tag und die ganze

Nacht unbeweglich auf derselben Stelle stand. Nur erst, wenn die Sonne aufging, erwachte er gleichsam aus seiner Verzückung; dann entblößte er sein Haupt und betete. Unter seinen ausgearteten Mitbürgern, die in allen Lüsten schwelgten, und in der üppigsten Pracht einhergingen, erschien er selbst in rührender Einfachheit, nur in einen schlichten Mantel gehüllt; selbst im Winter ging er oft mit bloßen Füßen. Er aß und trank nur das Allergewöhnlichste und blieb bei einfacher Kost dauerhaft gesund, selbst zur Zeit der Pest. Sein Grundsatz war: Nichts bedürfen ist göttlich, und am wenigsten bedürfen der Gottheit am nächsten. Bei einer so einfachen Lebensart war Sokrates stets heiter und vergnügt. Kein Vorfall konnte seine Seelenruhe stören. Einst gab ihm ein zorniger Mann eine Ohrfeige. „Es ist doch verdrießlich," sagte Sokrates lächelnd, „daß man nicht voraussehen kann, wann es gut wäre, einen Helm zu tragen!" Eben so hörte er einst mit der größten Ruhe, daß Jemand schlecht von ihm gesprochen habe. — „Mag er mich doch auch prügeln," sagte er, „wann ich nicht dabei bin."

Am meisten Gelegenheit seine Geduld zu üben fand er in seinem eigenen Hause. Xanthippe, seine Frau, war oft übler Laune und dann sehr zanksüchtig. Eines Tages war sie wieder recht böse und schalt ihn tüchtig aus. Er blieb ganz gelassen. Da sie aber immer heftiger wurde, stand er endlich auf und ging aus dem Hause. Das erbitterte sie noch mehr. Im Eifer ergriff sie einen Topf mit Wasser und goß denselben ihrem Gemahl aus dem Fenster nach. „Nun ja," sagte Sokrates, „nach einem solchen Donnerwetter mußte es wohl regnen!"

Das Hauptgeschäft des Sokrates war die Unterweisung der Jugend. Er hielt aber keine regelmäßige Schule, sondern lehrte an allen Orten, auf dem Markte, auf Spaziergängen, bei Tische, im Lager, kurz, wo er viele Menschen zusammen fand. Für seinen Unterricht forderte er

Nichts. Dabei schlug er einen eigenen Weg ein, seine Lehre einem Andern recht faßlich beizubringen. Er ließ sich mit ihm über den bestimmten Gegenstand in ein Gespräch ein, bis durch wechselseitiges Fragen und Antworten die Wahrheit des Einen und die Ungereimtheit des Andern klar in die Augen sprang. So belehrte er einst den jungen Alcibiades, als dieser große Schüchternheit verrieth, künftig vor dem Volke als Redner aufzutreten, folgender Art: „Würdest Du Dich wohl fürchten, vor einem Schuster zu reden?" — „O nein!" — „Oder könnte Dich ein Kupferschmied verlegen machen?" — „Nicht im Geringsten!" — „Aber vor einem Kaufmann würdest Du doch erschrecken?" — „Eben so wenig!" — „Nun siehe," fuhr Sokrates fort, „aus solchen Leuten besteht ja das athenische Volk. Du fürchtest den Einzelnen nicht, warum wolltest Du sie versammelt fürchten?"

Seine Schüler hingen mit ganzer Seele an ihm; sie verließen sogar ihre Lustbarkeiten, um bei ihrem theuren Lehrer zu sein. Antisthenes ging täglich eine halbe Meile weit nach der Stadt, den Sokrates zu hören. Ein anderer wißbegieriger Jüngling, Euklides, kam sehr oft von Megara, vier Meilen weit, um nur einen Tag bei ihm zu sein. Und als die Athener, aus Haß gegen die Megarer, diesen unter Todesstrafe verboten, in ihre Stadt zu kommen, wagte es dennoch Euklides, sich des Abends in Weiberkleidung, auch mit Gefahr seines eigenen Lebens, durch's Thor zu schleichen, um den Sokrates zu besuchen und von ihm unterrichtet zu werden. So hatte der große Lehrer täglich einen Kreis wißbegieriger Jünglinge um sich versammelt, aus denen später die berühmtesten Männer wurden. Der Ruhm des Sokrates verbreitete sich so weit, daß die Priester zu Delphi ihn für den „weisesten der Menschen" erklärten.

Es war vorauszusehen, daß Sokrates sich durch seine ausgezeichnete Weisheit und Tugend bei dem großen Haufen seiner verdorbenen Mitbürger Haß und Neid zuziehen mußte. Seine größten Feinde waren die Sophisten, deren lügenhaftes Wesen er mit schonungslosem Tadel aufdeckte und die er durch seinen tugendhaften, uneigennützigen Wandel beschämte. Sie verleumdeten ihn und suchten ihn in der Stadt lächerlich zu machen. Und als ihnen alles Dieses nichts half, verklagten sie ihn öffentlich. Sie beschuldigten den Weisen, er glaube an die Götter seiner Vaterstadt

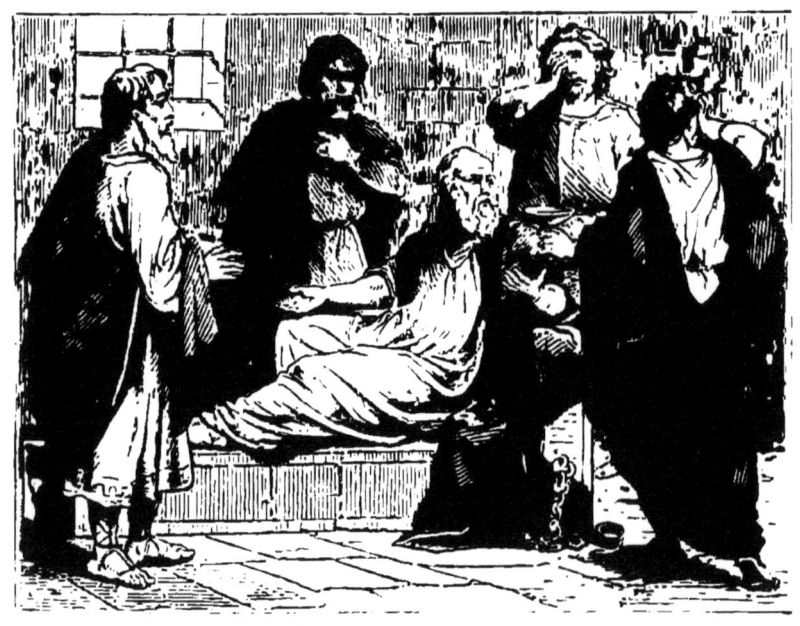

Tod des Sokrates.

nicht, auch verderbe er durch seine Lehre die Jugend. Sie brachten es durch solche lügenhafte Vorgaben wirklich dahin, daß derselbe verurtheilt wurde, den Giftbecher zu trinken.

Sokrates, bereits ein Greis von siebenzig Jahren, sagte kein Wort zu seiner Vertheidigung. Er wies einfach auf sein öffentliches Leben hin. Auch das Ansinnen seiner treuen Schüler, sich durch Flucht aus dem Kerker zu retten, wies er ruhig zurück. Ohne Zögern nahm er an dem bestimmten Tage den Giftbecher und trank ihn aus. Sein

letztes Wort war: „Ich bin dem Aeskulap (dem Gotte
der Heilkunde) noch einen Hahn schuldig, opfert ihm doch
ja!" Erst nach seinem Tode sahen die Athener ihr großes
Unrecht ein. Die ganze Stadt war in Trauer, als würde
in jedem Hause ein Todter beweint. Seinen Hauptan=
kläger verurtheilten sie zum Tode, die übrigen jagten sie
aus dem Lande. Ihm aber errichteten sie eine prächtige
Statue und verehrten ihn fast wie einen Gott. Seine
Schüler, unter denen Xenophon und Plato die be=
rühmtesten sind, breiteten schriftlich und mündlich seine
trefflichen Lehren unter die Menschen aus.

Das Leben dieses Mannes ist wohl das Erhabenste,
Edelste, was die heidnische vorchristliche Zeit aufzuweisen
hat. Aber zugleich zeigt uns auch am besten Sokrates,
wie armselig der Mensch ist, der nicht ganz dem Rufe
seiner Vernunft und der Stimme seines Gewissens folgt.
Wohl spricht er im trauten Kreise seiner Schüler hin
und wieder von einem einzigen wahren Gott, kommt
aber doch immer wieder auf die Götter zurück und for=
dert seine Schüler auf, dieselben zu verehren; ja er läßt
bei seinem Tode ihnen noch als letzten Seuf=
zer den Auftrag zurück, den falschen Göttern
für ihn ein Opfer darzubringen.

Gott hat nämlich von Anfang an einem jeden Men=
schen sich geoffenbart und offenbart sich fortwährend der
Menschheit, damit am Tage des Gerichtes Niemand eine
Entschuldigung habe. Diese Offenbarung geschieht erstens
durch die Stimme des Gewissens, zweitens durch
die äußere sichtbare Schöpfung und drittens durch
die mündliche und schriftliche Ueberlieferung,
die von Geschlecht zu Geschlecht, von Jahrhundert zu
Jahrhundert wie ein großer geistiger Strom durch die
Geschichte geht. Wer dieser Offenbarung sein Ohr ver=
schließt, der wandelt freiwillig und schuldbar im Irrthume
und hat deshalb auch kein Anrecht auf die übernatürliche

Erleuchtung und Gnade, die selbst dem Heiden zur Erlangung der Seligkeit nicht versagt wird. „Wenn Jemand,“ sagt der große Lehrer der Kirche, der hl. Thomas von Aquin, „in den Wäldern aufgewachsen, der Stimme seines Gewissens folgt, so wird Gott ohne Zweifel ihm die nöthigen Glaubenswahrheiten mittheilen, entweder durch innere Erleuchtung oder durch einen Prediger des Glaubens.“ Der Weise von Athen ist deßhalb wohl eine edle, vielleicht die edelste Gestalt in der alten Geschichte, aber er lebte und starb immerhin als ein Heide.

XII. Des großen Vaters noch größerer Sohn.

An der nördlichen Grenze Griechenlands hatte sich aus ganz unbedeutenden Anfängen das Königreich Macedonien gebildet. Es war in Gefahr, sich selbst wiederum aufzulösen. Da übernahm der junge, kühne, geistreiche Philipp, der im Hause des Epaminondas in Theben erzogen worden war, die Leitung des Reiches (360—336 v. Chr.). Mit rastlosem Eifer und kluger Berechnung jeden Schrittes wußte er sich zuerst in den Besitz der thracischen Goldküste zu setzen, griff dann die griechischen Colonieen an, brachte endlich, von den entzweiten Griechen selbst in ihre Angelegenheiten hineingezogen, diesen bei Chäronea (338 v. Chr.) eine vollständige Niederlage bei und ließ sich zum Oberanführer gegen die Perser wählen. Von da an endigte die Unabhängigkeit Griechenlands, das nun der macedonischen Hegemonie unterworfen war. Die Unterjochung der Perser aber war Alexander, des großen Philipp noch größerem Sohne, vorbehalten.

Schon früh sehnte sich des Knaben Herz nach hohen, ruhmwürdigen Dingen. Ueber die ganze Welt wünschte er König und der alleinige Besitzer aller menschlichen Kenntnisse zu sein. Selbst seinen Vater beneidete er wegen seiner Thaten. So oft die Siegesboten die Nachricht brachten, Philipp habe diese oder jene Stadt eingenommen, dieses oder jenes Volk bezwungen, wurde der Kleine traurig und sagte mit Thränen in den Augen: „Ach, mein Vater wird noch die ganze Welt erobern und mir Nichts zu thun übrig lassen." Am liebsten hörte er Erzählungen von den Großthaten der alten Helden, von Krieg und Schlachten. Homer war deshalb sein Lieblingsbuch; ein Held zu sein, wie Achilles, sein innigster Wunsch. Des Nachts hatte er das Buch unter seinem Kopfkissen liegen, um darin zu lesen, sobald er erwache. Auch auf seinen Feldzügen führte er es bei sich und bewahrte es in einem goldenen Kästchen.

Achtzehn Jahre alt, focht er mit in der Schlacht bei Chäronea; der Sieg war hauptsächlich sein Werk. Zwan= zig Jahre alt war er König (336—323 v. Chr.).

Schwer war für den jungen König der Anfang seiner Regierung. Rings umher standen die unterjochten Völker auf; alle trachteten nach der Freiheit. Die Athener spot= teten seiner, nannten ihn bald einen Knaben, bald einen unerfahrenen Jüngling, von dem Nichts zu fürchten sei. Aber blitzeschnell eilte Alexander nach Griechenland, unterjochte die empörten Völker und ließ sich, wie früher sein Vater, bei der allgemeinen Versammlung der Griechen in Korinth zum Oberanführer gegen die Perser ernennen.

Im Frühlinge des Jahres 334 brach Alexander mit dem Bundesheere der Macedonier und Griechen zu dem Rachezuge gegen die Perser auf und schlug dieselben zu= erst am Granikus (334 v. Chr.) und bei Issus (333 v. Chr.). Bei letzterm blieben über 100,000 Perser auf dem Platze. Hierauf eroberte er Aegypten und legte an einer der westlichen Mündungen des Nil die nach seinem Namen benannte Stadt Alexandria an, welche wegen ihrer vortrefflichen Lage bald der Sitz des Welthandels und zugleich der Sammelplatz aller Künste und Wissen= schaften wurde. Nach Asien zurückgekehrt, verfolgte er den Perserkönig Darius Kodomannus und vernichtete dessen

Macht vollends bei Gaugamela (331), wodurch er Herr von ganz Asien wurde.

Alexander war nicht bloß ein kluger Eroberer, wie sein Vater Philipp; er war ein großartig angelegter Geist, der mit kühnem Muthe die bewunderungswürdigste Weisheit und den überraschendsten Scharfblick verband. Daher trugen auch seine Feldzüge nicht nur den Charakter von Eroberungszügen, sondern auch von Entdeckungsreisen. Er verbreitete Licht über Länder, die man früher nur aus Märchen kannte. Namentlich gilt dies von Indien, das er nur wegen des Mißmuthes seiner Soldaten nicht ganz erobern und erforschen konnte. Leider ereilte ihn schnell nachher und allzufrüh — er war erst zwei und dreißig Jahre alt — der Tod (323 v. Chr.). Nichts war in seinem großen Reiche geordnet, und deßhalb wurde dasselbe um so leichter eine Beute der mächtigen Römer.

XIII. Italien, der natürliche Mittelpunkt der alten Völkergeschichte.

Betrachten wir die geographische Lage Italiens in Verbindung mit den andern Ländern der Erde, so zeigt sich, daß ihm schon dadurch eine große, weltgeschichtliche Bedeutung angewiesen sei. Verbunden mit den nordischen Ländern und doch geschützt gegen sie durch die mächtige Gebirgswand der Alpen, hinausragend in das herrliche Meer, welches Asien und Afrika mit Europa verbindet, und dadurch jenen Erdtheilen näher gerückt, an sich selbst von bedeutender Größe (5800 Quadratmeilen), nicht so von Gebirgen zerklüftet wie Griechenland, voll breiter Ebenen, in sich reich an allen natürlichen Erzeugnissen und vom schönsten Himmel überwölbt, — scheint Italien mehr als irgend ein anderes Land geeignet, ein großes Volk zu ernähren und ihm alle Mittel der reichsten und freiesten Entwicklung zu bieten. Schon die Alten selbst, Griechen wie Römer, haben diese natürlichen Vorzüge klar erkannt. Sie machen darauf aufmerksam, daß kein anderes Land in Europa so deutlich durch seine Natur bestimmt sei, ein Ganzes zu bilden und die umliegenden Länder zu beherrschen, wie Italien. „Im Norden," sagt der Naturforscher Plinius, „bilden die Alpen eine natürliche Felsenmauer gegen jeden Angriff, auf allen übrigen Seiten schützt das Meer. Italien hat wenig Häfen, dadurch wird der Angriff von Außen erschwert. Die wenigen aber, welche es besitzt, sind groß und trefflich, sie erleichtern die Unternehmungen nach Außen. Zu diesen Vorzügen kommt das glückliche Klima, gleich weit entfernt von übermäßiger Hitze, wie Kälte; dies fördert das Gedeihen aller Naturprodukte, ohne die Kraft des Menschen zu lähmen. Die Apenninen, welche das ganze Land durchziehen, haben zu beiden Seiten breite Ebenen und fruchtbare Hügel, voll Waldungen für den Schiffbau und voll nährender Kräuter für die Heerden. Reich ist es auch an Flüssen und Seeen, an warmen und kalten Quellen, an Metallen aller Art. Die Güte der Früchte ist nicht zu beschreiben. Wahrlich, die Götter selbst haben dieses Land erwählt zu einer Erzieherin aller übrigen, damit es die getrennten Reiche vereinige und ihre Sitten mildere, die vielgetheilten Menschen unter sich verständige, kurz, daß es ein Vaterland werde allen Völkern des Erdkreises." Diese wahrhaft prophetischen Worte haben sich buchstäblich erfüllt. Italien wurde, von der göttlichen Vorsehung dazu bestimmt, in der Folge die Beherrscherin der alten Welt. Wir werden jedoch in einem spätern Bilde sehen, daß diese Weltherrschaft Italiens nur wiederum einem andern großen Zwecke Gottes, der Gründung und Verbreitung des Christenthums, dienen mußte, denn

„Rom und Reich, um Wahres zu verkünden,
Ward nur gestiftet, um den heiligen Ort
Zum Sitz für Petri Folger zu begründen,"

singt Italiens unsterblicher Dichter, Dante.

XIV. Die Siebenhügelstadt.

Ueber die Gründung Rom's, dessen Name nach den neuesten Forschungen Stromstadt bedeutet (Ruma, alter Name des Tiber), herrschten schon bei den alten Schriftstellern verschiedene Meinungen. Darin jedoch stimmen Alle, welche sich mit der Urgeschichte Rom's beschäf-

Ansicht der Stadt Rom unter den Königen.

tigen, überein, daß auf dem Palatin die älteste Stadt, später von ihrer Form die urbs quadrata (viereckige Stadt) genannt, gestanden habe. Diese, gebaut um die Mitte des achten Jahrhunderts v. Chr., umschloß das strohgedeckte Haus des Romulus, das Königshaus und den Vestatempel. Noch in der Kaiserzeit waren theilweise die Mauern und Thore dieser Altstadt sichtbar. Doch hiebei verblieb es nicht lange. Eine Vergrößerung nach der andern trat hinzu.

Die erste bedeutende Vergrößerung erhielt die Stadt durch den Beitritt einer sabinischen Gemeinde, welche die Höhen des Quirinals inne hatte. Die beiden so vereinigten Stämme machten den capitolinischen Hügel zu ihrer gemeinsamen Burg, welche durch schroffe Tuffwände gegen den Fluß und gegen den Norden hin gesichert war. Das zwischen dem Capitol und dem Palatin liegende Thal, das Forum, diente zu Versammlungen, und hieß daher Comitium. Unter den folgenden Königen wird der weise Numa Pompilius als jener genannt, welcher den Umfang der Stadt auf fünf Thore erweiterte. Tullus Hostilius soll den Cölius mit den Bewohnern des zerstörten Alba longa bevölkert haben. Von Ancus Marcius wird erzählt, daß er abermals aus den überwundenen Völkerschaften die Stadt vergrößerte und auf dem Aventin eine Ansiedlung gründete. Als Begründer der Stadt, wie sie bis in die Kaiserzeiten hinein bestand, gilt der König Servius Tullius. Er vereinigte mit der alten Stadt den Quirinal, Viminal und Esquilin, indem er diese Hügel in die Einfriedung der Mauer hineinzog, welche von ihm den Namen trug. Wohl 25 Thore öffneten sich in dieser Ringmauer, welche die in vier Regionen getheilte Siebenhügelstadt in einem Umkreise von ungefähr acht Meilen umschloß. Mit der steigenden Bevölkerung wurde aber die Ringmauer der alten Stadt bald zu klein, und es entstanden allmälig bedeutende Vorstädte, die nach und nach in das Weichbild aufgenommen wurden. Zu gleicher Zeit begannen die Römer, durch ihre Siegesbeute reich geworden, riesenhafte Bauten aufzuführen, so daß Kaiser Augustus mit gewissem Rechte den Ruhm in Anspruch nehmen konnte, die Stadt aus Lehm in eine Marmorstadt verwandelt zu haben. Tempel an Tempel, Basiliken und Foren entstanden in sich überbietender Pracht und stets großartiger werdenden Verhältnissen.

Wohl ist die Siebenhügelstadt längst untergegangen. Die einst dicht bevölkerten Hügel des Cölius und Aventin, sowie ein Theil des Esquilinus stehen heute fast verödet da, und der Palatin, der einst so stolze, von Marmor und Gold strahlende Schauplatz kaiserlicher Prunkbauten, ist in Trümmer gesunken. Bei jedem Schritte stoßen wir auf die Denkmale jener längst entschwundenen Jahrhunderte. So großartig jedoch die Reste des alten Rom sind, so geben sie dennoch kaum Anhaltspunkte genug, um sich aus ihnen allein ein Bild der Herrlichkeit der alten Königin unter den Städten zusammenzufügen. An anderthalbtausend Jahre sind es, seitdem der Verfall der alten Stadt begonnen, welche einstens über den Erdkreis gebot, und von dort an haben nicht nur Feuer und Schwert siegreicher Feinde, sondern auch die Zeiten des Friedens das Ihrige dazu gethan, den äußern Anblick der alten Stadt völlig zu verwischen. An die Stelle des alten Rom ist ein neues getreten, das vorzugsweise auf dem Janikulus thront; das heidnische Rom machte dem christlichen Platz, denn Rom wird sein und bleiben, für was es schon die alte Welt, wenn auch mit falscher Selbstüberhebung, ausgegeben: die ewige Stadt.

XV. Veturia, die Retterin Rom's. Cornelia, die Mutter der Gracchen.

Es gab in Rom anfänglich Patricier (Altbürger) und Plebejer (Neubürger). Diese lagen zweihundert Jahre lang mit einander im Kampfe um die Gleichheit der Rechte, bis endlich im Jahre 300 v. Chr. jegliche Scheidewand fiel, welche die ehrwürdigen Stände so lange von einander getrennt hatte. In diesem langen Kampfe hatte einst der junge Patricier Coriolan durch seine schnöde Behandlung der Plebejer ihren schweren Zorn erregt. Er wollte ihnen bei einer Hungersnoth nur unter der Bedingung Getreide geben, daß sie ihre Tribunen wieder abschafften, die täglich anmaßender und herrschsüchtiger wurden. Diese luden ihn vor das Gericht der Volksgemeinde. Er erschien nicht. Da sprach das Volk in seiner Tribusversammlung die Acht über ihn aus. Diesem Volksbeschlusse war der tiefgekränkte Patricier schon zuvorgekommen. Noch während der Abstimmung verließ er zürnend Rom und schwur schreckliche Rache seiner Vaterstadt. Er ging zu den bittersten Feinden der Römer, zu den Volskern, und reizte diese zu einem neuen Kriege gegen seine Vaterstadt auf. Er selbst ward an die Spitze eines Heeres gestellt und drang mit seinen Gewalthaufen stürmend in Latium ein (490 v. Chr.). Alles warf er vor sich nieder. Schrecken ging vor ihm her. Im Angesichte der zitternden Hauptstadt schlug er sein Lager auf und verwüstete mit Feuer und Schwert ringsum die Ländereien der Plebejer; die der Patricier verschonte er.

Die bedrängte Stadt schickte schnell eine Gesandtschaft der vornehmsten Patricier an ihn ab, um ihn freundschaftlich zu bitten, von der Belagerung abzustehen und nach Rom zurückzukehren. Allein der gereizte Sieger gab eine harte Antwort. Da gingen die Priester selbst mit allen Zeichen ihrer Würde in feierlichem Zuge in das volskische Lager. Coriolanus empfing sie mit aller Ehrfurcht, willfahrte aber ihren Bitten nicht. Nun stieg die Verzweiflung auf's Höchste. Die Männer liefen mit den Waffen nach der Stadtmauer, während die Weiber sich in den Tempeln vor den Altären der Götter weinend niederwarfen und um Rettung fleheten. Endlich begaben sich die ehrwürdigsten Frauen Roms, Veturia, die Mutter des Coriolanus, und Volumnia, seine Gemahlin, mit ihren Kindern an der Spitze, zu Coriolanus, um den letzten Versuch auf das Herz desselben zu machen. Als man ihm meldete, jetzt komme dort unten sogar ein Trupp Weiber angezogen, wendete er sich mit Unwillen weg. Aber kaum hatte er gehört, daß auch seine Mutter, seine

Gemahlin und Kinder mit in dem Zuge seien, so ging er ihnen freundlich entgegen.

Anfangs widerstand er ihren Bitten und forderte sie auf, das falsche Rom zu verlassen und bei ihm zu bleiben. Als aber seine Mutter, wie verzweifelnd, sich bittend und flehend zu seinen Füßen warf, als Weib und Kinder weinend sich um seine Kniee schmiegten, da endlich siegte die Stimme der Natur über das Herz des erzürnten Sie= gers. Gerührt hob er die inniggeliebte Mutter auf, und mit Thränen rief er an ihrem Halse: „O Mutter, Mutter, Rom hast Du gerettet, aber Deinen Sohn verloren!" Er entließ die Frauen, führte das Heer zurück und soll dafür von den getäuschten Volskern erschlagen worden sein. Die Römer aber errichteten, zum Andenken der schönen That der Frauen, dem weiblichen Glücke einen Tempel und zwar an der Stelle, wo Veturia den Helden erweicht hatte.

Dieser edlen Römerin wollen wir gleich noch eine andere bewunderungswürdige Römerfrau an die Seite stellen, welche drei Jahrhunderte später lebte: wir mei= nen die edle, kluge und hochsinnige Cornelia, die Tochter des großen Scipio und die Mutter der Gracchen. Sie erhielt nach dem Tode ihres ersten Gemahls von Ptolomäus Philometor, dem König von Aegypten, den Antrag, das Diadem mit ihm zu theilen; aber Cornelia schlug die Königskrone aus, um sich ganz der Erziehung ihrer Kinder widmen zu können. Eines Tages empfing sie den Besuch einer sehr reichen, aber stolzen Dame aus Campanien. Diese gefiel sich darin, ihre kost= barsten Diamanten, Perlen und Edelsteine zur Schau zu tragen, und bat Cornelia bringend, ihr auch die ihrigen zu zeigen. Da kamen gerade ihre beiden Söhne, Tiberius und Cajus Gracchus, vom Forum zurück. Die Mutter legte die Hand auf deren Schulter und sprach: „Das sind meine Edelsteine; das ist mein schönster Schmuck!" — Die beiden Gracchen, von ihrer edlen

Mutter mit den edelsten Gesinnungen erfüllt, boten in der
That Alles auf und setzten sogar ihr Leben daran, um dem
hartgedrückten, blutarmen Volke aufzuhelfen, da nach und
nach alle Reichthümer troß der Vereinbarungen zwischen
Patriciern und Plebejern wieder in die Hände von einigen
Wenigen gekommen waren. Aber beide wurden ermordet,
ohne ihr Ziel erreicht zu haben. Der edlen Mutter jedoch,
welche stolz darauf blieb, die Gracchen geboren zu haben,
und mit ungebeugter Seele die Größe ihres Leidens ertrug, setzte das Volk bei ihrem Tode eine Denksäule mit
der kurzen, aber bedeutungsvollen Inschrift: „Der Mutter
der Gracchen.“

XVI. Römischer Heldenmuth.

Kaum war Tarquinius Superbus, der letzte
König von Rom, vom Throne gestürzt, so floh er zu
Porsenna, dem mächtigen Könige von Clusium, und
reizte ihn zum Kriege gegen die Römer auf. Dieser eilte
an der Spitze eines furchtbaren Heeres gerade auf Rom
los. Nur der Fluß Tiber trennte ihn noch von der Stadt;
eine hölzerne Brücke führte hinüber. Die geringe Mannschaft, welche hier zur Bewachung zurückgelassen war,
wurde von dem mächtigen Feinde zurückgedrängt und
floh eiligst davon. Und die Feinde wären gewiß den fliehenden Römern über die Brücke nachgedrungen, hätte
nicht ein heldenmüthiger Mann, Horatius Cocles,
seine Mitbürger mit Gewalt zurückgehalten. „Was wird euch
das Fliehen helfen,“ rief er, „wenn ihr dem Feinde die
Brücke lasset, euch nachzueilen! Zerstöret doch, ich bitte
euch, mit Feuer, mit Eisen, und womit ihr immer könnet,
die Brücke! Ich will unterdeß dem Uebergange wehren,
so viel ein Einzelner vermag.“ Es geschieht. Nur zwei
bleiben bei ihm, und diese drei Männer stemmen am Ein-
gange der Brücke dem Andrange eines ganzen Heeres ihre
Schilde und Lanzen kühn entgegen, während die Andern
mit dem Abtragen der Brücke beschäftiget sind. Endlich

ist diese dem Einsturze nahe, und die Römer rufen ihre
treuen Streiter zurück. Nur die beiden Andern gehen.
Horatius aber bleibt und wehrt sich so lange, bis er
hinter sich das Krachen der einstürzenden Brücke und das
Jubelgeschrei der jenseits stehenden Römer hört. Jetzt
springt er bewaffnet, wie er ist, in den Fluß und schwimmt
unter der Menge der nachfliegenden Pfeile unverletzt an
das andere Ufer, wo ihn seine Mitbürger als ihren
Retter empfangen.

Durch solche Kühnheit war Rom wohl für den Au=
genblick gerettet, das Verderben jedoch nicht abgewendet.
Denn Porsenna ließ die Stadt enge einschließen, um die
Bewohner durch Hungersnoth zur Uebergabe zu zwingen.
Da, als die Noth am größten war, faßte ein Jüngling,
Cajus Mucius (Scävola), den verwegenen Plan, durch
Meuchelmord der Retter seiner Vaterstadt zu werden.

In der Frühe des Morgens schlich er, um unkennt=
lich zu sein, in etrurischer Kleidung, mit einem Dolche
versehen, in das feindliche Lager. Hier mischte er sich
unter die Haufen der Soldaten und drängte sich mit
voran nach dem Gezelte des Königs, wo gerade der
Sold ausbezahlt wurde. Neben dem Könige saß der
Schreiber, beide in gleichem Schmucke; aber Alle wende=
ten sich an den Schreiber. Da meinte Mucius, dieser müsse
wohl der König sein, und weil er sich durch Nachfragen
nicht verrathen durfte, so erstach er diesen statt des Königs.
Ergriffen, entwaffnet, soll er bekennen, wer er sei, und
was ihn zu einer so gräuelvollen That verleitet habe.
„Ein römischer Bürger bin ich,“ war die Antwort, „Mu=
cius ist mein Name. Als Feind wollte ich den Feind
tödten und scheue den eigenen Tod nicht; denn herzhaft
handeln und herzhaft leiden, ist Römer=Sitte. Und wisse,
nicht ich allein, eine große Anzahl Jünglinge hat sich
wider dein Leben verschworen; in jeder Stunde wird ein
Mörder dich umlauern!“

Mucius Scävola.

Ueber solche Tollkühnheit ergrimmte der König. Er drohte den Mucius lebendig zu verbrennen, wenn er ihm nicht auf der Stelle die Verschwörung entdecke. „Sieh her und lerne," rief dieser trotzig, „wie wenig denen das Leben gilt, die hohen Ruhm vor Augen haben!" — und er streckte seine rechte Hand in die lodernde Flamme des nahen Opferherdes. Ein Grausen ergriff Alle. Der König sprang gerührt von seinem Sitze, riß ihn vom Feuer weg und schenkte ihm großmüthig Leben und Freiheit. Da sprach der listige Mucius, als wollte er für die Großmuth er= kenntlich sein: „So wisse denn nun, unser dreihundert ha= ben sich verschworen, auf diese Art dir beizukommen. Mich traf das Loos zuerst, die Uebrigen werden so, wie es sie trifft, jeder zu seiner Zeit sich einstellen."

Es war natürlich, daß Porsenna alle Lust verlor, mit solchen Feinden länger Krieg zu führen. Er selbst machte jetzt Vorschläge zum Frieden. Anfangs bestand er zwar auf der Wiedereinsetzung des Tarquinius. Da aber diese nicht zu erwirken war, so ließ er es dabei bewenden, daß ihm ein gewisses Gebiet in Etrurien, welches die Römer den Vejentern weggenommen hatten, eingeräumt ward. Zur Sicherung des Friedens mußten die Römer Geiseln stellen.

Unter diesen war auch Clölia, eine edle Jungfrau, mit mehrern Gespielinnen. Kaum angekommen im etruri= schen Lager, überlistete sie in der Nacht die Wächter, schwamm, den übrigen Mädchen voran, durch den Tiber= fluß und brachte sie alle wohlbehalten nach Rom zu ihren Eltern. Die Römer aber sandten die kühnen Mädchen so= gleich zu Porsenna zurück. Der ritterliche König ehrte jedoch den weiblichen Muth. Er schenkte der Clölia nicht nur die Freiheit, sondern er erlaubte ihr sogar, sich noch einige von den übrigen Geiseln loszubitten. Sie wählte die jüngsten und kehrte mit ihnen froh nach Rom zurück.

Dieser Heldenmuth der Römer darf freilich in keiner Weise mit der Standhaftigkeit der christlichen Martyrer späterer Jahrhunderte verglichen werden; denn es war das ein stolzer Muth, eine starre Empfindungslosigkeit oder ein stürmisches Aufsuchen des Ruhmes. Er beweist uns aber dennoch, welch' ein starkes Volk die alten Römer waren, und welch' mächtige Lebenskräfte dieselben in sich bargen. Sie hatten von der Vorsehung Alles empfangen, um die Welt für das Kreuz zu erobern.

XVII. Hannibal.

Der Haupthelb in dem Kriege zwischen Rom und Karthago oder in dem sogenannten punischen Kriege war Hannibal, der Sohn Hamilkar's, der an Geistesgröße und Heldenmuth in der alten Geschichte nur wenige seines Gleichen hat.

Schon als Knabe hatte er am Altare in die Hände seines Vaters schwören müssen, ewig ein Feind der Römer zu sein. Nie ist ein Schwur treuer gehalten worden. Unter lautem Zujauchzen des ganzen Heeres zum Feldherrn erwählt, entwarf er große Pläne für die Erhebung seines Vaterlandes. Wie der Kriegsgott schritt er durch die Reihen, aus dem Feuer seiner Augen blitzte die Kühnheit seines Geistes hervor, die Würde seiner Züge verrieth die besonnene Klugheit, Gang und Stimme den angebornen Herrscheradel. Keine Gefahr konnte ihn erschüttern, keine Arbeit ermüden. Er war unempfindlich gegen Frost und Hitze, gleichgiltig gegen alle sinnlichen Genüsse. Für Schlafen und Wachen hatte er keine festgesetzte Zeit. Nichts wollte er vor den gemeinen Soldaten voraus haben. Oft schlief er unter ihnen, in seinen Kriegsmantel gehüllt, auf bloßer Erde. Nur seine Waffen und seine Streitrosse mußten ausgezeichnet sein. Denn er war immer der Erste, wenn es in die Schlacht ging, und der Letzte, der das Gefecht verließ.

Dieser Held erschien zur rechten Zeit. Eben hatten die Römer den Karthagern, die Spanien zu erobern im

Begriffe waren, den Ebro als östliche Grenze bezeichnet,
die sie nicht überschreiten sollten, mit der Drohung: wenn
sie sich erkühnten, hinüberzugehen, oder Sagunt anzugreifen,
so würden sie ihnen den Krieg erklären. Hierüber empört,
bestürmte Hannibal mit Gewalt Sagunt, bis die Einwohner
nach achtmonatlicher verzweiflungsvoller Gegenwehr sich
selbst mit all' dem Ihrigen verbrannten. Dann schritt
der junge Held, nachdem er ein Heer unter seinem Bruder
Hasdrubal in Spanien zur Sicherung der dortigen Eroberungen zurückgelassen, an der Spitze von 60,000 Mann .
und 40 Elephanten, kühn über den Ebro. Wie früher
die Römer seine Vaterstadt heimgesucht hatten, so wollte
er jetzt die Schrecken des Krieges nach Italien selbst hinüber tragen und den Todfeind auf seinem eigenen Boden
bekämpfen. Er drang überall siegreich vorwärts, zog über
das Grenzgebirge Spaniens, die Pyrenäen, dann durch
Gallien, jetzt Frankreich genannt, und stand, gestärkt durch
die Bündnisse gallischer Fürsten, im fünften Monate nach
seinem Aufbruche aus Neukarthago am Fuße der Alpen.
Hier aber schien die Natur der Gegend seinem Siegeszuge
eine Grenze setzen zu wollen.

In der Mitte zwischen Italien und Gallien erstreckt
sich in furchtbarer Höhe das Alpengebirge, gleichsam als
eine feste, unübersteigbare Mauer zwischen beiden Ländern aufgethürmt. Ringsumher starret Alles von Schnee
und Eis, zackige Felsenspitzen ragen bis in die Wolken
hinein. Hier war nicht Stadt, nicht Dorf, kein gebahnter
Weg führte über die rauhe Bergöde. Nur wilde Thiere
schweiften umher und halb verwilderte Menschen, die in
elenden Hütten oder in Felsschluchten ihr trauriges Leben
zubrachten. Ueber dieses Gebirge sollte nun zum erstenmale ein ganzes Heer setzen, Menschen, Pferde, Elephanten,
Wagen und Gepäck, und das gerade in der kalten Herbst-
zeit, wo Alles um so schrecklicher war, zumal für die an
die Gluthsonne Afrika's und Spaniens gewohnten Krieger.

Hannibal's Uebergang über die Alpen.

Betroffen stand das Heer vor den Alpen. Sie zu übersteigen, schien unmöglich. Nur Hannibal zagte nicht. Er versammelte seine Soldaten um sich und hielt an sie eine kräftige, ermunternde Rede, die allen Unmuth entfernte. Sie fingen getrost an, mit ihm hinanzuklettern. Aber kaum waren sie etwas höher gekommen, da begann erst recht das Elend. Sie konnten auf den glatten Eismassen keinen festen Fuß fassen; bald glitt der Eine, bald der Andere aus und stürzte jählings den Berg hinunter. Bald meinten sie, auf festen Boden zu treten; aber siehe, es ist nur leichter Schnee oben über einer Felsenklippe zusammengefroren, unten der Abgrund, in welchen die Unglücklichen stürzen. Dann fällt ein Elephant, dann rollt ein Wagen zurück und reißt Alles hinter sich mit fort in's Verderben. Dazu stürzen die wilden Bewohner aus den Schluchten und Höhlen hervor und überfallen die müden Kletternden. Verzweiflung sah man auf allen Gesichtern. Hannibal sprach überall seinen müden Soldaten Muth ein: „Bald haben wir die Spitze erreicht, bergunter wird es besser gehen!"

Nach tausend Mühseligkeiten hatten sie endlich diese erklommen und standen oben auf dem Cenis. Hier ließ er seine ausgehungerten und fast erstarrten Soldaten ausruhen. Von den eisigen Wolkenhöhen hinab zeigte er ihnen in weiter Ferne die sonnenhellen Fluren des schönen Italiens. Da bekam das Heer frischen Muth und fing getrost an hinabzusteigen. Aber die Schwierigkeiten hiebei waren fast noch größer. Sie konnten sich auf dem glatten, abschüssigen Boden gar nicht halten. Jeder Tritt war unsicher, war lebensgefährlich. Jeden Augenblick sah man neues Unglück. Endlich nach Verlauf von fünfzehn schrecklichen Tagen hatten die bleichen Krieger die Ebene Italiens erreicht.

Wie erschrack Hannibal, als er seine Mannschaft musterte! Fast die Hälfte war umgekommen. Nur noch etwa

26,000 Mann Fußvolk und 6000 Reiter hatte er bei sich.
Er suchte die am Fuße des Gebirges wohnenden Gallier,
die ohnehin Feinde der Römer waren, auf seine Seite zu
bringen und mit ihnen sein Heer zu verstärken.

Mit diesem Heere griff nun der kühne Kriegsheld
die erstaunten und betroffenen Römer in ihrem eigenen
Lande an, brachte ihnen Niederlage auf Niederlage bei,
schlug die römischen Consuln Sempronius und Flaminius
an der Trebia (218) und am See Trasimenus (217) und
errang endlich bei Cannä (216) den glänzendsten Sieg,
der 45,000 römischen Bürgern, 80 Senatoren und der
ganzen Ritterschaft das Leben kostete. Da war Hannibal
auf dem Gipfel seines Ruhmes angelangt. Hätte ihn
seine Vaterstadt in diesem Augenblicke mit Geld und Trup=
pen unterstützt, er würde wohl in kurzer Zeit Herr von
ganz Italien geworden sein. Aber von seinen eigenen
Mitbürgern verlassen, konnte er den Sieg nicht ausnützen
und mußte eine Stellung nach der andern wiederum fahren
lassen, bis er endlich, von den Römern im eigenen Lande
angegriffen, bei Zama eine traurige Niederlage erlitt
(202). Noch einmal suchte er seine tiefgebeugte Vaterstadt
von dem römischen Joche zu befreien, indem er die Könige
von Syrien und Bithynien zum Aufstande gegen die Römer
reizte. Aber er wurde verrathen, und das Haus, worin
er war, umzingelt. In dieser verzweiflungsvollen Lage
nahm er Gift.

Die Helden des Alterthums sind eben nur
groß an Körper und Geist, ungeheuer klein aber
an Charakter und Tugend; erst das Christen=
thum hat die wahren Tugendhelden hervorge=
bracht.

XVIII. Cäsar, der bedeutendste Römer.

Der Mann, welcher mitten in den unheilvollen Bür=
gerkriegen mit sicherer Hand und genialem Geiste das

Ruder des Staates geführt, war Cajus Julius Cäsar, Sprößling einer der ältesten Adelsfamilien Latiums, die ihren Stammbaum sogar auf die Könige Rom's zurück= führte.

Schon als Knabe zog er durch seine außerordentlichen Talente die allgemeine Bewunderung auf sich. Sein Va= ter starb früh. Da übernahm seine Mutter, die edle Au= relia, mit aller Liebe die Erziehung ihres hoffnungsvollen Sohnes. Besonders lernte er von ihr die Freundlichkeit im Umgange, durch welche er sich nachher Aller Herzen gewann. Sein Sinn war vorzüglich auf großen Ruhm und außerordentliche Thaten gerichtet, und kaum neun= zehn Jahre alt dachte er nicht schlechter von sich als von denen, welche er die höchsten Stellen bekleiden sah. Im Fechten und Reiten nahm er es mit jedem seiner Sol= daten auf, und sein Schwimmen rettete ihm bei Alexan= dria das Leben. Die unglaubliche Schnelligkeit, mit der er reiste, erregte das Staunen seiner Zeitgenossen und war nicht die letzte Ursache seiner großen Erfolge.

Wie der Körper so war auch der Geist Cäsar's. Er ordnete Nichts an, ohne es ausführen zu können. Sein Gedächtniß verließ ihn nie, und es war ihm geläufig, mehrere Geschäfte mit gleicher Sicherheit neben einander zu betreiben. Obwohl ein Mann von eiserner Willenskraft und durchbringendem Geiste, war er dennoch auch den Gefühlen des Herzens zugänglich. So lange er lebte, be= wahrte er für seine würdige Mutter Aurelia die tiefste Verehrung. Mit den tüchtigsten und kernigsten Männern seiner Zeit, hohen und niedern Ranges, stand er in seinem schönen Verhältniß gegenseitiger Liebe und Freundschaft. Auch Litteratur beschäftigte ihn lange und ernstlich. Hat er uns ja seine ruhmreichen Züge nach Gallien und nach Britannien, dem heutigen England, wohin vor ihm noch kein Römer gedrungen war, selbst recht ausführlich und schön beschrieben.

Ganz besonders zeichnete den großen Staatsmann jene geniale Nüchternheit aus, von der Alles durchdrungen und getragen war, was er that. Ihr verdankte er das Vermögen, unbeirrt dem Augenblicke zu leben; ihr die Fähigkeit, in jedem Augenblicke mit gesammelter Kraft zu handeln und auch den kleinsten Dingen seine volle Genialität zuzuwenden; ihr die Vielseitigkeit, mit der er alle möglichen Dinge zu gleicher Zeit umfaßte; ihr die sichere Leichtigkeit, mit der er seine Feldzugspläne entwarf; ihr die wunderbare Heiterkeit, die in gesunden und bösen Tagen ihm treu blieb; ihr endlich die vollendete Selbständigkeit, die keinem Schmeichler, nicht einmal einem Freunde, Gewalt über sich gestattete. Daher war denn auch Cäsar von frühester Jugend an ein Staatsmann im vollsten Sinne des Wortes, sein Ziel das schönste, das der Mensch sich stecken kann: die politische, geistige und sittliche Wiedergeburt der tief gesunkenen römischen Nation. Dieses Ziel verfolgte er während seines ganzen Lebens, in den Zeiten hoffnungsloser Erniedrigung, wie, da er als Mitinhaber der höchsten Gewalt und sodann als Monarch vor den Augen der Welt im vollen Sonnenscheine des Ruhmes dastand. Wenn auch der Ehrgeiz in seinem Leben eine große Rolle spielte, so war derselbe doch immer diesem großen Ziele: der Erhebung seines Volkes, untergeordnet. Allein es war in dem römischen Reiche schon zu weit gekommen. Cäsar vermochte dem Strome des Verderbens nicht mehr zu widerstehen; ja er selbst fiel in der Blüthe seines Lebens durch die ruchlose Mörderhand einiger Verschworenen im Jahre 44 v. Chr. am 15. März.

Obwohl gewarnt, begab sich Cäsar an jenem Tage dennoch in die Senatsversammlung. Als er in das Rathhaus gekommen war und auf seinem Sitze Platz genommen hatte, drängten sich sogleich die Verschworenen um ihn herum. Voran stand Tullius Cimber und bat um die Begnadigung seines verbannten Bruders; die Uebrigen unterstützten dieses Gesuch. Hierauf ergriff Cimber Cäsar's Toga und riß sie ihm gewaltsam von der Schulter. Das war das verabredete Zeichen, auf welches sogleich einer, Namens Casca, den ersten Dolchstoß that. Schnell fuhr Cäsar von seinem Sessel auf und rief: „Bösewicht, was beginnst du?" Unterdessen stachen ihm die Andern in die Brust, in's Gesicht; von allen Seiten drangen die Dolche auf ihn ein. Einige Augenblicke vertheidigte sich der Ueberfallene noch, so gut er konnte. Als er aber, schon ganz mit Blut bedeckt, auch seinen Liebling, den Brutus, auf sich eindringen sah, da sank sein Muth, und wehmüthig rief er aus: „Auch du mein Sohn!" Dann verhüllte er sein Gesicht in die Toga und sank, aus drei und zwanzig Wunden blutend, an der Bildsäule des Pompejus, die nicht weit von seinem Sessel stand, entseelt zu Boden. Die Senatoren, vor deren Augen der entsetzliche Mord verübt worden, flohen vor Schrecken auseinander.

XIX. Der Triumphbogen des Titus.

Nirgends weniger als in Rom kann man den Beweisführungen der Geschichte sich entziehen. Ueberwältigend dringen sie ein auf jeden Geist, der nicht von Vorurtheil oder Parteisucht verblendet ist. Auf allen Straßen Rom's treten sie uns entgegen; die Ruinen beleben sich und rufen uns ein hundertstimmiges Zeugniß zu. Die Säulen und Obelisken stehen da, wie unwiderlegbare Redner, die unablässig an die höchsten Wahrheiten und an die wichtigsten Ereignisse des Menschengeschlechtes mahnen.

Unter den Triumphbogen ist wohl der geschichtlich bedeutendste derjenige des Titus, der sich am Fuße des Palatin erhebt. Zwei Hochreliefs schmücken die innern Seitenwände. Das eine derselben stellt den Triumphwagen des Kaisers dar, mit vier Rossen bespannt und von lorbeerbekränzten Rittern und Lictoren umgeben, die Victo-

ria krönt den Sieger, Roma führt die Zügel. Auf dem an=
dern ziehen Römer mit den jüdischen Gefangenen unter dem
Schalle der Tuba durch einen Triumphbogen, die Beute
aus dem Tempel zu Jerusalem tragend, den siebenarmi=
gen Leuchter und den goldenen Opfertisch, welche als
Weihgeschenke nach der Unterjochung Palästina's im Tempel
des Friedens aufgestellt wurden. So predigt uns die=
ses Monument aus dem ersten Jahrhundert
heute noch jenes furchtbare Strafgericht Got=
tes an dem auserwählten Volke Israel.

Die Juden waren im Jahre 64 v. Chr. unter das
Joch der Römer gekommen. Nur ungern trugen sie das=
selbe. Sie empörten sich sehr oft gegen die römischen Statt=
halter. Als daher unter Kaiser Nero eine neue Empörung
ausbrach, ward Vespasian als Feldherr gegen die Juden
gesandt, um mit der größten Strenge wider sie zu ver=
fahren. Sie wehrten sich wie Verzweifelnde. Sechs Wochen
lang lag das römische Heer vor Jotapata, ehe es diesen
befestigten Flecken erobern konnte; 40,000 Juden verloren
dabei ihr Leben. Dann schickte Vespasian sich an, Jeru=
salem zu belagern. Da er aber inzwischen von seinen
Soldaten zum Kaiser ausgerufen wurde, übernahm sein
Sohn Titus den Oberbefehl.

Jerusalem war so stark befestiget, daß die Stadt mit
Waffengewalt kaum bezwingbar schien. Titus wünschte ihrer
zu schonen und bot den Eingeschlossenen Verzeihung an, aber
sie wollten sich durchaus nicht ergeben. Die Noth wurde
immer größer, das Elend immer entsetzlicher. Eine Mutter
schlachtete ihr eigenes Kind und aß davon. Soldaten wit=
terten den Geruch auf der Straße, gingen in das Haus
und fragten drohend, woher sie das Fleisch habe. Sie
zeigte ihnen den Rest von der Leiche ihres Kindes. Als
Titus hievon hörte, schauderte es ihn. Er bot der Stadt
nochmals Verzeihung an, aber vergebens. Es mußte sich
erfüllen das Wort des Propheten: „Es werden Tage

kommen über dich, Jerusalem, da werden deine Feinde
dich mit einem Walle umgeben, dich ringsum einschließen,
und dich einengen von allen Seiten; und sie werden

Triumphbogen des Titus.

dich zu Boden schmettern, dich und deine Kinder, die in
dir sind, und werden in dir keinen Stein auf dem andern
lassen, dafür daß du nicht erkannt hast die Zeit deiner
Heimsuchung."

Titus, durch die Hartnäckigkeit des Judenvolkes auf's Aeußerste gereizt, schwur ihm nun vollständigen Untergang. Nach einer fünfmonatlichen Belagerung erstürmten die Römer die dreifachen Mauern, und ein entsetzliches Blutbad begann. Die Stadt ging in Flammen auf. Titus wollte wenigstens den Tempel erhalten. Aber schon hatte ein Soldat einen Feuerbrand hineingeworfen. So versanken Tempel und Stadt in einem ungeheuern Brande zum Aschenhaufen (70 n. Chr.). Mehr als eine Million Juden sollen in diesem Vernichtungskriege um's Leben gekommen sein. Die Gefangenen wurden zum Theil an's Kreuz genagelt, — und fanden so dasselbe Loos, welches sie dem Herrn bereitet hatten — zum Theil wurden sie den wilden Thieren vorgeworfen, und die Kinder in die Sklaverei verkauft.

Seitdem ist der Judenstaat auf immer vernichtet, und die zahlreichen Nachkommen des jüdischen Volkes sind bis auf den heutigen Tag über die ganze Welt zerstreut. Es hatte ein Nationalverbrechen begangen, und dieses Verbrechen fand statt, als die bei dem hohen Osterfeste versammelte Nation mit lauter Stimme den Tod Desjenigen forderte, den die heiligen Seher als den Heiland, als den starken Gott, als den Emanuel verkündet hatten. Der Ruf: „Kreuzige ihn, sein Blut komme über uns und unsere Kinder!" hat den schrecklichsten Fluch auf sie herabgezogen, und noch nach achtzehn Jahrhunderten rächt sich dieses Blut, das beim Gottesmorde floß, an den Nachkommen. Nationen sind verschwunden und neue entstanden, Reiche gingen unter und andere wurden gebildet; nur die eine Nation, das eine Volk Israel ist nicht untergegangen; es ist übrig geblieben mit seinen alten Traditionen, mit seinem alten Hasse gegen das Christenthum. Nach vielen Millionen Menschen zählt es. Es gibt kein Land, keine Monarchie, keine Republik, keine Stadt, wo sich nicht Hebräer finden. Ohne ein gemeinsames

Vaterland zu kennen, leben sie überall; fremd unter allen Völkern, wandeln sie überall umher als lebendige Beweise von des Herrn Strafgericht und von der Göttlichkeit der katholischen Religion.

XX. Der Verfall des römischen Volkes.

Die sittliche Ausartung der Römer hatte seit jener Zeit begonnen, wo Rom auf dem Gipfelpunkte seines äußern Ruhmes stand und sich das Wort des Dichters erfüllte:

„Du sollst, Römer, beherrschen der Erde Völker mit Obmacht!"

Das römische Reich erstreckte sich zu Kaiser Augustus Zeiten durch drei Welttheile hindurch, vom Atlantischen Meere bis zum Euphrat, vom Rhein, von der Donau und dem Schwarzen Meere bis an die afrikanischen und arabischen Wüsten. In diesem weiten Umfange lagen die schönsten Länder der Erde, unter andern: Portugal und Spanien, Gallien, Italien und dessen Inseln, Griechenland und Macedonien, Kleinasien, Syrien und Aegypten, das karthagische und numidische Gebiet. Auf diesem großen Flächenraume lebten ungefähr 120 Millionen Menschen, von denen etwa 20 Millionen Bürger, 40 Millionen Unterthanen und Freigelassene, und 60 Millionen Sklaven waren. Es gab auf demselben gegen sechstausend bedeutende Städte, und unter diesen waren Alexandria, Antiochia und Rom die größten. Letztere vereinigte in sich die Herrlichkeit aller andern Städte; wer sie gesehen, der hatte mit ihr die übrige Welt gesehen. Ihre Bevölkerung belief sich wohl auf anderthalb Millionen Einwohner; aber die Zahl der freien römischen Bürger selbst war nur gering. Das Heer bestand aus ungefähr 400,000 Mann und bildete unter Augustus eine stehende Macht. Es waren 25 Legionen, jede zu 6100 Mann zu Fuß und 726 Mann zu Pferde, größtentheils an den Grenzen des Reiches, namentlich am Rhein, an der Donau und am

Euphrat in festen Standlagern aufgestellt. Für die Sicher=
heit der Stadt sorgte die unter einem Präfekten stehende
kaiserliche Leibgarde. Die Flotte war in den Häfen von
Misenum, Ravenna und Forum Julii (Frejus) vertheilt
und hatte die Meere zu überwachen.

Je mächtiger jedoch das Reich wurde, desto tiefer sanken
die Sitten. Durch den steigenden Verkehr mit Griechenland,
Asien und Aegypten nahmen auch die orientalische Pracht=
liebe, Luxus, Schwelgerei und Weichlichkeit in der be=
denklichsten Weise überhand. Als um 290 v. Chr. die
Samniter Gesandte an Curius Dentatus schickten,
damit er bei seinen Mitbürgern den Frieden für sie ver=
mitteln helfe, da fanden sie den römischen Consul in
seinem kleinen Hause auf einer hölzernen Bank beim
Feuerherde sitzen, wo er ein Gericht Rüben, das er sich
soeben gekocht hatte, aus einer hölzernen Schüssel aß.
Jetzt war es anders geworden. Der Consul Cicero be=
saß ein Haus, das 240,000, Clobius eines, das 800,000
Thaler gekostet hatte. Vor allen ragte der Palast des
Mäcenas, des Freundes und Rathgebers des Augustus,
majestätisch hervor. Das Theater, welches Marcus
Scaurus auf eigene Kosten aus Marmor erbaute, und
dessen eigentlicher Schauplatz mit dreitausend griechischen
Statuen und den kostbarsten Gemälden ausgeschmückt war,
faßte 80,000, der Circus maximus 250,000 Zuschauer.
Daneben standen die riesigen Säulenhallen des Forum,
die Bassins für Seegefechte, die Bäder, die Triumphbo=
gen, die Ehrensäulen und Wasserleitungen, deren Be=
schreibung ein ganzes Buch anfüllte. Der Römer liebstes
Vergnügen aber war, Menschen auf Leben und Tod gegen
einander kämpfen zu sehen. Dies geschah in den Amphi=
theatern, deren größtes in Rom, von Vespasian erbaut,
zum Theil noch steht und — wahrscheinlich von seinen
kolossalen Verhältnissen — Colosseum genannt wird.

Der Aufwand und Luxus einzelner Bürger übersteigt

Colosseum.

allen Begriff. Selbst das Meer wurde eingeengt, um
die Wohnungen dahin zu erweitern, der Marmor hiezu
aus weit entlegenen Ländern mit vielen Kosten herbeige=
fahren. Lucullus, der aus Kerasunt (Kerisonte) in
Asien die ersten Kirschbäume für seine Lustgärten mitbrachte,
ließ Berge ebnen und Seen ausgraben, um Seefische
im Meerwasser mitten im Lande halten zu können. Einst
lud er den Cicero und Pompejus zu einem Gastmahle
ein, dessen Werth Cicero selbst auf 10,000 Thaler an=
schlug; und dennoch entschuldigte sich der Haushofmeister
des Lucullus mit der geringen Anrichtung, weil die Tafel
zu spät bestellt worden sei. Seefische in großen Teichen nahe
am Meere zu füttern, war eine stehende Liebhaberei gewor=
den. Dem Hirrus kostete seine Fischerei jährlich 200,000
Thaler. Ebenso groß war die Verschwendung in andern
Dingen. Hortensius, der selbst seine Bäume mit Wein
begoß, hinterließ noch 10,000 Eimer von dem köstlichsten
Chierweine. Crassus hielt sogar nur den für reich, welcher
ein ganzes Heer auf eigene Kosten unterhalten könne.
Atticus, Cicero's Freund, hatte von seinem Vater etwa
100,000 Thaler geerbt und hieß dennoch nur ein Mann
von geringem Vermögen. Luxusartikel wurden aus allen
Weltgegenden verschrieben. Nicht das Einfache und Na=
türliche, sondern das Seltene gefiel; überall sollte die
Kunst die Natur verdrängen. Ein einziger fremder Fisch
kostete oft mehr als ein fetter Ochs. Die Häuser der
Großen wimmelten von Sklaven aller Art. Diese waren
zum Behufe verschiedener Dienste ordentlich in Familien
eingetheilt. Die Landhäuser mußten besondere Zimmer mit
besonderen Einrichtungen für jede Jahreszeit haben. Die
herrlichsten Bildsäulen der Götter und Helden Griechen=
lands dienten zum Schmucke ihrer Gärten.

Doch wurden die Götter nicht mehr verehrt. Die Scheu
vor den Göttern machte der abergläubigsten Furcht und
der wildesten Ungebundenheit Platz. Denn wo kein Glaube

ist, da herrschen Gespenster. Das Wort, welches man
ohne Bedacht ausgesprochen, das Niesen, das Anstoßen
einer Zehe, das Thier, welches einem über den Weg ge=
laufen war, konnten Unglück bringen. Es bricht ein Sol=
datenaufruhr aus, welchem Augustus beinahe erliegt; er
weiß wohl, woher das kommt: man hat ihm am Morgen

Forum Romanum.

den linken Schuh an den rechten Fuß angelegt. In der
ganzen Welt, sagt Plinius, an allen Orten und zu allen
Stunden wird aus Aller Munde nur der Zufall im
Gebete angerufen; er allein wird genannt, angeklagt, ge=
lobt, getadelt. Die Gesetze werden nicht mehr geachtet,
weil keine Scheu vor den Göttern mehr da ist. Ja, die
Götter werden sogar zu Gehilfen der Verbrechen ange=
rufen. So tief war die einst so edle römische Nation
gesunken! Die römischen Tugenden schwanden immer mehr;
der Zerfall des Volkes eilte mit Riesenschritten voran.

Da trat eine Wendung ein in der Weltgeschichte. Bereits war der längst verheißene Messias erschienen. Dieser rettete die Welt vor dem nahen Untergange.

XXI. Jesus Christus, der Mittelpunkt der Weltgeschichte.

Werfen wir nur einen flüchtigen Blick in die Annalen der Weltgeschichte, so erscheint uns alsbald das Christenthum als das, was es in der That ist, — als der Höhe- und Wendepunkt der Weltgeschichte. Alle Wege, welche die alte Welt gegangen, wenn auch noch so verworren und sich durchkreuzend, wenn auch noch so verschieden ihre Richtungen, alle führen sie doch hin nach Golgatha, zu Christus. Und wenn wir den Fäden nachgehen, aus denen die Geschichte der Zeit seit Christus sich gewoben, so führen sie wiederum alle zurück zu Christus. „Jesus Christus," sagt der schweizerische Geschichtschreiber Joh. von Müller, „ist der Schlüssel der ganzen Weltgeschichte."

Bevor Jesus Christus in dieser Welt erscheinen konnte, mußte erst die Menschheit auf seine Ankunft vorbereitet werden. Erst nachdem die heidnische Welt die Ueberzeugung gewonnen hatte, daß sie sammt ihren Göttern nicht im Stande sei, sich von der Sünde und ihrer Unseligkeit los-zumachen, erst nachdem sie erkannt hatte, wie armselig und hilflos sie sei, konnte die Sehnsucht nach einem Er-löser in den Gemüthern Platz greifen. Und dies geschah in der That. Wir haben in dem vorhergehenden Bilde auf den Zerfall des römischen Volkes hingewiesen. Während die Masse ganz in Sünde und Laster versank, riefen die Bessern der Nation laut nach einem Retter. Dieser Retter erschien in Jesus Christus.

Aber noch mehr. Gott der Herr, „der in den höchsten Himmeln die Zügel aller Reiche hält, der die Zeitalter ändert, die Reiche wegrückt und andere befestiget," hat seit dem Anfang der Geschichte die Völker so geleitet und

Chriſtus, der Mittelpunkt der Weltgeſchichte.

geführt, daß wir überall ganz unverkennbar die Hand
Gottes sehen, die dem kommenden Weltheiland eine Stätte
bereitet. Alle alten Völker sind nur da, um dem Messias
die Wege zu ebnen. Daß dies bei dem Judenvolke der
Fall gewesen, leugnet wohl Niemand. Denn es ist sonnen=
klar, daß die Geschichte des hebräischen Volkes von seinem
Stammvater Abraham an bis zum letzten der Propheten,
Johannes dem Täufer, nichts Anderes als eine Befähigung
dieses Volkes für die Aufnahme des Messias gewesen.
Aber auch die Geschichte der heidnischen Völker ist nur
eine Vorbereitung auf Christus. Wir sahen die Reiche
Asiens niedersinken unter den Schlägen Alexanders; wir
sahen die Reiche Alexanders der Politik der Römer in's
Netz fallen; wir sahen endlich die Römer auf die Eroberung
der Welt ausgehen und ihre Straßen bauen bis an die
Grenzen der bekannten Erde, bis hinauf zu den Ufern
des Rheines und Mains. Wozu? Um die ganze große
Heerde der Menschen unter ein einziges Scepter
zu vereinigen und jenem göttlichen Hirten zur
Verfügung zu stellen, der da ist Jesus Christus,
und um den Aposteln und ihren Nachfolgern
die Wege zu bahnen, auf denen sie zu allen
Völkern hinausziehen und die frohe Bot=
schaft verkünden konnten.

Und später bereitete sich jene große geheimnißvolle
Bewegung vor, die wir Völkerwanderung nennen,
die aber wiederum keinen andern Zweck hatte, als die
alten todtkranken Völker durch neue, rohe zwar, aber noch
unverdorbene und für das Christenthum empfänglichere
Volksstämme zu ersetzen und auf den Trümmern der alten
Welt eine neue Welt des christlichen Zeitalters zu be=
gründen.

So streben alle Linien an dem göttlichen Bau der
Weltgeschichte hin auf Jesus Christus. Die alte Ge=
schichte war nur eine Geschichte der Vorbereitung

auf Christus. Wir sehen da die Völker, wie sie Jahr=
tausende hindurch bauen an dem Bau ihrer eigenen Größe
und Herrschaft, und siehe — es wird der große Tempel=
bau des Christenthums! Wir sehen da die Nationen, wie
sie unermüdlich arbeiten, um recht tief das Fundament ihrer
Reiche zu legen und siehe, — es werden die Grundsteine,
auf denen das Reich Jesu Christi sich erhebt! Das ist
wahrlich das größte Wunder in der Geschichte,
daß Alles, ohne es zu ahnen, dem Christenthume
dienen muß; das ist die größte Lehre, die wir
aus der alten Geschichte ziehen, daß Jesus
Christus das Centrum, der Mittelpunkt der
Weltgeschichte ist; und

„Nur wer sich auf den Mittelpunkt gestellt,
Auf Golgatha, vom Licht der Welt umflossen,
Versteht die alte wie die neue Welt; —
Den Uebrigen bleibt ihr lichter Geist verschlossen.“

Die mittlere Geschichte.

A. Abriß der mittlern Geschichte.

Durch die Völkerwanderung hatte eine vollständige Völkerversetzung stattgefunden; unter den in den neuen Wohnsitzen niedergelassenen Völkern erlangten jedoch eine besondere geschichtliche Bedeutung:

1. Die Franken;
2. Die Deutschen;
3. Die Franzosen;
4. Die Angelsachsen oder die Engländer;
5. Die Westgothen oder die Spanier.

1. Die Franken.

Unter den Merovingern 481—752.

Die Franken (s. Bild XXII) bestanden aus mehrern Völkern, die sich zur Aufrechthaltung ihrer Freiheit — denn frank heisst frei — im 3. Jahrhundert zu einem grossen Bunde gegen die Römer vereinigt hatten. Von ihren Wohnsitzen am Niederrhein dehnten sie sich erobernd immer westlicher nach Gallien aus. Anfangs herrschten mehrere Fürsten, bis

Chlodwig, aus der Königsfamilie der Merovinger, nach und nach die Herrschaft über alle fränkischen Volksstämme erwarb. Er vermählte sich mit Chlotilde, einer Nichte des burgundischen Königs, die den noch heidnischen Chlodwig zum Christenthume zu bekehren suchte. Aber erst, als er bei Zülpich (zwischen Bonn und Aachen) von den Alemannen beinahe überwunden wurde, rief er den Christengott an. Dieser verlieh ihm den Sieg, und Chlodwig liess sich mit seiner Schwester und 3000 vornehmen Franken vom Bischof Remigius in Rheims feierlich taufen (496), wobei der Bischof jene bedeutungsvollen Worte sprach: „Betet an, was ihr zuvor verbrannt habet, und verbrennet, was ihr zuvor angebetet habet." Das Christenthum ward nun fränkische Staatsreligion (s. Bild XXIII), und Chlodwig vom Papste der erstgeborne Sohn der Kirche, auch der allerchristlichste König genannt, ein Titel, der auf seine Nachfolger überging. Chlodwig, der zwar mehr aus Noth als aus innerm Herzensdrange Christ geworden war, unterwarf sich noch die Burgunder und Westgothen und dehnte so sein Reich vom Rhein und von der Donau bis an die Pyrenäen, vom Kanale bis nahe an das mittelländische Meer aus. Er verdient daher eigentlich den Namen des Stifters des Frankenreiches. Er starb 511 zu Paris.

Nach Chlodwig regierten gemeinschaftlich seine vier Söhne, die das Reich noch vergrösserten. Die spätern Könige jedoch überliessen die Regierung meistens ihren ersten Dienern (major domus) oder Hausmeiern, unter denen die berühmtesten Karl Martell und Pipin der Kleine waren.

Karl Martell besiegte 732 die Araber, die ihr Geschlecht auf Ismael zurückleiten. Durch Muhamed's Lehre (s. Bild XXIV) fanatisirt, eroberten die Araber in kurzer Zeit unter den Chalifen oder Stellvertretern des Propheten Syrien, Palästina, Phönizien, Aegypten, Afrika, Spanien und wollten dann über die Pyrenäen in Frankreich einbrechen. Auf der weiten Ebene zwischen den beiden Städten Poitiers und Tours stellte sich ihnen Karl Martell, der fränkische Anführer, entgegen und besiegte sie vollständig (732). Dieser Sieg bei Tours rettete die Freiheit Europa's und bewahrte die Anhänger der göttlichen Religion Christi vor dem Irrglauben der morgenländischen Barbaren. — In Spanien behaupteten sich die Muhamedaner unter dem Namen Mauren bis zum Jahre 1492 und zeichneten sich dort durch ihre grossartigen Bauten und berühmten Schulen aus (s. Bild XXV).

Pipin der Kleine verwaltete, nach dem Eintritte seines Bruders Karlmann in's Kloster Monte Cassino, das fränkische Reich ganz allein und wurde, da der letzte Merovinger, der blödsinnige Childerich, zum Regieren völlig unfähig war, auf einem Reichstage zu Soissons zum Könige ausgerufen und unter Genehmigung des Papstes von Bonifazius, dem Apostel der Deutschen, in Mainz gekrönt im Jahre 752. Mit ihm beginnt die Reihe der Karolingischen Könige.

Unter den Karolingern 752 — 870.

Die ruhmreichste That Pipin's ist die Gründung des Kirchenstaates. In Italien wurden nämlich die Heruler und Rugier schon nach 13 Jahren von den Ostgothen, die von Ungarn herkamen, vertrieben. Diese mussten wieder den tapfern Feldherren des Kaisers Justinian in Konstantinopel, Belisar und Narses, weichen, welche Italien unter dem Namen Exarchat (Statthalterschaft) zu einer Provinz des griechischen oder oströmischen Reiches machten. Narses, bei der griechischen Kaiserin verleumdet, wurde bald nach Konstantinopel zurückberufen, rief aber zu gleicher Zeit aus Rache die Longobarden aus Pannonien herbei, die unter Alboin Oberitalien (Lombardei) eroberten. Aistulf, ein Nachfolger Alboins, zog auf Rom los. Da rief der bedrängte Papst Stephan II. den Frankenkönig Pipin zu Hilfe. Dieser erschien und nöthigte Aistulf zur Abtretung von Ravenna mit dem ganzen Exarchat und andern 20 Städten an den Papst. Die Schenkungsurkunde Pipin's, die auf den Namen des hl. Petrus und aller seiner Nachfolger lautete, wurde auf dem Grabe des hl. Petrus niedergelegt. Das ist die feierliche Begründung des Kirchenstaates im Jahre 755. Noch einmal, unter Desiderius, fielen die Longobarden in's römische Gebiet ein. Aber der Sohn Pipin's, Karl der Grosse, besiegte sie, machte dem Longobardenreich ein Ende, bestätigte die Schenkung seines Vaters und nannte sich nun König der Franken und Longobarden, Schutzherr von Rom. — Der Nachfolger Pipin's

Karl der Grosse (s. Bild XXVI) hatte das Reich vor allem gegen die kriegerischen Nachbarn zu schützen und daher fast beständig das Kriegsschwert zu führen. Der blutigste und längste Krieg aber — er dauerte 31 Jahre — war derjenige gegen die Sachsen, welche die weite Ebene zwischen der Elbe, dem Niederrhein und der Nordsee bewohnten und

unter ihrem kühnen Anführer Wittekind trotz mehrerer
Niederlagen immer wieder sich empörten und in das fränkische Gebiet einfielen, bis endlich Wittekind sich zum Christenthum bekehrte. Seinem Beispiele folgten die meisten
Sachsen und liessen sich taufen. Unter den Segnungen des
Christenthums blühte das schöne Sachsenland zu einem kräftigen Wohlstande empor. So wurde ein Land nach dem andern für Christus gewonnen. Karl unterwarf sich noch Aqui-
tanien und den westlichen Theil von Spanien unter dem Namen „spanische Mark", sicherte Bayern, eroberte das Land
der Avaren und schlug es als „östliche Mark" zum fränkischen
Reiche. Im Jahre 800 begab sich der König, vom Papst Leo
gegen einige Empörer zu Hilfe gerufen, nach Rom und wurde
dort feierlich zum römischen Kaiser gesalbt. — Sein
Reich erstreckte sich jetzt vom Tiber bis an die Eider, vom
Ebro bis an den Kanal und die Nordsee, vom atlantischen
Meere bis an die Elbe und die Raab in Ungarn. Mit ganzer
Seele hing Karl der Grosse am Christenthum und gründete
überall Bisthümer, Kirchen und Schulen. Er starb 814 zu
Aachen, wo seine Gebeine in seiner eigenen Schlosskapelle
beigesetzt wurden, die heute noch erhalten ist. Ihm folgte
sein Sohn

Ludwig der Fromme, der jedoch die Kunst zu re-
gieren nicht verstand. Er wurde in einen höchst traurigen
Krieg mit seinen eigenen Söhnen verwickelt und starb vor
Kummer und Gram im Jahre 840. Seine Söhne aber, Lothar,
Karl der Kahle und Ludwig der Deutsche, theilten auf dem
Reichstage zu Verdun (834) das grosse fränkische Reich
unter einander. Diese Theilung war der erste entscheidende
Schritt zur Scheidung der beiden sich entgegengesetzten Stamm-
naturen, der westfränkischen und der ostfränkischen,
oder der Wälschen und der Deutschen. Nur auf ganz
kurze Zeit wurde das fränkische Reich unter Karl dem
Dicken noch einmal vereint, um dann nachher für immer
getrennt zu bleiben. Da die drei ungerathenen Söhne
Lothars kinderlos starben, wurde sein Reich getheilt, das
linke Rheinufer kam an Ostfranken, das rechte an Westfranken (870). Desshalb haben wir es von jetzt an mit den

zwei grossen Völkern, mit den Deutschen und den Franzosen zu thun.

2. Die Deutschen.

Unter den sächsischen Kaisern 919—1024.

Mit Ludwig dem Kind erlosch der Stamm Karl's des Grossen in Deutschland. Nach einer siebenjährigen Zwischenregierung des zum König gewählten fränkischen Grafen Konrad ging das Königthum auf den Stamm der Sachsen über. Es wurde gewählt der edle Herzog Heinrich von Sachsen, der als

Heinrich I., der Finkler, den Thron bestieg und in weniger als zwanzig Jahren das gesunkene Reich zur ersten Macht der Christenheit erhob. Sein Hauptruhm liegt in der Besiegung der Ungarn, welche wiederholt in Deutschland einfielen und die schrecklichsten Gräuelthaten verübten. Unermessliche Beute wurde jährlich von ihnen fortgeführt, viele tausend Männer, Weiber und Kinder, mit den Haaren zusammengebunden nach Ungarn geschleppt. Um den Einbrüchen dieser Horden entgegenzutreten, legte Heinrich Festungen an, verwandelte die schwerfällige Kriegsart der Deutschen in leichtere Kriegsführung und brachte den Ungarn bei Merseburg (933) eine vollständige Niederlage bei. — Zur Seite dieses weisen und tugendhaften Regenten stand seine Gemahlin, die sanfte, fromme und religiöse Mathilde; sie vermochte viel über ihn und gebrauchte allen ihren Einfluss zur Milde und Gnade (s. Bild XXVII). Heinrich I. folgte sein Sohn

Otto I. der Grosse (s. Bild XXVIII). Was der Vater Grosses begonnen hatte, setzte der Sohn herrlich fort. Durch Kämpfe gegen seine eigenen aufrührerischen Verwandten vielfach in Anspruch genommen, hatte jedoch auch Otto die grösste Gefahr von den Ungarn zu bestehen, die noch immer nicht ruhten. Im Jahre 955 fielen sie in Bayern ein und überschwemmten das ganze Land. Auf dem Lechfelde sammelten sie sich und erwarteten Otto. Dieser vertraute fest auf Gott. Im Angesichte des ganzen Heeres liess er sich die hl. Communion reichen und betete mit seinen Schaaren um den Beistand des Himmels. Die Ungarn wurden gänzlich geschlagen, so dass sie in Zukunft nie mehr Deutschland beunruhigten. Die Völkerwanderung fand hiemit ihren Abschluss, und das Abendland war gerettet vor der Zerstörungswuth des allerwildesten Geschlechtes. Dasselbe nahm bald darauf das Christenthum an und gelangte unter seinem Könige Stephan dem Heiligen (s. Bild XXIX) zu grossem Ansehen.

Ebenso siegreich war Otto gegen die Dänen, die ebenfalls das Christenthum annahmen, und gegen Berengar, der sich des Thrones in Italien bemächtigt hatte und den Papst fortwährend beunruhigte; Otto besiegte ihn und wurde vom Erzbischof von Mailand zum König von Italien und vom Papste zum römischen Kaiser gekrönt. Seitdem nahmen die Deutschen als Grundsatz an, dass, da die Kaiserwürde mit dem Königreiche Italien in genauer Verbindung stehe, die von der deutschen Nation erwählten Könige eben durch ihre Wahl zum Throne von Deutschland zugleich auch Könige von Italien und Kaiser würden; und das deutsche Reich führte fortan den Namen: „Heiliges römisches Reich deutscher Nation." An die römische Kaiserkrone war zugleich eine gewisse Oberaufsicht über alle christlichen Staaten geknüpft, verbunden mit der Pflicht, die Kirche in hervorragender Weise zu schützen. — Die folgenden Kaiser Otto II., Otto III. und Heinrich II. hatten fast nur die Unruhen in Italien zu dämpfen, wo immer neue Empörungen ausbrachen. Heinrich II. nahm sich in vorzüglicher Weise der Kirchen und Klöster an und beschenkte sie reichlich. Er und seine Gemahlin Kunigunde wurden vom Papst Eugen III. unter die Heiligen versetzt. Mit Heinrich erlosch das sächsische Kaiserhaus (1024).

Unter den fränkischen oder salischen Kaisern 1024—1125.

Nach dem Tode Heinrich II. wählten die deutschen Herzoge und Fürsten

Konrad II. aus dem salischen Stamme zum Könige. Dieser setzte dem unseligen Faustrecht — eine starke Faust galt statt alles Rechtes — den Gottesfrieden gegenüber, nach welchem bei Strafe des Kirchenbannes und der Landesverweisung jede Woche von Mittwoch Abend bis

Montag Morgen, zur Feier der durch das Leiden und die Auferstehung Christi geheiligten Tage, alle Fehden ruhen mussten. — Auch eroberte er Burgund, welches die Schweiz und das südöstliche Frankreich in sich schloss. Ihm folgte sein vortrefflicher Sohn

Heinrich III. Den Feinden und Empörern durch seine Energie ein Schrecken, war der Kaiser zugleich äusserst demüthig und gottesfürchtig. Er setzte sich an Festtagen nicht eher die Krone auf, als bis er gebeichtet und seinen entblössten Rücken von seinem Beichtvater bis auf's Blut hatte geisseln lassen. Er starb leider zu frühe, denn sein Sohn und Nachfolger

Heinrich IV. (s. Bild XXX) war damals erst sechs Jahre alt. Er wurde anfänglich von Hanno, dem Erzbischof von Köln, sehr strenge und gottesfürchtig erzogen, während Adalbert, Erzbischof von Bremen, sein nachheriger Erzieher, in ganz verkehrter Weise allen Begierden und Leidenschaften des jungen Königs nachgab. Diese unglückliche Erziehung hatte ihre traurigsten Folgen für sein ganzes Leben.

Zuerst hatte Heinrich einen langwierigen Kampf mit den Sachsen zu führen, die, seiner schmachvollen Bedrückung müde, sich gegen ihn erhoben. Er besiegte dieselben. Sie aber wandten sich an den damaligen Papst Gregor VII., der aus der stillen Klosterzelle auf den päpstlichen Thron berufen, König Heinrich zur Verantwortung nach Rom lud. Der Kaiser erwiederte alle Einladungen und Vorstellungen des Papstes mit Verachtung und liess ihn sogar absetzen. Da sprach Gregor den Bann der Kirche über den König aus, und die deutschen Fürsten versammelten sich zu Tribur und beschlossen: wenn Heinrich binnen Jahresfrist vom Banne nicht entbunden wäre, so sollte er seiner Würde für immer verlustig sein. Da eilte Heinrich zu Papst Gregor, der sich eben in Canossa aufhielt, that Busse und wurde vom Banne gelöst. Gleich darauf aber verband er sich wieder mit den Gegnern des Papstes in Italien und bekämpfte Gregor. Hierauf wählten die deutschen Fürsten einen andern König, den Herzog Rudolf von Schwaben, der jedoch von Heinrich besiegt wurde.

Stolz auf sein Glück, wollte nun Heinrich den Papst in

Rom selbst angreifen; er liess Gregor noch einmal absetzen und belagerte ihn fast drei Jahre lang. Der tapfere Ritter Robert Guiscard, Herzog der Normannen, die, in Unteritalien niedergelassen, eine mächtige Stütze des römischen Stuhles wurden, befreite den Papst und brachte ihn nach Salerno, wo derselbe (1085) mit den Worten starb: „Ich liebte die Gerechtigkeit und hasste das Böse; darum sterbe ich in der Verbannung." Hätten die Klöster des Mittelalters (s. Bild XXXI) nichts als diesen einen Mann, diesen einen grossen Mönch hervorgebracht, so wäre ihr Ruhm hinlänglich begründet. — Gegen Heinrich empörte sich nun sein eigener Sohn, der den Vater durch Verrath gefangen nehmen liess und sich die Krone anmasste. Da rief der König wehmuthsvoll aus: „Ich leide für die Sünden meiner Jugend, wie noch kein Fürst gelitten hat; aber eure That wird nicht gerechtfertigt durch meine frühere Schuld." Bald darauf starb er (1106). Mit seinem natürlichen Sohne Heinrich, der keine Kinder hinterliess, erlosch der Stamm der fränkisch-salischen Kaiser (1125). Unter Heinrich wurde der Streit um das Investiturrecht beendiget.

Unter den schwäbischen oder hohenstaufischen Kaisern
1138—1254.

Nach dem Tode Lothar's, des Herzogs von Sachsen, der unmittelbar nach Heinrich V. zum König gewählt wurde, fiel die Wahl auf Herzog Konrad von Hohenstaufen, der als Konrad III. die Regierung des deutschen Reiches übernahm. Er hatte zunächst einen Kampf zu bestehen gegen Heinrich den Stolzen, aus dem Geschlechte der Welfen (daher Welfen und Waiblinger, wie die Hohenstaufen nach der Burg Waiblingen im Kremsthal sich nannten). Dieser hatte Ansprüche auf die Herzogthümer Sachsen und Bayern erhoben. Konrad siegte beim Städtchen Weinsberg (1149), das lange heftigen Widerstand geleistet hatte. Daher beschloss der Kaiser, die härteste Rache an ihm zu nehmen. Nur die Weiber sollten Gnade finden und durften zugleich von ihren Schätzen mitnehmen, so viel ihre Schultern tragen konnten. Und siehe, — plötzlich tritt aus den geöffneten Thoren ein langer Zug Weiber, die besten Schätze — ihre Männer —

auf dem Rücken. Der Kaiser lachte laut auf und fand so
grosses Wohlgefallen an diesem schönen Beweise von Liebe
und Treue, dass er um der Frauen willen alle Männer be-
gnadigte. — Hernach unternahm Konrad, vom hl. Abt Bernhard von Clairvaux in Burgund dazu begeistert, einen
Kreuzzug (2. Kreuzzug) nach Jerusalem, um das von den Sarazenen genommene Edessa, die Vormauer Jerusalems, wieder
zurückzuerobern, nachdem etwa fünfzig Jahre früher Gottfried
von Bouillon (1. Kreuzzug, s. Bild XXXII) Jerusalem von
der Herrschaft der Türken befreit hatte. Doch blieb der von
Konrad unternommene Kreuzzug ganz fruchtlos. Die Kreuzfahrer unterlagen grösstentheils dem Hunger oder dem Schwerte
der verrätherischen Griechen in Asien. Es folgte nun

Friedrich I. oder Barbarossa. Dieser besass neben
ritterlichem Sinne und kühner Tapferkeit eine unbeugsame
Willensstärke und grossen Scharfsinn, die er aber leider
nicht zum Guten gebrauchte. Er strebte nämlich, wie die
Hohenstaufen überhaupt, darnach, die Vollgewalt in die
Hand des Kaisers zu legen. Dieses unglückselige Streben
entzweite ihn nicht nur mit der Kirche, da er die päpstliche
Gewalt der kaiserlichen unterordnen wollte, sondern zog ihm
auch den tödtlichen Hass der italienischen Städte zu, deren
Rechte und Freiheiten er unterdrückte. Daher hatte er lange
und harte Kämpfe mit den Lombarden, besonders mit den
Mailändern zu führen, in denen bald der Kaiser, bald die
Lombarden die Oberhand hatten, bis Friedrich bei Legnano
(1176), von Herzog Heinrich dem Löwen verlassen, besiegt
wurde, in Folge dessen es bald zu einem Frieden kam. Auf
Seite der Lombarden stand der kluge und thatkräftige Papst
Alexander III., nach welchem die damals gegründete Festung Alessandria benannt wurde. Am Abende seines Lebens widmete Friedrich sein Schwert noch der Sache Gottes;
er zog über's Meer, um das von den Türken wieder eroberte
Palästina zu befreien (3. Kreuzzug). Aber er ertrank im Flusse
Kalykadnus oder Saleph in Cilicien (1190). — Zwar wurde
der Kreuzzug von den Königen Philipp August von Frankreich und Richard Löwenherz von England fortgesetzt,
aber da beide unter sich selber uneins waren, blieben auch

ihre Bemühungen erfolglos. Ebenso wenig richtete der vierte Kreuzzug aus, auf Betrieb des grossen Papstes Innocenz III. (1202) unternommen, und noch weniger der Kreuzzug der Kinder, die fast alle jämmerlich umkamen (1212). Friedrich II. (1215—1250), welcher nach der kurzen Regierung Heinrich VI. und einem sechsjährigen Thronstreit zwischen Philipp von Schwaben und Otto von Sachsen die Kaiserkrone erhielt, füllte seine Regierungszeit ebenfalls fast nur mit Streitigkeiten und Krieg gegen die Päpste aus. Italien sollte der Mittelpunkt seines Reiches, die Päpste seine Vasallen sein. Deutschland wurde ganz vernachlässiget. Seinen Sohn Heinrich, dem Sizilien, von der Zeit der Normannen her ein Lehen des päpstlichen Stuhles, übergeben war, liess Friedrich gegen sein Versprechen zugleich zum Könige von Deutschland wählen, um so beide Kronen zu vereinigen. Vom Kirchenbanne getroffen, weil er einen Kreuzzug versprochen hatte, denselben aber nie ausführen wollte, zog er endlich nach Palästina und schloss mit den Sarazenen einen zehnjährigen Waffenstillstand, in welchem Jerusalem, Bethlehem und Nazareth von den Türken ausgeliefert wurden (5. Kreuzzug, s. Bild XXXIII). — Das Geschlecht der Hohenstaufen ging seinem Untergange entgegen; ja der letzte Hohenstaufe, Konradin wurde sogar von Karl von Anjou, dem der Papst bei der Minderjährigkeit Konradin's das Königreich beider Sizilien als Lehen übertragen hatte, in einem Kampfe besiegt und hingerichtet (1268). Das ungemessene Streben nach irdischer Grösse und die ungerechten Eingriffe in die Rechte der Kirche hatten die Hohenstaufen zum Falle gebracht.

Unter Kaisern aus verschiedenen Häusern, von Rudolf von Habsburg bis auf Karl V. 1273—1519.

Von 1254—1273 bestand im römischen Reiche deutscher Nation eine Zwischenherrschaft, das sogenannte Interregnum. Diese traurige Zeit hatte namenlose Verwirrung über Deutschland gebracht. Daher war es ein grosses Glück, dass der vortreffliche Graf Rudolf von Habsburg (s. Bild XXXIV) zum deutschen König gewählt wurde (1273). Dieser stellte die Ordnung im Reiche wieder her und wurde wegen seiner Weisheit und Frömmigkeit von Allen geehrt und geliebt. Nur Ottokar II., König von Böhmen, wollte ihn nicht anerkennen und das an sich gerissene Oesterreich und Steiermark nicht herausgeben; er wurde aber von Rudolf auf dem Marchfelde besiegt (1278). Mit Oesterreich und Steiermark belehnte der König seine Söhne Albrecht und Rudolph, und wurde dadurch der Gründer des mächtigen habsburgisch-österreichischen Hauses (1281).

Auf Rudolph folgten die Könige Adolf von Nassau (1291—1298), Albrecht I. von Oesterreich (1298—1308) und Heinrich VII. von Luxemburg (1308—1314). Unter Albrecht bildete sich die schweizerische Eidgenossenschaft, indem die Waldstätte Uri, Schwyz und Unterwalden am 6. Januar 1308 die tyrannischen Vögte vertrieben und unter Vorbehalt aller Pflichten gegen Kaiser und Reich die erste Einigung gründeten. Diesen Bund verwandelten sie nach der Besiegung der Oesterreicher bei Morgarten (1315) in einen ewigen Bund — und derselbe bildet die eigentliche Grundlage der jetzigen schweizerischen Eidgenossenschaft (s. Bild XXXV).

Ueberhaupt suchten sich auch unter den folgenden Herrschern Karl IV. (1347—1378), Wenzel (1370—1400), Ruprecht von der Pfalz (1400—1410), und Sigismund (1410—1437) die Grossen des Reiches von dem König immer unabhängiger zu machen, wozu das Lehenswesen des Mittelalters besondere Veranlassung gab. Die Könige liehen ihre Güter den Vasallen und verpflichteten dieselben dafür zu getreuem Dienste, besonders im Kriege. Die Vasallen aber liehen die Güter wieder andern aus und gewannen so viel unmittelbarern Einfluss auf die Lehnsleute, die eben den Befehlen dessen folgten, von dem sie Haus und Hof als Lehen hatten. Daher drehte sich die Geschichte des deutschen Volkes im ganzen Mittelalter fast immer um den Kampf der königlichen Macht mit dem Uebermuthe der Vasallen, die oft mächtiger waren al. der König selbst. Im Verlaufe der Zeit wurden viele ganz unabhängig, und die Einheit des Reiches hörte nach und nach auf.

Innere Zerwürfnisse, Kämpfe zwischen Kaisern und Gegenkaisern, furchtbare Unglücksfälle, wie Hungersnoth, schwarzer Tod, und der unselige Husitenkrieg liessen ebenfalls ihre traurigen Spuren in dieser Zeit zurück. Die Anhänger des Irrlehrers Hus, der an seinen Irrthümern hartnäckig festhielt, wurden durch die Verbrennung ihres Stifters in Constanz (1415) nur noch erbitterter und verwüsteten fast das ganze Reich mit Feuer und Schwert, bis endlich auf dem Concil zu Basel ein Vergleich zu Stande kam (1433), wornach den Husiten der Genuss des Abendmahles unter beiden Gestalten zugestanden wurde.

Als Kaiser Sigismund im Jahre 1437 ohne männliche Erben starb, folgte in den luxemburgischen Erblanden Böhmen und Ungarn nebst den dazu gehörigen Ländern sein Schwiegersohn Albrecht II., Herzog von Oesterreich, dem jetzt auch noch die dritte Krone, die deutsche, von den Kurfürsten gereicht wurde (1437—1439). Von jetzt an blieb die Kaiserkrone ohne Unterbrechung bei dem mächtigen Hause Oesterreich bis zur Auflösung des deutschen Reiches im Jahre 1806. Unter dem thatenlosen Friedrich III. (1439—1493) geriethen alle Verhältnisse des Reiches in Verwirrung; es war daher für dasselbe ein Glück, als bald ein tüchtiger Regent Maximilian I. (1493—1519) das Ruder des Staates in die Hand nahm. Er stellte die Ordnung im Innern des Reiches her, indem er den ewigen Landfrieden durchsetzte, nach welchem, bei Strafe der Reichsacht, bei Verlust aller Lehen und Rechte nebst einer grossen Geldsumme, alle Befehdungen aufhören sollten. Dadurch machte er dem Vehmgerichte (s. Bild XXXVI) sowie dem Faustrechte ein Ende. Zugleich theilte er das ganze Reich in 10 Kreise. Auf Kreistagen wurden die besondern Angelegenheiten berathen, Kreisoberste befehligten die Truppen. Auch eine Reichspost richtete Maximilian ein. Durch seine Vermählung mit Maria, der Tochter Karl's des Kühnen, die unter grosser Feierlichkeit stattfand (s. Bild XXXVII), brachte er die burgundischen Besitzungen an sich, worunter die Niederlande die wichtigsten waren. Unter ihm wuchs Oesterreich zu einer europäischen Macht heran. Maximilian besass grosse persön-

liche Tapferkeit und eine feine Bildung. Er sprach geläufig
mehrere Sprachen und hinterliess sogar zwei bedeutende
litterarische Werke. An der Unbeständigkeit seines Charakters
aber scheiterten manche hohe Entschlüsse und manches grosse
Unternehmen. Zudem war er, von den selbstsüchtigen Landes-
fürsten nicht mehr unterstützt, fast immer in Geldnöthen.
Als Kaiser war er einer der ärmsten und ohnmächtigsten europäischen Herrscher, denn mit dem vormaligen Glanze der
Kaiserwürde waren auch fast alle Einkünfte derselben verloren gegangen. Die Schwächung der kaiserlichen
Gewalt durch die Habgier und Sondersucht der
Fürsten war die Hauptursache der Zerrüttung
des Reiches und der traurigen Wirren, die schon
jetzt eintraten. Als er nach fünfundzwanzigjähriger Regierung im Jahre 1519 starb, wurde er seinem Willen gemäss
in denselben Sarg gelegt, den er schon seit mehrern Jahren
auf allen seinen Reisen als Mahnungszeichen an den Tod
mit sich geführt hatte.

Im Jahre 1453 ging auch das oströmische Reich
oder das griechische Kaiserthum unter. Früher schon
von den Muhamedanern bedroht, aber gerettet durch das griechische Feuer, — eine Mischung von Schwefel, Erdharz
und andern brennbaren Materien, die man in Töpfen und
Röhren auf die feindlichen Schiffe schleuderte —, ward Konstantinopel unter Kaiser Konstantin XI. trotz heldenmässi-
gem Kampfe der Griechen und der zugezogenen Genuesen von
den Türken erobert und geplündert. Konstantinopel, fortan
Stambul genannt, wurde zur Hauptstadt des türkischen
Reiches gemacht. Die christlichen Kirchen wurden in Moscheen verwandelt; statt des Kreuzes erhob sich stolz der
Halbmond auf den Kuppeln der Tempel. Die Türken drohten
nun ganz Europa zu unterwerfen; aber wie vorher im Westen
Europa's, so wurde ihnen auch im Osten eine Grenze gesetzt,
denn Europa, durch Gottes wunderbare Leitung
christlich geworden, sollte es auch bleiben.

3. Die Franzosen.

Der letzte Karolinger in Westfranken oder dem jetzigen Frankreich war Ludwig der Faule. Nach seinem Tode bemächtigte sich Hugo Capet, ein mächtiger Graf von Paris, des Thrones. Seine Nachfolger hiessen Capetinger. Nach ihm regierten noch vierzehn Könige über Frankreich, welche in gerader Linie von ihm abstammten; die berühmtesten waren Ludwig VI., der den Anfang zur Befreiung der Leibeigenen machte, Philipp August II., der sich mit Richard Löwenherz am 3. Kreuzzug betheiligte und nach dessen Tode den Engländern die Normandie, Anjou, Maine und Touraine entriss, Ludwig IX., der Heilige (s. Bild XXXVIII), der, wenn auch ohne Erfolg, die zwei letzten Kreuzzüge (6. und 7.) unternommen. Mit Karl IV. starb der Mannesstamm der Capetinger in gerader Linie aus, und es kam mit Philipp VI. das Haus Valois zur Herrschaft (1328). Da Eduard III., König von England, von mütterlicher Seite ein Enkel Philipp des Schönen, Ansprüche auf den französischen Thron erhob, entspann sich zwischen den Franzosen und Engländern ein höchst blutiger Krieg, der mit weniger Unterbrechung ein ganzes Jahrhundert hindurch fortwährte und, vorzüglich durch die Tapferkeit der frommen Johanna von Arc (s. Bild XXXIX), mit der völligen Vertreibung der Engländer aus Frankreich endete.

Zur Zeit Ludwig XI. brach der Krieg Karl des Kühnen von Burgund mit den Schweizern aus, welche dem Herzog bei Granson und Murten eine vollständige Niederlage beibrachten (1476).

Mit Karl VIII. hörte das Haus Valois auf, und ging die Krone an das Haus Bourbon über (1589).

4. Die Angelsachsen oder die Engländer.

Die Angelsachsen, die sich in dem heutigen England niedergelassen, gründeten sieben Königreiche, welche nachmals unter Egbert von Wessex zu einem Reiche vereiniget wurden. Eine feste Begründung aber erhielt das Reich erst durch Alfred den Grossen 871 (s. Bild XL), der für England das war, was Karl der Grosse für Deutschland. Er vertrieb die Dänen aus dem grössten Theile des Königreiches, sorgte für die innere Sicherheit des Landes, stellte viele zerstörte Städte und Kirchen wieder her und errichtete Schulen und gelehrte Anstalten. Das grösste Verdienst erwarb er sich um die bürgerliche Freiheit durch die Einführung einer geordneten Rechtspflege. Alfred war nicht nur selbst wissenschaftlich gebildet und übersetzte grössere Werke in das Englische, sondern er zog auch fremde Gelehrte nach England, welches durch ihn eine Pflanzstätte der Wissenschaften wurde.

Aber unter seinen Nachfolgern gingen die über die Dänen gewonnenen Vortheile wieder verloren; ja, ganz England kam durch Kanut's des Grossen Vater, Swen, (1016) unter die dänische Herrschaft. Doch regierten nur drei dänische Könige über England. Unter Eduard III., dem Bekenner, kam dasselbe wieder an das angelsächsische Königshaus.

Eduard, der kinderlos starb, hatte den Herzog Wilhelm von der Normandie, seinen Vetter, zum Nachfolger eingesetzt; der Thron wurde ihm aber von den Angelsachsen streitig gemacht. Da landete Wilhelm mit 60,000 Normannen und eroberte sich in der Schlacht von Hastings, in der die Angelsachsen überwunden wurden, die englische Krone (1066). Damit beginnt die Herrschaft der Normannen in England.

Wilhelm II. griff die Rechte der Kirche an, die der hl. Anselm, Bischof von Canterbury, muthig vertheidigte. In gleicher Weise fand Heinrich II., ein Urenkel Wilhelm's, in Thomas Becket einen ebenso gelehrten, als unerschütterlichen Vertheidiger der Kirche.

Die Söhne Heinrich II. waren Richard Löwenherz und Johann ohne Land. Dieser hatte während der Abwesenheit seines Bruders den Versuch gemacht, die Herrschaft an sich zu reissen. Nach dem Tode Richard's gelang es ihm auch wirklich, König zu werden. Ein unglücklicher Krieg aber, den er gegen Frankreich führte, reizte die englischen Barone, und sie nöthigten ihm (1215) die Magna Charta, den grossen Brief, ab, der bis auf die heutige Stunde noch dem englischen Volke seine Freiheit gewährleistet und es zum freiesten Volke Europa's macht.

Im Jahre 1459 entstand in England selbst ein innerer, langwieriger und blutiger Krieg zwischen den regierenden Häusern York und Lancaster, von denen jedes nähere Ansprüche an den Thron zu haben glaubte. Dreissig Jahre wüthete dieser Krieg, in welchem die Kraft der englischen Nation bis auf das äusserste erschöpft wurde. Beendiget ward er durch die Schlacht bei Bosworth, in Folge deren Heinrich, Graf von Richmond, als Heinrich VII. und mit ihm das Haus Tudor zur Herrschaft gelangte (1485).

5. Die Westgothen oder die Spanier.

Die Westgothen hatten in dem heutigen Spanien und Portugal feste Wohnsitze genommen. Im Jahre 711 brachen die Araber herein, eroberten den grössten Theil von Spanien und gründeten das Chalifat von Cordova und Granada. Die Westgothen (Christen) wurden in das Gebirge des Nordens, Asturien, zurückgedrängt. Sie eroberten nach und nach wieder mehrere Provinzen, aus denen sie kleine Königreiche bildeten. Um 1212 vereinigten sich die Könige von Castilien, Aragonien und Navarra und erfochten bei Tolosa einen Sieg, in Folge dessen den Mauren nur noch das Gebiet von Granada und Alicante blieb und zwar unter castilischer Oberhoheit. Im Jahre 1492 wurden sie durch Ferdinand, den König von Aragonien, der sich mit Isabella, der Erbin von Castilien, vermählte, auch noch aus Granada vertrieben. In diesem langen, für Gottes Sache, für die Religion geführten Kriege (s. Bild XLI) waren über 3000 Gefechte geliefert worden. Der grösste spanische Held war Dom Rodrigo Diaz, gewöhnlich Cid, d. i. Herr, genannt.

Auch Portugal, anfänglich mit Spanien verbunden, wurde nach Vertreibung der Mauren ein eigenes Königreich mit der Hauptstadt Lissabon.

In dieser Zeit erliessen die spanischen Könige den Befehl, dass die Juden und Mauren entweder Spanien verlassen oder das Christenthum annehmen müssten. Unzählige wanderten aus, andere liessen sich zwar taufen, blieben aber innerlich dem alten Glauben treu und vermischten denselben mit katholischen Gebräuchen. Dabei waren sie von einem unbezwingbaren Hasse gegen die Christen erfüllt und erregten häufig gefährliche Aufstände. Zur Auffindung und Bestrafung dieser Aufwiegler wurde daher ein Glaubensgericht — die spanische Inquisition — eingesetzt, welches einen rein politischen Charakter hatte. Die Päpste gaben sich grosse Mühe, die Statuten der Inquisition zu mildern, und setzten es zuletzt durch, dass man von der Inquisition an sie appelliren durfte.

Von der spanischen Inquisition ist ganz verschieden die kirchliche Inquisition, die auf der Synode zu Toulouse zu einem eigentlichen Gerichtshofe erhoben wurde (1229). Hatte die Inquisition Jemanden als der Häresie schuldig erfunden, so übergab sie den Schuldigen dem Arm des weltlichen Gerichtes mit der stehenden Formel: dass man seiner schone und ihm das Leben nicht raube.

Wer sollte es nicht bedauern, dass man gegen die Un- und Irrgläubigen sehr oft zu strenge verfuhr? Darin aber sind ebenfalls Alle einig, dass der Staat in seiner damaligen engen Verbindung mit der Kirche keinen Abfall von derselben dulden, keine neue Religion einführen lassen durfte, dass jeder Versuch dieser Art ein Angriff auf die bestehende gesellschaftliche Ordnung war. Jede häretische Lehre, die im Mittelalter hervorbrach, hatte einen revolutionären Charakter, d. h. sie musste in dem Masse, als sie zur Herrschaft gelangte, eine Auflösung des bestehenden Staatswesens, eine politische und sociale Umwälzung herbeiführen. Daher musste der Staat die Irrlehrer bestrafen. Die Anklage wegen allzugrosser Strenge aber gehört zu denjenigen, die, wie Graf de Maistre treffend bemerkt, entweder dem ganzen Menschengeschlechte oder Niemanden zum Vorwurfe zu machen sind; denn die damalige Zeit besass eben im Allgemeinen ein viel schärferes Strafrecht als die gegenwärtige.

Von Spanien aus wurde auch der neue Welttheil Amerika entdeckt (1492). Schon vorher hatten die Portugiesen, unter dem Prinzen Heinrich dem Seefahrer, die Inseln Madeira, die Azoren und das grüne Vorgebirge entdeckt; Bartholomäus Diaz fand die Südspitze von Afrika und nannte sie „Vorgebirge der guten Hoffnung", da man nun hoffte, zur See nach Indien zu kommen. Wirklich gelang es später Vasco de Gama, das Cap der guten Hoffnung zu umschiffen und an der Küste von Malabar zu landen. Damit war der Handelsweg nach Ostindien entdeckt (1497). Dem genuesischen Seemann Christoph Columbus aber war es vorbehalten, unterstützt von der frommen Königin Isabella von Spanien, eine neue Welt, Amerika, zu finden (s. Bild XLII).

Mit dieser Fahrt nach Westen, mit dem Blicke in eine neue reiche Welt des Lebens, mit einem grossen folgenschweren Triumph des Geistes schliesst das Mittelalter. Die Entdeckung Amerika's brachte eine völlige Veränderung in allen Verhältnissen der alten Welt hervor. Nicht lange vorher waren von Flavio Gioia (Andere nennen Giri) der Compass, von Berthold Schwarz das Schiesspulver, von Johann Gensfleisch (Gutenberg) die Buchdruckerkunst erfunden worden. Alles das wirkte zusammen, um ganz neue Verhältnisse herbeizuführen. Der Welthandel nahm eine ganz andere Richtung an, die alten Seestrassen wurden verlassen. Die Erdkunde und die Naturkunde machten in einem halben Jahrhundert grössere Fortschritte als in allen vorhergehenden zusammen, da eine Entdeckung die andere nach sich zog. Die Colonieen wurden für das Mutterland 'sehr wichtige Punkte und zogen eine grosse Anzahl von Europäern an sich. Spanien selbst wurde auf kurze Zeit die erste europäische Grossmacht.

B. Bilder aus der mittlern Geschichte.

XXII. Die Germanen.

Das Volk, welches an der Stelle des untergegangenen römischen Reiches der vorzüglichste Träger des Christenthums und der Civilisation werden sollte, ist das urkräftige Volk der Germanen. Sie waren in vorgeschichtlicher Zeit aus Asien nach Mitteleuropa eingewandert und erstreckten sich vom Jura und den Vogesen bis zur Weichsel und von der Donau bis nach Skandinavien. Ihre Hauptstämme waren: die Sueven, die Sachsen, die Franken, die Vandalen und die Gothen, von denen die Franken in erster Linie durch mehrere Jahrhunderte die Oberherrschaft erlangten.

Um die Zeit der Geburt Christi war Germanien, das jetzt zu den fruchtbarsten und schönsten Ländern Europa's gehört, noch ein sehr rauhes, unwirthbares Land. Ungeheure Wälder zogen sich von einem Ende zum andern, so daß das ganze Land fast wie ein einziger Wald erschien. Noch sind der Schwarzwald, der Spessart, das Harzgebirge, der Thüringer- und Böhmerwald Ueberbleibsel desselben. Die Sonne vermochte nicht mit ihren erwärmenden Strahlen das Dickicht der Wälder zu durchbringen und den feuchten Boden abzutrocknen. Wild schweiften noch die Flüsse über ihre Ufer hinaus und bildeten Sümpfe und Moräste. Ueber diesen Urwäldern mit ihren riesigen Bäumen und reißenden Strömen, mit ihren heimlichen Schluchten und stillen Wiesenthälern war die Luft meist feucht und nebelig und gestattete nur selten den Anblick des klaren blauen Himmels. Daher war auch der Boden damals weit feuchter, kälter und unfruchtbarer als jetzt, wo die Wälder gelichtet sind, und so der Boden frei und offen unter der erwärmenden und Alles belebenden Sonne liegt. Edle Früchte konnten deshalb damals nicht ge= deihen. Man fand nur wilde Baumfrüchte, Rettige von ungewöhnlicher Größe und wilden Spargel. Von dem schlecht bebauten Boden wurde nur Gerste und Hafer, wenig Weizen gewonnen. Aus diesem Getreide wußten sich die Deutschen ein köstliches Getränk zu bereiten. Es war der Meth — wahrscheinlich eine Art Bier mit Honig untermischt. Wein kannte man noch nicht. Dieser wurde erst von den Römern am Rhein einheimisch ge= macht. Grasreich und schön waren die Weiden, und da= her das Rindvieh, sowie die Pferde, wenngleich klein und unansehnlich, dafür stark und ausdauernd. Gold und Silber fand sich nicht. Doch schienen die Römer gar nicht zu ahnen, daß das wilde Land so reich an edlem Metalle sei, wie es sich in der Folge herausstellte. Salz= quellen gab es in Menge. Diese standen in solchem An= sehen, daß häufig Kriege um sie geführt wurden. Ihren Hauptreichthum aber enthielten die Wälder. Diese bargen in ihrem Dickicht eine Menge der größten Raubthiere, die nun schon lange entweder ausgerottet, oder tiefer nach Norden gezogen sind, als Bären, Auerochsen, Elenne, Rennthiere und Raubvögel ohne Zahl. Gegen sie konnte der rüstige Deutsche in Zeiten des Friedens Muth und Kampflust stillen; sie gaben Nahrung und Kleidung zu= gleich. Unter den Vögeln des Waldes war auch der Edel= falk häufig, der, zur Jagd abgerichtet, noch in späterer Zeit dem Ritter ein sehr gesuchtes Vergnügen verschaffte. Flüsse und Seen wimmelten von großen und schmackhaften Fischen.

Rauh wie das Land waren auch die Bewohner. Die alten Deutschen hatten weder Städte noch Flecken, nicht ein= mal zusammenhängende Dörfer. Weit zerstreut lagen ihre Hütten, damit keine zu nahe Nachbarschaft die Grenzen der= selben beenge. Leicht war die Hütte erbauet. Sie bestand aus rohen Baumstämmen, durch farbigen Lehm verbunden, oben mit einem Geflecht aus Stroh und Zweigen leicht gedeckt. Wo es gefiel, setzte man sie hin, am frischen Quell, im stillen Hain, auf steiler Höhe, im grünen Thal. Um die Hütte lag das Feld. Der Hofraum wurde mit einem schirmenden Gehege umzäunt. Ein Bild solcher Ansiedelung findet sich noch jetzt in dem Kernlande des alten Germaniens, in dem heutigen Westphalen, wo noch jetzt die Höfe, von Holzungen, Wiesen und Saatfeldern umkränzt, in romantischer Einsamkeit zu liegen pflegen.

In solchen Häusern oder geschlossenen Höfen wohnte damals der Deutsche in ungebundener Freiheit. Hier war er allein Herr und Richter, König in der Familie und rächte blutig jeden Eingriff in seine Rechte. Eine Anzahl solcher Höfe zusammen bildete einen Weiler, mehrere Weiler einen Gau. Der Name „Gau" hat sich noch in manchen Gegenden bis auf diesen Tag erhalten, z. B. Rheingau, Thurgau, Aargau, Breisgau. Unbekannt mit allen das Leben verschönernden Künsten nährten sich die Germanen nur armselig von der Viehzucht und Jagd, zum Theil auch vom Ackerbau. Jagend durchstreiften sie Berg und Thal, umhangen mit den Fellen wilder Thiere, den Siegeszeichen ihrer Jagden. Das Leben in der freien Natur, bei natürlicher einfacher Kost, stärkte ihre Glieder und ließ ihre Körper zu einer solchen Fülle der Größe und Kraft hervorblühen, daß die andern Völker den Riesenbau staunend bewunderten. Schon vor ihrem drohenden Blicke und ihrer Donnerstimme erschracken selbst die kriegserfahrnen Römer und mußten erst das Auge an den Anblick der fürchterlichen Menschen gewöhnen, bevor sie es wagten, mit ihnen zu streiten. Breit und gewölbt war ihre Brust, blau und voll kampfmuthigen Feuers ihr Auge, goldgelb ihr Haar, das bei einigen Stämmen in langen Locken die Schultern hinabfloß, bei andern, in einem Knoten auf dem Scheitel zusammengebunden, wie

ein Helmbusch drohend emporragte. Römer und Römer=
innen schätzten das deutsche Haar so hoch, daß sie es
häufig kauften und sich damit schmückten.

Krieg ging den Germanen über Alles. Zum Jüng=
linge gereift, ward Jeder in die Versammlung seiner Mit=
bürger geführt, mit Schild und Lanze bewaffnet und
feierlich zum wehrhaften Mitgliede der Gemeinde aufge=
nommen. Das war dem Deutschen der schönste Tag des Le=
bens. Nie, selbst im Tode nicht, trennte er sich von seinen
Waffen. Bewaffnet erschien er zum Feste, bewaffnet in
der Versammlung der Gemeinde. Waffen gab er selbst
seiner Braut zum Geschenke, damit die künftige Gefährtin
seines Lebens das Theuerste mit ihm theile. Hatte sich
die Volksmenge irgendwo zu sehr angehäuft, so daß der
heimatliche Boden sie nicht mehr ernähren konnte, oder
drängte sonst eine Noth, so wanderten ganze Stämme aus
und erkämpften sich in fremden Ländern neue Nieder=
lassungen. Dem Zuge der Männer folgten die Weiber
und Kinder auf unzähligen Karren nach. Diese Karren
dienten zugleich zur Deckung des Lagers, indem sie es
kreisförmig umgaben. Vor dem Angriffe ertönten krie=
gerische Instrumente, Hörner von Auerochsen; die Schilde
wurden schrecklich dröhnend an einander geschlagen, und
mit einem fürchterlichen Geschrei, Barit oder Barbit
genannt, eröffnete sich der Kampf. Hinter sich, von der
Wagenburg herab, vernahm der Mann im heißen Schlacht=
getümmel der Kinder Geschrei, der Weiber ermunternden
Zuruf. Pflege der Verwundeten, Erquickung und Anregung
der Gesunden war Sache der Weiber. Kein Wunder,
wenn der Mann im Angesichte der theuersten Unterpfande
seiner Liebe so begeistert focht, wenn das Flehen der
Weiber und das Gewimmer der Kinder schon wankende
Schlachtreihen wieder zum Stehen brachten.

Dabei lebten die Germanen, wie der römische Geschicht=
schreiber Tacitus berichtet, unter der Obhut reiner Sitten,

nicht durch verführerische Schauspiele, noch durch schwelge=
rische Gastmähler verdorben. Ihre Keuschheit und Sitten=
strenge gaben ihnen Kraft und machten sie geeignet, die star=
ken Träger des Christenthums zu werden, während die in
Lüsten entnervte römische Welt unterging. Wohl bestand
auch die Religion der Germanen anfänglich noch in
einem reinen Naturdienste. Alle großartigen Erscheinungen
in der Natur, welche das menschliche Gemüth bald zur
innigsten Liebe und Dankbarkeit stimmen, bald mit un=
aussprechlicher Furcht und Angst erfüllen, waren Gegen=
stände ihrer Verehrung. Sie verehrten die Sonne, deren
Strahl die feste Eisrinde des langen Winters sprengt,
den Frühling hervorruft und neues Leben über die ganze
Natur ausgießt; den Mond, dessen sanfte Majestät zu
Aller Herzen spricht, der freundlich in die lange Winter=
nacht sein Licht sendet und die dunklen Wälder erhellt,
daß der Wanderer den Steig finde und der Jäger seine
Hütte; das Feuer als Bild der Sonne; die Erde
(Hertha), welche geduldig, einer liebenden Mutter gleich, des
Lebens Bedürfnisse hervorbringt und aus ihrem Schooße
Berge, Flüsse und Wälder emportreibt. Den Urheber
der Gewitter nannten sie Thor oder Tuner, und als
Göttin der ehelichen Liebe und Freundschaft verehrten sie
die Freja. Als höchster Gott aber galt ihnen Wodan
oder Guodan. An ihn richtete man seine Gelübde, er
verlieh den Sieg in den Schlachten. Der gemeinschaft=
liche Stammvater aller Deutschen, dem deshalb auch gött=
liche Ehre erwiesen wurde, hieß Tuisko oder Teut.[1]
Doch je naturwüchsiger die alten Germanen waren, eine

---

[1] Nach den Gottheiten wurden auch die Wochentage benannt.
Der erste hieß von der Sonne Sonntag; der zweite vom Monde
Montag; der dritte von Thuisko Tuistag oder Dienstag; der
vierte vom Guodan Guodanstag d. i. Gunstag; der fünfte vom
Thor Thorstag d. i. Donnerstag; der sechste von Freya Freitag;
der siebente von ihrem Gotte Sater, Satertag.

desto bessere Unterlage bildeten sie für das Christenthum,
wie jener Baum, begünstiget von Sonnenschein und Regen,
die meisten Früchte trägt, der die besten Säfte in sich
birgt. Darum war dieses Volk von Gott berufen, die
Welt zu erfrischen.

XXIII. Die Verbreitung des Christenthums unter die Germanen.

Wie eine leuchtende und wärmende Sonne ging das
Christenthum allmälig über der Nacht des Heidenthums
in Germanien auf. Die Gothen, die Burgunder, die
Longobarden und mehrere andere Völker hatten das Christenthum angenommen, so wie sie auf ihrer Wanderung
mit den Römern in nähern Verkehr kamen. Bei den
Franken war dasselbe seit Chlodwigs Bekehrung ausgebreitet. Früh wurde der Same des Christenthums in
den Donaugegenden ausgestreut, und der hl. Severin
war der Apostel Norikums, des jetzigen Oberösterreichs,
südlich von der Donau, mit den angrenzenden Theilen
von Unterösterreich, Steiermark, Kärnthen, Salzburg und
Bayern. Mitten im wilden Getümmel wandernder Kriegs-
völker erschien hier um das Jahr 454 der fromme Apostel,
welchen Gott aus seiner stillen Einöde im Orient gerufen
und den bedrängten Christen dieser Gegenden zum Schutz
und Trost gesendet hatte. In der Gegend des heutigen
Wien baute er für sich und seine Genossen ein Kloster.
Dreißig Jahre lang an der Donau auf und ab wandernd,
trug er überallhin die Tröstungen des Christenthums, so
daß selbst heidnische Könige ihn ehrten und bewunderten.

Die Glaubensboten der Deutschen kamen übrigens
größtentheils aus Irland und England. Hier hatte das
Christenthum bereits festen Boden gewonnen. Hier, in
der stillen Heimat der Wissenschaft und der Frömmigkeit,
erweckte Gott seeleneifrige Männer, um nach Deutschland
zu ziehen und auch dort die Lehre des Heiles zu verkünden.

Es ist rührend zu lesen, wie diese Männer, allen Bequemlichkeiten des Lebens entsagend, mitten im kriegerischen
Gewühle der Völker still und friedlich, das Kruzifix in
der Hand, durch die deutschen Wälder wanderten und
die Lehre des Gekreuzigten verkündigten; wie sie im Vertrauen auf Gott den höchsten Gefahren des Lebens muthig
entgegen gingen. Zu den ersten Glaubensboten gehören:
Der hl. Fridolin, der den Rhein entlang den Alemannen
und Rhätiern das Evangelium Christi verkündigte und
auf der Rheininsel Seckingen ein Kloster errichtete; der
hl. Columban mit seinem Schüler Gallus, dem Stifter
des berühmten Klosters St. Gallen in der Schweiz; der
hl. Rupert in Salzburg; zu den Friesen kam der hl.
Willibrord, zu den Thüringern der hl. Kilian.

So groß auch die Verdienste dieser Männer und ihrer
Genossen und Schüler waren, so ist es doch Einer, dem
vorzugsweise der Name „Apostel der Deutschen" gebührt. Dieser ist der fromme gottselige Dominikanermönch
Winfried aus Westsex in England. Schon von Jugend
auf war seine Seele von dem feurigen Wunsche erfüllt,
den unglücklichen Heiden die Worte des Lebens zu verkündigen. In der Einsamkeit des Klosters bereitete er
sich zu seinem hl. Berufe vor. Dann verließ er mit Genehmigung seines Abtes das Kloster seiner Heimat und
ging nach Rom, um den Segen des Papstes für sein
Werk zu erflehen. Winfried war es nun, der von 716
bis 755 mit unermüdlichem Eifer und wunderbarem Erfolge in das Dunkel der deutschen Wälder und Felsen-
thäler drang, um den Bewohnern das Licht des Evangeliums anzuzünden. Zunächst zog er zu den Friesen und
Hessen. Von allen Seiten drängten sich die Heiden zu
ihm und ließen sich taufen. Auch legte er Klöster an
und verband mit denselben Schulen, damit sich von hier
aus nach und nach mehr Bildung über das rohe Deutschland verbreite. Als er darauf das zweite Mal nach

Abschied des hl. Bonifacius.

Rom kam, ernannte ihn der Papst Gregor II., zur Be=
lohnung seines apostolischen Eifers, zum Bischofe von
Deutschland und gab ihm den Namen Bonifazius.

So zog nun der Apostel im Auftrage des Papstes über
die Alpen, durch Bayern wieder nach Hessen und Thürin=
gen, lehrte überall das Wort Gottes mit dem besten Erfolge
und zertrümmerte die Götzenbilder. Bei Geismar in Hessen
stand eine uralte, dem Donnergotte heilige Eiche, unter
welcher die heidnischen Bewohner dieser Gegend ihre Opfer
darzubringen pflegten. Sobald der hl. Bonifazius erfuhr,
daß dieser Baum für unverletzlich galt, legte er, um den
Aberglauben zu überführen, die Axt an denselben. Er=
schrocken standen die Heiden umher und blickten bald nach
dem Apostel, bald nach dem Himmel, ob ihre Götter
keine Blitze zerschmetternd auf den kühnen Frevler her=
abschleudern würden; aber der Baum fiel, und der Apostel
stand unverletzt. Der Fall der Eiche war zugleich der Fall
des Heidenthums. Die Heiden entsagten ihren ohnmächtigen
Göttern, welche ihr Heiligthum nicht einmal vor schwachen
Menschenhänden hatten schützen können und ließen sich
taufen. Bonifazius baute aus dem Holze des gefällten
Baumes ein Kirchlein und weihete es dem hl. Petrus.

Immer weiter, bis tief nach Bayern, dehnte er all=
mälig den Kreis seiner Wirksamkeit aus. Der neue Papst
Gregor III. hatte ihn zum Erzbischofe der neu bekehrten
Länder ernannt und ihm zugleich die Vollmacht ertheilt,
Bisthümer in denselben zu errichten. Mit dieser apostolischen
Vollmacht ausgestattet, ordnete er die Kirche in Bayern und
theilte sie in 4 Bisthümer: Regensburg, Salzburg,
Freisingen und Passau. An den Grenzen von Bayern
weihte er seinen Schüler Willibald zum Bischofe von
Eichstädt und Burkard zum Bischofe von Würzburg.
Auch für eine große Bildungsschule des mittlern Deutsch=
lands sorgte er. Im Jahre 744 gründete er durch
seinen trefflichen Schüler Sturm, der aus dem Norikum

gebürtig war, mitten im dichten Urwalde das Kloster
Fulda und legte dadurch den Grund zu der Stadt Fulda,
die aus den vielen Ansiedelungen um das Kloster entstanden ist. Was das Kloster Monte Cassino für Italien,
was St. Gallen für Süddeutschland, was späterhin Corvey
für die Sachsen und das nördliche Deutschland war, das
wurde Fulda für Mitteldeutschland: ein Herd der Civilisation und Bildung. Dem hl. Bonifazius selbst wurde
Mainz als Erzbischofssitz angewiesen, und nicht nur
die neugestifteten, sondern auch die ältern deutschen Bisthümer ihm untergeordnet. Mainz wurde so zum vornehmsten Bischofssitze von Deutschland.

Unter diesen rastlosen Bemühungen war der hl. Bonifazius bereits zum Greise geworden. Aber sein glühender
Eifer für die Sache Gottes ließ ihn nicht ruhen. Nicht
in äußerm Glanze suchte er seine Ehre, sondern einzig
in der Ausbreitung des christlichen Glaubens. Er überließ daher unter päpstlicher Genehmigung die Verwaltung
des Erzbisthums seinem treuen Schüler Lullus und beschloß, seine letzte Kraft zur gänzlichen Bekehrung der
noch theilweise heidnischen Friesen zu verwenden. Hier
aber wartete seiner nach einem so rühmlichen Leben ein
ebenso rühmlicher Tod. Schon hatte er eine große Menge
Friesen für Christus gewonnen, als die Heiden erbittert
über ihn herfielen und den wehrlosen Greis mit zwei-
undfünfzig Gefährten ermordeten. Sie wollten seine Schätze
rauben, fanden aber nur Bücher und Reliquien von
Heiligen, die sie unwillig zerstreuten. So starb der hl.
Mann im Jahre 755, eben in Erfüllung seines Berufes,
mit dem seligen Bewußtsein, seinem Gotte bis zum letzten
Lebenshauche gedient zu haben. Seine Gebeine ruhen zu
Fulda.

Bald wurde Bonifazius in Deutschland und Frankreich als Heiliger verehrt, an vielen Orten wurden ihm
zu Ehren Kirchen und Kapellen erbaut. Das schönste

Denkmal errichtete ihm noch in unsern Tagen König Ludwig von Bayern durch den Bau der Basilika mit dem Benediktinerkloster zu München.

Das Christenthum aber breitete immer weiter sich aus und trieb immer herrlichere Blüthen, so daß nach und nach das ganze Land in einen christlichen Staat umgewandelt wurde.

XXIV. Muhamed und seine Lehre.

Schon im siebenten Jahrhundert bedrohte ein gewaltiger Feind das Christenthum in Europa, der Muhamedanismus oder der Islam, wie die Lehre Muhameds hieß.

Muhamed (der Gepriesene) war im Jahre 571 zu Mekka geboren und gehörte zu dem edlen Stamme der Kureisch, welcher die Regierung zu Mekka und die Aufsicht über den berühmten Tempel daselbst, die Kaaba, erblich besaß. Seine Eltern starben früh. Sie hinterließen ihm eine nur unbedeutende Erbschaft. Nun nahm sein Großvater den sechsjährigen Knaben zu sich und drei Jahre später sein Oheim Abu Talib. Dieser war ein thätiger Kaufmann, der in seinen Geschäften weite Reisen machte, auf welchen ihn sein Zögling begleiten durfte.

Mit tiefem Schmerze sah Muhamed den Zerfall vaterländischer Sitten und die Zwistigkeiten der Stämme unter einander. Da trieb ihn sein Geist in die Wüste. Ganze Tage brachte er in düstern Höhlen und schauerlichen Felsenklüften zu. Sein geheimnißvolles Wesen erfüllte die Seinigen mit geheimnißvollen Ahnungen. Dort in stiller Einsamkeit verloren sich seine Gedanken in Grübeleien über Religionsgegenstände. Der Glaube, in welchem er erzogen war, die Lehre Moses und Christi gingen an seiner Seele vorüber, aber keine dieser Lehren befriedigte sein Gemüth. Den Glauben seines Volkes, welches die erschaffenen Werke als Götter anbetete, erkannte er bald

Moschee (in Konstantinopel).

als Thorheit. Die mosaische Lehre war ihm zu eng=
herzig und feindselig. Auch die christliche Religion sprach
ihn nicht an; denn ihren wahren Geist hatte er nicht er=
faßt. Er hatte sie auf seinen Reisen bei den Griechen in
Kleinasien kennen gelernt, dort aber leider nur heftige
Religionsstreitigkeiten der einen Partei gegen die andere,
nicht aber den Geist christlicher Liebe und Duldsamkeit
gefunden. Demnach faßte er den Entschluß, der Begrün=
der einer neuen Religion zu werden, die, wie er meinte,
durch die Verschmelzung der drei Hauptreligionen die
vollkommenste sein und das gesunkene Volk seines Landes
in verjüngter Kraft wieder erheben sollte. Einen Anhang
suchte er sich dadurch zu verschaffen, daß er sich für einen
Gesandten Gottes erklärte und himmlische Erscheinungen
vorgab, in denen der Engel Gabriel mit ihm verkehrt
habe. Der Erfolg seiner Lehre war anfangs gering, seine
Erscheinungen wurden verspottet. Später aber wuchs die
Zahl seiner Anhänger, so daß seine eigenen Stammgenossen,
die Kureischiten, aus Besorgniß für die alte Religion der
Väter, ihm nach dem Leben trachteten. Da floh er nach
der den Kureischiten feindlichen Stadt Jatreb, wo seine
Lehre bereits Eingang gefunden hatte, und wurde dort
mit Jubel empfangen. Die Stadt selbst führte seitdem ihm
zu Ehre den Namen Medina al Nabi, d. i. Stadt des
Propheten, später gewöhnlich nur Medina. Diese Flucht,
Hidjrah, Hegira, (spr. Hidschrah) genannt, fällt auf den
15. Juli 622 und ist bei den Muhamedanern der Anfangs=
punkt ihrer Zeitrechnung, wie bei uns die Geburt Christi.

Muhamed's Lehre heißt in der arabischen Sprache
Islam, d. i. völlige Hingabe an Gott; wer sich dazu
bekennt, heißt Muslim d. i. Gläubiger. Die Priester
wurden Imans, die Mönche Derwische, ihre Gottes=
häuser Moscheen genannt. Das Buch, in welchem die
Lehre von seinem Schwiegervater und Nachfolger Abu
Bekr verzeichnet wurde, heißt Koran d. i. Buch.

Nie ist eine einfachere Lehre von einem Propheten verkündet worden, als die des Muhamed war. Es ist nur ein Gott und Muhamed sein Prophet, war der ganze Inhalt seiner Glaubenslehre. Ebenso einfach war auch die Sittenlehre. Als nothwendige Pflichten sind geboten: Tägliches Waschen und Gebet, Fasten zu gewisser Zeit, Almosen für immer und Wallfahrt nach der Kaaba, dem Nationalheiligthume zu Mekka.

Dieser Lehre verschafften die Muhamedaner nicht allein durch die Kraft der Ueberzeugungskunst, sondern auch durch das Schwert Eingang. Denen, welche für den Glauben kämpften, gleichwohl ob sie umkamen oder siegten, versprach Muhamed ein Paradies voll üppiger Sinnes-lust. Die Wolluft und das Schwert waren die zwei vorzüglichsten Mittel, durch welche der Islam ausgebreitet wurde, während das Cri-stenthum, das Kreuz in seiner Hand und die Lehre Christi im Munde, kein anderes als das eigene Blut vergießend, die Welt eroberte.

XXV. Die maurische Kultur.

Nachdem die Eroberungssucht der Muhamedaner etwas abgekühlt war, suchten sich dieselben in ihren neuen Wohn-sitzen einzurichten. Wie einst die Macedonier, so legten auch sie überall feste Plätze an, die den Mittelpunkt ihrer Macht bilden sollten. Der Chalif Ali Mansur erbaute (760) Bagdad am Tigris und wählte diese Stadt zu seiner Residenz. Um dieselbe Zeit entstand auch Kairo in Aegypten und wurde die Haupthandelsstadt. Gegen diese neue Hauptstadt sank Alexandria immer mehr, wie einst Tyrus gegen Alexandria. Der Handel mit Indien bekam durch die Araber neues Leben.

Besonders blühte Spanien auf. Volkreiche Städte schmückten das Land. Gewerbe, Ackerbau und Viehzucht fanden Pflege, Bergwerke wurden angelegt; reiche Dörfer, blühende Meierhöfe, prunkende Paläste zeugten von dem Wohlstande des Landes. Im reich gesegneten Thal des Quadalquivir, dem „maurischen Paradies", lag Cordova der Hauptsitz arabischer Bildung, die Residenz der omajadischen Chalifen. Diese Stadt soll 212,000 Gebäude, darunter 600 Moscheen gehabt haben. Die hier errichteten Schulen waren so berühmt, daß selbst Christen aus andern Ländern dahin zogen und es nicht verschmähten, bei Ungläubigen zu lernen. Vorzüglich legten sich die Araber auf Medizin, Mathematik und Astronomie (Sternkunde).

Unter Hakem II., dessen Erziehung die berühmtesten Gelehrten geleitet hatten, erreichte wissenschaftliches und künstlerisches Streben den höchsten Glanzpunkt. Dem Vorbilde des kunstliebenden Herrschers eiferten die Großen des Reiches nach. Daher wurden die Paläste der Wessire ein Sammelplatz der erleuchtetsten Geister; in den prachtschimmernden Goldsälen kamen sie zusammen. Teppiche aus goldgestickten seidenen und wollenen Stoffen bedeckten die Marmorböden, prächtige Tapeten schmückten die Wände, die Versammelten lagerten sich am duftenden Kohlenfeuer. Erst wurden Abschnitte und Verse aus dem Koran vorgelesen; dann sprühten die Geistesfunken wechselseitigen Gespräches. Ueber Religion und Politik ward nicht geredet, das verbietet der Koran. Desto eifriger wurde die Dichtkunst gepflegt; denn die Sprache der Araber ist leicht und bildsam. Selbst die Chalifen warben um den Lorbeerkranz der Dichtkunst.

Doch über all' diesem Glanze maurischer Cultur lag wie ein düsterer Todesschatten die Lehre Muhamed's. Wohl war es Bildung, was die Muhamedaner anstrebten, aber es war nur Stückwerk und Aeußerlichkeit. Die erhebenden Künste der Malerei und Plastik fanden bei Muhamed keine Gnade; ebenso verschloß ihm seine Verachtung des Weibes jenes weite Feld der Poesie, wo der mittelalterlich = deutsche Minnegesang die köstlichsten

Maurisches Bauwerk (Saal im Alcazar).

und zartesten Blumen trieb. Die Wissenschaft des Himmels, die Astronomie (die Sternkunde), artete aus in Astrologie (Sterndeuterei); man wollte aus dem Stand der Gestirne den Lauf der irdischen Begebenheiten und die Schicksale der einzelnen Menschen lesen. Muhameb's Lehre von einem unabänderlichen Schicksal, der sogenannte Fatalismus, hinderte alles Streben nach Vollkommenheit, alles Ringen nach Wahrheit und erstickte so schon im Keime den Fortschritt in den höchsten Wissenschaften. Während ferner der Hof und die Vornehmen Cordova's an Künsten und Wissenschaften sich erfreuten, seufzte zu ihren Füßen ein unwissendes, gedrücktes Volk. Die Schätze der Bildung waren ja nur dem Hochgestellten, dem Reichen erschlossen; der gemeine Mann, der Arme trug die Sklavenketten der Rohheit und Verachtung. Indeß die Phantasie des Dichters liebliche Märchen umgaukelten, hatte der Sklave Zeit, über sein elendes, geächtetes Dasein nachzudenken. Und wenn endlich der Ruf zum Kampfe gegen die Ungläubigen erscholl, da erwachten die Jünger Muhameb's aus ihrer Traumwelt, um zu morden, zu zerstören, zu vertilgen, — so wollte es der Prophet. Wie anders das Christenthum! Umfaßt es nicht mit seiner Bildung Alle und Jeden, auf allen Stufen, in allen Ständen? Ruft es nicht unaufhörlich jenes Wort „Bildung für Alle!" in die Welt hinaus? Durchstrahlt nicht sein göttliches Licht das ganze Thun und Lassen seiner Bekenner und läßt sie auf allen Gebieten der Wissenschaft und Kunst Werke hervorbringen, mit denen wir die Schöpfungen maurischer Cultur nicht in Vergleich setzen dürfen? Wie ein glänzendes Meteor stieg daher diese Cultur auf, um bald in ewiger Nacht unterzugehen, indeß die christliche dauern und blühen wird, so lange die Welt steht. Alle außerchristliche Cultur vermag einen Augenblick das Auge der Welt zu fesseln, bald aber sinkt sie wieder zusammen, weil ihr das Lebensmark, die ewig treibende Kraft des Christenthums, fehlt.

XXVI. Karl der Große.

Wie alles Großartige im Leben der Völker vorzugs=
weise dem Wirken außerordentlicher Männer seine Ent=
stehung verdankt, so sind auch alle großen Staaten alter
und neuer Zeit durch große Männer gegründet worden,
welche wie geistige Wunderthäter durch die Geschichte
schritten. Ein solcher Mann war Karl der Große.
Durch Glaubenskraft, Kriegsmuth und Seelengröße
alle Herrscher seiner Zeit weit überragend, gründete er
für ein volles Jahrtausend ein Weltreich, so schön und
stolz, wie der Erdtheil, den wir bewohnen, kein zweites
bis jetzt gesehen hat. Die dreifache große Idee, die seinen
Geist erfüllte, und deren Verwirklichung er als seine Lebens=
aufgabe betrachtete, war die Vereinigung sämmt=
licher Germanen unter einer Herrschaft, die
innigste Einheit zwischen Staat und Kirche
und die Entwicklung einer christlichen und zu=
gleich wahrhaft nationalen Cultur.
Nachdem Karl in seinen glücklichen Kriegen gegen die
Sachsen, Longobarden und Bayern, gegen die Sarazenen
und Avaren sein Reich von den Pyrenäen bis zu den
Karpathen und in die nördlichen Gegenden an der
Oder und Weichsel, von der Mündung der Elbe bis zu
den Apenninen ausgedehnt, übte er schon als König der
Franken vor dem Jahre 800 eine wahrhaft kaiserliche
Macht im Abendlande aus. Die romanisch=germanischen
Nationen hatte er fast alle unter seinem Szepter verei=
niget und zum Siege gegen die Feinde geführt, alle Sitze
der frühern abendländischen Herrscher in Italien, Gallien
und Germanien waren in seiner Gewalt; die christlichen
Könige in Spanien, Irland und Schottland nannten sich
seine Hörigen, seine Dienstmannen, kurz er stand an der
Spitze fast aller christlichen Fürsten des ehemaligen west=
römischen Reiches.

Doch diese Weltherrschaft sollte in innigster Beziehung zur Kirche stehen. Alle Gewalt kommt von Gott und geht, wie Alcuin, der einflußreichste Freund Karl's, so treffend auseinandersetzte, in zwei Strahlen auf seine obersten Lehensträger, den Papst und den Kaiser, aus. Während der Papst an Gottes Statt als Nachfolger des hl. Petrus die höchste geistliche Gewalt besitzt, hat Gott die höchste weltliche Gewalt dem römischen Kaiser übertragen, und diese Uebertragung wird durch die Hand und Weihe des Papstes vor den Menschen bestätiget. Diese erhabenste und großartigste Anschauung von beiden Gewalten auf Erden fand ihre erste Verwirklichung in der Kaiserkrönung Karl's durch Papst Leo III., am Weihnachtstage des Jahres 800 in Rom, dem denkwürdigsten Tag für ein ganzes Jahrtausend der Weltgeschichte. An diesem Tage schlug die Vorsehung ein Blatt in der Weltgeschichte um. Das Kaiserthum ging von Byzanz, wo damals ein Weib, Irene, regierte und gegen alle Ueberlieferungen der Vorzeit den kaiserlichen Namen sich anmaßte, auf den Frankenkönig Karl über, und Karl wurde dadurch der erste und höchste Monarch, sowie der erste und höchste Schirmherr der katholischen Kirche.

Kaiser und Papst arbeiteten seitdem Hand in Hand, ohne in die gegenseitigen Rechtsgebiete irgendwie überzugreifen, an dem Heile der europäischen Völker. Karl gründete überall Bisthümer, Kirchen und Klöster, schützte die Kirche gegen ungerechte Eingriffe und suchte auf alle mögliche Weise das Ansehen der Kirche und ihrer Diener zu heben und zu befestigen. O, das waren glückliche Zeiten für die Völker, wo in der That christliche Ideen die Welt regierten. „Heil und Segen dem von Gott gekrönten, großen und friedfertigen Kaiser der Römer, Karolus Augustus," rief das Volk, als Leo diesem eine goldene Krone auf's Haupt setzte, und der Papst warf sich

dem von ihm selbst gekrönten Kaiser zu Füßen und hul=
digte ihm, wie Karl seinerseits dem Papste den Eid der
Treue schwur. Mit dieser gegenseitigen Huldigung bekun=
deten das geistliche und das weltliche Oberhaupt der Chri=
stenheit ihre gegenseitige Anerkennung und zugleich die
innige Vereinigung, welche zwischen dem höchsten Priester=
thum und dem Kaiserthum, dem geistlichen und dem poli=
tischen Weltreich, obwalten sollte. Wenn auch, nach wie
vor, alle weltlichen Fürsten, alle Könige der Erde ver=
pflichtet blieben, die Kirche zu vertheidigen, so ragte doch
der „Kaiser" in der Ehre dieser Vertheidigung über alle
andern hervor; er sollte als erstgeborner Sohn der Kirche
seinen jüngern Brüdern, den übrigen Fürsten, ein Vor=
bild in der Ehrerbietung sein, die der Mutter gebühre.
Das ist die große Bedeutung des christlichen Kaiserthums,
sowie das wahre Verhältniß zwischen Papst und Kaiser
im Mittelalter. Wohl haben sich später beide Gewalten
manchmal Uebergriffe zu Schulden kommen lassen, aber
aus diesem Mißbrauche folgt doch keineswegs, daß das
damalige Verhältniß nicht das richtigste und vollkommenste
gewesen sei.

Ganz besonders lag Karl dem Großen die geistige
Heranbildung seiner Unterthanen am Herzen. Er grün=
dete mehrere Unterrichtsanstalten, unter denen die Aa=
chener Akademie besonders hervorragte. Hier wurden
die Geistlichen und die Söhne des Adels, die aus allen
Theilen des Reiches nach Aachen strömten, in den geist=
lichen wie in den weltlichen Wissenschaften unterrichtet.
Karl ließ sich selbst noch im reifen Mannesalter in der
griechischen Sprachlehre, in der Rhetorik, Dialektik, Arith=
metik und Astronomie, in der Poesie und Literatur des alten
Rom Unterricht ertheilen. In seinem Auftrage wurden
die altdeutschen Heldenlieder, worin das urkräftige Leben
des Volkes sich aussprach, niedergeschrieben und gesammelt,
und wie viel auch davon verloren gegangen, so wurden

doch diese Sammlungen für spätere Jahrhunderte die erste Grundlage, worauf sich die deutsche Volksdichtung erbaute. Karl versuchte sich sogar in der Abfassung einer deutschen Sprachlehre und scheint auch die Ausarbeitung eines deutschen Volkskalenders beabsichtigt zu haben, wie denn die von ihm eingeführten deutschen Monatsnamen noch vielfach im Gebrauche sind. Auch auf die Geschichte seiner Zeit, auf die Aufzeichnung der Reichsgesetze und Reichstagsbeschlüsse und auf die Abfassung amtlicher Reichsjahrbücher richtete er seine Aufmerksamkeit und bediente sich dabei besonders der Hilfe Einhards, der uns letztere in edler Einfachheit und Parteilosigkeit überliefert hat.

Aber nicht bloß gelehrte Anstalten erfreuten sich der unermüdlichen Sorge des Kaisers, sondern es lag ihm die Bildung des Volkes in seiner Gesammtheit am Herzen, er verfolgte die Idee einer allgemeinen Volksbildung. Er gebot deßhalb den Bischöfen und Aebten überall die Errichtung von Schulen, worin die Kinder der Vornehmen wie der Armen Unterricht im Lesen, Schreiben, Rechnen und Singen empfangen sollten. Die Laien wurden strenge angehalten, ihre Kinder in die Schulen zu schicken, die Geistlichen waren die damaligen Volkslehrer. Ihnen war es nächst dem Kaiser am meisten zu danken, daß das neunte Jahrhundert in Bildung und Gesittung als eine Zeit des herrlichsten Aufschwunges sich darstellt. Karl besuchte sogar nicht selten in eigener Person die Schulen. Einst fand er bei einem solchen Schulbesuche, daß die Söhne der Vornehmen den gemeinen Bürgerkindern an Fleiß und Fortschritten weit nachstanden. Da mußten sich diese zu seiner Rechten, jene aber zu seiner Linken stellen. Zu den armen, aber fleißigen Kindern sprach er im liebreichsten Tone: „Ich danke euch, meine Kinder, ihr habt ganz meinen Wünschen entsprochen, euch selbst zur Ehre und zum bleibenden Nutzen." Zürnend wandte

er sich hierauf an die vornehmen, aber trägen Knaben mit
den drohenden Worten: „Ihr aber, ihr Söhne der Edlen,

Ein Schulbesuch Karl's des Großen.

ihr feinen Püppchen, die ihr euch der Trägheit und dem
Müßiggange überlassen und meinen Befehlen ungehorsam
gewesen seid, trotzet nur nicht auf den Stand und Reich=
thum eurer Eltern; denn wisset, Nichtswürdige haben

bei mir weder Rang noch Ehre. Und werdet ihr nicht
fleißige Schüler, so soll keiner von euch wieder vor meine
Augen kommen. Beim Könige des Himmels, ich werde
euch bestrafen, wie ihr es verdient."

Nicht weniger als die Wissenschaften beförderte der
große Karl die Kunst. Durch seine großen Bauwerke
rief er das Gewerbe der Steinmetzen auf deutschem Boden in's Leben; er ließ nach dem Berichte des Mönchs
von St. Gallen zur Errichtung seiner Paläste Baumeister
und Werkleute aus allen Ländern diesseits des Meeres
kommen. Die vielen herbeigerufenen Künstler spornten
die einheimische Kunstthätigkeit an, und in den deutschen
Klöstern und Stiften begegnen uns seitdem Maler, Bildhauer und Erzgießer, unter welchen wir als den gefeiertsten
den St. Galler Mönch Tancho erwähnen, der den Dom
von Aachen mit großen Glocken versah.

Doch wir hätten das thatenreiche Leben Karls nur
zum Theile geschildert, wollten wir ihm nicht noch folgen
in den Kreis seiner Familie, in die Hütten der Armen
und Kranken, in das Haus des Herrn, wo er sich wie
der letzte seiner Unterthanen auf den bloßen Steinen niederwarf. Gerade dieser Theil seines ohnehin viel bewegten Lebens muß ja am bewunderungswürdigsten erscheinen, wenn man bedenkt, wie sein Geist unausgesetzt
durch die wichtigsten Staatsgeschäfte in Anspruch genommen, sein ganzes Dasein von beinahe ununterbrochenen
Kriegen erfüllt war.

Mit unbegrenzter Ehrfurcht begegnete er seiner würdigen Mutter Bertha, mit treuer Liebe seiner einzigen
Schwester Gisla, sowie seiner Gemahlin Hildegard.
Um die Erziehung seiner Söhne und Töchter war er so
besorgt, daß er zu Hause niemals ohne sie speiste, nie
ohne sie eine Reise machte; seine Söhne ritten ihm zur
Seite, seine Töchter folgten im hintersten Zuge, und ein-

Schaar von Leibwächtern war zu ihrer Beschützung be=
stellt. Alle seine Gewänder waren von der fleißigen Hand
seiner Gemahlin verfertiget. Er trug Strümpfe und leinene
Beinkleider, mit farbigen Bändern kreuzweise umwunden,
ein leinenes Wams und darüber einen einfachen Rock mit
seidenen Streifen, seltener einen kurzen Mantel von weißer
oder grüner Farbe; stets hing ein großes Schwert mit
goldenem Griffe und Wehrgehänge an seiner Seite. Nur
an Reichstagen und hohen Festen erschien er in voller
Majestät, mit einer goldenen, von Diamanten strahlenden
Krone auf dem Haupte, angethan mit einem lang herab=
hängenden Talare, mit goldenen Bienen besetzt. Im Essen
und Trinken war er sehr mäßig. Speisete er mit den
Seinigen allein, so kamen nur vier Schüsseln auf den
Tisch. Aber um so besorgter war er für die Armen und
Bedrängten.

Karl hat zahlreiche Gesetze erlassen, worin er für die
Reisenden und Pilger, für die Armen, Wittwen und
Waisen väterliche Fürsorge traf, sie vor dem Drucke der
Reichen und Mächtigen schützte und die christliche Liebe
für sie in Anspruch nahm. Die ganze Wohlthätigkeits=
pflege lag in den Händen der Kirche, die unter kaiserlicher
Mitwirkung und Obhut, insbesondere bei den Stiften
und Klöstern, Hospitien und Armenhäuser anlegte, Waisen=
mädchen bei ehrbaren Frauen unterbrachte, hilflose Arme
den Klöstern und in Zeiten besonderer Noth auch den
großen Grundbesitzern zur Ernährung zutheilte. Da litten
die Armen niemals so bittere Noth, wie heutzutage manch=
mal in den großen Städten, wo sie zu Tausenden oft
dem Hungertode erliegen. Karl setzte einen Ruhm darin,
sich als den „ersten Pfleger der Armen" zu bezeich=
nen. Er unterstützte dieselben nicht bloß in seinem Reiche,
sondern pflegte sogar weit über's Meer, nach Syrien, dem
hl. Lande und nach Aegypten Geld zu schicken, wenn er
hörte, daß Christen daselbst in Dürftigkeit lebten. Noch

in seinem Testamente setzte er die Gotteshäuser und die Ar=
men zu Erben aller Güter ein, die er in einer langen und
glorreichen Regierung in seinem Palaste gesammelt hatte.
Als seine edelsten Schätze sah Karl die Heiligthümer
und Reliquien an, die er aus Rom, Konstantinopel und
Jerusalem herbeischaffte, und mit denen er das von ihm
gebaute Münster zu Aachen, die erste große Ma=
rienkirche auf deutschem Boden, zierte; denn der
Bau und Schmuck von Kirchen und Klöstern und die
Verherrlichung des Cultus lag dem Kaiser ganz beson=
ders am Herzen. Das Aachener Münster schmückte er
auf's reichste mit Gold und Silber, mit eisernen Gittern
und Thüren; er ließ die Säulen und den Marmor aus
Rom und Ravenna kommen und die hl. Gefäße aus
Gold und Silber anfertigen. Morgens und Abends, auch
bei den nächtlichen Horen, besuchte er fleißig die Kirche;
keinen Tag versäumte er die hl. Messe und sorgte dafür,
daß man alle gottesdienstlichen Verrichtungen mit mög=
lichst großer Würde beging. Deßhalb führte Karl auch
den Gregorianischen Kirchengesang ein, er=
richtete Singschulen in Metz, Fulda und Soissons und
verordnete, daß alle Bischöfe und Aebte solche Schulen
anlegen sollten, worin der unverfälschte Gregorianische
Gesang gelehrt würde. In seiner Hofkapelle wie beim
feierlichen öffentlichen Gottesdienste sang er im Chore
mit, war in seiner Hofsingschule oft gegenwärtig und
stellte sogar selbst mit den Schülern Gesangproben an,
um ihre Fertigkeit kennen zu lernen. Es sind dies nur
kleine, scheinbar unbedeutende Züge, aber diese kleinen
Züge gehören zum großen Bilde des Kaisers, der auch
im Kleinen groß erscheint.

In der That, wenn je ein Kaiser, so verdient Karl
den Namen des „Großen“. Wie eine Riesengestalt steht
er vor unsern Augen. Von starkem Körperbau, hervor=
ragender Größe, mit einer hohen klaren Stirne und über=

aus großen lebendigen Augen, zeichnete er sich noch weit
mehr durch Größe des Geistes und Adel der Seele aus.
Versetzen wir uns im Geiste nach Aachen, dem eigentlichen
Sitze der Reichsregierung, und betrachten wir ihn: sei es
im Staatsrathe, wo er über die Reichsgesetze Rath pflegt,
über Krieg und Frieden entscheidet, oder bei den Prachtbauten, wo er den Bauleuten Anweisungen gibt, oder
im Chore, wo er die Schulkinder im Singen unterrichtet,
oder in der Akademie, wo er sich an den gelehrten Unterredungen betheiliget, oder im Hofgericht, wo er den Vorsitz führt; sei es im eifrigen Verkehr mit den würdigsten
Geistlichen, den angesehensten Männern, die aus allen
Theilen des Reiches an seinen Hof strömen, oder mit dem
Hofklerus, der die Pflanzschule für die Bischöfe bildet;
sei es im fröhlichen Kreise der jungen Adeligen, die sich
in ritterlicher Zucht und Hofsitte üben, oder im bemüthigen
Gebete in der von ihm erbauten Marienkirche; sei es im
leutseligen Gespräch mit dem armen Mönche, den er zum
hl. Grabe nach Jerusalem ausschickt, oder im prächtigen
Kaisersaal, wo er die fremden Gesandten empfängt, die
dem „neuen Völkerhirten" die Huldigung ihrer Könige
darbringen, — überall erscheint Karl in leuchtender Größe,
überall selbst schaltend und waltend; alle Größe und Pracht
um ihn stellt sich nur dar als Ausfluß seiner Persönlichkeit, die mit festem Blicke und klarem Urtheile das Kleinste
wie das Größte erfaßt und regelt, immer die rechten
Mittel zu finden und alle Hindernisse zu beseitigen weiß.

„Welten umfasset sein Geist, zum Weltherrn ward er geboren;
Ja, an dem trefflichsten Mann hat Gott sich göttlich bewährt."

XXVII. Heilige und gelehrte Frauen des zehnten Jahrhunderts.

Das zehnte Jahrhundert wird gewöhnlich die „finsterste
Zeit des finstern Mittelalters", das „eiserne" Jahrhundert
genannt. In der That herrschten damals höchst traurige

politische und kirchliche Wirren. Das Faustrecht mit allen
seinen Ungesetzlichkeiten, die Einfälle und Raubzüge der
Normannen, der Slaven und Ungarn brachten Verheerung
und namenloses Elend über die schönsten und blühendsten
Provinzen Deutschlands. Bisthümer und Abteien wurden
nicht selten willkürlich mit unkirchlichen Männern besetzt,
die Schulen in den Klöstern und die Klöster selbst geriethen
vielfach in Zerfall. Doch neben diesen Schattenseiten übersieht man gar oft die Lichtpunkte des zehnten Jahrhunderts.
Lichtpunkte waren die hehren Gestalten eines Alfred des
Großen, Eduard II., Heinrich I. und Otto des
Großen; Lichtpunkte waren die würdigen Päpste Johann X., Benedikt IV., Marinus II., Gregor V.
und Sylvester II., von dem ein neuerer Geschichtschreiber
sagt: „Es gibt wenige Männer in der Weltgeschichte, die
Größeres gethan und erlebt, nachhaltigeren Einfluß geübt
und länger in den Werken der Schüler und den Sagen
des Volkes sich erhalten haben, als der Papst Sylvester II.;"
Lichtpunkte waren die hl. Bischöfe Willigis, Bruno, Ulrich, Konrad, Dunstan und Odo; Lichtpunkte waren jene
berühmten Klosterschulen von St. Gallen, Reichenau,
Fulda und Tegernsee; Lichtpunkte waren endlich jene
heiligen und gelehrten Frauen, deren das zehnte
Jahrhundert eine so schöne Anzahl aufweist.

Eine merkwürdige und in der Geschichte Deutschlands,
ja man darf sagen, in der Weltgeschichte, einzig dastehende
Thatsache ist wohl, daß den Hof Otto des Großen nach
einander drei hl. Frauen zierten: die hl. Mathilde, die
Mutter, die hl. Editha, die erste Gattin, und die hl.
Adelheid, die zweite Gattin Otto des Großen.

Mathilde, die Tochter des Grafen Theodorich und
der Rheinhilde, wurde auf den Gütern ihrer Eltern in
der Nähe des Klosters Hervord geboren und erhielt in
letzterem eine sorgfältige christliche Erziehung. Hier in
einsamer Zelle wuchs sie als eine züchtige und fromme

Jungfrau auf. Doch die Tugend bleibt nie ganz verborgen. Herzog Heinrich warb um ihre Hand. Als er ihr den ersten Besuch machte, fand er Mathilde in der Kirche, mit einem Psalmenbuche in der Hand, ganz in Andacht versunken.

Nach dem Tode Konrads wurde Heinrich von den Reichsfürsten zum Könige gewählt; aber auf dem Throne leuchtete die Tugendhaftigkeit Heinrichs und Mathildens nur in um so schönerm Glanze. Trat die Königin bei Festanlässen in reichstem Schmucke auf, so war sie zu Hause ganz einfach gekleidet; denn die Tugend galt ihr als die schönste Zierde einer Frau. Oft widmete sie die ganze Nacht dem Gebete. Sie war die Mutter aller ihrer Untergebenen und besonders der Armen. Als ihr Gemahl sein Ende nahen fühlte, sprach er noch mit vernehmlicher, halbgebrochener Stimme zur Königin: „Mein treues, geliebtes Weib! Ich danke Christo dem Herrn, daß ich vor Dir aus der Welt scheide. Nie hat ein Mann eine Frau gehabt von größerer Treue und bewährterer Frömmigkeit. Habe Dank! Du hast meinen Zorn gemäßiget; du hast mir in allen Dingen nützlichen Rath gegeben; du hast mich in der Gerechtigkeit erhalten und das Mitleid mit den Unterdrückten in meinem Herzen angefacht. Jetzt befehle ich dich und unsere Kinder und meine Seele dem allmächtigen Gott und dem Gebete seiner Auserwählten."

Nach dem Tode des edlen Heinrich, dessen Regierung so ruhmvoll und kräftig, ruhig und besonnen und für Deutschland höchst segensreich gewesen, lebte die Königin Mathilde ganz ihrer Frömmigkeit und entsagte allem weltlichen Prunk. Zweimal im Tage bewirthete sie Arme und Reisende, und bevor sie sich zu Tische setzte, spendete sie jedesmal zuerst von ihren Speisen einem Armen. Die Kranken suchte sie in ihren elenden Hütten auf, verpflegte sie, wusch ihre Wunden. Wohl traf sie noch ein schweres

Leib von Seite ihrer eigenen Söhne Otto und Heinrich,
welche die Mutter mißkannten und sie von ihrem Witt=
wensitze vertrieben. Die tiefbekümmerte Frau warf sich
am Grabe ihres Gemahles nieder und betete voll In=
brunst um bessere Gesinnung für ihre beiden Söhne. Und
kurz darauf sahen dieselben ihr großes Unrecht ein und
baten die Mutter mit innigem Reueschmerz um Verzei=
hung. Mathilde ward wiederum in den Besitz all' ihrer
Güter eingesetzt und verlebte noch mehrere glückliche Jahre
in Mitten ihrer Kinder. Als sie sich ihrem Ende nahe
glaubte, besuchte sie noch einmal alle von ihr gestifteten
Klöster und Anstalten, kehrte nach Quedlinburg zu=
rück und starb, in ein Bußkleid gehüllt und Asche auf
ihrem Haupte. Ihr Sohn, der hl. Bruno, welcher Erzbi=
schof von Köln gewesen, konnte nicht mehr weinen an
ihrem Grabe, denn er war seiner Mutter in's Jenseits
vorangegangen; aber im Himmel wurden sie beide vereint.
Mathilde wurde heilig gesprochen.

Ebenso verehrt die Kirche die beiden Gemahlinnen
Otto des Großen, Editha und Adelheid, als Heilige.
Rührend sind die Worte, mit denen der hl. Odilo die
Tugend Adelheid's schildert: „Adelheid beobachtete gegen
die Dienerschaft eine ernste Milde, gegen die Fremden
eine anständige Würde, gegen die Armen eine rastlose
werkthätige Liebe. Zur Verherrlichung der Kirchen gab
sie die reichsten Spenden; den Wohlgesinnten erwies sie
sich stets wohlwollend, den Lasterhaften überaus strenge.
Sie war zufrieden und enthaltsam, demüthig in ihrem
Glücke, standhaft und ergeben im Unglücke. An der Tafel
war sie mäßig, in der Kleidung sittsam, im Lesen, im
Gebet, in Nachtwachen und Fasten ausdauernd und immer=
fort geneigt zur Unterstützung der Armen. Ihre hohe
Geburt flößte ihr keinen Stolz ein. Sie achtete weder
Lobsprüche, noch prunkte sie mit den von Gott ihr ver=
liehenen Gaben. Ihre Betrübniß über die begangenen

Fehler war eben so weit entfernt von hoffnungsloſer
Angſt, als ihr Tugendſinn von dem Streben nach Ehre,
Luſt und Reichthum. Die Mutter aller Tugenden; die
Beſcheidenheit, ſtand ihr in allen Handlungen als treue
Gefährtin zur Seite."

Später zierten den deutſchen Königsthron die beiden
Heiligen Heinrich II. und Kunigunde; der hl. Wen‐
zeslaus, König von Böhmen, war ein Enkel Ludmil‐
la's, der erſten böhmiſchen Heiligen; in Bertha, der
Tochter des Herzogs Burkhard von Alemannien, erhielt
Rudolf II. von Burgund eine eben ſo weiſe, als
tugendhafte Gattin. Während der König auf Vergrößerung
ſeines Reiches dachte, ſorgte die Königin für des Landes
Wohl. Zu verſchiedenen Malen verwüſteten wilde Horden
der Ungarn und Sarazenen das Land. Kaum waren ſie
wieder abgezogen, ſo ließ die edle Königin abgebrannte
Dörfer und Kirchen wieder herſtellen, verheerte Gegenden
von neuem anbauen. Auf Hügeln und Felſen legte ſie
Thürme, Schlöſſer und befeſtigte Orte an, damit das Volk
bei neuen Ueberfällen Leben und Habe in Sicherheit brin‐
gen könne. Sie beförderte den Straßenbau ſowie die
Landwirthſchaft und ſpornte überall zu regem Fleiße an.
Sie ſelbſt aber ging Allen mit dem ſchönſten Beiſpiele
voran. Auf ihrem Sattel, der heute noch zu Payerne auf‐
bewahrt wird, ließ ſie eine Kunkel einpaſſen, um auch
auf der Reiſe ſpinnen zu können. Täglich gab ſie zu einer
beſtimmten Stunde den Armen Gehör, beſuchte oft die
niedrigſten Hütten und Hoſpitäler, tröſtete und unter‐
ſtützte ſtets reichlich die Kranken und Nothleidenden. Nach‐
dem ihr Gemahl in des Lebens ſchönſter Blüthe geſtorben
war, verwaltete Bertha das Reich mit großer Umſicht und
Klugheit. Viele Schulen, Kirchen und Stiftungen verdan‐
ken der edlen Königin ihr Daſein; ſie baute die St. Ur‐
ſuskirche in Solothurn und gründete die ehedem ſehr
reiche Abtei zu Payerne, wo ſie, von Hohen und Niedern

tief betrauert, im Jahre 970 starb. Ihr Andenken lebte
lange fort bei ihrem Volke, und aus dem Mund späterer
Geschlechter noch konnte man die schmerzlichen Worte
hören: „Es ist dahin die Zeit, wo Bertha spann."
An diese vorzüglichen Blüthen hoher Frömmigkeit und
Tugend, die das zehnte Jahrhundert hervorbrachte, schlie=
ßen wir nun jene Frauen an, deren Stirne der
Lorbeer des Wissens und der Gelehrsamkeit
schmückte.

Wie es heute zum guten Tone gehört, Französisch zu
sprechen und etwas Literatur zu verstehen, so lasen da=
mals die Frauen Latein und Griechisch. So Mathilde,
die Gattin Heinrich's, und Editha, die erste Gemahlin
Otto's; Adelheid war gerühmt wegen ihres Wissens.
Hadwig, die launische, aber geistvolle Herzogin von
Schwaben, seit 973 ihres Gatten durch den Tod beraubt,
fand auf der Burg Hohentwiel ihren höchsten Genuß
darin, mit dem berühmten Mönche Ekkehard II. von
St. Gallen die lateinischen und griechischen Klassiker zu
lesen. Als ihr Sohn Burkhard in die Klosterschule nach
St. Gallen zog, gab sie ihm beim Abschied die Werke
des römischen Dichters Horaz mit.

Unter den gelehrten Frauen jener Zeit strahlt vor
allem Roswitha, die Nonne von Gandersheim, eine
Seele voll Andacht, voll Gluth für Wissenschaft und Kunst.
Aus vornehmem Geschlechte an der Nordsee geboren,
nahm sie in Gandersheim den Schleier und wurde hier
die innigste Freundin der damaligen hochgebildeten Aeb=
tissin Gerberga II., der Tochter des bayerischen Her=
zogs Heinrich I. Sie lasen wetteifernd miteinander die
Klassiker und übten sich im Schreiben eines reinen Latein.
Wir besitzen von Roswitha noch acht poetische Erzählun=
gen und mehrere lateinische Dramen. Treffend sagt ein
neuerer Geschichtschreiber von dieser Dichterin: „Der Sieg
der keuschen Kraft des Weibes über die Leidenschaft des

Mannes und des Christenthums über beide, ist der Ge=
genstand ihrer Stücke, und ihre Dichterkraft in kindlicher
Demuth zur Ehre Gottes und zum Heile der Menschen
zu gebrauchen, ihr Ziel. Dabei beweist sie eine große
Originalität, die seltene Kunst, in wenig Worten ein
gewaltiges Spiel der Leidenschaften auszudrücken. Die Sze=
nen und Handlungen drängen sich wie bei Shakespeare, und
ein heller, fröhlicher Geist, ein frisches Naturgefühl, ein
gesundes, sinnreiches Erfassen der Wirklichkeit, eine un=
getrübte Reinheit der Seele, die auch über das Roheste
ihren Glanz ausgießt, macht sich in ziemlich reinem Latein
in den Versformen der alten Poesie wie in Reimen mit
Assonanzen und Alliteration Luft.“ Bei solcher Vortreff=
lichkeit mußte ihr Dichterruhm rasch emporsteigen. Ihre
Stücke wurden von den Fräulein des Stiftes aufgeführt,
der Kaiser und seine Helden wie die Gelehrten waren
Zuschauer. Der Erzbischof von Mainz, Wilhelm, und
der junge Otto II. wollten immer zuerst ihre Gedichte
lesen. In einem historischen Gedichte feierte sie Otto
den Großen in seiner vollen Größe und in der Tiefe
seines treuen Gemüthes, sowie Heinrich I., den treuen
König seiner Völker, der unerbittlich den Gottlosen und
freundlich den Gerechten, innern Frieden von Gott hatte
durch alle Zeit seines Lebens, Otto’s Gemahlin, Edi=
tha, „mit dem heitern Antlitz voll lichter Reinheit und
strahlend voll lauter Güte“, und Adelheid, „herrlich
an Schmuck, königlicher Gestalt und hervorleuchtend durch
Geist“. Wahrlich keine Zeit hätte sich einer solch’ begab=
ten Dichterin und so vortrefflicher poetischer Erzeugnisse
zu schämen!

Die Lehrerin der berühmten Roswitha war Ric=
cardis. Sie führte zuerst ihre Schülerin in die Kennt=
niß der Klassiker des Alterthums ein und bildete in ihr
jene Liebe zur Poesie und jenen feinen Geschmack, verbun=

den mit klassischem Ausdruck, welcher dem humanistischen
Hochmuth späterer Zeiten ganz unverständlich vorkam, da er
gar nicht begreifen konnte, daß ein so barbarisches Jahr=
hundert, als welches das zehnte verschrieen war, solche
Blüthen zu treiben vermochte.

Und doch war Gandersheim nicht das einzige abelige
Damenstift jener Zeit, in welchem mit Eifer die klassi=
schen Studien betrieben wurden; es gab der Schulen zur
Erziehung des weiblichen Geschlechtes sehr viele, und man
verstand es wohl, Glauben und frommen Sinn bei aller
Liebe für klassische Studien zu bewahren. So erwähnen
die Annalen der Geschichte auch einer Tochter des Mark=
grafen Riedag, Gerburg, welche von frühester Jugend
an den schönen Studien oblag und im Jahre 1022 im
Rufe der Heiligkeit starb.

Man nennt das zehnte Jahrhundert das „finstere",
und doch, wenn man nur etwas näher zusieht, welch'
lichte Gestalten heiliger und gelehrter Frauen, um von
allem Andern zu schweigen, heben sich ab von dem dunk=
len Grunde. Man sei einmal billig und gerecht und breche
nicht den Stab über eine Zeit, die vielleicht den Vergleich
mit der fortgeschrittensten Periode der Geschichte aufnimmt,
denn „von keiner Zeit," sagt ein neuerer Historiker, „gilt
mehr als von der finstersten des Mittelalters die Be=
hauptung, daß der harte Griffel der Geschichte in die
ehernen Denktafeln fast nur wie ein Rachegeist das voll=
brachte Böse oder geschehene Schreckliche eingräbt, über
dem doch das stille Wirken des guten Geistes nicht ver=
gessen werden sollte. Dieser war thätig und auf sehr
nachhaltige Weise thätig in allen Ländern der abendlän=
dischen Christenheit, nicht entmuthiget, vielmehr gestählt
durch die zahllosen Hindernisse und mannigfaltigen Anfein=
dungen, und aus dem heißen Streite gingen jene vielen
Heroen der Gottesfurcht und Tugend hervor, welche einem
neuen glücklicheren Geschlechte Bahn brachen."

XXVIII. Die deutsche Königswahl.

Mit dem Erlöschen der Karolinger hörte Deutschland auf, eine erbliche Monarchie zu sein; es wurde zu einem freien Wahlkönigreiche. Anfänglich wurde die Wahl des Königs von allen deutschen Stämmen unter Anführung ihrer Fürsten in freiem Felde durch die Erhebung des Gewählten auf dem Schilde vollzogen; später fiel das Wahlrecht den Fürsten zu.

Die Feierlichkeit der Wahl und der darauf folgenden Krönung war außerordentlich erhebend. Da entfaltete sich der ganze Reichthum jener Farbenpracht, die ganze Fülle jenes eigenthümlichen Glanzes, welcher, die mittlere Zeit verklärend, so oft an das Märchenduftige und Zauberhafte des Orients erinnert; da offenbarte sich der tiefreligiöse Geist jenes Zeitalters in einer wunderbaren Symbolik.

Das Festgeläute aller Glocken verkündet den feierlichen Beginn des Wahlgeschäftes, welches meistens in Frankfurt stattfand. Die Kurfürsten und Wahlgesandten begeben sich nach dem Rathhaus, wo sie ihre Amtskleidung anziehen: die geistlichen Kurfürsten lange Röcke von Scharlach, die weltlichen solche von karmoisinrothem Sammet, welche um den Hals und vorne herab bis zu den Füßen, ebenso am Ende der Aermel mit Hermelin besetzt sind. Die Wahlgesandten erscheinen in ihrer ordentlichen Staatskleidung. Vom Rathhaus ziehen sie, und zwar alle zu Pferd, in feierlicher Prozession durch die von Soldaten und Bürgern besetzten Straßen nach der St. Bartholomäuskirche.

Am Portal der Kirche werden sie von einem Bischof und dem Klerus empfangen und in das Chor zu den für sie bestimmten Stühlen geleitet, die halbkreisförmig um den Altar aufgestellt sind. Hierauf wird eine feierliche Messe celebrirt. Nach Beendigung derselben tritt der Erzbischof von Mainz von seinem Stuhle hervor und läßt, nachdem

er den Kurfürsten und Wahlgesandten den Zweck ihrer
Anwesenheit auseinandergesetzt hat, dieselben den vor=
schriftsmäßigen Wahleid ablegen, worüber die Notare ein
Instrument zu fertigen haben. Erst nach diesem Akte be=
geben sich die Kurfürsten und Gesandten nebst den Sekre=
tären, Notaren und Zeugen in die Sakristei der Kirche,
die sogenannte Wahlkapelle, welche sodann von dem
Reichsmarschall verschlossen und von den Reichserbthür=
hütern während der Wahl bewacht wird. Bei der Wahl
sammelt der Erzbischof von Mainz die Stimmen, und
zwar befragt er zuerst den Erzbischof von Trier, dann
denjenigen von Cöln, hierauf den König von Böhmen, den
Markgrafen vom Rhein, den Herzog von Sachsen und den
Markgrafen von Brandenburg. Er selbst, den die Andern
zu befragen haben, stimmt zuletzt. Die Entscheidung wird
durch die Mehrheit gegeben.

Ist der Gewählte, was gewöhnlich der Fall, in der Stadt
selbst anwesend, so liegt ihm ob, nachdem er die Wahl in
der Wahlkapelle angenommen, die Aufrechthaltung aller
Vorrechte der Kurfürsten zu beschwören. Die Wahlkapelle
wird dann sofort wieder geöffnet, der neuerwählte König
in die Kirche geführt, daselbst auf den Altar erhoben und
also dem Volke vorgestellt, das ihn mit freudigen Accla=
mationen und Hochrufen empfängt.

So heimlich und verschlossen die Wahl gewesen, so
frei und offenbar vor allem Volke ist nunmehr die Krö=
nung des Königs, die in Aachen stattzufinden pflegte.

Der Tag der Krönung ist gekommen. Trompetenstöße
und Trommelschlag rufen Bürgerschaft und Militär auf
ihre Posten. Um 8 Uhr Morgens verlassen die drei geist=
lichen Kurfürsten in ihren gewöhnlichen Kleidern ihre
Wohnungen und fahren, jeder besonders, von ihrem gan=
zen Hofstaate umgeben, nach der Kirche, wo sie ihre
geistlichen Gewänder anziehen und die Weihe vorbereiten.
In gleicher Weise begeben sich die weltlichen Kurfürsten

und Wahlgesandten unter Vortritt ihres zahlreichen glän=
zenden Hofstaates und mit ansehnlichem Gefolge, Alles
in voller Gala, nach dem Rathhause oder „Römer". Hier
findet sich auch die neuerwählte Majestät ein, um sich in
feierlicher Begleitung der höchsten Würdenträger des Reiches
nach der Kirche zur festlichen Krönung zu verfügen. Hie=
bei ist wiederum Alles zu Pferde. Dem Erwählten, der
noch in seiner gewöhnlichen Hofkleidung erscheint, werden
bei diesem Aufzuge von den Kurfürsten, je nach Erforder=
niß ihrer Erzämter, die Reichsinsignien vorgetragen. Die
drei geistlichen Kurfürsten und der gesammte Klerus,
prangend in ihren goldschimmernden Kirchengewändern,
empfangen den König und seine Begleiter beim Portale
der Kirche und führen sie in das Chor zu den für sie
bestimmten Plätzen. Nach einem gemeinschaftlichen Gebete
und einer besondern Oration des Weihbischofs über den
Gewählten, nimmt das Hochamt seinen feierlichen Anfang.

Der wirklichen Krönung gehen mehrere Fragen voraus,
die der Erzbischof von Köln, dem nach altem Herkommen
die Vornahme der Krönung gesichert bleibt, dem Neuer=
wählten vorlegt, und nachdem derselbe alle mit Volo (Ich
will) beantwortet hat, tritt er an den Altar und schwört
auf das Evangelium, daß er den hl. katholischen
Glauben bewahren, das Reich beschützen und
der christlichen Kirche Schutz= und Schirmherr
sein wolle. Von ihm wendet sich der Weihbischof an die
Kurfürsten und Gesandten mit der Frage, ob sie den ge=
genwärtigen Neugewählten als König und künftigen Kaiser
anerkennen. Sie antworten: Fiat! fiat! (Er sei es!) und
nun wird unter Assistenz des Kurfürsten von Branden=
burg, des Erzkämmerers des Reiches, zur Salbung desselben
geschritten. Sie geschieht mit heiligem Oele auf Scheitel,
Brust, Nacken, Arm und Armgelenke sowie auf die flache
Hand des zu Krönenden, wobei der Erzbischof die Worte
spricht: „Vivat rex in æternum!" (Es lebe der König

in Ewigkeit!) Jetzt erst beginnen die Feierlichkeiten der
eigentlichen Krönung.

Der also Gesalbte wird im königlichen Ornate, der
ihm zuvor in der Sakristei umgelegt worden ist, vor den
Altar geführt und von dem Weihbischof unter Beihilfe
der beiden andern geistlichen Kurfürsten mit den Reichs=
insignien, insbesondere mit der kaiserlichen Kleidung Karls
des Großen bekleidet. Um seine Lenden wird ihm dessen
Schwert gegürtet, an den Finger sein Ring gesteckt, in
die Hand der Reichsapfel gegeben und endlich auf das
Haupt die Krone gesetzt. So geschmückt legt derselbe noch=
mals einen gewöhnlichen Eid ab und empfängt hierauf die
hl. Communion. Aus Demuth vor Gott, dem König der
Könige, wird ihm während derselben die Krone abgenom=
men, nachher aber wieder aufgesetzt. Nunmehr besteigt der
Gekrönte, strahlend in dem Glanze und der Pracht der ge=
heiligten Majestät, unter den Feiertönen des ambrosiani=
schen Lobgesanges, den in der Mitte für ihn errichteten
Thron. Durch den Ritterschlag, den er hier vornimmt,
hat er die erste Handlung als römischer König vollzogen,
und damit haben auch die Krönungsfeierlichkeiten in der
Kirche ihren Abschluß gefunden.

Unter dem Jubel des Volkes wird der König in fei=
erlichem Zuge in das Rathhaus zurückbegleitet, und ein
festliches Königsmahl schließt die großartige Feier.

XXIX. König Stephan der Heilige.

Die Magyaren oder Ungarn hatten auf ihren Raub=
zügen nach Deutschland sehr viele Christen als Gefangene
mit sich in ihre Heimat zurückgeführt. Dadurch wurde das
Christenthum in Ungarn verbreitet. Gegen Ende des zehn=
ten Jahrhunderts bekehrte Sarolta, eine fromme und
kluge Christin, auch ihren fürstlichen Gemahl Geysa. Aber
nachdem dieser mit den Christen ihren Gottesdienst gefeiert,
brachte er jedesmal nach der Sitte seiner Väter auch den

heimatlichen Göttern wieder Opfer dar. Erst unter seinem Sohne **Stephan**, dessen Gemahlin die fromme **Gisela**, die Schwester des Herzogs Heinrich von Bayern, war, wurde das Christenthum förmlich eingeführt.

Kaum war Geysa gestorben (997), so erließ der neue Herrscher Stephan sogleich einen Befehl durch das ganze Reich, daß alle Magyaren sich taufen lassen, und daß allen christlichen Sclaven in Ungarn die Freiheit gegeben werde. Ueber ein solches Gebot ergrimmten die Ungarn; die Mißvergnügten sammelten sich zu einem Heere. Aber Stephan setzte seine Hoffnung auf Gott. Alle seine Sol=daten wurden mit dem Kreuze bezeichnet, der Name „Maria" war das Losungswort im Kampfe, und die Hauptfahne des Heeres war auf der einen Seite mit dem Bilde des hl. Martin, auf der andern mit dem des hl. Georg geschmückt. Dem hl. Martin gelobte Stephan ein Kloster zu bauen, wenn er aus diesem Kampfe als Sieger hervorgehe. Und siehe, obwohl König Stephan dem un=geheuren Heere der Aufständischen nur ein schwaches Häuf=lein entgegenstellen konnte, so errang er dennoch einen glänzenden Sieg, und damit war zugleich der Sieg des Christenthums über das Heidenthum in Ungarn entschieden.

Treu seinem Versprechen, legte Stephan sofort den Grundstein zu einem Kloster zu Ehren des hl. Martin. Dann theilte er das ganze Land in zehn Bisthümer ein, die unter dem Erzbischof von Gran standen, und sandte Schaaren von Mönchen und deutschen Christen in das Innere des Reiches, um die Magyaren zu bekehren. Ebenso schickte er eine Gesandtschaft nach Rom an den damaligen Papst Sylvester, um als treuer Sohn der Kirche mit dem Mittelpunkte und Haupte sich eng zu verbinden und den Papst um die Bestätigung alles dessen zu bitten, was er in Ungarn für das Christenthum gethan und angeordnet. Hoch erfreut über die Bekehrung Ungarns, rief der Papst aus: „Ich bin nur apostolisch; aber König Stephan ist ein wahrer Apostel Christi." Er schenkte der Gesandtschaft für den König eine goldene Krone und ein Kreuz, das bei allen Feierlichkeiten vor dem Könige Ungarns hergetragen werden sollte.

Am 15. August des Jahres 1000 wurden Stephan und seine Gemahlin Gisela zum König und zur Königin des christlichen Ungarn mit der vom Papste geschenkten Krone gekrönt. Nach der Krönung ließ der König eine öffentliche Urkunde ausstellen und dem ganzen Volke feierlich verkünden, daß er sich und alle seine Länder unter den Schutz der Allerseligsten Jungfrau stelle und diese zur Patronin seines Reiches erwähle.

Unmittelbar darauf empörte sich Giula, Fürst von Siebenbürgen, und wälzte sich mit seinen Horden über Ungarn's Grenzen. Aber der König besiegte denselben in mehreren blutigen Schlachten, bekehrte ihn und sein Reich zum Christenthum und vereinigte Siebenbürgen mit Ungarn.

Ueber vierzig Jahre schenkte Gott den Ungarn die Gnade eines solchen Herrschers, der das Christenthum in Ungarn nicht nur begründete, sondern durch Stiftung von zahlreichen Bisthümern, Kirchen, Klöstern und Schulen erhielt und immer weiter verbreitete. Stephan war ein christlicher Regent im vollsten Sinne des Wortes und zugleich ein großer Heiliger.

Ganze Nächte brachte er auf den Knieen im Gebete zu, und nicht selten sah man ihn im Schatten der Abenddämmerung auf den Straßen und öffentlichen Plätzen herumgehen, um Almosen zu vertheilen. Da geschah es einmal, daß die Bettler, allzu gierig nach dem Gelde, über ihn herfielen und ihm Haare und Bart ausrauften. Aber Stephan zürnte nicht, sondern dankte der hl. Jungfrau Maria für die Auszeichnung, die ihm widerfahren wäre, und beschloß in Zukunft noch mildthätiger und freigebiger gegen Arme und Fremde, gegen Wittwen und Waisen zu sein.

König Stephan der Heilige macht sein Testament.

In den Gotteshäusern sah der König selbst nach, ob Nichts fehle. Mit der Zärtlichkeit eines Vaters nahm er die fremden Pilger auf, die durch Ungarn nach Jerusalem reiseten; ja, er gründete sogar ein Kloster in Jerusalem zu ihrer Beherbergung. Ebenso baute er zu Rom eine Kirche zu Ehren des hl. Martyrers Stephanus, und verband damit ein Chorherrenstift zur Aufnahme der ungarischen Pilger, welche die Gräber der hl. Apostelfürsten besuchten.

Würdig stand dem hl. Könige seine fromme Gemahlin Gisela zur Seite, die mit ihren Frauen reiche Kirchengewänder anfertigte. Leider traf das edle königliche Paar der unnennbare Schmerz, alle ihre Kinder sterben zu sehen. Gott rief sie alle im zarten Alter zu sich; nur Emerich, von seinen Eltern und dem hl. Bischof Gerhard sorgfältig erzogen und zu den schönsten Hoffnungen berechtigend, erreichte das 24. Altersjahr und sollte eben die Regierung seines Vaters, der sich von der Welt zurückziehen wollte, übernehmen, als er am 2. September 1031 ebenfalls starb. Stephan, der große Marienverehrer, folgte seinem Sohne am Mariahimmelfahrtsfeste des Jahres 1038 nach.

Fünfundvierzig Jahre nachher wurde er sammt seinem Sohne Emerich von der Kirche in die Reihe der Heiligen aufgenommen. Seine rechte Hand wird noch jetzt unverwest in der Burgkapelle zu Ofen als theuerste Reliquie der ungarischen Christenheit aufbewahrt. Gisela, seine Gemahlin, überlebte den König; sie starb einige Jahre später im Kloster Niedernburg zu Passau, wo sie ihre Grabstätte fand.

Nach dem Tode des hl. Stephan erhob das Heidenthum in Ungarn noch einmal sein Haupt gegen das noch nicht genug erstarkte Christenthum. Doch der größere Theil des Volkes blieb dem Glauben treu, und spätere Könige, wie Ladislaus der Heilige und Koloman, erließen strenge Gesetze zur Ausrottung heidnischer Sitten und Gebräuche. Das wildeste Volk beugte seinen stolzen Nacken unter das sanfte Joch des Christenthums; die Ruhe im Osten Europa's war gesichert.

XXX. Heinrich IV. und Gregor VII.

Je inniger Kirche und Staat im Mittelalter mit einander verbunden waren, um so leichter konnten unbefugte Eingriffe in die gegenseitigen Rechte vorkommen. Solche Eingriffe hat man vorzüglich dem großen Papste Gregor VII. vorgeworfen, der lange Zeit mit König Heinrich IV. von Deutschland in einem unheilvollen Kampfe lag. Wir werden aber sogleich sehen, daß diese Anklage, wie so viele andere, auf Irrthum beruhte. Man übersieht nämlich, daß das tief christliche Mittelalter dem Papste Rechte zuerkannte, die er an und für sich als Papst nicht besaß, an die er sich aber, einmal durch einen positiven Rechtszustand ihm zuerkannt, halten mußte. Das ist der Maßstab, welchen man an die Ereignisse der damaligen Zeit legen muß. Von diesem Gesichtspunkt aus hat man auch das Verfahren des Papstes Gregor gegen Heinrich), sowie der Päpste im Mittelalter überhaupt, zu beurtheilen.

Hildebrand, aus niederem Stande geboren, war von der Vorsehung zum Reformator der Kirche ausersehen. Er empfing seine erste Bildung in Monte Cassino und begab sich dann in das weltberühmte Kloster Cluny in Frankreich, wo er ob seiner Frömmigkeit und Wissenschaft schon als junger Mönch zum Prior gewählt wurde. Papst Leo IX. zog den frommen, gelehrten Prior nach Rom und bediente sich seines weisen Rathes. Alle nachfolgenden Päpste schenkten ihm ihr Vertrauen; denn er war ein kluger, besonnener, sittenreiner Mann, voll Demuth und Herzensgüte. Oefter wurde er als päpstlicher Legat nach Frankreich und Deutschland gesendet, so daß er die Zustände jener Länder gründlich kennen lernte und zugleich durch seine Einsicht und Festigkeit die Achtung und Liebe der Besten erwarb.

Dieser Mann wurde im Jahre 1073 von der Geist= lichkeit und vom Volke Rom's zum Papste gewählt und trotz seines Widerstandes inthronisirt. Schwerer Kummer drückte das Herz des neuen Papstes. Denn Niemand kannte besser als er die furchtbare Größe des weitverbreiteten Uebels, welchem er, als der oberste Hirte an Christi Statt, abhelfen sollte. Mit unerschrockenem Muthe trat er jedoch für die Wahrheit und Gerechtigkeit ein, bereit, alle irdi= schen Güter dafür zu opfern, ja selbst sein Leben hinzugeben. Sein großes Ziel, in dem alle seine Gedanken, sein Streben und Wirken aufgingen, war die Freiheit der Kirche.

Daher trat Gregor zuerst gegen das Uebel der Simo= nie auf. Hierunter verstand man den mit geistlichen Stellen getriebenen Handel und Wucher, weil man dieses Verbrechen mit dem des Simon in der Bibel verglich, der zur Zeit der Apostel für die Gabe, Wunder zu wir= ken, Geld geboten hatte. Es war nämlich der Mißbrauch eingerissen, daß die Fürsten dem künftigen Bischofe und Abte durch die Uebergabe von Ring und Stab diese Würde verliehen, und erst hernach die kirchliche Weihe er= folgen durfte. Der Ring sollte bildlich auf die geistliche Vermählung mit der Kirche, der Stab auf das geistliche Hirtenamt hindeuten. Eine solche Belehnung nannte man Investitur, von dem lateinischen Worte investire, d. i. bekleiden. Dadurch war die Besetzung der Bisthü= mer und Abteien ganz in die Hände der Fürsten gelegt und wurde oft mit großer Willkür geübt. Die Fürsten ließen sich für die Ertheilung einträglicher Bisthümer und Abteien große Summen zahlen und verfuhren nicht selten in der Besetzung kirchlicher Aemter mit unverantwortlicher Rücksichtslosigkeit. Die kirchlichen Würden kamen dadurch mancherorts an ganz unwürdige Männer. Um solchen Un=

fug in der Wurzel zu vernichten, sprach der Papst den Fürsten das Recht der Investitur ab. Fortan sollten die Diener der Kirche ihre Erhebung einzig dem römischen Stuhle verdanken. Hiergegen erhob sich ein gewaltiger Widerspruch der Fürsten.

Ebenso war die uralte kirchliche Vorschrift über die Ehelosigkeit der Geistlichen in vielen Gegenden in Vergessenheit gekommen. Daher schärfte Gregor dieses Gebot des Cölibates den Priestern wieder ein, damit sie frei von allen Banden der Welt sich ganz dem Dienste Gottes und dem Heile der Seelen widmen.

Durch Hebung dieser traurigen Mißbräuche mußte die Kirche die wahre Freiheit wieder gewinnen. Ist ja die Kirche Gottes die einzige und höchste Heilanstalt zur Rettung der Menschheit. Daher muß sie Alle, Fürsten und Völker, umfassen, Alle müssen ihr in geistlichen Dingen unterthan sein. Der Staat darf nicht in die Rechte der Kirche eingreifen.

Deshalb ist es nicht zu verwundern, wenn sich zwischen Gregor und Heinrich ein heftiger Kampf entspann. Heinrich IV., dessen Leidenschaften, in der Jugend von keinem weisen und frommen Lehrer gezügelt, zu einer traurigen Höhe heranreiften, vergab ganz nach Gutdünken kirchliche Aemter und Stellen. Zuerst mahnte der Papst den König mit Liebe und Ernst an das, was das Wohl der Kirche wie die Würde königlicher Majestät erheische. Die liebevollen Worte des Papstes verfehlten in der ersten Zeit ihre Wirkung auf das Herz des Königs nicht. Oft versicherte er den Papst seiner Liebe und Ergebenheit, gestand seine schweren Vergehen und versprach Besserung. So ging die Sache zwei Jahre lang. Aber der König, statt sich zu bessern, wurde immer schlimmer, so daß die Klagen des unterdrückten und mißhandelten Volkes beim Papste sich häuften, die zügellose Willkür und schamlose Simonie bei Besetzung von Bisthümern und Abteien auf's äußerste getrieben wurden.

Da endlich ließ der Papst 1076 durch seine Gesandten den König auffordern, am Montag der zweiten Fastenwoche auf der großen Synode in Rom zur Verantwortung sich einzufinden, weil er wegen schwerer und zahlreicher Verbrechen angeklagt sei. Heinrich aber beschloß dem Papste zuvorzukommen und schritt zu unerhörter Gewaltthat. In aller Eile berief er die Bischöfe und Aebte des deutschen Reiches nach Worms, um den Papst abzusetzen. Da zeigte es sich recht augenfällig, was für Männer in diesem Lande durch Simonie und königliche Willkür auf die bischöflichen Sitze gelangt waren. Ein abgesetzter Cardinal trat als Ankläger des Papstes auf und verlas eine Schrift voll der gröbsten Schmähungen und Klagen gegen denselben. Die Versammlung erklärte ohne Weiteres den Papst Gregor für abgesetzt. Da wurde in einer großen Versammlung von 110 Bischöfen zu Rom vom Papste die Excommunication (der Bann) über den König ausgesprochen. Hiedurch ward dem König das weitere Regieren sehr erschwert, ja unmöglich gemacht, da kein Gläubiger mit einem Excommunicirten umgehen durfte. Ebenso excommunicirte der Papst neben andern den Bischof Wilhelm von Utrecht, des Königs schlimmsten Rathgeber. Dieser spottete über den Spruch des Stellvertreters Christi. Aber die strafende Hand Gottes ereilte schnell den Frevler: der Bischof starb kurz darauf in Verzweiflung.

Dem König selbst wurde es nach und nach doch bange. Er eilte zum Papste nach Canossa, um sich mit der Kirche auszusöhnen. Die Bußübungen waren damals weit strenger als heute. Im einsamen Schloßhofe zu Canossa weilte der König drei Tage im wollenen Bußkleide, das über den andern Kleidern getragen wurde, ohne sich bis zum Abend mit Speis und Trank zu laben, und harrte der Lossprechung. Alle andern Zuthaten jedoch: als ob der König drei Tage und drei Nächte, ohne Obdach,

Schlaf und Ruhe, im bloßen Hemde und vor Kälte zitternd dagestanden habe, und als ob er vom Papste aufgefordert worden wäre, zur Betheurung seiner Unschuld die hl. Communion zu empfangen, — sind längst in's Gebiet der Fabeln oder Mißverständnisse verwiesen. Auch waren damals die Tage, weil mitten im Winter, sehr kurz. Und zudem hatte ja Heinrich die Bußübung freiwillig, gegen des Papstes Willen, auf sich genommen. Am vierten Tage löste ihn der Papst vom Banne, indem Heinrich

Gregor VII.

versprach, die falschen Rathgeber von sich zu weisen und die Mißbräuche in kirchlichen Dingen aufzuheben.

Aber von allem dem, was der König so feierlich versprochen hatte, hielt er kein Wort. Noch in Italien verband er sich mit seinen gleichgesinnten Freunden und nahm eine drohende Stellung gegen den Papst ein.

Indessen rieth Gregor den deutschen Fürsten, welche nach allem Rechte einen andern König zu wählen sich anschickten, von diesem Schritte ab, doch vergebens.

Auf dem Tage zu Forchheim (1078) erwählten sie

den Herzog Rudolf von Schwaben zu ihrem Könige. Von nun an theilte sich Deutschland in zwei große feindliche Heerlager. Mit Heinrich kämpften alle simonistischen Bischöfe und Aebte; er verheerte rücksichtslos die Länder, so daß sie zur Wüste veröbeten. Rudolf und die Seinigen stritten für bessere Ordnung und Sitte und erklärten sich bereit, dem Papste die Entscheidung über die Königskrone zu überlassen. Lange zögerte Gregor. Als aber der Bürgerkrieg unablässig fortwüthete, Heinrich beharrlich dem Papste den Weg nach Deutschland versperrte, und die Fürsten den Papst mit bittern Klagen über sein unheilvolles Zögern überhäuften, schritt dieser endlich im Jahre 1080 auf einer großen römischen Synode von ungefähr 100 Bischöfen zum Endurtheil: erklärte den König Heinrich wegen seiner vielen und großen Verbrechen für abgesetzt und erkannte Rudolf als rechtmäßig erwählten König von Deutschland an.

Hierauf ließ Heinrich durch seine deutschen und lombardischen Bischöfe auf einer Versammlung zu Brixen den Papst noch einmal absetzen und den Bischof von Ravenna, Guibert, einen rohen Krieger, an seine Stelle zum Papste erheben. Von ihm wollte er sich als Kaiser krönen lassen. Alsdann zog er nach Rom und belagerte die Stadt beinahe drei Jahre lang.

Papst Gregor fand nebst der tapfern und klugen Markgräfin Mathilde eine Stütze an dem kriegerischen Volke der Normannen. Ihr tapferer Herzog Robert Guiscard leistete dem in Rom bedrängten Papste Hilfe und gewährte ihm, da er der Uebermacht weichen mußte, in Salerno eine sichere Zufluchtstätte. Heinrich und Guibert hielten hierauf in Rom ihren Einzug; Heinrich setzte Guibert auf den päpstlichen Stuhl, und dieser machte den abgesetzten König zum Kaiser. Papst Gregor wankte indessen keinen Augenblick; er hielt fest am Rechte, auch mitten im Unglück. Doch sollte er der Kirche nicht mehr lange erhalten bleiben. Er erkrankte in Salerno, und schon am 25. Mai 1085 rief ihn Gott zu sich. Seine letzten Worte waren: „Ich liebte die Gerechtigkeit und haßte das Böse; darum sterbe ich in der Verbannung."

Geschichtschreiber seiner Zeit und später selbst vorur= theilsfreie Protestanten haben dem Charakter dieses großen aber viel geschmähten Mannes Gerechtigkeit widerfahren lassen. „Gregor hat," bemerkt Otto von Freisingen, „als Muster der Heerde, was er mit Worten lehrte, durch sein Beispiel bekräftiget und kein Bedenken getragen, in allen Stücken als tapferer Kämpfer gleich einer Mauer zu stehen für das Haus des Herrn." Und der protestan= tische Geschichtschreiber Johann von Müller sagt von ihm: „Er war standhaft wie ein Held, klug wie ein Senator, eifrig wie ein Prophet, streng in seinen Sitten." In einem rohen und entarteten Zeitalter lebend, wünschte Gregor nichts sehnlicher, als die Gebrechen seiner Zeit zu heilen, und er hat sie auch zu einem großen Theile geheilt. Er war einer der größten Päpste, die je die Tiara getragen. Daher starb er denn auch hochverehrt und betrauert von den Edelsten und Besten seiner Zeit, ruhig und sanft, im Bewußtsein seiner Pflichterfüllung bis an sein Ende, während sein Gegner, König Heinrich IV., verfolgt vom Fluche der Kirche, gepeiniget von Ge= wissensbissen, verlassen und bekriegt von seinen eigenen Söhnen, zwanzig Jahre später zu Lüttich im äußersten Elende aus diesem Leben schied, — ein warnendes Beispiel für die Regenten aller Zeiten, sich nicht an der Kirche und ihrem obersten Hirten zu vergreifen.

XXXI. Die Klöster, die Culturstätten des Mittelalters.

Es ist nicht möglich, den hohen Nutzen der mittelal= terlichen Klöster in wenigen Worten auszusprechen; es sind ganze Werke über diesen Gegenstand geschrieben wor=

ben. Die Klöster waren die einzigen Culturstätten jener Zeit. Alles, Boden=Cultur, Wissenschaft und Kunst, ging von da aus.

Die Mönche waren die Gründer von Städten; sie bauten stattliche Gebäude und stolze Brücken, Spitäler und Schulen; sie legten Straßen an, errichteten Colonien, trockneten Sümpfe aus. Die Söhne des hl. Benedikt drangen in den ungeheuren Wald ein, welcher unter dem Namen Schwarzwald bekannt ist. Hier bauten sie Klöster, hieben die Bäume nieder und erneuerten das Angesicht der Erde. Walafried Strabo schreibt, daß der hl. Gallus den Ort, wo er sich niederließ, häufigen Ueberschwemmungen ausgesetzt, schrecklich rauh und voll wilder und grausamer Thiere fand, die mitten in den Felsabgründen oder in den Thälern hausten. Denn neben Hirschen und Heerden harmloser Thiere gab es daselbst auch viele Bären, zahllose Eber und Wölfe von besonderer Wildheit. Ueber ganz Europa dehnten die Ordensmänner ihre Wirksamkeit aus. Anbomar und Columban brachten die Cultur nach Gallien, Augustin, Wilfried und Cuthbert nach England, Kilian, Rupert und Bonifazius nach Deutschland; Ausgar, der Apostel des Nordens, war ein Mönch aus Corvey. Auf Bitten des hl. Stephan von Ungarn schickte Desiderius, Abt von Monte Cassino, Mönche aus dieser Abtei, um mit dem Evangelium die Cultur nach Ungarn zu tragen. Im zehnten Jahrhundert gingen von demselben Kloster zwölf Mönche nach Polen. Wo noch jüngst barbarische Fremdlinge oder einheimische Räuber in den öden Wäldern hausten, oder die Ufer gefährlich machten, singen jetzt in Städten und Dörfern, auf Inseln und in Wäldern ehrwürdige Chöre von Männern in Kirchen und Klöstern vor einem zahlreichen Volke das Lob des Herrn. „Was wären wir," fragt daher der protestantische Naturforscher Oken, „ohne unsere Klöster? Nichts als halbwilde Germanen."

Neben der Cultur des Landes fanden besonders Wissenschaften und Künste in den Klöstern ihre Pflege.
Zuerst waren die Mönche hauptsächlich mit Abschrei=
ben von Büchern beschäftiget, um die Werke des Al=
terthums der Nachwelt zu überliefern. Sie schrieben nur
auf Pergament, das sie aus den Häuten wilder Thiere
mit solcher Kunstfertigkeit zu bereiten wußten, daß es
beinahe so weiß und dünn war, wie das Postpapier von
heute. Nur die zum Privatgebrauch geschriebenen Bücher
machten hievon eine Ausnahme, indem das Pergament
sehr oft unsauber, durchlöchert und zusammengeflickt war,
ja nach ausgetilgter erster Schrift zum zweiten Male,
oder gar zum dritten Male, neu überschrieben wurde.
Wenn die Mönche ein Prachtwerk schreiben wollten, be=
dienten sie sich einer goldenen oder silbernen Tinte, färb=
ten das Pergament mit Purpurfarbe und zierten die An=
fangsbuchstaben und Titel reich mit Gold und verschie=
denen symbolischen Figuren. Die großen Alterthumskenner
Mabillon, Calmet und Gerbert fanden nach ihrer eigenen
Aussage wenig Handschriften, welche denen der Stifts=bi=
bliothek von St. Gallen an Schönheit gleichkommen. „Die
ganze Welt diesseits der Alpen," sagt Ekkehard IV., der
Geschichtschreiber von St. Gallen, „bewundert die Hand
unseres Sintram, der das Evangelium abschrieb, das
wir besitzen. Es ist zum Erstaunen, wie ein Mann so
viele Bücher abschreiben konnte, denn wir finden seine
Handschriften an den meisten Orten des Reiches. Seine
Schrift war sehr zart. Doch wird man selten finden, daß
er aus Versehen auch nur ein Wort auszustreichen hatte."
Noch existirt von Sintram ein Evangelienbuch, das sog.
Evangelium longum, in goldenen Buchstaben, das die
Bewunderung Aller auf sich zieht, welche die Klosterbib=
liothek von St. Gallen besuchen. Diesem Bücherabschreiben
verdankt die Wissenschaft sozusagen ihre Existenz. Denn
hätten die thätigen Mönche von den Schriften der hl.

Väter und der Kirchengeschichtschreiber, von den römischen und griechischen Klassikern, sowie von den Geschichtschreibern nicht zahlreiche Abschriften gefertiget, so würden wahrscheinlich die meisten Bücher der Alten und damit ein unberechenbarer Schatz menschlicher Wissenschaft und Kenntnisse verloren gegangen sein. Selbst ungeachtet des fleißigen Bücherabschreibens gingen noch unzählige vortreffliche Werke der Vorzeit zu Grunde. Daher können wir mit vollem Rechte den Männern der Klosterzelle die Erhaltung und Verbreitung der Civilisation in Europa zuschreiben.

Ferner waren die Mönche darauf bedacht, durch fleißiges Abschreiben sowohl als durch Ankauf von fremden Büchern eine reichhaltige Bibliothek anzulegen. Die Bibliothek der Abtei von Clugny hielt man, ehe sie von den Protestanten geplündert und· verbrannt wurde, für ein Weltwunder; sie kam selbst der Bibliothek der Kaiser von Konstantinopel gleich. Die wissenschaftlichen Schätze in den Klöstern von St. Remigius zu Reims, von St. Viktor und St. Germain in Paris und von St. Denis waren ebenfalls außerordentlich groß. Mit Bewunderung sprechen die Schriftsteller des Mittelalters von der Bibliothek der Augustiner-Eremiten zu Padua, und die Bibliothek in Bobbio war schon im neunten Jahrhundert berühmt.

Die Bibliotheken der Mönche waren im eigentlichen Sinne des Wortes auch öffentliche Bibliotheken; denn sie standen Jedermann offen. Die Bücher wurden zwar nicht selten mit Ketten an den Wänden befestiget, aber dafür nur um so eifriger gelesen. Vor der großen Revolution standen in Paris 19 Bibliotheken beständig den Studenten offen, während gegenwärtig die Zahl derselben nur auf acht sich beläuft; und selbst diese sind sechs Monate im Jahre geschlossen. Stets ließ Kaiser Karl der Dicke aus der Bibliothek des Klosters St. Gallen sich seine

Lektüre holen. Als der Kaiser im Jahre 883 im Kloster einen Besuch machte, trug er das Buch des hl. Gregor I. über die Evangelien, die Kaiserin Richard die Predig= ten eben dieses Vaters über Ezechiel, und Luitwart, der Erzkanzler und erste Minister, die Briefe des hl. Hie= ronymus aus der dortigen Bibliothek bei sich, schreibt der Geschichtschreiber von St. Gallen. War es da zu ver= wundern, daß bei dieser geistigen Regsamkeit die Kloster= mauern unzählige gelehrte Männer beherbergten? Im neunten und zehnten Jahrhundert verstanden, lasen und schrieben die Mönche von St. Gallen Deutsch, Lateinisch und Griechisch; sie waren bewandert in der Astronomie, Physik, Erklärung der hl. Schrift, in der Geschichte und klassischen Literatur. Die Professoren standen im Brief= wechsel mit dem Hof und den Gelehrten ihrer Zeit und wurden nicht selten in ferne Länder auf Bischofstühle berufen. Die Mönche von St. Gallen waren unter den ersten, welche die deutsche Sprache in eine Schriftsprache umzubilden suchten. Notker Labeo, von seinen Zeit= genossen „Teutonicus", der „Deutsche", genannt, widmete fast sein ganzes Leben dem Uebersetzen lateinischer Schrif= ten in's Deutsche. „Das Verdienst des unermüdlichen Mönches," sagt Lindemann, „um die syntaktische Ausbil= dung der deutschen Sprache, um ihre zur philosophischen Darstellung nöthige Fortbildung und Erweiterung kann nicht leicht zu hoch angeschlagen werden."

Alle größeren Klöster besaßen Männer ausgezeichneter Wissenschaft; mit jedem Kloster war gewöhnlich auch eine Schule verbunden. Man lehrte dort Theologie, Philoso= phie, Sprachen, Kunst und Rechtswissenschaft. Es würde zu lange dauern, all' die Klosterschulen aufzuzählen, wel= che im Mittelalter so hellen Glanz durch ganz Europa verbreiteten. Die berühmtesten waren im zehnten Jahr= hundert Prüm, St. Germain in Paris, Fulda, Hirschfeld, Luxeuil, St. Bonifazius in Rom

Monte Cassino, St. Gallen, Reichenau und Clügny.

Von der Zeit Karls des Großen an wurden die Söhne von Grafen und Herzogen, von den fränkischen Königen, von den alemannischen und sächsischen Fürsten und Edeln, von den höchsten Würdenträgern des Reiches stets den Mönchen zur Erziehung übergeben; beinahe alle großen Männer gingen aus den Klöstern hervor. Im dreizehnten und vierzehnten Jahrhundert zogen die großen Schulen der Franziskaner und Dominikaner Schaaren von Schülern zu ihren Klöstern. Die Namen eines Thomas von Aquin, Anselm, Albertus Magnus sind mit unsterblichen Zügen in die Annalen der Klostergeschichte eingeschrieben.

Endlich waren die Klöster zugleich auch Wohnstätten der schönen Künste. Es begegnen uns in den Klostergängen Dichter, Musiker, Maler, Bildhauer. Rapert, ein Mönch von St. Gallen, beschreibt in einem Gedichte das Leben und den Wandel des hl. Magnus, wie sich in demselben die acht Seligkeiten wiederspiegeln. Er verfaßte auch viele Lieder und Hymnen, sogar ein Lied auf den hl. Gallus in deutscher Sprache zum Gebrauche des Volkes. Die lieblichsten Lieder aber erklangen aus dem Munde Jacopone's da Todi und des hl. Franziskus.

Die erste Spur des Gebrauches von Musiknoten findet sich in der Abtei Corvey in Sachsen. Die berühmtesten Musiker des neunten und zehnten Jahrhunderts waren wiederum im Kloster St. Gallen; für die Verbreitung des reinen kirchlichen Gesanges bildete es geradezu den ersten Centralherd in deutschen Gauen. Es brachte Männer hervor, wie Iso und Möngal, Notker den Stammler und Notker den Arzt, deren Ruhm weithin leuchtete und welche, wie Ekkehard schreibt, „durch Hymnen und Sequenzen, Tropen

und Litaneien, durch ihre Gesänge und Melodieen, wie
auch durch ihre kirchlichen Doktrinen die Kirche Gottes
nicht bloß in Alemannien, sondern in allen Gegenden von
einem Meere zum andern mit Glanz und Freude erfüllten."
Von den Malern im Habit nennen wir einen einzigen
Mönch, den zarten Fra Angelico (Giovanni da Fiesole),
der „Malen" „mit dem Heiland umgehen" nannte und nie
den Pinsel ergriff, ohne vorher gebetet zu haben.

> „Und im klaren Engelscheine
> Glänzt Fiesole, der reine,
> Der so hell im Lichte steht,
> Weil die Kunst ihm ein Gebet."

Der belebende Mittelpunkt, um welchen die ganze
reiche Kunstthätigkeit der Mönche im Mittelalter sich bewegte, waren die Bauten von Kirchen und Klöstern.
Vor Allem galt es dem christlichen Geiste jener Zeit als
die höchste Aufgabe, dem Herrn des Himmels und der
Erde, der in unserer Mitte wohnt, ein würdiges Haus
zu bauen und darin die Einheit der Christengemeinde in
ihrem freien Emporstreben zu Gott sinnbildlich darzustellen.
Für diesen erhabenen Zweck wurden alle Kräfte des schaf-
fenden Geistes, der ganze Reichthum einer kühnen Phantasie aufgeboten. Bis zum dreizehnten Jahrhundert waren
die Mönche gewöhnlich selbst die Architekten, die Maler, die
Bildhauer, die Maurer, die Steinmetzen ihrer Kloster-
bauten und Kirchen. „Der Priester Jsenrich war ein guter
Arbeiter in Holz und Ratger ein solcher in Stein,"
heißt es in der Chronik von St. Gallen. Als am 25. April
937 Kirche und Kloster von St. Gallen ein Raub der
Flammen wurden, sah man schon im Jahre 975 unter
dem kunstsinnigen Abte Immo die Abtei schöner als vorher wieder aus den Ruinen erstehen. Immo selbst war
ein bewährter Künstler und zählte unter seinen Mönchen
eine Reihe kunsterfahrner Meister. Ein goldenes Altar-
blatt zierte den Hochaltar, werthvoller wegen der darauf

verwendeten Kunst, als wegen des Goldes; zehn andere
Altäre waren von Silber. Prächtige Meßgewänder wur=
den gestickt und die Kirche mit so vielen köstlichen Gefäßen
und Ornaten bereichert, daß die Zeitgenossen sich verwun=
derten, woher all' diese Kostbarkeiten gekommen.

Wir können nur Andeutungen machen, nur Striche
zeichnen zu dem großen Mosaikbilde der Wirksamkeit der

Beschäftigung im Kloster.

mittelalterlichen Mönche. Denn wollten wir erst noch aus=
führlicher von den Universitäten sprechen, wo die größten
Lehrer Mönche waren, so kämen wir an gar kein Ende.
Wir fassen das, was die Klöster im Mittelalter für die
Menschheit gethan, noch einmal in dem unverdächtigen
Urtheil eines neuern Geschichtschreibers zusammen: „In
den Zeiten, da man weit und breit von keinen Aerzten,
noch Spitälern oder Armenherbergen wußte, wurden der=
gleichen zum Troste vieler Tausend elender Leute bei
den Klöstern angelegt. Die Klöster waren die hohen Schu=
len, wo man nicht nur die Gottesgelehrtheit, sondern auch die

Rechte, die Heilkunde, die schönen Wissenschaften und mancherlei unentbehrliche Künste unentgeltlich lehrte, und eine Menge vortrefflicher Lehrer zum Segen der Länder aufstellte. In den Klosterarchiven wurden die unschätzbaren Ueberbleibsel griechischer und römischer Gelehrsamkeit erhalten. Ohne dieselben würden wir nichts oder sehr wenig von den Urkunden und Denkmälern unserer Väter, ja nicht einmal unsere Muttersprache verstehen; und ohne das Vertrauen, mit welchem man ehemals bald alle Gesetze, Ordnungen, Stiftungen, Vermächtnisse, Gab-, Theil-, Schlicht- und Sühnbriefe sammt andern rechtlichen und geschichtlichen Urkunden in denselben zu hinterlegen pflegte, würden zu unvermeidlichem Schaden ganzer Länder unzählige Schriften schon längst verloren gegangen sein."

XXXII. Peter von Amiens.

Bei ihrer Rückkehr aus dem Orient entwarfen die Wallfahrer der damaligen Zeit jedesmal die traurigsten Schilderungen von dem Elende der Christen unter der Herrschaft der rohen Muhamedaner und von den mannigfachen Entweihungen der heiligen Stätten in Palästina. Unter diesen Pilgern war auch Peter von Amiens, einer Stadt im nördlichen Frankreich. Früher war er Einsiedler gewesen, hatte aber dem abgeschlossenen Leben wieder entsagt, weil es sein feuriges Gemüth nicht befriedigte, und war Priester geworden. Er war nur klein und unansehnlich von Gestalt, aber aus seinem hagern Gesichte leuchteten ein Paar Augen hervor, die wie Sterne blitzten, wenn er zu reden begann. Ein unwiderstehlicher Drang seines Gemüthes trieb ihn hinaus zur Fahrt nach dem hl. Lande. Er zahlte den Zins und betrat die hl. Stadt. Der Anblick der Orte, welche einst der göttliche Heiland durchwandelt hatte, erfüllte ihn mit unaussprechlichem Entzücken. Als er aber den Jammer und das Elend der muthlos einherschleichenden Christen und die

Entweihung ihrer Tempel durch die stolzen Muselmänner sah, ergriff ihn so tiefe Wehmuth, daß er weder Tag noch Nacht Ruhe fand. Er sann auf Rettung und faßte den Entschluß, nach Europa zurückzukehren und alle Völker und ihre Fürsten aufzufordern, die den Christen widerfahrene Schmach ritterlich mit den Waffen an den Türken zu rächen. Er ging zum Patriarchen von Jerusalem und bat ihn um ein Schreiben an den Papst und die abendländischen Fürsten. Gern bewilligte der Patriarch diese Bitte.

Hierauf eilte Peter nach Europa zurück und begab sich sofort nach Rom zu dem Papste Urban II. Diesem überreichte er den Brief des Patriarchen und unterstützte dessen Anliegen mit der ergreifendsten Schilderung der Leiden, welche die Mutter aller Kirchen von ihren Tyrannen erdulde. Mit Staunen hörte der Papst den flammenden Worten des begeisterten Pilgers zu. Er lobte seinen Eifer und erlaubte ihm von Dorf zu Dorf, von Stadt zu Stadt zu eilen und zu erzählen, was er gesehen und gehört.

Da setzte sich Peter barfuß und mit entblößtem Haupte, angethan mit einem grauen Pilgerkleide, auf einen Esel, umgürtete seinen von Hunger und Mühseligkeiten aller Art abgezehrten Leib mit einem Stricke, nahm ein Kruzifix in die Hand und ritt von Dorf zu Dorf, von Stadt zu Stadt. Wo er einen Haufen Menschen um sich sah, hielt er seinen Esel an, hob das Kruzifix in die Höhe und schilderte mit funkelnden Augen und hinreißender Beredsamkeit die Noth der christlichen Brüder im hl. Lande. Seine Worte entflammten und erfüllten Aller Herzen mit einem heiligem Grimme gegen die Muselmänner. Ueberall ging sein Ruf vor ihm her. Von allen Seiten strömten die Menschen zusammen, um seine Worte zu hören. Sein Zug durch Frankreich und Italien glich einer ununterbrochenen Prozession.

Auch der Papst Urban blieb nicht unthätig. Er hielt zwei Versammlungen zu Piacenza und zu Clermont in Frankreich, an denen sich jedesmal eine unermeßliche Menge Menschen betheiligte. Durch die begeisterten Worte des Einsiedlers und des Papstes tief gerührt und erschüttert, brach das Volk wie mit einem Munde in den Ruf aus: „Gott will es! Gott will es!" und ließ sich durch Anheftung des Kreuzes auf die rechte Schulter oder auf

Peter von Amiens.

die Brust zu einem Kreuzzuge nach Jerusalem einweihen. In feurigem Ungestüm eilte dann Jeder nach der Heimat, um sich zu dem heiligen Streite zu rüsten. Ueberall wurde das Kreuz gepredigt. Eine allgemeine Bewegung entstand im Volke. Wohl mochten bei manchen Kreuzfahrern nicht das Kreuz, sondern andere Triebfedern maßgebend gewesen sein; im Allgemeinen war die Begeisterung eine religiöse und der Zweck die Befreiung des hl. Landes aus den Händen der Barbaren.

Schon im Mai des Jahres 1096 brach Peter der Einsiedler selbst an der Spitze eines bunt zusammenge=

setzten Haufens von etwa 15,000 Mann auf, die sich nach und nach zu 80,000 vermehrten. Da Peter den Haufen für sich allein zu groß fand, so überließ er einen Theil desselben der Führung seines Freundes Walther, eines burgundischen Ritters, der gewöhnlich Walther von Habenichts genannt wurde, weil er sein ganzes Vermögen für die Heerfahrt aufgeopfert hatte. Doch kamen beide Heere, theils durch Unordnung und den Mangel an Mundvorrath, theils durch die Hände der Türken jämmerlich um. Erst unter dem edlen Ritter Gottfried von Bouillon, dem sich Balduin und Eustach, seine Brüder, Robert, Graf von der Normandie, Bohemund, Fürst von Tarent, der edle Tancred, sein Neffe, nebst unzähligen andern Fürsten und Rittern anschlossen, kam der erste wohlgeordnete Kreuzzug zu Stande. Jerusalem wurde erobert (1099) und Gottfried von Bouillon, der gefeiertste Held, einstimmig zum Könige von Jerusalem ausgerufen; er aber lehnte bescheiden diese Würde ab. Er wollte dort nicht König heißen und eine goldene Krone tragen, wo einst Christus, der König der Könige, unter einer Dornenkrone geblutet hatte. Nur den Titel eines Schirmvogtes des hl. Grabes nahm er an, waltete jedoch im Uebrigen als Oberherr und ordnete das junge christliche Reich durch Gesetze. Die Thaten der Kreuzfahrer, besonders Gottfrieds von Bouillon, hat Torquato Tasso, ein ausgezeichneter italienischer Dichter des sechzehnten Jahrhunderts, in seinem Gedichte: „Das befreite Jerusalem", mit unsterblichen Versen verherrlichet.

XXXIII. Die Bedeutung der Kreuzzüge.

Nach dem ersten Kreuzzuge mußten die Christen bald wieder einen neuen Zug unternehmen, da die Türken nicht ruhten, bis die hl. Stätten wieder in ihre Hände gekommen waren. Ja, es schlossen sich an diese zwei

Kreuzzüge noch fünf andere an, jedoch alle ohne nachhalti=
gen Erfolg. Jerusalem blieb in den Händen der Türken.
Wenn auch die Kreuzfahrer ihren Hauptzweck
nicht erreichten, wenn auch viele Tausende der=
selben in dem fremden Erdtheile ihr Grab fan=
den, so blieben doch die Kreuzzüge für die
Bildung und Veredlung Europa's von über=
wiegendem Nutzen.

Während die Nationalität und das Lehenswesen die
Menschen noch vollständig von einander trennten, hat das
Kreuz sie zu einem großen Bruderbunde vereiniget. Die
Nationen der verschiedensten Zungen verbanden sich zu
einem einzigen Heere; Franken, Flamänder, Gallier, Ale=
mannen, Briten, Bayern, Normannen, Engländer, Ita=
liener, Griechen, Armenier fochten unter einer Fahne,
unter dem Kreuzespanier.

Selbst die Frauen schlossen sich dem Zuge an, und
nicht wenige zeichneten sich aus durch ihren Heldenmuth.
Florine, eine Tochter des Herzogs von Burgund, fiel
kämpfend an der Seite von Sveno, dem einzigen Sohne
des Königs von Dänemark. Margaretha von Henne=
gau suchte unter den Leichen ihren von den Sarazenen
erschlagenen Mann; eine andere Margaretha ver=
theidigte Jerusalem gegen Saladin und kehrte allein, nur
mit ihrem Helm, ihrer Schleuder und mit ihrem Psalmen=
buche nach Europa zurück. Als die Männer alles Ver=
trauen auf diese Züge und allen Sinn dafür verloren
hatten, wollten die Frauen von Genua statt ihrer aus=
ziehen.

Das Ritterthum erreichte durch die Kreuzzüge seine
höchste Vollendung. Die Ritter bildeten einen besondern
Stand. Religion, Ehre, Tapferkeit und Hoch=
achtung gegen das weibliche Geschlecht waren
die vier Haupttugenden der Mitglieder. Die Aufnahme
in diesen Stand erforderte eine vieljährige Vorbereitung

und war mit großen kirchlichen Feierlichkeiten verbunden. Schon im siebenten Jahre ward der Knabe von edler Herkunft in das Schloß eines andern Ritters gebracht. Hier lernte er als Bube oder Page im Dienste seines Herrn und im ehrfurchtsvollen Umgange mit Edelfrauen die Anfangsgründe der Rittertugenden. Er wartete bei der Tafel auf, säuberte die Waffen, hielt seinem Herrn beim Aufsteigen den Bügel und übte sich im Fechten, Schießen und Reiten, um seinen kleinen Körper gewandt und stark zu machen. Im vierzehnten Jahre ward er durch Umgürtung eines Schwertes, welches vom Priester am Altare feierlich eingesegnet war, wehrhaft. Nun hieß er Knappe (Knabe) oder Junker. Von nun an begleitete er seinen Herrn zu jeder Stunde und zu jedem Geschäfte, zu der Lust der Jagd, der Feste und Waffenspiele, wie in den Ernst der Schlacht; treue Anhänglichkeit an seinen Herrn war die erste Pflicht. Und hatte er in der Schlacht mit Schild und Schwert seinen Herrn gerettet, so trug er den größten Ruhm davon, den ein adeliger Jüngling sich erwerben konnte.

Hatte der Knappe unter diesen ritterlichen Uebungen das einundzwanzigste Jahr erreicht, so konnte er zum Ritter geschlagen werden. Zu dieser wichtigen Handlung mußte er sich durch den Empfang der hl. Sakramente, durch Fasten und Beten vorbereiten. Und kam dann endlich nach langem Sehnen der Morgen des Tages, welcher der schönste und der glorreichste in des Jünglings Leben war, so wurde er in feierlichem Zuge zur Kirche geführt. Knappen trugen die Rüstung, den Streitkolben, den Schild und das Schwert, Edelfrauen den Helm, die Sporen und das Wehrgehenk. Ehrfurchtsvoll kniete der Knappe am Altare nieder und beschwor mit feierlichem Eide das Gelübde: die Wahrheit zu reden, das Recht zu behaupten, die Religion sammt ihren Häusern und Dienern, alle Schwachen und Unvermögenden, alle Wittwen und Waisen zu beschirmen, keinen Schimpf gegen Edelfrauen zu dulden und alle Ungläubigen zu verfolgen. Hierauf empfing er aus der Hand eines Ritters, oder einer Edelfrau, Sporen, Handschuh und Panzer. Dann kniete er vor dem Ritter nieder, der ihm dreimal mit flacher Klinge sanft auf Hals und Schulter schlug. Das war der Ritterschlag. Nun schmückte man den jungen Ritter auch noch mit Helm, Schild und Lanze und führte ihm ein Pferd vor, auf welches er sich sogleich schwang und es fröhlich durch die Menge der jubelnden Zuschauer tummelte. Große Feste beschlossen die Feierlichkeiten des Tages.

Zur Zeit der Kreuzzüge, wo das Ritterthum in Folge der unabläffigen Kämpfe in seiner schönsten Blüthe stand, bildeten sich sogar enge Verbrüderungen der Ritter unter einander und gaben ihrem Stande die Weihe von Ritter= orden. Das waren die Orden der Johanniter, der Tempelherren und der Deutschen.

Die Johanniter hatten ein Spital in der Nähe des hl. Grabes gebaut, in welchem kranke und hilflose Pilger unentgeltlich verpflegt werden sollten. Als Schutzpatron dieser frommen und nützlichen Stiftung wurde der hl. Johannes der Täufer gewählt. Darum hießen die Ordens= brüder Johanniter, auch wohl Hospitalbrüder.

Der Orden der Tempelherren wurde von neun französischen Rittern gestiftet, die sich zu dem Zwecke ver= einigten, die Pilger durch Palästina zu begleiten und sie mit bewaffneter Hand gegen die Anfälle der Ungläubigen zu schützen. Balduin, nach Gottfried von Bouillon König von Jerusalem, räumte ihnen eine Wohnung auf dem Platze ein, wo ehedem der Tempel Salomo's stand. Hievon bekamen sie den Namen Tempelherren oder Templer.

In Accon hatte sich zur Verpflegung deutscher Kranken ein Verein von Deutschen gebildet, welchen Herzog Friedrich von Schwaben unter dem Namen „der Deutsche oder Marianer = Ritterorden" zu einem Orden erhob. —

Erst die Erfindung des Pulvers und das dadurch ganz veränderte Kriegswesen machte dem Rittertum ein Ende.

Ganz besonders erhielten Handel und Gewerbefleiß zur Zeit der Kreuzzüge durch die Verbindung mit den Morgenländern neuen Aufschwung. Blühende Städte erhoben sich an Italiens Küste. Venedig stieg als Freistaat zu einer Blüthe, die an die schönste Zeit Alt-Griechenlands erinnert. Diese merkwürdige, gleichsam schwimmende Stadt, welche aus der Vereinigung mehrerer, durch Brücken und kunstvolle Gestade mit einander verbundener Inseln entstanden ist, schickte ihre Schiffe in alle Meere aus und schwang sich zu einer staunenswerthen Höhe der Macht und des Reichthums empor. Herrliche Kirchen, glänzende Paläste, kühne Wasserbauten machten die Inselstadt zu einem Wunder der Welt. Venedig's stolze Nebenbuhlerin war Genua. Ihre glänzenden Marmorpaläste, ihr mit einem Walde von Masten bedeckter Seehafen, ihre Wechselbank und andere herrliche Einrichtungen gaben unwidersprechliche Zeugnisse von dem großen Reichthume der Stadt. Neben diesen waren Pisa und Amalfi damals die vorzüglichsten Handelsstädte der ganzen Welt. Sie unterstützten die Kreuzfahrer auf ihren Zügen durch Lieferungen von Transportschiffen, Lebensmitteln und Kriegsbedürfnissen und benutzten diese Gelegenheit, sich zugleich in den neuen Erdtheilen Handelszweige zu verschaffen, die man vorher gar nicht gekannt hatte. Reich beladen kehrten ihre Schiffe mit den kostbarsten Waaren des Morgenlandes zurück; diese verschickten sie nebst den Erzeugnissen ihres eigenen Landes durch alle Staaten Europa's.

So hob sich nach und nach der Handel durch ganz Europa zu einer nie gesehenen Blüthe. Im Norden trieben den Handel vorzüglich Lübeck, Hamburg, Bremen und Wisby. In Wisby, welches jetzt nur ein unbedeutendes Städtchen auf der schwedischen Insel Gothland ist, wohnten damals zwölftausend Kaufleute. In den Niederlanden

Venedig.

schwang sich vor allen Antwerpen zu einer fast un=
glaublichen Höhe empor. In dem Hafen desselben sah
man oft über zwölfhundert Schiffe. Kein Tag verging,
an dem nicht fünfhundert Schiffe ein= und ausliefen; an
den Markttagen stieg diese Anzahl auf acht= bis neunhundert.
Täglich fuhren in der Regel zweihundert Kutschen durch
die Thore der Stadt. Ueber zweitausend Frachtwagen
und zehntausend Bauernkarren kamen wöchentlich aus
Frankreich, Deutschland und Lothringen. Der Reichthum,
welcher auf diese Art in die Städte floß, erhöhte der
Bürger Selbstgefühl und weckte bei ihnen das Streben
nach immer größerer Freiheit und Unabhängigkeit. Viele
Städte erkannten nur mehr den Kaiser als ihren Ober=
herrn an und hießen daher freie Reichsstädte. Die
freien Verfassungen der meisten städtischen Gemeinden
weckten vaterländischen Sinn und Bürgertugend, so daß
die Städte allmälig der Sitz der Kraft, der Bildung und
eines gesitteten Lebens wurden. Die Rathhäuser, die go=
thischen Domkirchen und die mit Erkern versehenen Wohn=
häuser der meisten deutschen Städte zeugen heute noch
von dem Wohlstande und der Bildung der damaligen
Bürger, die nicht bloß mit den Erzeugnissen ihrer eigenen
Gewerbthätigkeit, sondern auch mit denen fremder Länder
ausgedehnten Handel trieben. Die Stadt Nürnberg war
damals so reich und schön, daß dort ein mittelmäßiger
Bürger besser wohnte, als in Schottland ein König; die
Stadt Danzig so mächtig, daß ihr Bürgermeister
selbst dem Könige Christoph von Dänemark den Krieg
erklärte; das gewerbthätige Augsburg so blühend, daß
es für die reichste Stadt der ganzen Welt galt, und Kaiser
Maximilian I. und Karl V. von dem Leinenweber Fugger
in Augsburg Geld sich borgten.

Sogar auf die Entwickelung der Dichtkunst hatten
die Kreuzzüge den wirksamsten Einfluß. In dem fernen
Morgenlande wurde der Kreuzfahrer durch die seltsamsten

Erscheinungen überrascht. Die hl. Orte, wo einst der Erlöser wandelte, die Pracht und der Reichthum des Orients, die wunderbaren Irrfahrten frommer Pilger, die vielen Abenteuer der Ritter, dann auch die Sehnsucht nach den theuren Zurückgebliebenen, — dieses und manches Andere regte mächtig den Geist an und bot zu Dichtungen den reichhaltigsten Stoff.

Besonders war der Süden ein fruchtbarer Boden für die Dichtkunst. In den anmuthigen Thälern des südlichen Frankreich und Spanien, wo die Einbildungskraft der Bewohner feurig ist, wie die Sonne, unter welcher sie leben, trieb die Dichtkunst ihre ersten Blüthen. Man nannte den Dichter Troubadour (Finder), weil er Erfinder einer besonderen Gesangsweise war. Und weil der Gesang vorzüglich in der französischen Provence ertönte, so hieß man diese Dichtkunst auch wohl die provençalische. Auf den Burgen der Ritter, bei fröhlichen Festen und Mahlen erschien der Sänger mit der Harfe in der Hand. Ritter und Damen begrüßten mit stiller Freude den lieben Gast und hörten seinen gefühlvollen Gesängen zum Klange der Harfe zu. Wie Frankreich seine Troubadours, so hatte auch England seine Sänger, welche Minstrels hießen.

Von Frankreich aus verbreitete sich diese Gesangsweise nach Deutschland. Die neuen ritterlichen Sänger führten den Namen Minnesänger, weil der Hauptgegenstand ihres Gesanges die Minne oder Liebe war, d. i. die Verehrung, welche der Schönheit und Milde, der Anmuth und Tugend der edlen Frauen als Pflegerinnen häuslichen Glückes und häuslicher Sitte in zarten Liedern dargebracht wurde. Im Mittelpunkte dieser Verehrung stand die Jungfrau Maria, die Mutter des Gottessohnes, die himmlische Königin, deren überirdischer Glanz verklärend auf alle irdischen Frauen niederstrahlt. Doch nicht die Liebe allein war Gegenstand des Gesanges, sondern auch die Schönheiten der Natur, die Reize des Frühlings, die Heldenthaten der Ritter und ihre wunderbaren Abenteuer wurden besungen.

Das vorzüglichste deutsche Heldengedicht, welches wir noch besitzen, ist das Nibelungen=Lied, dessen Alter und Verfasser aber bis jetzt noch nicht ausgemittelt sind. Es bildet den Vereinigungspunkt vielfach verschlungener, wundervoller Märchen und Volkssagen der uralten Helden= zeit. Der Grundstoff ist der Untergang der Nibelungen, eines altburgundischen Heldenstammes, durch die Rache der schönen Chriemhild, der Gemahlin des hörnernen Siegfried aus Xanten am Rhein, die deshalb als Haupt= personen dastehen.

Schon im Anfange des vierzehnten Jahrhunderts ver= breiteten sich Dichtkunst und Gesang von den Burgen der Ritter auch in die Städte. Die Bürger fanden Vergnü= gen daran, in Erholungsstunden die schönen Lieder und Erzählungen der Minnesänger zu lesen. Manche, die in sich einiges Talent fühlten, ahmten ihnen nach und fin= gen in Nebenstunden an, fleißig zu dichten. Bald bilde= ten sie eine besondere Sängerzunft unter sich und wur= den, weil sie Meister ihres Handwerkes waren, Mei= stersänger genannt. Auch hielten sie, wie andere Zünfte, regelmäßige Versammlungen auf ihrer Zeche oder Herberge und trugen hier ihre Lieder vor. Vorzugs= weise aber war die Kunst dieser Meister heiligen Zwecken gewidmet. Darum wurden ihren Gesängen auch biblische Texte untergelegt, und die öffentlichen Singschulen oder Wettstreite an Sonn= und Festtagen in der Kirche nach dem nachmittägigen Gottesdienste gehalten.

Die Singschulen der Meistergenossenschaften erstan= den vornehmlich in den süddeutschen Städten, zunächst in Mainz, dann auch in Augsburg, Nürnberg, Frankfurt, Memmingen, Colmar, Ulm und vielen andern. Jede Gesellschaft hatte ihre Tabulatur, d. i. ein Verzeich=

niß von Fehlern, die in Dichtung und Gesang sorgfältig
zu vermeiden waren. Besonders bezog sie sich auf den
Reim. Wer diese Tabulatur vollkommen inne hatte, hieß
ein Schulfreund; wer sie noch nicht recht verstand,
ein Schüler; wer Lieder vorsingen konnte, ein Singer;
wer nach Anderer Melodieen Lieder machte, ein Dichter;
wer ein Reimgedicht machte und selbst die Melodie dazu
erfand, ein Meister. Einer der merkwürdigsten Mei-
stersänger war Hans Sachs, ein ehrsamer Schuster
zu Nürnberg, von dessen geistlichen und weltlichen Ge-
dichten noch jetzt eine große Anzahl vorhanden ist.

Das sind kurz einige der herrlichen Wirkungen der
Kreuzzüge. Uns möchte es scheinen, daß die beständige
Besetzung der hl. Orte durch die Türken gleichsam die
Fortsetzung der Verwirklichung jenes Fluches ist, der die
Juden und ihre Stadt getroffen. Deshalb werden und
müssen wohl jene geheiligten Stätten stets in den Händen
der Christusfeinde bleiben. Die Kreuzzüge aber hat Gott
der Herr zugelassen, damit die Menschheit jenen reichen
Nutzen daraus ziehe, auf den wir soeben in gedrängten
Zügen hingedeutet haben.

XXXIV. Rudolf von Habsburg.

Am Ufer der Aar in dem Schweizerkanton Aargau
erheben sich auf einem den Stürmen freistehenden Hügel
die Ruinen des Schlosses Habichtsburg oder Habs-
burg, die weit über die Gegend hinschauen. Dieses
Schloß war das Stammhaus des berühmten Grafen Ru-
dolf von Habsburg, der im Jahre 1273 zum deutschen
König erwählt wurde. Er besaß noch mehrere andere
Güter in der Schweiz sowohl als in Schwaben und im
Elsaß und stand deshalb als ein mächtiger Herr in großem
Ansehen. Auch war er als ein frommer und biederer
Held in der ganzen Gegend hoch geehrt. Er schützte in
jenen unruhigen Zeiten nach Friedrich's II. Tode, wo

Deutschland eine geraume Zeit hindurch so gut wie ohne
Regenten war, den Bürger wie den Landmann vor den
herumziehenden Räubern. Vorzüglich gefiel dem Volk seine
Ehrfurcht für die Religion und ihre Diener.

Einst begegnete ihm auf der Jagd ein Priester, der
mit der letzten Wegzehrung zu einem Kranken eilte.
Wegen des angeschwollenen Waldwassers war der Weg
schlüpfrig und unsicher. Da sprang Rudolf von seinem

Rudolf von Habsburg.

Rosse, ließ den Priester aufsteigen und führte demuthsvoll
selbst das Pferd am Zügel bis vor das Haus des Kran=
ken. Hier wartete er, bis die hl. Handlung vollbracht war
und geleitete dann den Priester in seine Wohnung zurück.
Das Pferd aber widmete er von nun an dem Dienste
der Kirche; denn er hielt sich für unwürdig, je wieder
das Roß zu besteigen, das unsern Herrn und Heiland
getragen hatte.

„Nicht wolle das Gott, rief mit Demuthsinn
Der Graf, daß zum Streiten und Jagen
Das Roß ich beschritte fürderhin,
Das meinen Schöpfer getragen.
Und magst du's nicht haben zu eignem Gewinnst,
So bleibt es gewidmet dem göttlichen Dienst;
Denn ich hab' es dem ja gegeben,
Von dem ich Ehre und irdisches Gut
Zu Lehen trage und Leib und Blut
Und Seele und Athem und Leben."

Einmal hatte Rudolf Fehde mit dem Abte von
St. Gallen. Er schlichtete sie aber auf die treuherzigste
Weise. Ganz allein begab er sich nach Wyl, wo der Abt
eben weilte, und überraschte ihn plötzlich in seinem Zimmer.
„Herr Abt," sprach der Graf, „wir haben Fehde mit-
einander; ich dachte, wir machen es in Güte aus, und
darum komme ich hierher. Schlagt ein und laßt uns gute
Freunde sein." Der erstaunte Abt reichte Rudolf mit
Freuden seine Hand zum Friedensbunde.

Den Erzbischof Werner, welcher nach Rom reiste,
begleitete er in jenen unsichern Zeiten bis an die Alpen
und holte ihn bei der Rückkehr von da wieder ab. „Neh-
met meinen Dank," sprach der Erzbischof beim Abschiede,
„und empfanget die Versicherung, daß ich stets mit Achtung und Liebe Euer gedenken werde." Er hielt Wort.

Als nämlich der deutsche Thron im Jahre 1273 durch
den Tod des Scheinkaisers Richard erlediget worden war,
und die Fürsten sich zur Wahl eines neuen Kaisers versammelten, da trat der Erzbischof Werner auf und empfahl mit eindringender Beredsamkeit den biedern Rudolf.
Auf seine Empfehlung ward dieser auch wirklich von den
Fürsten gewählt. Noch in demselben Jahre wurde er zu
Aachen feierlich gekrönt. Gleich nach der Krönung schickte
er eine Gesandtschaft nach Rom, um dem Papste seine
Huldigung darzubringen und seinen Schutz zu versprechen.

Zuerst hatte der Kaiser einen gefährlichen Feind zu

bekämpfen, den König Ottokar von Böhmen, der ihm nicht huldigen wollte. Er beschied ihn dreimal zum Le= henseide auf einen Reichstag; aber Ottokar erschien nicht. Da bot endlich Rudolf seine Reichsvasallen auf und fiel in die österreichischen Länder ein, die derselbe ohnehin widerrechtlich besaß. In einem langen Kriege überwand er endlich Ottokar und zwang ihn, nicht bloß nach damaliger Sitte knieend den Vasalleneid zu leisten, sondern auch De= sterreich abzutreten. Als Ottokar, entrüstet über diesen Schimpf und aufgereizt durch seine stolze Gemahlin, aber= mals die Waffen ergriff, kam er in der Schlacht auf dem Marchfelde (1278) um. Mit Oesterreich und Steiermark belehnte der Kaiser seine Söhne Albrecht und Rudolf, und wurde dadurch der Gründer des mächtigen habsbur= gisch=österreichischen Hauses.

Rudolf lag es nun vor allem daran, sich die vornehmsten Reichsfürsten zu Freunden zu machen. Deshalb gab er seine sechs Töchter den mächtigsten Vasallen zur Ehe. Dann reiste er im ganzen Lande umher, Ordnung und Recht wieder herzustellen. Er erließ strenge Verordnungen gegen den Mißbrauch des Faustrechtes, zog auch selbst gegen die Raubritter aus und brach ihre Burgen. In Thürin= gen allein zerstörte er ihrer sechzig. Die gefangenen Räu= ber wurden ohne Rücksicht ihres Standes gehängt. Denn Rudolf sagte, „er halte keinen Menschen für adelig, welcher die Armen beraube und die Gerechtigkeit verletze." Er brachte es in wenigen Jahren dahin, daß der Kauf= mann und der Pilger keines Geleites mehr bedurften und ohne Gefahr durch finstere Wälder und an hohen Bur= gen vorüberziehen konnten. Auch hatte Jeder ohne Un= terschied des Standes freien Zutritt zu ihm. Einst, da die Wache einen gemeinen Mann, der ihn zu sprechen wünschte, nicht hereinlassen wollte, rief er ihr zu: „So lasset ihn doch herein. Bin ich denn zum König erwählt, daß man mich hier einsperre?"

Obschon Rudolf den ersten Thron von Europa besaß, so machte ihn doch diese hohe Würde nicht stolz und anmaßend. Er besuchte als Kaiser noch einen reichen Gerber bei Basel, mit dem er früher bekannt geworden war, und stand vor einem Bürger aus Zürich vom Throne auf, weil dieser ihm einst das Leben gerettet hatte. Man sah ihn sogar im Felde seine einfache Kleidung mit eigener Hand ausbessern und seinen Hunger mit ungekochten Rüben stillen. Wegen seiner Einfachheit ward er oft verkannt und hatte manch' kurzweiliges Abenteuer.

Einst, da das kaiserliche Hoflager bei Mainz stand, kam er in seinem gewöhnlichen Wamms in die Stadt. Es war strenge Kälte. Er trat eben in das offene Haus eines Bäckers, um sich am Backofen zu wärmen. Die Frau des Bäckers aber, die ihn für einen gemeinen Kriegsknecht hielt, wollte das nicht leiden und schimpfte aus Leibeskräften auf den König, der mit seinen Leuten dem Bürger zur Last falle. Rudolf lächelte. Darüber wurde das Weib noch zorniger und goß mit einem Kübel Wasser nach ihm. Der Kaiser blieb gelassen und ging triefend in's Lager zurück. Zu Mittag schickte er einen seiner Bedienten mit mehreren gut gefüllten Schüsseln zu der Frau und ließ dabei sagen, „das schicke ihr der Reitersmann, dem sie am Morgen so reichlich zu trinken gegeben." Wie erschrak nun die Frau, als sie hörte, daß dieser Reitersmann der Kaiser selbst sei! Eiligst lief sie in das Lager hinaus und warf sich ihm zu Füßen. Rudolf aber hieß sie freundlich aufstehen und legte ihr keine andere Strafe auf, als daß sie vor der ganzen Gesellschaft den Vorfall erzählen solle. Das that denn die Frau zum herzlichsten Ergötzen der muntern Tischgesellschaft.

Diese kleinen, scheinbar unbedeutenden Begebenheiten charakterisiren wohl am besten den wahrhaft großen Kaiser, den seine Zeitgenossen den „Spiegel und die

Krone jeder Mannestugend" nannten. Gerecht, mäßig,
tapfer, ausdauernd in allen seinen Unternehmungen, ein=
fach in den Sitten, genügsam, treu seinen Versprechen,
so daß es von einem Wortbrüchigen noch lange hieß: „Der
hat Rudolfs Redlichkeit nicht", — alle diese Vorzüge
waren in ihm in seltenem Grade vereiniget und erhiel=
ten ihre Vollendung durch seine rührende Frömmigkeit.
Es war Sitte, daß sich die Fürsten von dem neuen Kaiser
jedesmal feierlich wieder belehnen ließen. Da nun das
hiezu gebräuchliche kaiserliche Szepter nicht gerade bei der
Hand war, so nahm Rudolf das Kruzifix vom Altare,
küßte es und sprach: „Das Kreuz, welches die Welt er=
löset hat, wird ja wohl die Stelle eines Szepters vertre=
ten können." Das war der schönste Moment in seinem
Leben. Er selbst bezeichnete sich durch diese Handlung nur
als den Lehensträger des Allerhöchsten, von dem alle Ge=
walt ausgeht, und erhob dadurch seine Macht zu der
glanzvollsten und zugleich mildesten Herrschaft. Rudolf
starb 1291.

Er saß im Juli des Jahres 1291 auf der Burg
von Germersheim beim Schach, seinem Lieblingsspiele.
Sein Angesicht war leichenblaß, er fühlte seinen nahen
Tod. „Sagt mir ohne Scheu," sprach er zu den Aerzten,
„wie lange habe ich noch zu leben?" „Herr," antworteten
sie, „vielleicht wird morgen schon Eure Seele abberufen."
„Auf denn nach Speier," rief der Kaiser, „ich will zu
meinen Vorfahren reiten," und er setzte sich auf sein treues
Roß. Aber er erreichte Speier nicht mehr lebend; schon
unterwegs kündigte der Tod sich an. Man hob den ster=
benden Kaiser vom Pferde und brachte ihn in die nahe
Dorfkirche; auf einen Stuhl gesetzt, betete er mit gefal=
teten Händen. „Ein König muß betend sterben," sprach
er und hauchte seine Seele aus. Das Volk betrauerte in
ihm den Vater des Vaterlandes.

XXXV. Das Heldenzeitalter der Schweizer.

„Wo wohnen die Telle,
Wo die Winkelriede,
Deren Preis so helle
Klingt im alten Liede?"

Mit diesen lieblichen Versen hat der Dichter Fried=
rich Rückert auf jenes Heldenalter der Schweizer,
das vierzehnte Jahrhundert hingewiesen, das mit
goldenen Lettern in den Büchern der Geschichte verzeich=
net ist. Denn da war es, wo jene drei unvergeßlichen
Helden, Walther Fürst aus Uri, Werner von
Stauffacher aus Schwyz, Arnold von Melchthal
aus Unterwalden sich eidlich gegen die Tyrannei ver=
banden (1307). Da war es, wo ein freies Häuflein Her=
zog Leopolds Macht bei Morgarten zertrümmerte und
an demselben Tage den Grafen von Straßberg aus Un=
terwalden trieb (1315). Da war es, wo Rudolf von
Erlach, Hauptmann der Berner, mit 5000 Mann, denen
er vorher sagte, daß in sechs Feldschlachten, in denen er
gefochten, der kleinere Haufe den größern besiegte, — 30,000
Feinde in die Flucht jagte (1339). Da war es, wo 1300
Eidgenossen bei Sempach dem Kern des österreichischen
Heeres trotzten, und Winkelried, dem Tod entgegen=
stürzend, die furchtbare Schlachtreihe des Feindes trennte
und den Siegern die Bahn öffnete (1386). Da war es, wo
eine Handvoll Glarner bei Näfels unter Anführung des
Mathias am Büel in fünf Stunden langem Kam=
pfe den elfmal wiederholten Angriff der Oesterreicher
zurücktrieb und den Sieg erfocht (1388).

Wohl hat die glückliche Lage der Schweiz mitten in
den Gebirgen manchmal zu ihren Siegen beigetragen. Aber
noch weit mehr als örtlichen Schutz verdankten die Schweizer
den Bergen Sitteneinfalt, Muth und Freiheitssinn. Das
vierzehnte Jahrhundert war das reichste an Hel=

ben, weil das sittlichste und reinste in der Geschichte des Schweizerlandes. Es war die Zeit
der Eintracht, der Aufopferung, der Kraft, der Mäßigung,
der Großmuth. Die Eidgenossen kämpften weder für
Reichthum, noch für Eroberungen, sondern für Erlangung und Bewahrung des ersten Gutes in den Augen
eines Volkes — für die Freiheit. Der damalige Schweizer, meistens noch Feldbauer oder Hirte, war einfach und

Arnold von Winkelried.

männlich in seinen Sitten, unerschrocken im Kampfe, redlich im Handel, voll Thatkraft und von Jugend auf ge-
wohnt, in Kopf und Herz die Sache der Freiheit wie die
Religion der Väter hoch zu halten. „Gott und Vaterland!"
war der Wahlspruch der alten Eidgenossen. Dieser edle,
zugleich fromme und nationale Geist gab sich in allen
Handlungen des häuslichen und öffentlichen Lebens kund:
auf dem Schlachtfelde, wo das ganze Heer, bevor es siegte
oder starb, sich auf die Kniee niederwarf; nach dem Siege

durch jene Gedächtnißfeste und Kapellen, deren mehrere
heutzutage noch stehen; zu Hause, wo ein Freiherr von
Hegnau es nicht unter seiner Würde hielt, den Pflug
zu halten und mitten unter seinen Söhnen sein hübsches
Gespann zum Landbau zu führen. Als der Kaiser Albrecht
sich verwunderte, in einem und demselben Manne den
tapfern Ritter und den einfachen Landmann vereint zu
treffen, gab ihm der Freiherr die verständige Antwort:

Nikolaus von der Flüe.

„Mein Herr, ich halte dafür, daß nach dem Waffendienst
der Feldbau die edelste Beschäftigung ist.“

Seit jenen Tagen ist Manches anders geworden.
Schon hundert Jahre später warnte der selige Nikolaus
von der Flüe, der größte Eidgenosse, seine Mitbürger
vor fremden Söldnerdiensten und vor Kleiderpracht, beschwor sie, dem katholischen Glauben der Väter treu zu
bleiben, und beruhigte die aufgeregten Gemüther auf
dem Tage zu Stans (1481), da sie über die Aufnahme
von Freiburg und Solothurn in den Bund der Eidge-

noſſen heftig entzweit waren. Aber bald verſcholl auch
das Wort des Einſiedlers vom Rauſte. Die frühere
Sittenreinheit und tiefe Religioſität verloren ſich mit der
Zeit immer mehr, und mit ihnen ſind auch jene Kraft
und Tapferkeit geſchwunden, die unſere Ahnen zu jenen
heldenmüthigen Kämpfern gemacht, von deren Schlach=
tenruhm die Gefilde Frankreichs, Italiens
und der Schweiz wiederhallten, um deren
Freundſchaft, als der einer europäiſchen Macht,
die größten Fürſten ihrer Zeit warben, deren
Schwert die Wagſchale des europäiſchen Gleich=
gewichtes ſinken oder ſteigen machte.

XXXVI. Die Gottesurtheile und Vehmgerichte.

Das Gerichtsweſen war anfänglich bei den deutſchen
Völkern höchſt einfach. Ihre ganze Geſetzgebung beſchränkte
ſich faſt einzig auf Strafgeſetze; für jedes Vergehen
war die Strafe genau beſtimmt. Mit der Zeit wurden
in den einzelnen Staaten und Provinzen Europa's die
Gewohnheitsrechte aufgeſchrieben. So entſtand in Deutſch=
land um das Jahr 1226 der Sachſenſpiegel und
etwa fünfzig Jahre ſpäter der Schwabenſpiegel. Beide
enthielten Sammlungen von Rechtsgewohnheiten, jener
für Norddeutſchland, dieſer für Süddeutſchland. Beſonders
aber müſſen wir der Gottesurtheile und Vehmgerichte
Erwähnung thun, die bis in's fünfzehnte Jahrhundert
fortdauerten.

Die Gottesurtheile (Ordalien) entſprangen aus
einem friſchen, lebendigen Glauben an die Gerechtigkeit
Gottes, der da die Unſchuld ſchirme, den Frevler beſtrafe,
das Recht und die Wahrheit offenbare. Indem man mit
dem Angeklagten alle möglichen Proben vornahm, ſetzte
man voraus, der gerechte Gott werde dem Unſchuldigen
beiſtehen und ihn durch ein Wunder retten. So galt für
unſchuldig, wer ſeine Hand unverletzt aus einem Keſſel

siedenden Wassers ziehen, wer über glühendes Eisen gehen, wer im Zweikampfe siegen, wer einen geweihten Bissen, ohne zu bersten, verschlingen oder am längsten mit kreuzförmig ausgespannten Armen stehen konnte. Wenn auch der Grundgedanke von der Gerechtigkeit Gottes, auf welchem diese Urtheile beruhten, ganz richtig ist, so konnten dennoch die Ordalien keineswegs die Billigung der Kirche finden, weil Gott nicht jeden Augenblick und auf den Wunsch eines Jeden zur Bekräftigung seiner Gerechtigkeit und zur Offenbarung der Unschuld ein Wunder wirkt. Im Gegentheil, es war das eine vermessene Forderung der Menschen. Daher suchte die Kirche zunächst die Gottesurtheile, die so tief in das Rechtsbewußtsein der Germanen eingewurzelt waren, unter ihre unmittelbare Aufsicht zu stellen. Wer sich einem Urtheile zu unterziehen hatte, wurde schon einige Tage vorher dem Priester zur religiösen Vorbereitung übergeben. Die Probe selbst wurde in der Kirche unter mancherlei Vorsichtsmaßregeln vorgenommen. Nach und nach ging die Kirche immer weiter und sprach offen und wiederholt ihre Mißbilligung über jene Einrichtung aus. Insbesondere waren es die Päpste, welche von Anfang an gegen die Gottesurtheile eiferten. Schon Gregor der Große untersagte die Wasser- und Feuerprobe; Stephan V. nannte die Ordalien „abergläubische Erfindungen"; Honorius III. und Alexander IV. erließen Verordnungen dagegen; der große Papst Innocenz III. verwarf sie mit den Worten Christi: „Du sollst Gott deinen Herrn nicht versuchen." Obwohl ihre Bemühungen von weltlichen Fürsten unterstützt wurden, erhielten sich doch die Gottesurtheile bis in's fünfzehnte Jahrhundert, — ein Beweis, wie tief sie im Glauben des Volkes wurzelten.

Etwas Anderes waren die Vehmgerichte, die im vierzehnten und fünfzehnten Jahrhundert außerordentlich wohlthätig wirkten. Man nennt diese Gerichte auch heim-

liche, Frei= und Stuhlgerichte. Ihr Sitz war West=
falen; darum wurden sie auch westfälische Gerichte genannt.
Der Vorsitzende derselben hieß Freigraf, seine Bei=
sitzer Freischöppen, der Ort der Sitzung Freistuhl.
Der Hauptstuhl war zu Dortmund. Die Freigrafen er=
kannten nur den Kaiser über sich und den Erzbischof von
Cöln, der als Herzog von Westfalen des Kaisers Stell=
vertreter und oberster Stuhlherr war. Die Verbrechen,
über welche die Vehmgerichte Urtheil sprachen, waren Ke=
tzerei, Zauberei, Diebstahl und Mord. Die Anklage geschah
in heimlichem Gerichte, die Vorladung durch einen Brief
mit sieben Siegeln — des Freigrafen und sechs Schöppen.
Dieser Brief wurde von einem Kronboten an das Haus
des Verklagten oder an das nächste Heiligenbild ange=
schlagen. Konnte sich der Angeklagte nicht vertheidigen,
oder erschien er nach mehrmaliger Vorladung nicht, so
verfiel er in die heimliche Acht oder wurde für vervehmt
erklärt, d. h. den Freischöppen preisgegeben. Wer von
diesen ihn fand, knüpfte ihn an einen Baum auf oder
stieß ihn mit dem Messer nieder, ließ aber das Messer
neben dem Gemordeten liegen, zum Beweise, daß derselbe
als Opfer der heiligen Vehme gefallen sei.

Bald erweiterte sich der Wirkungskreis der westfäli=
schen Freigerichte. Als Gewaltthätigkeit fort und fort alle
Verhältnisse in Deutschland verwirrte, wendete man sich
auch aus andern Theilen des Reiches an diese Gerichte.
Die vermehrte und über die Grenze Westfalens hinaus
verbreitete Thätigkeit bewirkte, daß die Freischöppen sich
durch Aufnahme von Männern aus dem übrigen Deutsch=
land verstärkten, während die Gerichte selbst nur in West=
falen, das in ihrer Sprache die „rothe Erde" hieß, ge=
halten wurden. Jeder Schöppe war dem andern Hilfe zu
leisten verpflichtet. Nicht leicht konnte ein Verbrecher seiner
Strafe entrinnen; über kurz oder lang wartete seiner ein
sicherer Tod. Denn wohin er auch fliehen mochte, überall

sah er sich von heimlichen Richtern umgeben, indem die Schöppen durch alle Staaten Deutschlands zerstreut waren. Im fünfzehnten Jahrhundert bestand der über ganz Deutschland ausgebreitete Freischöppenbund aus mehr als 100,000 Mitgliedern, die sich alle an geheimen Zeichen und Losungen erkannten. Zu einer Zeit, wo rohe Willkür herrschte und Keiner sich um Gesetz und Recht bekümmerte, mußten die Vehmgerichte von sehr wohlthätigem Einflusse sein, weil die Gewißheit, daß auf das Verbrechen unfehlbar die Strafe erfolge, Alle in Schrecken hielt, und so unzählige Verbrechen verhütet wurden.

Allein die ganze Einrichtung dieser Gerichte, so wohlthätige Folgen sie auch anfangs haben mochten, führte nothwendig mit der Zeit zu Mißbräuchen; denn es war der Willkür der Richter zu große Gewalt eingeräumt. Auch wurden später häufig die unwürdigsten und schändlichsten Personen unter die Freischöppen aufgenommen. Daher erhoben sich von allen Seiten Klagen über den argen Mißbrauch der Gerichte. Vergebens bemühten sich mehrere Kaiser, dieselben abzustellen. Erst Maximilian I. gelang es, durch die Einführung des ewigen Landfriedens dem Vehmgerichte ein Ende zu machen. Nach diesem Reichslandfrieden war jede Selbsthilfe bei Strafe von 2000 Mark verboten. Das eingesetzte Reichskammergericht, das zuerst seinen Sitz in Frankfurt hatte, bestand aus je sechs Beisitzern aus jedem Reichskreise. An diese Gerichtsbehörde mußte sich fortan mit seiner Klage Jeder wenden, der Recht suchte.

Wie wir die Mißgriffe keineswegs rechtfertigen, in welche die Vehmgerichte im fünfzehnten Jahrhundert ausarteten, so können wir auch jene Schauergeschichten nicht gutheißen, die heute noch über die Vehmgerichte verbreitet werden. Nach diesen Schilderungen sollen sich die Vehmrichter in tiefer Mitternacht an unzugänglichen Orten, in schauerlichen Wäldern oder tiefen Gewölben vermummt zusammengefunden, die Schlachtopfer gerichtet, gefoltert, eingekerkert und ganz Deutschland mit Schrecken erfüllt haben. Allerdings waren die Schöppen über ganz Deutsch= land verbreitet und hielten über das gesammte deutsche Reich mit weit mehr Gewalt und Ansehen Gericht, als selbst Kaiser und Reich. Aber nie richteten sie, außer auf eine erhobene Anklage hin. Nie folterten sie, sondern sie richteten nach altgermanischer Weise auf freier Männer Eid oder auf freies Geständniß. Nie ließen sie Gefangene in Haft schmachten; denn erschien der Geladene, so wurde er noch an demselben Tage gerichtet, und er ging entweder unschuldig erfunden frei wieder weg, oder hing als Ver= urtheilter noch an demselben Tage an einem Baume. Nie gebrauchten sie eine andere Strafe als den Strang. Nie richteten sie in Gewölben, in Höhlen, bei Nacht, sondern unter Gottes freiem Himmel, am hellen Tage, an den allbekannten germanischen Malstätten.

Wem es eben um geschichtliche Wahrheit zu thun ist, der hat dieselbe nicht bei Dichtern und Romanschrei= bern zu suchen, sondern in den zuverlässigen, unpartei= ischen Büchern der Geschichte. Es gibt nichts so Gutes, das nicht entstellt werden könnte. Unzählige Personen und Ereignisse, die durch eine falsche Geschichtschreibung lange Zeit im ungünstigsten Lichte vor der Welt dagestanden, hat erst eine spätere vorurtheilsfreie Geschichtsforschung wieder in ihr wahres Licht gestellt.

XXXVII. Die Feste des Mittelalters.

Das phantasiereiche, lebensfrohe Mittelalter entfaltete in seinen Festen eine Pracht, von der unsere Zeit kaum einen Begriff hat. Besonders mit den Hochzeiten waren außerordentliche Feierlichkeiten verbunden. Erzählt uns doch das Nibelungenlied gleich im Anfang, daß in alten Mären Wunders viel gesagt sei von freudigen Hoch=

zeiten, wie denn auch im Liede selbst mehr als eine glänzende Festfeier geschildert wird.

Weltberühmt und viel besungen ist die Hochzeit, die
im November 1475 der reiche Herzog Ludwig von
Landshut seinem einzigen Sohne Georg daselbst veranstaltete, da dieser die achtzehnjährige Hedwig, die
Tochter des Polenkönigs Kasimir III., heimführte. Kaiser
Friedrich III. und sein Sohn, mit vielen andern fürstlichen Personen, Grafen, Aebten und Bischöfen waren zum
Feste erschienen; die Anzahl der fremden Pferde vor und
in der Stadt betrug neuntausend. Bei der Tafel wurde
eine Riesenpastete aufgetragen, in der singende Knaben
saßen.

Am 15. November gab der Erzbischof von Salzburg
das fürstliche Paar in der Martinskirche zusammen. Der
erst zwanzig Jahre zählende Bräutigam trug eine Schaube
von Silberstoff; um seinen Hut war eine Schnur von
Edelsteinen und Perlen geschlungen, deren Werth Kun-
dige auf 100,000 Gulden schätzten. Die Braut, von dem
Kaiser und dem Pfalzgraf Otto geführt, war in einen
auf polnische Art geschnittenen, reich mit Perlen gestick-
ten, rothen Atlasrock mit langen und weiten Aermeln
gekleidet, das Haar in einen einzigen, hinten herab-
hängenden Zopf geschlungen, mit Perlen durchflochten und
mit einer Perlenkrone bedeckt. Elfhundert Trompeter und
Zinkenisten begleiteten den Zug; hundert musizirten in
der Kirche. Vierzig Edelleute in des Bräutigams Farben,
halb granatbraun, halb perlgrau, schritten mit Wind-
lichtern der Braut voran, und tausend rothgekleidete
Trabanten des Herzogs nebst den Zünften in ihrem Waf-
fenschmuck bildeten Spalier.

Die durch Handel reich gewordenen Bürger der Städte
ahmten die Ritter in diesem verschwenderischen Luxus
getreulich nach. So berichtet Hans von Schweinichen (allerdings aus der nachmittelalterlichen Zeit) von einem

Gastmahl, das 1575 Max Fugger von Augsburg seinem fürstlichen Herrn gab: „Ein dergleichen Banket ist mir nicht bald vorgekommen, daß auch der römische Kaiser nicht besser hätte tractiren mögen, und war dabei überschwengliche Pracht. Es war in einem Saale das Mahl zugerichtet. Da war mehr von Gold als von Farben gesehen worden. Der Boden war von Marmelstein und so glatt, als wenn man auf Eis ginge. Es war ein Kreuztisch aufgeschlagen durch den ganzen Saal; der war mit lauter Krebenzen besetzt und merklich schönen venedischen Gläsern, welches, wie man sagt, weit über eine Tonne Goldes werth sein sollte."

„Hundert Kronleuchter," so beschreibt Wolfram von Eschenbach im „Parcival" einen Festsaal,

> „Hundert Kronleuchter hingen
> Im Saal, zu dem sie jetzo gingen,
> Besteckt mit Kerzen. Ihren Strahl
> Auch senden rings von den Wänden
> Kleine Lichter sonder Zahl.
> Hundert Polsterbetten spenden
> Ruhesitz, und hundert Kissen
> Liegen drauf, daß auf jedwedem
> Vier Ritter Platz sich nehmen müssen.
> Ein runder Teppich liegt vor jedem.
> Es konnte das beschaffen schon
> Von König Frimutel der Sohn.
> Auch sind im Saale nicht vergessen
> Kamine drei mit ihren Essen,
> Ganz aus Marmor aufgemauert,
> Für die das Geld sie nicht gedauert,
> Worin ein Feuer von Holze brannte,
> Das lignum aloë man nannte.
> Es war ein überkostbar Werk!"

Fürsten und Städte wetteiferten in der Pracht der Feste, und so kam es, daß nicht selten der Prunk in maßlose Verschwendung ausartete.

Zu den reichlichen Mahlzeiten gesellten sich **fröhliche**

Spiele. Als solche werden von den Zeitgenossen gewöhnlich Tanzen, Fechten, Ringelrennen, Mummerei und Feuerwerk bezeichnet. Insbesondere waren die Mummereien außerordentlich beliebt, und es wurde viel Geld auf dieselben verwendet. Es waren aber gewöhnlich nicht sinnlose Maskenaufzüge, sondern mit Scharfsinn erfundene und mit Sorgfalt durchgeführte allegorische Darstellungen, welche eine nähere Beziehung auf die Festfeier hatten.

Sogar mit den kirchlichen Festen waren oft solche Mummereien verbunden. In Italien und Südfrankreich wurde kein Patrocinium, in Deutschland keine Kirchweihe ohne Maskenaufzüge und dramatische Darstellungen gefeiert. Zu Ehren der Flucht nach Aegypten hielt man jedes Jahr ein sogenanntes Eselsfest. Eine Frau mit einem Kinde auf dem Arme wurde auf einem reich geschmückten Esel in langer, feierlicher Prozession zur Kirche geführt. War der Zug vor dem Altare angekommen, so begann die hl. Messe, bei welcher Chorgesänge mit einem Eselsschrei endigten, und auch an die Stelle des Ite missa est trat ein dreimaliges Eselsgeschrei, wobei das Volk gleicherweise antwortete. Dies Alles geschah nicht etwa zur Verhöhnung des Heiligen, sondern um dem Gegenstand der kirchlichen Festfeier einen recht lebendigen und bezeichnenden Ausdruck zu geben. Auch mit der Fronleichnamsprozession waren immer Festspiele verbunden, zu denen Tausende von Zuschauern herbeieilten. Diese sinnbildlichen Aufzüge gaben auch wohl die Veranlassung zu den geistlichen Festspielen des spanischen Dichters Calderon, die zu den erhabensten Schöpfungen christlicher Dichtung zählen.

Das Mittelalter, erfüllt von lebendigem Glauben und begeisterter Liebe zu der Religion, suchte Alles in anschaulichen Bildern gleichsam zu verkörpern und durch sichtbare Darstellungen den Sinnen nahe zu bringen.

Wenn wir heute noch in frommen Familien am Weih=
nachtstage eine Krippe finden, an der die Kinder nicht
genug verweilen können, wenn die Kirche überhaupt
durch die glanzvolle Entfaltung ihrer reichen und sinn=
vollen Ceremonien das Uebersinnliche und Göttliche dem
an die Sinne gebundenen Menschen nahe zu bringen sucht,
so wollte das phantasiereiche Mittelalter eben alle religi=
ösen Wahrheiten durch äußere Darstellungen veranschau=
lichen und seinen christlichen Sinn daran beleben. Selbst
die allzureichlichen Festessen sollten nur an die ewigen
Festfreuden erinnern, die unser im Himmel warten, wie
der Dichter des „hl. Gral" so schön singt:

„Wohl Mancher spricht:
'S ist beispiellos! — Jedoch er bricht
Sich selbst den Stab; denn Segen spendend,
Auch süße Weltlust reich verschwendend,
Das ist der Gral, und darin gleich,
Was man erzählt vom Himmelreich."

XXXVIII. König Ludwig der Heilige.

Ludwig IX., König von Frankreich, war einer der
biedersten und gottesfürchtigsten Männer, die je das
Szepter geführt haben. Seine fromme Mutter Blanca
verwendete alle Sorgfalt auf die Erziehung ihres Soh=
nes. Besonders flößte sie ihm einen tiefen Abscheu vor
jeder Sünde ein und wiederholte oft in seiner Gegen=
wart die Worte: „Lieber wollte ich dich todt in meinen
Armen sehen, als daß du eine einzige Todsünde begin=
gest." Ludwig dankte der Mutter für ihre Sorge bis zu
ihrem Tode durch kindliche Liebe und unbedingtes Ver=
trauen.

Die Frömmigkeit war der Haupt= und
Grundzug seines Charakters. Selten geschah es,
daß er nicht täglich wenigstens zwei hl. Messen hörte,
oft hörte er drei und vier; täglich wohnte er einer
Todtenmesse bei, sprach die kirchlichen Tagzeiten und

stand zu diesem Zwecke sogar dreimal während der Nacht auf. An jedem Freitag schloß er sich mit seinem Beicht= vater ein, beichtete und empfing von ihm die Geißelung mit kleinen, eisernen Ketten, welche er beständig in einer Büchse am Gürtel trug. Die tiefste Verehrung bewies Lud= wig den Reliquien; er verwandte große Geldsummen zum Ankaufe derselben und äußerte einst selbst: „Lieber wollte ich die beste Stadt meines Reiches von der Erde ver= schlungen sehen, als einen der Nägel verlieren, mit wel= chen Christus an das Kreuz geheftet worden ist." Mit der tiefsten Ehrerbietung gegen die Geistlichkeit verband er das innigste Vertrauen zu ihr, besonders in Glau= benssachen, so daß er nicht die mindeste Abweichung von der durch sie vorgetragenen kirchlichen Lehre duldete. Er unterhielt sich sehr gerne mit verständigen und gelehrten Männern über göttliche und heilige Dinge, las in Muße= stunden in den Schriften des hl. Augustin, Hierony= mus und anderer Kirchenväter und war auch, besonders wenn er fremde und angesehene Männer am Hofe be= wirthete, einer heitern Geselligkeit nicht abgeneigt.

Sein Hofstaat war reich und glänzend, wie es sich für einen König ziemte; aber in seiner Kleidung war er stets einfach und sehr mäßig im Essen. Wein trank er nur mit Wasser vermischt, und indem er sich in allen Dingen eine Entbehrung aufzuerlegen pflegte, befahl er oft die Speisen, welche er am liebsten genoß, ganz den Armen zu geben. Unerschöpflich war seine Mildthätigkeit gegen dieselben; täglich ließ er in seiner Wohnung mehr als hundert und zwanzig Armen Brod, Fleisch und Wein reichen; zur Fasten= und Adventszeit war ihre Zahl noch größer, und oft bediente er sie selbst.

In der Regierung seines Reiches bezweckte Ludwig vor allem die Begründung und Befestigung eines ruhigen, geordneten Zustandes, die Wohlfahrt seiner Unterthanen und die Erfüllung einer strengen Gerechtigkeit, welcher er nie anstand, auch den eigenen Vortheil aufzuopfern. Daher zeigte er stets die größte Sorgfalt in der Wahl seiner Beamten; nur Zuverlässigkeit, ein unbescholtener Ruf und Unbestechlichkeit bestimmten ihn dabei. Wenige urtheilten, selbst über die schwierigsten Angelegenheiten, so treffend und scharf wie der König; wenn es rascher Maßregeln bedurfte, so fehlte es ihm auch nicht an Selbständigkeit und Entschlossenheit, sich zu entscheiden. Ungeachtet seiner Milde trug er keine Nachsicht gegen Beamte, welche ihre Pflicht verletzten oder sich saumselig zeigten, dem Beeinträchtigten sein Recht zu verschaffen.

Wie der große König gelebt hatte, so starb er auch. Schon im Jahre 1248 hatte er in Folge eines Gelübdes einen Kreuzzug gegen den Sultan von Aegypten unternommen, in dessen Händen sich damals Palästina befand. Er eroberte Damiette und erfocht zwei herrliche Siege über den Sultan. Allein bald zwangen Krankheiten und Hungersnoth das Heer zum Rückzug, auf welchem es von den nachstürmenden Sarazenen fast gänzlich aufgerieben wurde. Ludwig hatte jedoch keine Ruhe; er glaubte sein Gelübde noch nicht gelöst zu haben und unternahm einen zweiten Kreuzzug. Aber bei der Belagerung von Tunis brach eine ansteckende Krankheit aus, die den König selbst, sowie einen großen Theil seines Heeres hinraffte. Als er den Tod nahe fühlte, ließ er sich in ein mit Asche bestreutes Bett bringen, legte seine linke Hand auf die Brust und hauchte, das Auge gen Himmel gerichtet, seine Seele in der nämlichen Stunde aus, in welcher der göttliche Heiland am Kreuze gestorben war. Seinem Sohne Philipp aber gab er unmittelbar vor dem Sterben eine rührende Ermahnung: „Lieber Sohn, die erste Sache, zu der ich dich ermahne, ist, daß du dein Herz gewöhnest, Gott zu lieben; denn ohne dies kann Niemand selig werden. Hüte dich, etwas zu thun, so Gott mißfällt, d. h. eine Todsünde, sondern lieber mögest du alle Art Beschim-

Tod des hl. Ludwig.

pfung und Qual erdulden, denn Todsünde thun. Wenn
Gott dir Widerwärtigkeiten zuschicket, nimm's in Geduld
an, danke unserm Herrn und denke, du habest sol=
ches verdient und es werde dir völlig zum Frommen
gereichen. Beichte oft und erwähle dir zum Beichtvater
einen Biedermann, der dich zu belehren wisse, was du
thun und was du unterlassen sollst. Wohne andächtig
dem Dienste der Kirche bei, so mit dem Herzen wie mit dem
Munde. Sanft sei dein Herz und mitleidig gegen Arme und
Schwache und Gebrechliche; gewähre ihnen Trost und Bei=
stand nach Vermögen. Ueberdies sollst du dich bemühen,
die guten Städte deines Königreiches bei den Gebräu=
chen und Freiheiten zu schützen, worin deine Vorfahren
sie erhalten haben, und so irgend ein Ding zu verbes=
sern ist, so richte es anders und besser ein!"

XXXIX. Die Jungfrau von Orleans.

Die Eifersucht, welche schon während der ganzen
Regierung der Capetinger zwischen Frankreich und Eng=
land geherrscht hatte, gewann bei der Thronbesteigung
der Valois neue Nahrung. Bisher hatten sich diese bei=
den Nationen nur um das Recht und den Besitz einzel=
ner Provinzen gestritten; jetzt galt der Streit dem Throne
von Frankreich selbst. Eduard III., der damalige König
von England, war von mütterlicher Seite ein Enkel
Philipp des Schönen, und behauptete als solcher
nähere Ansprüche auf den französischen Thron zu haben
als Philipp VI. Aus diesen gegenseitigen Ansprüchen der
beiden Thronbewerber entspann sich zwischen den Fran=
zosen und Engländern ein höchst blutiger Krieg, der
mit geringen Unterbrechungen ein ganzes Jahrhundert
hindurch fortwährte und mit der völligen Vertreibung
der Engländer aus Frankreich endete.

In diesem Kriege zeichnete sich besonders ein franzö=
sisches Mädchen, Johanna von Arc, aus. Geboren

Die Krönung König Karl VII. in Rheims.

im Jahre 1412 im Dorfe Domremy, nahe der Grenze von Lothringen, wurde Johanna von ihren braven Eltern, die sich kümmerlich vom Landbau ernährten, in Frömmigkeit und guter Sitte erzogen. Als Kind half sie schon ihrem Vater und ihren Brüdern bei der Feldarbeit, trieb das Vieh ihres Vaters, oder wenn die Reihe sie traf, die Heerde des Dorfes auf die Weide, und ging ihrer Mutter bei der Besorgung häuslicher Geschäfte an die Hand. Ihre Güte und Bescheidenheit, ihre Arbeitsamkeit und Gottesfurcht, ihre Wohlthätigkeit und Bereitwilligkeit Kranke zu pflegen, verschafften ihr die Liebe aller Dorfbewohner. Nur ihre Frömmigkeit zog ihr bisweilen den Spott ihrer Altersgenossen zu, für deren Vergnügungen sie keinen Sinn hatte. Oft besuchte sie die Kirche und beichtete fleißig; bisweilen fand man sie auch allein in der Kirche knieend, mit gefalteten Händen und ihre Augen unverwandt auf das Bild des Erlösers und der allerseligsten Jungfrau Maria gerichtet. Jeden Sonnabend besuchte sie, gewöhnlich von ihrer Schwester begleitet, eine nahe Kapelle der hl. Jungfrau, zündete Lichter an und betete.

Unter diesen stillen Beschäftigungen war jedoch dem Mädchen das Unglück ihres Vaterlandes und des Königs keineswegs fremd geblieben. Aufmerksam hatte sie immer die Erzählungen der Reisenden von dem Uebermuthe der Engländer, von der Bedrückung Frankreichs und von dem ihrem rechtmäßigen Könige Karl zugefügten Unrechte mit angehört. Alles dieses regte mächtig ihr ohnehin feuriges Gemüth auf. Nirgends fand sie Ruhe mehr. Tag und Nacht beschäftigte sie das Schicksal ihres Vaterlandes. Endlich glaubte sie, noch sei das Vaterland durch eines Weibes Arm zu retten. Sie bat und flehte inbrünstig zu Gott und glaubte im Traume Gott selbst und die Schutzheiligen des Landes zu sehen, die sie zu dem glorreichen Unternehmen aufmunterten.

Voll Begeisterung für ihren neuen Beruf wandte sich Johanna an Baudricourt, den Befehlshaber der benachbarten Stadt Vaucouleurs, und ward von ihm nach Chinon, unweit Orleans, der Residenz Karl's gesendet. Ohne irgendwelche Furcht trat sie hier vor den König und sprach in prophetischem Tone zu ihm: „Wohledler Dauphin, ich bin Johanna, die Magd. Mir ist vom Himmel der Auftrag geworden, Euere Feinde von Orleans zu vertreiben und Euch nach Rheims zu führen. Dort werdet Ihr, nehmt Ihr meine Dienste an, die Krone von Frankreich empfangen, die Euch gebührt." Obwohl die Jungfrau nie vorher den König gesehen hatte, so soll sie ihn doch auf der Stelle aus den anwesenden Hofleuten herausgefunden und ihm Geheimnisse entdeckt haben, die auf natürliche Weise kein Mensch außer ihm wissen konnte. Auch soll sie ein in der St. Katharinenkirche zu Fierbois befindliches Schwert, welches seit vielen Jahren ganz in Vergessenheit gerathen war, genau beschrieben und dasselbe begehrt haben. Solche und ähnliche Gerüchte verbreiteten sich unter das Volk. Alle brannten vor Begierde, das Wundermädchen zu sehen, welches Gott sich zur Rettung Frankreichs auserkoren habe. Da erschien Johanna zur Linken des Königs auf einem prachtvollen Streitrosse, im Angesichte einer ungeheuern Volksmenge, von der sie mit lautem Zurufe begrüßt wurde. Sie trug in der Hand ein Banner, auf dem man den Allmächtigen, von unzähligen Lilien umgeben, in Gestalt eines ehrwürdigen Greises, mit der Weltkugel in der Hand, erblickte. Den Zuschauern erschien sie als ein überirdisches Wesen. Alle wurden begeistert, Alle hielten sich für unbesiegbar unter der Fahne der Jungfrau und griffen freudig zu den Waffen.

An der Spitze des Heeres eilte die Jungfrau, in der einen Hand das Schwert, in der andern die Fahne, gen Orleans, um der hart bedrängten Stadt Lebensmittel und Mannschaften zuzuführen. Zuvor jedoch führte sie strenge Zucht und Ordnung beim Heere ein, ließ Alle beichten und erfüllte sie mit hohem Vertrauen zu Dem, der sie gesandt hatte. Der Sieg war bei der Fahne der Jungfrau. Glücklich gelangte sie in die Stadt und ward mit Jubel empfangen.

Unter der Anführung des Heldenmädchens, das nunmehr die Jungfrau von Orleans hieß, machten die Franzosen bald mehrere glückliche Ausfälle, griffen die festen Posten der Feinde an und nahmen ihnen eine Schanze nach der andern weg. Mit jedem Siege hob sich der Muth des französischen Heeres, während ein Grauen wie vor Geisterspuk sich vor dem räthselhaften Wesen im englischen Lager verbreitete und den Begriffen jener Zeit gemäß alle Kräfte der Krieger lähmte. Bei dem Erscheinen des Mädchens öffneten die Städte ihre Thore, die Festungen thaten sich vor ihm auf; vor der gottbegeisterten Heldenjungfrau flohen die Sieger von Cressy, Poitiers und Azincourt, die gefürchteten Bogenschützen von England; Johanna führte das siegreiche Heer der Franzosen bis nach Rheims, wo ihrem prophetischen Worte gemäß die Krönung des Königs vollzogen werden konnte.

Nach der Krönung bat Johanna den König, sie nach Hause zu entlassen, da nun ihre Sendung erfüllt sei. Der König aber drang in die Jungfrau, das Heer noch nicht zu verlassen. Sie gehorchte. Allein der frühere Heldengeist war von ihr gewichen. Zwar verrichtete sie noch manche bewunderungswürdige That; jedoch im Januar 1430 wurde sie bei einem Ausfalle aus der Stadt Compiegne von den belagernden Burgundern gefangen genommen und gegen ein hohes Lösegeld an die Engländer ausgeliefert. Diese, hoch erfreut über den herrlichen Fang, schleppten die unglückliche Jungfrau mit sich fort nach Rouen an der Seine und warfen sie dort in einen tiefen Kerker. Mit Muth und Ergebung ertrug sie ein ganzes Jahr alle

Leiden ihrer Gefangenschaft. Dann wurde sie als eine Zauberin, die mit den Geistern der Hölle im geheimen Bunde gestanden habe, dem Gerichte übergeben. Unerschrocken beantwortete sie alle ihr vorgelegten Fragen und versicherte, sie habe Alles auf göttlichen Befehl gethan. Darüber wurden die Richter höchst erzürnt; sie erklärten ihre Aussage für eine gotteslästerliche Lüge und verurtheilten sie als Zauberin zum Feuertode.

Am 30. Mai 1431 wurde das grausame Urtheil auf öffentlichem Markte zu Rouen an Johanna vollzogen. Mit ungewöhnlicher Fassung bestieg sie, kaum 19 Jahre alt, von einem Geistlichen begleitet, den Scheiterhaufen. Langsam ward sie zu Asche verbrannt, und diese in die Seine geworfen, damit auch keine Spur von ihr zurückbleibe.

Alle Richter der Jungfrau starben eines elenden Todes; sie selbst ward 25 Jahre nach ihrer Hinrichtung feierlich für unschuldig erklärt. An der Stelle, wo sie starb, erhebt sich ein Kreuz; auf den Märkten zu Rouen und Orleans stehen Bildsäulen zu ihrer Ehre. Ewig wird die Jungfrau im Tempel der Geschichte glänzen als Heldin, als begeisterte Patriotin, als z w e i t e S t i f t e r i n d e s R e i c h e s d e r L i l i e n. Ihre Geschichte ist groß, kühn und thatenreich wie die des muthigsten Ritters, zart, lieblich und rührend wie die einer gottgeweihten Jungfrau; ihr ganzes Leben ist von dem lebendigen Athem Gottes durchweht, dessen Wunder allenthalben daraus hervorscheinen, wie die lichten Sterne am stillen nächtlichen Himmel.

XL. Alfred der Große.

Einzig erhalten aus einer Reihe von Brüdern, welche der Tod hinweggerafft, um dem Auserkornen den Weg zum Throne zu bereiten, mit fünf Jahren schon von päpstlicher Hand zum Könige gesalbt, wurde A l f r e d als

ein Jüngling von zwanzig Jahren im Dome von Win=
chester gekrönt.

Als Alfred die Regierung antrat, wagten die Dänen
kühnere Einfälle in England als jemals. Er schlug sie
achtmal in einem Jahre, aber immer wurden dieselben
durch neue Ankömmlinge verstärkt. Da mußte er sich
flüchten. Er verkleidete sich als Landmann und suchte Ob=
dach in dem Hause eines Schafhirten, dessen Hausfrau,
den königlichen Gast nicht kennend, ihm die Obsorge der
Kuchen anvertraute und ihn tüchtig ausschalt, da er die=
selben verbrennen ließ. Wohl ein Jahr blieb den Dänen
Alfred's Aufenthalt unbekannt. Mittlerweile erlitten sie
von einem englischen Grafen eine bedeutende Niederlage.
Der König vernahm es und schöpfte wieder neuen Muth.
Doch ehe er Etwas unternehmen wollte, beschloß er, das
feindliche Lager sorgfältig auszukundschaften. Als Harfner
verkleidet schlich er sich in die dänischen Zelte, sang den
Kriegern alte Bardenlieder vor, belauschte ihre Gespräche
und vernahm zu seiner größten Freude, daß ihr Muth
durch die erlittene Niederlage ganz gebrochen war. Er eilte
zu den Seinigen zurück, die über· sein plötzliches Wieder=
erscheinen in ihrer Mitte nicht wenig erstaunten, ordnete
ihre Reihen, fiel unerwartet über die Dänen her und be=
siegte dieselben vollständig. Da sie bereit waren, das
Christenthum anzunehmen, schenkte er ihnen Wohnsitze in
seinem Lande.

Nachdem Alfred noch die Normannen überwunden
und ebenfalls seinem Reiche einverleibt und für die Re=
ligion des Kreuzes gewonnen hatte, bemühte er sich, Eng=
land durch die Künste des Friedens glücklich zu machen.
Er theilte das Land in Grafschaften und jede Grafschaft
in Hundertschaften und die Hundertschaften wieder in
Zehntschaften. Zehn bei einander liegende Häuser machten
eine Zehntschaft aus, und ihre Bewohner waren sich unter
einander und alle zusammen dem Gesetze verantwortlich

Der königliche Flüchtling Alfred in der Bauernhütte.

für alles Unrecht, das bei ihnen vorfiel. Sie urtheilten auch unter einander über kleinere Dinge; wichtigere wurden vor das Gericht der Hundertschaft gebracht. Von dem Gerichte der Hundertschaft ging man weiter an das Gericht der Grafschaft und von diesem an den König. Bald kamen nur höchst selten mehr Verbrechen vor. Wer seine Börse am Abend verloren, der durfte sich ruhig schlafen legen; denn am andern Tage erhielt er dieselbe ganz gewiß wieder zurück. Goldene Armbänder, an Landstraßen aufgehängt, rührte Niemand an. Die von den Dänen zerstörten Klöster wurden wieder aufgebaut, Schulen errichtet, Gelehrte und Künstler herbeigerufen.

Alfred war auch der Begründer der Universität Oxford. Ja, er widmete sich sogar selbst den Wissenschaften, dichtete Volkslieder und übersetzte die berühmte Schrift des Boethius von „dem Troste der Philosophie“, die Weltgeschichte des Orosius, die Kirchengeschichte Englands von Beda Venerabilis aus dem Lateinischen in's Englische. Er hatte die vierundzwanzig Stunden des Tages in drei gleiche Theile getheilt: acht Stunden weihte er den Regierungsgeschäften, acht den Uebungen der Wissenschaft und der Andacht, die letzten acht Stunden der Pflege des Körpers, dem Essen, dem Schlafe und sonstigen nothwendigen Erholungen. ` Alfred hat seiner Nation einen Anstoß zur Bildung gegeben, der noch lange mächtig nachwirkte. Mit ihm beginnt eine neue Periode der angelsächsischen Literatur, die sich rasch entwickelte und ausdehnte.

König Alfred war ein Spiegel der Könige für alle Zeiten, als Held zugleich und als Regent, als Mann des Schwertes, der Kirche, der Wissenschaft. Er selbst war seinem Volke in Gesinnung und Lebensweise das schönste Vorbild; die Schule des Unglücks, die beste Lehrerin des Lebens, hatte, wie er selbst in seinen Schriften es ausspricht, sein Herz entwickelt und seinem Geiste Men-

schenkenntniß verschafft, so daß ihm fast allein unter sei=
nen Zeitgenossen verliehen ward, zugleich fromm, klug
und tapfer zu sein. Seine ganze Kraft war dem Wohle
seiner Nation und den höheren Interessen seines Landes
gewidmet. Mit unermüdlicher Thätigkeit arbeitete er bis
zu seinem Tode, obgleich er von Jugend auf mit wan=
kender Gesundheit zu kämpfen hatte. Er gab seinen Leuten
sogar persönliche Unterweisung in den Handwerken und
Künsten, verfertigte die Pläne für seine Bauten und
dachte sich die Bauart der Schiffe aus, vermittelst deren
man die Dänen zur See am erfolgreichsten bekämpfen
könne. „In Alfred,“ sagt Graf Stolberg, „war jede Größe,
jede Tugend, jede Liebenswürdigkeit in einem Grade
vereint, wie sie vielleicht nicht jedes Jahrtausend in einem
Manne vereiniget gesehen hat.“ Hat der große König
doch sogar dem höhnischen Weltweisen Voltaire Bewun=
derung abgetrotzt! „Ich weiß nicht,“ sagt dieser, „ob je
ein Mensch auf Erden gewesen, der die Ehrfurcht der
Nachwelt mehr verdient hätte, als Alfred der Große.“

XLI. Die Heldenkämpfe Spaniens für die katholische Religion.

Jene große Halbinsel im südwestlichen Theile Euro=
pa's, die von den Pyrenäen bis an das atlantische Meer
sich hinzieht und jetzt die beiden Königreiche Spanien
und Portugal umfaßt, war um das Jahr 711 von den
Arabern, dort Mauren genannt, unterjocht worden.
Nur in den nördlichen Provinzen behaupteten sich die
Westgothen (Christen) noch und begannen von hier aus
den Befreiungskrieg, welcher nahezu acht Jahrhunderte
lang (bis 1492) ununterbrochen fortdauerte und mit der
völligen Vertreibung der Araber endigte. Das war ein
Riesenkampf, wie ihn die Welt sonst nie gesehen. Ueber
dreitausend Gefechte wurden geliefert. Wo aber müssen
wir den Grund suchen, der eine solche Begeisterung, eine

solche Standhaftigkeit hervorrief? Einzig und allein in
der Religion. Die Spanier sochten für ihren Glau=
ben, für das Kreuz, das durch den Halbmond verdrängt
worden war.

Die Sarazenen machen einen Einfall auf die Halb=
insel; die Ufer des Guadalete sehen die Blüthe der spani=
schen Krieger zu Grunde gehen; der Herrscher selbst entgeht
nicht diesem Mißgeschick. Mit ihm scheint die spanische
Monarchie zu Grabe getragen. Nichts kann dem Tri=
umphzug Muza's Widerstand leisten. Nichts kann die
christlichen Bevölkerungen gegen die Wogen dieses neuen
Einfalles schützen. Alles ist verloren; es bleibt nur mehr
übrig, demüthig das Haupt unter das Schwert der Kinder
Muhamed's zu beugen. Wer könnte es sich einfallen lassen,
die unter dem Eisen der Muselmänner niedergedrückten Völ=
ker zu befreien, die christliche Herrschaft wieder herzustellen,
die zerstreuten Trümmer einer aufgelösten Nation wieder
zu vereinigen, die Eroberer zu vertreiben, das Banner
der Christen auf allen Punkten der Halbinsel zu verbrei=
ten? Ein solcher Gedanke, ein solches Unternehmen konnte
nur durch die Religion eingegeben werden. Nur der leben=
digste Glaube, nur das unerschütterlichste Vertrauen auf
Gott konnte die Helden Cavadonga's aufrecht halten, als
sie von den Höhen ihrer Berge einen Blick auf das heißge=
liebte Spanien warfen, das damals von zahllosen Feinden
und mächtigen Eroberern besetzt war; nur die wärmste Begei=
sterung für die Religion vermochte jene Handvoll Solda=
ten zu ermuthigen, sich in einen so ungleichen Kampf
einzulassen.

Eine plötzliche Begeisterung, ein augenblicklicher Auf=
schwung kann allerdings aus mehreren andern Ursachen
entspringen. Aber eine Begeisterung, die sich auf die
Dauer von acht Jahrhunderten erstreckt, dieser gemein=
same Vorrath von Opferwilligkeit, der von Geschlecht auf
Geschlecht übergeht, konnte nur aus einem tief religiösen

Herzen hervorgehen. Ein Volk, welches einzig die Inte=
ressen der Erde als Beweggrund kennt, welches einzig auf
menschlichen Beistand rechnet, kann sich nicht zu dieser
Höhe des Heldenthums erheben. Das ist nur Nationen
gegeben, welche ihre Hoffnung auf den Beistand des
Himmels setzen, welche sich weder der Zahl noch der Ta=
pferkeit der Kämpfer ausschließlich anvertrauen, und welche
ihren ganzen Glauben und ihre ganze Erhebung in fol=
gendem einfachen und erhabenen Wahlspruch: „Heili=
ger Jakob und Spanien", zusammenfassen. Der
Gedanke an die Religion, — das ist der große und allge=
meine Gedanke, welcher die ganze Nation aufrichtet und
sie gegen die Mauren treibt. Unter dieser Eingebung füh=
ren die Könige den Krieg, zeigen sich die Großen als
Helden, stürzt das Volk in den Tod. Man trotzt allen
Gefahren, um die verhaßte Fahne zu bekämpfen, deren
Anwesenheit auf der Insel schon eine Beschimpfung für
die Christen ist. Trennet den Priester von dem Krieger,
und ihr werdet sehen, wie der Arm des letzteren ermattet
und erschlafft; entfernt die Bischöfe aus dem Rathe der
Könige; sehet in der Eroberung einer Stadt nicht mehr
die Reinigung eines durch den Irrthum entheiligten Tem=
pels, die Wiederherstellung einer alten Hauptkirche, die
Wiedereinsetzung der Religion, und ihr werdet Könige,
welche in der Wonne des Friedens einschlafen, aber
nicht Krieger und Helden haben. Wenn das Volk, das
von den Höhen Asturiens herabsteigt und bis zu dem
Gestade des mittelländischen Meeres von Sieg zu Sieg
eilt, einen Augenblick nicht mehr unter dem Einfluß der
Religion steht, so vergeht und verschwindet dieses Volk
wie ein nichtiges Phantom; denn es hat kein Leben mehr,
es hat keine Seele mehr, sein Bestehen ist ein unbegreif=
liches Geheimniß.

Wir kennen keine Thatsache in der Geschichte, die der
eben erwähnten gleichkommt; und Nichts zeigt uns deut=

licher den unermeßlichen Einfluß der Religion als die ruhmwürdige Geschichte dieses Heldenvolkes. Der Soldat ist eben niemals tapferer, als wenn er ein guter Christ ist. Beinahe alle spanischen Soldaten waren Helden, und alle diese Helden starben wie Ferdinand von Castilien, der auf dem Sterbelager in den letzten Augenblicken noch das Kruzifix fest in seine Hände drückte und die schönen Worte sprach: „Herr, so viel hast Du geduldet aus Liebe zu mir, und was habe ich Armer aus Liebe zu Dir gethan?"

Diese große Thatsache wird nur bestätiget durch den Einfluß, den nachmals die Religion in Spanien ausübte. Nachdem durch die Eroberung von Granada das letzte Vollwerk der Mauren gefallen war, und die spanische Nation durch die Verehlichung Ferdinands von Aragonien mit Isabella von Castilien nur mehr ein einziges Königreich bildete, entwickelte die Religion erst ihren vollen Glanz und ihre ganze Kraft; ihr Leuchten konnte nicht einmal durch den unerhörten Glanz einer Krone verfinstert werden, an welcher als ebenso viele kostbare Steine neue Provinzen und neue Welten befestiget wurden. Je mehr das Ansehen und die Macht Spaniens wuchsen, desto höher stieg auch das Ansehen der Religion, und desto nachhaltiger wirkte ihr Einfluß. Spanien war katholisch: in diesem einen Worte liegt seine ganze Größe, und der ganze Ruhm seiner Herrscher in dem ihnen vom Papste beigelegten Ehrentitel: der Katholischen.

XLII. Die Entdeckung Amerika's, das Werk der katholischen Kirche.

Christoph Columbus, der Entdecker Amerika's, war der Sprosse einer edlen Familie aus Piacenza, welche, in den lombardischen Kriegen verarmt, sich der Schifffahrt zugewendet hatte. Auch Christoph wurde Matrose. Schon mit vierzehn Jahren begab er sich auf die See, leistete Dienste auf neapolitanischen und gennesischen

Schiffen, verfügte sich dann nach Portugal, welches da=
mals durch seine Unternehmungen zur See die Aufmerk=
samkeit von ganz Europa auf sich zog. Namentlich war
Lissabon voll von Gelehrten, Abenteuern, Neugierigen,
Missionären, Handelsleuten, Künstlern, von allen Seiten
her angezogen durch die Entdeckungen, welche neue Wel=
ten erschlossen und die alten mit Staunen erfüllten.
Als Seemann ging Columbus mit der regsten Theil=
nahme auf alle die Schilderungen, Vermuthungen, Träume
der Seefahrer ein. Doch der fromme Genuese war von
der göttlichen Vorsehung zu der großartigsten aller Ent=
deckungen ausersehen.

In allen seinen Forschungen und Unternehmungen
war Columbus getragen von dem gewaltigen Gedanken
der Verbreitung des Christenthums über die
ganze Welt. Er betrachtete sich unter der Hand des
Himmels stehend, aus den Menschen erwählt, heidnische
Länder zu entdecken. Die Enden der Erde sollten zu=
sammengebracht, und alle Nationen, Zungen und Sprachen
unter der Fahne des Heilandes vereint werden. Das
sollte die glorreiche Vollendung seines Unternehmens sein,
die unbekannten Gegenden der Erde in Gemeinschaft zu
bringen mit dem christlichen Abendlande, das Licht des
wahren Glaubens in die umnachtete Heidenwelt zu tra=
gen und ihre zahllosen Völker unter der Herrschaft der
Kirche zu sammeln.

Ein anderer religiöser Grund, der den Entdecker
nicht weniger beschäftigte, war die Befreiung des
hl. Grabes. Mit dem Golde, das er aus den neu entdeck=
ten Ländern gewänne, könnten, so stellte er in Aussicht,
die katholischen Herrscher einen Kreuzzug veranstalten,
um das Grab des Herrn den Händen der Ungläubigen
zu entreißen. Es war eben die Zeit des Kampfes um
Granada vorüber, Spanien ohnehin voll religiöser Be=
geisterung, und daher die Verwirklichung eines solchen

Planes durchaus nichts Undenkbares. Sogar in seinem
Testamente, das er vor der dritten Reise machte, legte
er diesen Gedanken nieder, indem er darin seinem Sohne
befahl, eine Summe Geldes zu diesem Zwecke aufzube=
wahren, um einst dem Könige auf seinem Zuge nach
Jerusalem folgen oder selbst einen Kreuzzug ausrüsten
zu können.

Dieser erhabene und große Zweck, die Kirche Gottes zu
verherrlichen und zu erweitern, erwarb Columbus auch seine
Freunde und Gönner, die von demselben Gedanken durch=
drungen waren. Im Sommer des Jahres 1485 bittet eines
Abends ein Mann von königlichem Anstande, aber gebleicht
durch die Sorgen des Lebens, an der Pforte des Franzis=
kanerklosters de la Rabida, eine halbe Stunde vom Hafen
Palos, für sich und seinen Knaben Diego um ein
Stücklein Brod und einen Trunk Wasser. Der Kloster=
pförtner frägt nach Heimat und Stand. Der Mann ant=
wortet: „Ich bin ein Seemann aus Genua; ich muß
betteln gehen, weil die Könige die Reiche nicht annehmen
wollen, die ich ihnen biete." Der Pförtner führte Co=
lumbus — denn dieser war es — zum Guardian des
Klosters. Juan Perez de Marchena nahm den
Seemann gastlich auf, erfaßte begeistert seinen großen
Gedanken, verschaffte ihm Zutritt am spanischen Hofe
und blieb ihm unter allen Umständen unbeirrt treu.
Längst hatte Columbus den Plan seiner Vaterstadt Ge=
nua vorgetragen und, von dieser abgewiesen, ebenso frucht=
los Johann II., König von Portugal, um Unterstützung
angegangen. Jetzt sollten arme Mönche seine mächtigsten
Gönner werden. Denn als seine Pläne geprüft wurden,
da war es wiederum der Mönch Don Diego Deza,
Dominikaner des Klosters St. Esteban zu Salamanka,
später Erzbischof von Sevilla, der mit seinem ganzen
Einflusse am königlichen Hofe für ihn wirkte. Deßhalb
bekannte Columbus später selbst: „Als ich Allen zum

Gespötte war, blieben zwei Mönche allein treu
in ihrer Liebe zu mir."

Am Hofe aber fand er vorzüglich Hilfe bei der hoch=
herzigen und frommen Königin Isabella, von welcher
der Cardinal Ximenes bei der Nachricht von ihrem Tode
sprach: „Niemals wird die Welt eine Regentin von glei=
cher Größe des Geistes, gleicher Reinheit des Herzens,
gleicher Wärme der Frömmigkeit und gleicher Sorge für
Gerechtigkeit sehen." Auch sie dachte vor allem an die
Verbreitung des Glaubens, als sie Columbus drei Schiffe
zu seiner Reise gab.

Wie der Zweck und die Mittel das Verdienst der
Kirche sind, so gehörte noch viel unmittelbarer der Ge=
danke einer solchen Entdeckung ihr an. Die kirch=
liche Wissenschaft bewahrte die Ideen von der Kugelgestalt
der Erde, von der Verbindung des atlantischen und in=
dischen Meeres, von dem Vorhandensein großer Länder=
strecken jenseits des Meeres und von den Gegenfüßlern:
Ideen, welche vor allem Albertus Magnus und Baco
ausgebildet hatten. Zugleich tauchten damals als Tages=
fragen auf: die Einheit des Menschengeschlechtes, die
Verbreitung der Thiere und Pflanzen, die regelmäßig
wehenden Seewinde, die Meeresströmungen, die Ver=
theilung der Wärme, der Zusammenhang der Völker
u. s. w., welche alle ihre Entwicklung und theilweise Lö=
sung in der Kirche fanden und Columbus auf die Spur
seiner Aufgabe leiteten.

Und endlich war es auch wiederum nur die reli=
giöse Begeisterung, welche einen Columbus mit
solch' heldenmüthiger Ausdauer erfüllen konnte. Welche
Mühen nahm er nicht auf sich, seine Ideen und Zwecke
zu verwirklichen! Nach acht langen und bangen Jahren
des Zuwartens erhielt er von der Königin Isabella
drei kleine Schiffe, um damit die wichtigste Seereise zu
unternehmen, welche jemals gemacht worden war. Am

3. August 1492 segelte der kühne Mann mit 120 Ge= fährten von Palos ab und erreichte am 11. October San Salvador, am 27. October Cuba und am 3. December Hayti (Hispaniola) und kehrte hernach nach Spanien zurück, wo er von Fürst und Volk mit unbeschreiblichem Jubel empfangen wurde. Columbus aber Alles in Demuth der Kirche zuschreibend, obwohl als Entdecker einer neuen Welt geehrt, als Vizekönig und Admiral von Indien begrüßt, betrat den spanischen Boden — in einem armen Franziskaner=Habit.

Auf der zweiten Reise, die er am 25. September 1493 unternahm, stieß er auf die Caraiben und Ja= maica. Aber erst auf der dritten Fahrt (1498) entdeckte er das Festland von Amerika. Von seinen Neidern am königlichen Hofe verleumdet, wurde er kurz darauf durch Bobadilla, einen Bevollmächtigten des Königs, verhaftet und wie ein gemeiner Verbrecher in Ketten nach Spanien abgeführt. Nachdem sich der König von seiner Unschuld überzeugt hatte, wurden ihm die Ketten zwar wieder abgenommen, aber keine andere Genugthuung verschafft. Wohl segelte Columbus noch einmal (1502), zum vierten Mal, nach den entdeckten Ländern, kehrte aber bald, von Krankheiten und Gram gebeugt, wieder nach Spanien zurück, wo er schon im Jahre 1506, am 20. Mai, zu Valladolid starb. Die Ketten, an die man ihn einst geschmiedet hatte, ließ er zu sich in's Grab legen.

König Ferdinand setzte dem Columbus ein Denkmal mit der Inschrift: „Für Castilien und Leon entdeckte die neue Welt Colon."

Kein Mann hat mehr den Undank der Welt erfah= ren, als der große Weltentdecker Columbus. Aber mitten in allen Leiden und Verfolgungen ward ihm doch der süße Trost zu Theil, dem Christenthum eine neue Welt gewon= nen zu haben. Kaum hatte sein Auge das Festland Ameri= ka's entdeckt, so blickte er dankend zum Himmel, während

seine Gefährten ihm Hände und Füße küßten. Dann
pflanzte er das Kreuz im neuen Lande auf und warf sich
vor demselben nieder, um zu beten. Die ersten heidnischen
Ankömmlinge der neuen Welt, welche Columbus 1493
nach Spanien gebracht hatte, wurden auf Ferdinand's und
Isabella's Befehl sogleich im Christenthume unterrichtet
und in Sevilla zu Missionären ihres Volkes herangebildet.
Bei deren Taufe vertraten der König und die Königin
selbst die Pathenstelle.

Christoph Columbus.

Aber noch vorher, im September 1493, sandten die
Herrscher eine Mission nach Amerika, bestehend aus zwölf
Priestern, an deren Spitze der Benediktiner=Abt Bern=
hard Boil stand. Dem neuen Gouverneur von Amerika,
Nikolaus von Brano, schärften die Herrscher vor
seiner Abreise besonders ein, „er solle ja alle Indianer,
um sie dem Christenthum zugänglich zu machen, für frei
erklären, sie in Gerechtigkeit regieren und ihren Unter=
richt im hl. katholischen Glauben mit Eifer betreiben;

namentlich aber dürfe er sie in keiner Weise belästigen lassen, damit nicht dadurch ihre Bekehrung verzögert und zurückgehalten werde."

Der katholischen Kirche gebührt daher der ganze Ruhm der Entdeckung Amerika's. Sie hat Christoph Columbus mit dem erhabenen Gedanken der Christianisirung einer neuen Welt erfüllt; sie hat ihm in den frommen Mönchen Perez de Marchena und Diego Deza Freunde und Fürsprecher gegeben; sie weckte in dem Herzen der edlen Isabella den Entschluß, dem genuesischen Seemann hilfreich zur Seite zu stehen; sie hat Columbus jenen göttlichen Funken religiöser Begeisterung eingeflößt, die ihn unaufhaltsam und ungebeugt seinem großen Ziele entgegentrieb; sie hat endlich in den neu entdeckten Ländern das Kreuz aufgepflanzt, dessen Segnungen nach Jahrtausenden noch bei den Bewohnern der neuen Erde in dankbarem Andenken sein werden.

*
*

Wir sind am Ende des Mittelalters angelangt. In welch' erhabener Größe steht hier die Kirche Gottes vor uns! Die alte Welt vor Christus war nur die Vorbereitung auf Christus. Die Jahrhunderte nach ihm, sie streben wie Linien im Kreise wiederum auf ihn zurück. Der Grundton des Mittelalters, der Mittelpunkt aller seiner Gedanken, der Ausgangspunkt aller seiner großartigen Bestrebungen war die Kirche. Und da es seinem Ende entgegen eilt, wird noch als der große Schlußstein: die Entdeckung einer neuen Welt angefügt, auf daß gar alle Linien der großen Weltperipherie auf Christus zurückgehen. Und gerade das war es, was das Mittelalter so groß gemacht. Was man ihm häufig vorwirft, daß es zu dunkel, zu religiös gewesen, das war sein höchster Ruhm. Denn nur die Religiosität konnte alle

jene Werke schaffen, alle jene Thaten vollbringen, alle
jene Helden und Heldinnen erzeugen, die während des Mittelalters an unserem Geiste vorübergezogen. Es ist gut,
daß manche seiner Denkmale heute noch vor unsern Augen
stehen; es ist gut, daß der Riesendom zu Köln noch fest
auf seinem Fundamente ruht und in seiner steinernen
Majestät und Größe jeden ungläubigen Beschauer verwirrt, — sonst würde die krankhafte Zweifelsucht unseres
Jahrhunderts unwiderleglich darthun, daß in einer so
barbarischen und finstern Zeit ein so großartiger, har-
monisch gegliederter Bau niemals habe entstehen können.
Fehler hat es überall und allzeit gegeben. Aber erstens
kommen dieselben nicht auf Kosten der Religion, und zweitens verschwinden sie wie Nebelschleier vor dem Glanze der
Segens- und Ruhmesthaten der damaligen christlichen
Welt. Kaiser und Könige, die, geziert mit allen Tugenden
des Herrschers und Familienvaters, ungezwungen unter
ihre Unterthanen treten, um ihnen Recht zu sprechen; Für-
stinnen, am Rocken sitzend oder im Kreise der Kinder, die
sie beten und arbeiten lehren; Ritter, voller Kraft und
Muth, die um heiliges Interesse, nicht um eitlen Ge-
winn das Schwert führen und Schutz bieten allen Schwachen und Hilflosen; geistliche Helden, die Wunden schlagen und Wunden heilen; Mönche, welche die göttliche
und menschliche Weisheit bewahren und mittheilen; Priester, welche muthig ihr Leben wagen, um fremde Seelen
zu retten; ehrenhafte Bürger, unzählige Heilige, Muster
der Selbstverleugnung, der Gottes- und Menschenliebe, —
das ist das Bild des Mittelalters. Christus herrschte in
dieser Zeit; Christus allein ist der Schlüssel dieser
Weltperiode.

„Nur wer sich auf den Mittelpunkt gestellt,
Auf Golgatha, vom Licht der Welt umflossen,
Versteht die alte wie die neue Welt;
Den Uebrigen bleibt ihr lichter Geist verschlossen."

Die neuere Geschichte.

A. Abriß der neuern Geschichte.

Zur leichtern Uebersicht und Auffassung der neuern ausserordentlich verwickelten Geschichte glauben wir am besten zu thun, wenn wir wiederum die einzelnen Völker nach einander behandeln, welche den Vorrang in Europa behaupteten. Diese sind:

1. Die Deutschen;
2. Die Engländer;
3. Die Spanier;
4. Die Preussen;
5. Die Franzosen.

Da die Revolution der letztern uns in der neuesten Zeit fast einzig beschäftigen wird, so haben wir die Franzosen an die letzte Stelle gesetzt. — In der Darstellung der endlosen Kriege dieser Zeitperiode werden wir uns möglichst kurz zu fassen suchen.

1. Die Deutschen.

Schon unter Kaiser Maximilian I. brach jene unheilvolle Kirchentrennung oder Reformation aus, welche Tausende und Tausende aus dem Schoosse der katholischen Kirche riss und unsägliches Elend über Europa brachte. Die äussere Veranlassung dazu war die Verkündigung des Ablasses.

Papst Julius II. ertheilte nämlich allen denen, welche die hl. Sakramente würdig empfangen und einen kleinen Beitrag an den Bau einer Kirche in Rom zu Ehren des hl. Petrus (Peterskirche) geben würden, einen vollkommenen Ablass. Der Dominikaner Johann Tetzel mit seinen Genossen ward mit der Verkündigung dieses Ablasses betraut. Der Ablass wurde vielfach missgünstig aufgenommen; namentlich suchten die Gegner desselben alle Missbräuche, welche früher bei ähnlichen Veranlassungen eingerissen waren, auch den damaligen Verkündern zur Last zu schieben. Am heftigsten erhob sich Martin Luther (s. Bild XLIII), ein Augustinermönch und damals Prediger an der Schlosskirche zu Wittenberg, gegen das Ablasspredigen. Am 31. October 1517 schlug er fünfundneunzig auf den Ablass bezügliche Sätze an der Schlosskirche an, alle Gelehrten auffordernd, dieselben in einer öffentlichen Disputation zu prüfen. Da wurde Luther vor die päpstlichen Legaten Cajetan und Karl von Miltiz geladen. Aber die Bemühungen dieser beiden, Luther zum Widerruf zu bewegen, blieben erfolglos; ebenso eine Disputation zu Leipzig, welche der gelehrte Dr. Eck siegreich gegen Luther und dessen Freund Karlstadt führte. Hierauf erliess der Papst eine Bulle, worin einundvierzig Sätze Luthers als irrig verurtheilt waren, und er selbst im Falle hartnäckigen Verharrens im Irrthum als Ketzer erklärt wurde. Luther war zu stolz, um wieder umzukehren; er verbrannte am 10. December 1520 die päpstliche Bulle und trennte sich durch diesen verhängnissvollen Schritt vollständig von der Kirche. — Unterdessen wurde 1519 Karl V. (s. Bild XLIV) zum deutschen König gewählt. Dieser grosse Regent, treu dem Glauben seiner Väter, schrieb sogleich einen Reichstag nach Worms aus, um die kirchlichen Streitigkeiten beizulegen. Luther, sich fortwährend auf seine eigene Auslegung der Bibel berufend, verharrte auf seiner Lehre und zog sich, von Karl V. in die Reichsacht erklärt, auf die Wartburg bei Eisenach zurück, wo er unter dem Namen Junker Jörg zehn Monate verborgen lebte, aufmunternde Briefe an seine Freunde schrieb und die Bibel übersetzte.

Seine Anhänger legten aber die Bibel wiederum ganz anders aus als Luther. Karlstadt zerstörte, auf die Bibel gestützt, mit einem rohen Haufen in Wittenberg Altäre und Bilder; die Bauern in Franken, Schwaben und Thüringen verlangten im Namen der Bibel auch bürgerliche Freiheit, die ihnen durch die selbstsüchtigen Fürsten entrissen worden war, und bezeichneten ihren Gang mit Zerstörung,

Mord und Brand, bis sie von den vereinigten Fürsten bei Frankenhausen (1525) vollständig geschlagen wurden. Die Wiedertäufer in Münster (s. Bild XLV) richteten ebenfalls namenlose Verwüstungen an. Die Reformation wurde eine vollständige Revolution gegen die Kirche; eine Lehre nach der andern wurde abgeschafft, der Cölibat aufgehoben; Luther selbst heirathete eine ausgetretene Nonne.

Karl V., durch vier Kriege mit Franz I., König von Frankreich, um den Besitz von Italien, in Anspruch genommen, liess sich im Jahre 1530 das Glaubensbekenntniss der Protestanten (Augsburger Confession) vorlegen, wies dasselbe als irrthümlich zurück, gestattete ihnen aber wegen der Türkengefahr einen vorläufigen Religionsfrieden. Damit waren die protestantischen Fürsten zufrieden, traten durch einen Bund, der schmalkaldische genannt, vereiniget immer kühner auf und versprachen dem Kaiser erst nach Gegenleistungen ihre Hilfe gegen die Türken; diese aber hatten schon wieder den Rückzug angetreten. Hingegen hatte der Seeräuber Chaireddin in Algier und Tunis ein Reich gegründet und viele tausend Christen von den Küsten Spaniens und Italiens geraubt und nach Afrika geschleppt. Karl zog nun mit dem Seehelden Andreas Doria nach Tunis, eroberte die Stadt, zwang Chaireddin zur Flucht und befreite 22.000 Christen aus der Sklaverei. Dann eilte er nach Deutschland zurück und suchte auf alle mögliche Weise durch Religionsgespräche, Reichstage, sowie durch ein in Trient abzuhaltendes Conzil die Protestanten zur Rückkehr zu bewegen. Aber Alles umsonst; sie erschienen nicht einmal. Da wollte er sie durch Waffengewalt wenigstens zum Gehorsam zwingen. Aber die protestantischen Fürsten standen schon schlagfertig da, wurden jedoch von Karl geschlagen, und die Häupter des schmalkaldischen Bundes gefangen genommen. Bis zur Entscheidung des allgemeinen Conzils wurde eine einstweilige Glaubensrichtschnur, nachher das Interim genannt, festgestellt.

Noch einmal musste Karl die Waffen gegen die Franzosen ergreifen, die vom Kurfürsten Moritz von Sachsen, des Kaisers ehemaligem Freund und Waffengefährten, aufgereizt, die Städte Metz, Toul und Verdun besetzt hatten. Der Kaiser.

ohnehin krank und gebrochen, unterlag; die Städte blieben
in den Händen der Franzosen, und den Protestanten wurde
nun durch den Religionsfrieden zu Augsburg freie
Religionsübung gestattet (1555).

Karl aber legte die Herrschaft über die Niederlande und
Spanien in die Hände seines Sohnes Philipp, überliess die
Kaiserwürde seinem Bruder Ferdinand, zog sich nach
St. Just in Spanien zurück und starb schon nach zwei Jahren
(1558). Unter keinem Kaiser, weder vor ihm noch nach ihm,
stand das Haus Oesterreich auf einer so hohen Stufe der Macht
und des Ansehens. — Unter seiner Regierung war auch der
Jesuitenorden (s. Bild XLVI), gestiftet von einem spanischen
Edelmann Ignatius von Loyola, entstanden, welcher dem
Umsichgreifen der Reformation wesentlichen Abbruch that.
Ebenso lebten in dieser Zeit die grossen italienischen, spani-
schen und deutschen Maler (s. Bild XLVII).

Ferdinand I. und seine Nachfolger Maximilian II. und
Rudolf II. waren viel zu friedliebend und zu schwach, um
dem Protestantismus wirksam entgegen zu treten. Unter Rudolf verbanden sich die protestantischen Fürsten von neuem
zu einer Union, welcher die Katholiken die Liga entgegen-
stellten, als deren Haupt sie den talentvollen und muthi-
gen Herzog Maximilian von Bayern wählten. Unter
Kaiser
Mathias kam endlich das Gewitter, welches schon lange
drohend am deutschen Himmel gestanden hatte, zum Aus-
bruch, der dreissigjährige Krieg nahm seinen Anfang
(s. Bild XLVIII).

Die protestantischen Unterthanen des Erzbischofs von Prag
und des Abtes von Braunau hatten nämlich in dem Städtchen
Klostergrab und zu Braunau gegen den Willen ihrer Guts-
herren zwei Kirchen erbaut und das Recht hiezu auf den von
Kaiser Rudolf II. ihnen ertheilten Majestätsbrief gestützt.
Mit Genehmigung des Hofes aber wurde die Kirche zu Klostergrab niedergerissen, die zu Braunau gewaltsam gesperrt,
und die unruhigen Bürger in's Gefängniss geworfen. Denn
jener Majestätsbrief bewilligte nur den Herren, Rittern und
königlichen Städten, nicht aber den Unterthanen katholischer

Gutsbesitzer, protestantische Kirchen auf katholischem Boden zu erbauen. Die Protestanten wandten sich mit ihrer Beschwerde an den Kaiser, wurden jedoch abgewiesen. Den Bescheid erhielten sie aber nicht unmittelbar vom Kaiser selbst, sondern von seinen Statthaltern in Prag, die ihnen schon längst äusserst verhasst waren. Daher drangen sie am 23. Mai 1618 tobend und lärmend in das Prager Schloss, stürzten zwei Rathsherren sammt ihrem Geheimschreiber zum Fenster hinaus, vereinigten sich und stellten den Grafen von Thurn an die Spitze ihrer Bewaffnung. Die Protestanten in der Lausitz, in Schlesien, Mähren, Oesterreich schickten ihnen ein Hilfsheer unter Anführung des Grafen von Mansfeld. Der Krieg begann unter der Regierung des Kaisers Ferdinand II. Maximilian von Bayern und sein braver Feldherr Tilly (s. Bild XLIX) besiegten die Protestanten (1620) am weissen Berge bei Prag.

Die Protestanten sammeln sich wieder unter Herzog Christian von Braunschweig.

Tilly besiegt sie bei Höchst (1622) und Stadtlohn (1623). Die Protestanten rüsten neuerdings unter Christian IV. von Dänemark, Mansfeld und Christian von Braunschweig. England sendet Hilfstruppen. Aber der kaiserliche Feldherr Wallenstein schlägt mit seinem gesammelten Heere bei Dessau Mansfeld und Christian von Braunschweig. Tilly besiegt den Dänenkönig (1626) bei Lutter am Barenberge (Braunschweig).

Im Jahre 1630 dringt Gustav Adolf, König von Schweden, in Deutschland ein und vereinigt sich mit den Protestanten.

Tilly erobert Magdeburg (s. Bild L), wird aber bei Breitenfeld, unweit Leipzig, von Gustav Adolf geschlagen und verwundet.

Die Schweden dringen nun, Alles verheerend, bis gegen München vorwärts.

Noch einmal erhebt sich Wallenstein, und es kommt zu einer Schlacht bei Lützen (1632), in der die Schweden zwar siegen, Gustav aber verwundet wird und stirbt. Im Jahre 1634 wird Wallenstein zu Eger ermordet.

Der schwedische Feldherr O xenstjerna setzt den Krieg fort, wird jedoch von Ferdinand (des Kaisers Sohn) bei Nördlingen (1634) geschlagen.

Frankreichs Minister, Richelieu, sucht Oesterreich zu schwächen und schürt daher das Feuer des Krieges auf's neue. Die Schweden und die Protestanten, unterstützt von Frankreich, erheben sich abermals und siegen bei Wittstock (1636) unter Baner und Wrangel und später bei Breitenfeld und Jankau. Endlich im Jahre 1648 kam es zum Frieden, westfälischer Friede genannt. In diesem Friedensschlusse wurden auch die Schweiz und Holland als selbständig anerkannt. Frankreich erhielt Elsass, den Sundgau, Breisach und Philippsburg. Die Protestanten und Reformirten erhielten gleiche Rechte mit den Katholiken, und zugleich wurde festgesetzt, dass sie alle Kirchen und Kirchengüter behalten dürfen, die sie seit dem Jahre 1624 besassen.

Kaiser Ferdinand III., der noch neun Jahre nach diesem Friedensschlusse regierte, that Alles, um die tiefen Wunden des Vaterlandes zu heilen (s. Bild LI). Er starb im Jahre 1657 und nahm den Ruhm eines biedern und edlen Fürsten mit sich in's Grab. Der gutmüthige, aber für jene Zeit schwache Leopold I. hatte schwere Kriege mit den Türken zu führen. Sie kamen bis vor Wien und belagerten die Stadt (1683). Der ritterliche König von Polen Johann Sobieski (s. Bild LII), vertrieb sie von Wien. In dem nachfolgenden Kampfe gegen die Türken, der noch 15 Jahre dauerte, zeichneten sich vor Allen der edle Prinz Eugen von Savoyen und Markgraf Ludwig von Baden aus. — Kaiser Joseph I. regierte nur wenige Jahre. Erzherzog Karl bestieg den Thron als Karl VI. Durch den spanischen Erbfolgekrieg hatte der Kaiser erfahren, welches Unglück für Fürsten und Völker eine unbestimmte Thronfolge herbeiführen kann. Daher erliess er unter dem Namen pragmatische Sanction eine Erbfolgeordnung, welche drei Punkte festsetzte: 1. Die sämmtlichen zur österreichischen Monarchie gehörigen Länder sollen nie getheilt werden. 2. Dieselben fallen in Ermangelung mänali-

cher Nachkommen an Karls Töchter und deren Nachkommen
nach dem Rechte der Erstgeburt. 3. Stirbt diese Linie aus,
so erben die Töchter Joseph's I. und deren Nachkommen.
Mit Karl erlosch der habsburgische Mannesstamm (1740) und
es kam das habsburgisch-lothringische Haus an die
Regierung.

Unter Karl VI. brach auch der Erbfolgekrieg in
Polen aus, wo Stanislaus Lescinski dem Sohne des
verstorbenen Königs August III. den Thron streitig machte,
jedoch unterliegen musste.

Ebenso spielte in dieser Zeit Russland bereits eine bedeutende Rolle, besonders unter Peter dem Grossen
(1689—1725), der die einzelnen Völker, bisher von Fürsten
(Czaren) regiert, zu einem grossen Reiche unter einem Scepter vereinigte (s. Bild LIII). Er bereiste Holland, England,
Deutschland, um fremde Bildung und Gesittung nach Russland
zu verpflanzen; 1703 erbaute er Petersburg; führte auch mehrere Jahre Krieg gegen den nordischen Helden, den Schwedenkönig Karl XII. und besiegte ihn bei Pultawa (1709). Im
Jahre 1721 wurde Peter feierlich als Kaiser aller Reussen
(Russen) ausgerufen und ihm der Beiname des Grossen
gegeben. — Nach ihm regierte mit Menzikow's Hilfe seine
Gemahlin Katharina I. Sie war die Tochter eines armen
liefländischen Bauern und diente anfangs in Marienburg. Als
Gefangene nach Russland gebracht, nahm sie der Kaiser zur
Gemahlin, nachdem er seine erste Gattin verstossen hatte.
So ruhten denn die Angelegenheiten des grössten Reiches der
Erde in den Händen einer Kaiserin, die früher dienende
Magd, und eines Fürsten und ersten Ministers, der früher Bä-
ckerjunge gewesen war. — Die meisten russischen Regenten starben schnell weg, oder besser wurden von ihren Nachfolgern beseitigt; sie waren sehr grausam gegen ihre Feinde,
richteten sogar ihre eigenen Verwandten hin oder verbannten sie nach Sibirien.

Auf dem deutschen Kaiser-Throne folgte nun (1740—1780)
Maria Theresia (s. Bild LIV), vermählt mit Her-
zog Franz Stephan von Lothringen. Da nach Karl VI.
Tode viele Fürsten die pragmatische Sanction nicht achteten

und Ansprüche auf die österreichischen Länder erhoben, hatte Maria Theresia mehrere Kriege zu führen:

1. Den sogenannten österreichischen Erbfolgekrieg gegen Frankreich, Bayern, Sachsen und Spanien;
2. Den ersten und zweiten schlesischen Krieg gegen König Friedrich II. von Preussen.

Aus ersterem ging Maria Theresia als Siegerin hervor. In den letzteren verlor sie fast ganz Schlesien. Ihr Gemahl Franz I. wurde (1745) als deutscher Kaiser anerkannt. Im Jahre 1756 brach der dritte schlesische oder der siebenjährige Krieg aus, der, durch den Frieden zu Hubertsburg (1763) beendet, Alles beim Alten beliess. Es folgte im Jahre 1765

Joseph II., der vieles Gute stiftete, aber zugleich durch seine unbefugte Einmischung in's kirchliche Gebiet der Kirche unnennbaren Schaden zufügte (Josephinismus, s. Bild LV). Bis zum Tode seiner Mutter Maria Theresia, die erst im Jahre 1780 starb, durfte er mit seinen Neuerungen noch nicht hervortreten; nachher aber herrschte er mit völliger Willkür. Er gab Verordnungen über Abhaltung des Gottesdienstes, kirchliche Segnungen, Processionen etc. (Bruder Sakristan); er hob Klöster auf und machte Kasernen, Schul- und Krankenhäuser daraus; er erliess willkürliche Ehegesetze, überhaupt sollte der Staat allmächtig sein (Staatsomnipotenz). Er starb 1790 als reuiger Christ.

2. Die Engländer.

Zu gleicher Zeit mit Karl V. in Deutschland regierte Heinrich VIII. in England. Anfangs ein so eifriger Vertheidiger der katholischen Religion, dass er vom Papste wegen seiner Abhandlung gegen Luther sogar den Ehrentitel „Defensor fidei" erhielt, liess er sich nachher von seiner Leidenschaft hinreissen, verstiess seine erste Gemahlin Katharina von Aragonien und heirathete eine ihrer Hofdamen, Anna Boleyn. Dann übernahm er, da der Papst diese Ehe für ungiltig erklärte, selbst die Würde eines Oberhauptes der Kirche in England und führte den „Supremateid" ein, durch welchen ein Jeder, der ein Amt antrat, sich verpflichten musste, ihn als Oberhaupt der Kirche anzuerkennen; liess hierauf Thomas

Morus und Johann Fisher, Bischof von Rochester (s. Bild LVI) enthaupten, weil sie diesem Befehl nicht gehorchten, und machte sich eine Religion ganz nach eigenem Gutdünken. Heinrich heirathete noch viermal. Als dieser Wollüstling, der England aus dem Schoosse der katholischen Kirche herausgerissen, starb, war sein einziger Sohn Eduard VI. erst zehn Jahre alt, zudem sehr schwächlich, so dass er schon nach sechsjähriger Regierung starb. Trotz der Ränke des ehrgeizigen Northumberland, der seine Tochter Johanna Gray auf den Thron erheben wollte, ward

Maria, die Schwester Eduard's und rechtmässige Erbin, vom Volke als Nachfolgerin anerkannt. Sie war eine treue Katholikin, zog sich aber durch ihre Strenge gegen die Abgefallenen, sowie durch ihre Heirath mit dem stolzen Philipp II. von Spanien und den Verlust von Calais, das die Franzosen überrumpelten, den Hass ihrer Unterthanen zu und starb, von Gram und Schmerz gebeugt, schon nach fünf Jahren (1558). Es folgte die unrechtmässige Tochter von Heinrich und Anna Boleyn,

Elisabeth. Durch ihren glücklichen Krieg gegen Philipp II. von Spanien, und durch rastlose Beförderung des Handels und der Schifffahrt erhob sie England zu grossem Ansehen; durch ihren Stolz aber stürzte sie ihr Land in die traurigste Verwirrung, indem sie dem Katholizismus entsagte und eine neue Religion, die englische oder bischöfliche Kirche, auch die Hochkirche genannt, einführte; wer nicht die Königin als alleiniges Oberhaupt anerkannte, wurde verjagt oder getödtet. Am unwürdigsten benahm sich Elisabeth gegen die eigentliche und rechtmässige Thronerbin von England, Maria Stuart (s. Bild LVII), die Königin von Schottland — sie war eine Enkelin der ältesten Schwester Heinrich VIII. —, die von ihren Feinden des Hochverrathes falsch angeklagt, bei ihrer Verwandten Elisabeth in England Schutz suchte. Diese aber liess Maria in's Gefängniss werfen, in Anklagestand versetzen, das Todesurtheil über sie aussprechen und sie am 8. Februar 1587 hinrichten. Elisabeth starb im Jahre 1603, und mit ihr erlosch das Haus Tudor.

Jakob I., König von Schottland, Sohn der Maria Stuart,

gelangte auf den englischen Thron und nahm nun den Titel: König von Grossbritannien und Irland, an, den seine Nachfolger bis auf unsere Zeit beibehalten haben.

Unter ihm wollten einige erbitterte Katholiken, angeführt von Catesby, das Parlamentsgebäude während einer Versammlung in die Luft sprengen, und brachten desshalb Pulver in den Keller desselben (Pulververschwörung 1605). Aber der Plan wurde entdeckt und die Schuldigen hingerichtet. Auf Jakob folgte (1625)

Karl I., der die englische und die schottische Kirche vereinigen wollte und desshalb das Volk sehr erbitterte. Er lag auch in beständigem Kampfe mit seinen Parlamenten, deren er nicht weniger als fünfe berief, welche fortwährend die Rechte des Königs beschränken wollten, ihn sogar als Urheber eines Aufstandes in Irland beschuldigten und einen Bürgerkrieg heraufbeschworen, der drei Jahre lang dauerte und mit der Gefangennehmung und Hinrichtung des unglücklichen Königs endete (1649). England wurde eine Republik, Oliver Cromwell, das Haupt der Gegner des Königs, Protektor derselben.

Cromwell erliess die berühmte Navigations- oder Schifffahrtsakte, welche den fremden Nationen nur die Einfuhr selbst erzeugter Produkte auf eigenen Schiffen nach England gestattete und [somit den Holländern ihren wichtigsten Zwischenhandel entzog. Er starb von Gewissensbissen furchtbar gepeiniget 1658.

Nach zwei Jahren gesetzloser Willkür wurde das Königthum wiederum eingesetzt, und der Sohn des ermordeten Königs,

Karl II. zum Könige ernannt. Unter ihm wurde vom Parlamente (1673) die sogenannte Testakte erlassen, wornach jeder Beamte schwören musste, den König als einziges Oberhaupt in geistlichen und weltlichen Dingen anzuerkennen (Supremateid). Dadurch wurden die Katholiken von allen öffentlichen Aemtern ausgeschlossen. Es entstanden auch zwei Parteien, die Hof- (Tories) und die Volkspartei (Whigs). Der Nachfolger Karls, Jakob II., wurde von

Wilhelm III. von Oranien seines Thrones beraubt.

Dieser regierte bis zum Jahre 1702, und es gelangte nun das Haus Braunschweig-Hannover zur Regierung in England. Unter den Königen aus diesem Hause ist besonders Georg III. (1760—1820) zu erwähnen, der nicht weniger als sechzig Jahre regierte. Unter ihm erhoben sich die englischen Colonieen in Amerika. Als nämlich 1765 die Engländer die Stempelakte einführten, nach welcher alle kaufmännischen und gerichtlichen Verhandlungen auf Stempelpapier geschrieben werden sollten, entstand ein grosser Unwille, und als dazu die Theesteuer (Steuer für Theeeinfuhr) eingeführt wurde, so erhob sich das Volk zuerst in Boston (1773), und es begann ein Krieg mit England, in welchem Washington den Oberbefehl erhielt (s. Bild LVIII). Im Verlaufe des Krieges gelangten die aufständischen Colonieen immer mehr zu der Ueberzeugung, dass ein Ausgleich mit England nicht möglich sei, und erklärten sich endlich im Jahre 1776 für unabhängig. Gegen England kämpften mit den Amerikanern Frankreich, Spanien und Holland. Das Kriegsglück wechselte. Im Jahre 1781 wurden die Engländer bei Yorktown geschlagen, worauf im Jahre 1783 Amerika im Frieden zu Paris unabhängig erklärt wurde. Washington, zweimal zum Präsidenten des amerikanischen Staatenbundes gewählt, starb 1799 mit dem Ruhme, für Amerika nicht bloss die Freiheit erkämpft, sondern auch die Krone, die ihm amerikanische Offiziere anboten, rundweg ausgeschlagen zu haben (s. Bild LIX).

In den neu entdeckten Welttheilen, besonders in Amerika, erhielt das Christenthum eine Entschädigung für die Verluste, die es in Europa durch den grossen Glaubensabfall erlitten.

3. Die Spanier.

Karl V. hatte Spanien und die Niederlande seinem Sohne Philipp überlassen, der als Philipp II. (s. Bild LX) den spanischen Thron bestieg. Er war der katholischen Religion treu ergeben, aber sehr ehrgeizig und hart. Er wollte auch in den Niederlanden, denen schon Karl bedeutende Vorrechte genommen hatte, die Beschlüsse des Conciliums von Trient durchführen. Dagegen erhob sich die calvinische Partei und veranlasste Volksauf-

läufe und Petitionen an die damalige Statthalterin M a r g a ·
r e t h a v o n P a r m a. Da sandte Philipp seinen ergrauten
Feldherrn, H e r z o g A l b a, dahin, der die Hauptanführer enthaupten liess. Und weil Alba zudem wegen der Geldnoth Philipps eine harte Steuer auferlegte, so verbanden sich nun
die Niederländer unter Anführung W i l h e l m s v o n O r a-
n i e n, bekämpften die Spanier und kündeten 1581 der spanischen Regierung allen Gehorsam auf. Selbst die Königin
Elisabeth von England hatte den Empörern Hilfe gesendet.
Da erbaute Philipp eine ungeheure Flotte, die u n ü b e r w i n d-
l i c h e A r m a d a genannt, um England und Holland zugleich
niederzuwerfen; aber Stürme zerstörten die Flotte. Der Krieg
dauerte fort, und erst im westfälischen Frieden wurde die U n a b-
h ä n g i g k e i t d e r N i e d e r l a n d e auch von Spanien anerkannt.

Dafür wurde unter Philipp P o r t u g a l mit Spanien verbunden und blieb es von 1580—1640, wo die Portugiesen
den Herzog J o h a n n v o n B r a g a n z a zum Könige wählten.

Grossen Kummer erlebte Philipp an seinem Sohne D o n C a r-
l o s, der, schwächlich und heimtückisch, aus verletztem Ehr-
geize oder wahnsinniger Wuth dem Herzog Alba und sogar
seinem Vater nach dem Leben strebte. Desshalb wurde er
gefangen gehalten und starb, 23 Jahre alt, an der Tobsucht.
(Schillers Don Carlos ist reine Dichtung.)

Unter den Nachfolgern Philipps gingen die herrlichsten
überseeischen Besitzungen verloren; nach Karl II. Tod brach
sogar ein E r b f o l g e k r i e g (1700—1714) aus. Da Karl kinderlos starb, machten auf den spanischen Thron Ansprüche:

1. Ludwig XIV. von Frankreich, mit Karl II. älterer
Schwester vermählt, die auf den Thron verzichtet hatte.
Ludwig wollte ihn für seinen Enkel Philipp von Anjou.

2. Kaiser Leopold von Deutschland, vermählt mit Karl II.
jüngerer Schwester, die auf den Thron nicht verzichtet hatte.

3. Kurfürst Maximilian Emanuel von Bayern, der mit
der einzigen Tochter Leopold's von dieser spanischen Prinzessin vermählt war.

Nach Karl's Tode hiess es: er habe P h i l i p p v o n A n-
j o u als Thronerben eingesetzt. Dieses Testament wurde als
unterschoben erklärt, und es kam zum Kriege.

Auf Leopold's Seite standen: das deutsche Reich, England, Holland, Preussen, Portugal und Savoyen.

Maximilian Emanuel von Bayern stand zu Ludwig, der Spanien dem Kurfürsten erblich versprach. Aber Prinz Eugen und der englische General Marlborough schlugen die Franzosen und Bayern bei Höchstädt und Blenheim so vollständig (1704), dass nicht nur 20,000 Mann auf dem Felde blieben, sondern auch der Marschall Tallard mit 15,000 sich ergeben musste. Einzelne Kämpfe dauerten noch bis 1714. Spanien kam dann an Philipp V. aus dem Hause Bourbon, weil sonst Oesterreich zu mächtig geworden wäre; jedoch durften die beiden Kronen von Frankreich und Spanien nie vereinigt werden. Auf Philipp V. folgten Ferdinand V., Ferdinand VI. und Karl III., durch dessen Minister Aranda die Jesuiten im ganzen Lande vertrieben wurden (1767). — Ebenso wurden dieselben fast zu gleicher Zeit in Portugal auf Anstiften des Ministers Joseph de Carvalho Marquis von Pombal und in Paraguay vertrieben.

4. Die Preussen.

In Preussen führten 1230 die Ritter des deutschen Ordens nach vielen Kämpfen die christliche Religion ein; später wurde das Land von Polen abhängig. Als der Hochmeister des Ordens, Prinz Albrecht von Brandenburg, 1525 zur protestantischen Kirche übertrat, wurde das Gebiet des Ordens in ein Herzogthum verwandelt, das immer noch von Polen abhängig blieb. Mit Albrecht Friedrich, dem Sohne des letzten preussischen Hochmeisters, starb der Mannesstamm der preussischen Linie aus, und Preussen fiel an Brandenburg. Friedrich Wilhelm, der grosse Kurfürst, erlangte die Lehensunabhängigkeit Preussens von Polen, und sein Sohn Friedrich erhielt in Anerkennung seiner Verdienste im Kampfe gegen die Türken von Leopold I. den königlichen Titel in Preussen; denn in Brandenburg konnte er nicht König werden, da in Deutschland neben dem Kaiser kein König sein sollte (1701). Friedrich I. setzte sich und seiner Gemahlin in Königsberg die Krone auf. Sein Sohn

Friedrich Wilhelm I. war sehr sparsam und hinterliess einen Schatz von neun Millionen Thaler und ein gutgeschultes Heer von 80,000 Mann. Das konnte sein Nachfolger

Friedrich II. der Grosse (1740—1786) (s. Bild LXI.) gut gebrauchen, denn er führte zahlreiche Kriege gegen Maria Theresia:

1. Den ersten schlesischen Krieg, wo er bei Mollwitz siegte und Schlesien erhielt;

2. Den zweiten schlesischen Krieg, wo er in Böhmen einfiel.

3. Den dritten schlesischen oder den siebenjährigen Krieg, in welchem bald Friedrich, bald Maria Theresia mit ihren Verbündeten siegte, bis endlich beide Parteien ganz erschöpft auf dem Schlosse Hubertsburg (1763) einen Frieden schlossen, der Alles beim Alten beliess; kein Theil hatte Etwas gewonnen. Wohl aber hatte Friedrich sein Heer und Volk in dieser grossen Waffenprobe zum Gipfel des Ruhmes erhoben und Preussen den Rang der fünften Grossmacht Europa's erkämpft.

Friedrich war auch ein besonderer Liebhaber der Wissenschaften. Immer hatte er einen Kreis von französischen Gelehrten um sich; besonders bevorzugte er den Gottesleugner Voltaire. Seine eigenen schriftstellerischen Werke sind ausserordentlich zahlreich.

Bei der dreimaligen Theilung Polens, das durch die Uebermacht des Adels und den Kampf der Nichtkatholiken (Dissidenten) um die Gleichberechtigung mit den Katholiken ganz heruntergekommen war, erhielt Preussen: das jetzige Westpreussen, Danzig, Thorn, Posen, Gnesen und Warschau. Vergeblich kämpfte Thaddäus Kosciuszko für die Befreiung seines Vaterlandes. Bei Macziewice wurde er mit seinen Polen geschlagen (Finis Poloniæ) 1794.

5. Die Franzosen.

Die Reformation hatte auch in Frankreich Wurzel gefasst, wo der Same der neuen Lehre von Calvin ausgestreut worden war. Wegen ihrer nächtlichen Zusammenkünfte er-

hielten die Protestanten den Spottnamen H u g e n o t t e n, d. h.
Nachtgespenster. Doch traten sie bald an die Oeffentlichkeit.
Weil Karl IX. noch minderjährig war, führte seine ränkesüchtige Mutter K a t h a r i n a v o n M e d i c i die Regierung.
Da kam die Eifersucht zwischen den beiden ersten Häusern
des Reiches, den G u i s e n und B o u r b o n s, die beide mit
dem Königshause verwandt waren, zum vollen Ausbruche
und entzündete einen grossen Bürgerkrieg, welcher mit der
Ermordung des Hugenotten-Admirals C o l i g n y und einem
schrecklichen Gemetzel in der Stadt endete. Das war die
B a r t h o l o m ä u s - N a c h t oder die P a r i s e r B l u t h o c h -
z e i t (1572 s. Bild LXII). Der nachfolgende König H e i n -
r i c h III. wurde ermordet, und mit ihm erlosch das Haus
V a l o i s. Die Regierung ging jetzt an das Haus B o u r b o n
über (1589).

H e i n r i c h IV. wurde König, erhielt aber in seinem
Oheim K a r l X. einen Gegenkönig und konnte seine Feinde
nur durch seinen Rücktritt zur katholischen Kirche beruhigen.
Er suchte den Wohlstand seines Volkes zu heben und äusserte,
nicht eher würde er zufrieden sein, als bis er es dahin gebracht hätte, dass jeder Bauer des Sonntags ein Huhn im
Topfe habe. Ganz Frankreich empfand die Segnungen seiner
Regierung; sichtbar blühte das Land empor. Den Protestanten gestattete er durch das E d i k t v o n N a n t e s freie Religionsübung (1589). Heinrich IV. fiel durch die Mörderhand eines
Wahnsinnigen (1610). Es folgte

L u d w i g XIII., für den jedoch der gewandte Kardinal
R i c h e l i e u, sein erster Minister, das Ruder des Staates führte
und Frankreich auf alle mögliche Weise zu heben suchte.
Dies gelang besonders unter

L u d w i g XIV. Mehrere günstige Umstände wirkten damals zusammen, eine seltene Blüthe das Staates herbeizuführen,
so dass man die Zeit der Regierung Ludwig's XIV. das g o l d e n e
Z e i t a l t e r nannte (s. Bild LXIII). Eine grosse Anzahl von Gelehrten und Feldherren umgaben Ludwig. Unter ihm war Frankreich in der That die tonangebende Nation in Europa. Er führte
auch mehrere Kriege. Zuerst bekämpfte er die Holländer,
musste aber unterliegen und schloss den N y m w e g e r Frie-

den. Später verwüstete er die ganze obere Rheingegend, besiegte fast überall die gegen ihn verbündeten Heere der Deutschen, Spanier und Engländer, bis es endlich zum Frieden bei Ryswik kam (1697), wo Ludwig einzig auf Erhaltung der von ihm in den meisten Ortschaften der Pfalz eingeführten katholischen Religion bestand. Um so ernstlicher machte er seine Ansprüche beim Tode des kinderlosen Karl II., Königs von Spanien, geltend und verlangte Spanien für seinen Enkel Philipp von Anjou. Bei Beendigung des spanischen Erbfolgekrieges bekam Philipp wirklich den spanischen Thron; jedoch sollten nie die beiden Kronen von Frankreich und Spanien vereinigt werden. Ludwig XIV. starb 1715. Sein Nachfolger Ludwig XV. führte ein lasterhaftes Leben. Unter ihm nahm der Unglaube in Frankreich ausserordentlich überhand, indem der gottlose Voltaire, unterstützt von D'Alembert, Diderot und Rousseau, glaubensfeindliche Schriften verbreitete. Diese Philosophen nannten sich Encyclopädisten, ihre Absicht aber war keine geringere, als der Sturz von Thron und Altar. Zuerst mussten daher die Grenadiere des Papstes, wie Voltaire die Jesuiten nannte, fallen; der Orden wurde durch Papst Clemens XIV. (Ganganelli) im Jahre 1773 aufgehoben. Dann schürten sie durch ihre Phrasen von Gleichheit und Brüderlichkeit den Hass des Mittelstandes gegen den Adel und die Geistlichkeit und legten so das Holz zu jenem ungeheuern Brande der französischen Revolution, die unter Ludwig XVI. ausbrach.

Die erste oder die grosse Revolution.

Auf den Antrag seines berühmten Finanzministers Necker aus Genf berief König Ludwig die Reichsstände, um die Mittel zu berathen, wie dem von Schulden niedergedrückten Staate wieder könnte aufgeholfen werden. Necker versammelte am 5. Mai 1789 in Versailles 621 Deputirte von dem dritten Stande, dem *tiers état*, 285 vom Adel und 308 von der Geistlichkeit. Gleich im Anfang schon entstand ein hitziger Streit, da der dritte Stand die Abzählung nach Köpfen, nicht nach Kammern, wie früher, verlangte. Adel und Geistlichkeit waren dagegen. Da trennte sich der dritte Stand und erklärte sich für eine Versammlung der Nation. Der König befahl derselben auseinander zu gehen. Sie gehorchte nicht; das Volk aber erstürmte, da der König den Finanzminister Necker, den Abgott des Volkes, entliess, das Staatsgefängniss (die Bastille) und trug den Kopf des Kommandanten im Triumphe durch die Stadt. Das war der Anfang der französischen Staatsumwälzung.

Die Nationalversammlung erklärte nun allen Unterschied der Stände für aufgehoben, und das Volk durchbrach im Taumel der Freiheit und Gleichheit jede Schranke der Ordnung. In Paris entstand ein Aufstand des Pöbels, der nach Versailles aufbrach und beinahe den König und die Königin ermordet hätte. Nur mit Todesangst kam die königliche Familie nach Paris zurück, wohin nun auch die Nationalversammlung übersiedelte. Es entstanden überall Klubs, insbesonders der Jakobiner-Klub, der alles Bestehende über den Haufen zu werfen beabsichtigte. Alle Güter der Kirche und der Krone wurden als Eigenthum des Staates erklärt. Der König, der den riesenhaft schwierigen Verhältnissen seines Reiches nicht gewachsen war, wollte mit seiner Familie entfliehen; er wurde aber erkannt, nach Paris zurückgeführt und am 21. September 1792 abgesetzt. Ein Nationalconvent trat an die Stelle der Nationalversammlung, Frankreich wurde in eine Republik verwandelt. Und schon im folgenden Jahre, am 21. Januar 1793, wurde trotz der glänzenden Vertheidigung durch Tronchet, Malesherbes und de Sèze der König Ludwig hingerichtet; das gleiche Loos ereilte in demselben Jahre seine Gemahlin und seine Schwester Elisabeth; der achtjährige Dauphin aber ward zu Tode gequält (s. Bild LXIV).

Robespierre, Danton und Marat wütheten wie wilde Thiere und liessen Tausende guillotiniren. Da traten die Einwohner der Vendée, sowie die meisten Städte im südlichen Frankreich, als Bordeaux, Toulon, Marseille, Lyon unter die Waffen gegen die Tyrannen und Aufrührer. Es wurde nun ein sogenannter Wohlfahrtsausschuss errichtet, dessen Aufgabe darin bestand, alle Gegner der Republik unschädlich zu machen.

Dieser Ausschuss sollte an kein Gesetz gebunden sein.
Daher nannte man seine Regierung den Terrorismus oder
die Schreckensherrschaft. Sogenannte „höllische Co-
lonnen" durchzogen das Land nach allen Richtungen und
mordeten und brannten ohne Unterschied des Alters und Geschlechtes, besonders in den Städten Lyon, Nantes, Bordeaux,
Marseille, Toulon. Die christliche Religion, Gott selbst wurde
als abgeschafft erklärt, und eine Dirne als Göttin der Vernunft auf den Altar gesetzt. Robespierre liess seinen Nebenbuhler Danton hinrichten, aber kurz darauf verlangte das
Volk seinen eigenen Kopf. Der Terrorismus, der innerhalb
vierzehn Monaten fast zwei Millionen Menschen getödtet hatte,
musste wieder abtreten. Im Oktober 1795 erschien eine neue
Constitution, die Direktorialregierung. Die ausübende Gewalt führten fünf Direktoren, diese sollten die Ordnung wieder herstellen.

Alle diese Vorgänge im Innern von Frankreich erfüllten
Europa mit Schauder, und schon im Jahre 1792 hatten sich
Oesterreich und Preussen, später auch England, Portugal, Sardinien und Neapel verbunden (erste Coalition), um die Franzosen zur Ordnung zurückzuführen. Die
Franzosen erlitten manche Niederlage, fesselten aber doch
zuletzt den Sieg an ihre Fahnen. Preussen schloss Frieden
(1795); Oesterreich, England, Portugal, Sardinien und Neapel blieben auf dem Kampfplatze. Da beschloss Frankreich,
Oesterreich auf drei Seiten auf einmal anzugreifen. Der General Jourdan sollte durch Franken, Moreau durch Schwaben, der junge Bonaparte von Italien aus in das Herz von
Oesterreich eindringen. Jourdan und Moreau mussten vor
dem heldenmüthigen Erzherzog Karl zurückweichen, Bonaparte hingegen drang bis vor Wien. Da wünschten beide
Parteien den Frieden, der geschlossen wurde zu Campo
Formio (1797). Oesterreich trat Belgien an die französische
Republik ab und erhielt dafür Venedig.

Bald entstand eine zweite Coalition gegen Frankreich, indem sich England mit Russland und Oesterreich verband, um den Eroberungen der Franzosen Einhalt
zu thun. Diese hatten den Kirchenstaat in eine römische,

die Schweiz in eine helvetische, Neapel zur parthen o-
peischen Republik umgewandelt. Sie wurden von
Erzherzog Karl in Deutschland und von Suwarow in Italien
geschlagen; nur die Schweiz blieb in ihren Händen. Weil im
Innern von Frankreich selbst grosse Unzufriedenheit mit den
Direktoren herrschte, ward Bonaparte zurückgerufen von
Aegypten, wo er den glänzenden Sieg bei den Pyramiden
erfochten hatte. Das Direktorium wurde nun gestürzt und
drei Consuln ernannt (1799), von denen Bonaparte der
erste und eigentlich einziger Regent war. Sogleich bot er
den Mächten der Coalition Frieden an. Diese aber schlugen
ihn aus. Da zog der Consul nach Italien und schlug die
Oesterreicher bei Marengo, worauf der Friede von Lüne-
ville geschlossen wurde (1801). Der Rhein sollte fortan die
Grenze zwischen Deutschland und Frankreich bilden. Bonaparte wurde schon im Jahre 1802 zum Consul auf Lebenszeit am 18. Mai 1804 zum Kaiser der Franzosen
ernannt, und seine Würde für erblich erklärt. Am 2. Dezember desselben Jahres ward er von Pius VII. feierlichst zu
Paris gekrönt. Im gleichen Jahre erklärte sich auch Franz II.
zum Erbkaiser von Oesterreich, um so beim Zerfall
Deutschlands sein eigenes Reich auf der alten Stufe der
Würde zu erhalten.

Da Napoleon I. nun auch noch den Königstitel von
Italien annahm und sich zu Mailand die eiserne Krone auf-
setzte, entstand eine neue, dritte Coalition zwischen Eng-
land, Russland, Schweden und Oesterreich gegen
Frankreich. Baden, Württemberg und Bayern mussten sich
Napoleon anschliessen; er drang bis nach Mähren, wo er bei
Austerlitz gegen das vereinigte österreichische und russische
Heer einen glorreichen Sieg erfocht (1805). Da kam es zum
Frieden von Pressburg, in dem Oesterreich Venedig an das
Königreich Italien abtreten, sowie auf Tyrol und alle Besi-
tzungen in Schwaben verzichten musste; Tyrol kam an Bay-
ern. Die Kurfürsten von Bayern und Württemberg erhielten
die Königswürde mit voller Unabhängigkeit von Kaiser und
Reich; der Kurfürst von Baden wurde zum Grossherzog erhoben.
So wurde der deutsche Reichsverband immer mehr zerrissen.

Um den Untergang des tausendjährigen deutschen Reiches zu vollenden, stiftete Napoleon den Rheinbund (1806), durch welchen sechzehn deutsche Fürsten von Kaiser und Reich sich lossagten, zu einem Bunde vereinigten und Napoleon als den Protector oder Schutzherrn desselben anerkannten. Von da an legte Franz II. den deutschen Kaisertitel ab und führte den schon 1804 angenommenen Titel: Franz I. Kaiser von Oesterreich. Der letzte deutsche Kaiser, der einundzwanzigste des erlauchten Hauses Habsburg, welches über 400 Jahre lang die deutsche Kaiserkrone trug, hatte sich seiner grossen Vorfahren würdig gezeigt.

Voll Besorgniss über die Entstehung des Rheinbundes und empört ob der Wegnahme von Hannover, erklärten nun auch die Preussen Napoleon den Krieg, fochten — besonders General Blücher — heldenmüthig, wurden aber bei Jena und Auerstädt vollständig geschlagen. Napoleon zog triumphirend in Berlin ein, machte aus den preussischen Besitzungen ein neues Königreich Westfalen und gab es seinem jüngsten Bruder Hieronymus (1807). Von da zog er nach Spanien, Portugal und dem Kirchenstaat, eroberte alle drei Länder und liess Pius VII. gefangen nach Frankreich abführen (s. Bild LXV). Hierüber ganz entrüstet, griff die ganze pyrenäische Halbinsel zu den Waffen; die Engländer schickten Wellington mit einem grossen Heere dahin. Der Krieg wurde fünf Jahre mit abwechselndem Glücke fortgesetzt und endete mit der völligen Vertreibung der Franzosen (1813). Auch Kaiser Franz von Oesterreich erhob sich noch einmal, musste aber abermals unterliegen und im Frieden zu Schönbrunn 2000 Quadratmeilen mit vier und einer halben Million Menschen an Napoleon abtreten und ihm sogar noch seine Tochter Louise zur Gemahlin geben. In diesem Kriege hatten sich die Tyroler unter Sandwirth Hofer ausgezeichnet.

Nun stand Napoleon auf dem Gipfel seiner Macht (1810). Frankreich, das früher 83 Departements mit 25 Millionen Menschen hatte, zählte jetzt 130 Departements mit 42 Millionen Menschen und erstreckte sich die Küsten des südlichen und westlichen Eu-

ropa's entlang von der Mündung der Elbe bis Triest
und Corfu. Dieses ungeheure Reich beherrschte Napoleon
mit unumschränkter Gewalt. Jetzt sollte auch Russland
noch fallen. Mit einem Heere von 500,000 Mann Franzosen,
Deutschen, Italienern, Polen zog Napoleon nach Russland,
schlug die Russen bei Moskwa und zog dann gerade auf Moskau los. Allein kaum war sein Heer in der menschenleeren
Stadt, so ging dieselbe, von den Russen angezündet, in
Flammen auf. Napoleon fehlte es bald an Lebensmitteln;
er musste den Rückzug antreten und kam, von den Russen
beständig verfolgt, mit den kläglichsten Trümmern seines
Heeres nach Frankreich zurück. Gott hatte seinem Uebermuthe eine Grenze gesetzt; wie er rasch gestiegen war, so
folgte jetzt rasch sein Untergang.

Voll Begeisterung für ihre Freiheit vereinigten sich nun
Preussen, Oesterreich und Russland, um Napoleon
vollends zu vernichten. Es kam die Völkerschlacht bei
Leipzig (1813), wo Napoleon eine schreckliche Niederlage
erlitt. Der Rheinbund wurde aufgelöst, die Schweiz frei,
ebenso Spanien und Portugal; das Königreich Westfalen ver-
schwand. Die deutschen Fürsten traten dem Bunde gegen
Frankreich bei und suchten nun Napoleon in Paris selbst auf.
Paris wurde genommen und die drei verbündeten Monarchen
hielten einen glänzenden Einzug. Napoleon, der sich eben
in Fontainebleau aufhielt, wurde am 2. April 1814 vom
Senate abgesetzt, musste am 11. April auf Frankreich und
Italien verzichten und erhielt die kleine Insel Elba nebst
einem Jahrgehalt; seine Gemahlin Marie Louise und sein
Sohn bekamen die Herzogthümer Parma, Piacenza und
Guastalla.

Ludwig XVIII. bestieg den französischen Thron, von welchem sein Bruder vor zwanzig Jahren auf's Blutgerüst gestiegen
war. Mit ihm schlossen die Verbündeten den Pariser Frieden,
nach welchem Frankreich die Ausdehnung behielt, die es im
Jahre 1792 hatte. Noch in demselben Jahre eröffneten die
Monarchen den Wiener Congress, um die Verhältnisse in
Europa zu ordnen. Da auf einmal stand Napoleon wieder
mit einem Heere in Frankreich, zog im Triumphe in Paris

ein, brach gegen die Verbündeten auf, die unter Anführung
Blücher's und Wellington's ihm entgegentraten, wurde
aber bei Waterloo gänzlich geschlagen und nach Paris zurückgetrieben. Abermals musste er dem Throne entsagen
und wurde dann nach St. Helena verbannt, wo er am
5. Mai 1821 starb, umgeben von seinen ihm getreuen Generälen Bertrand, Montholon, Gourgaud und Las Cases. Die
Monarchen Oesterreich's, Russland's und Preussen's schlossen
mit Ludwig XVIII. den zweiten Pariser Frieden, dann
unter sich den heiligen Bund, den Frieden aufrecht zu
erhalten, und beendigten (1815) den Congress zu Wien,
wo die einzelnen Staaten Europa's überhaupt und
Deutschland insbesondere den Besitzstand erhielten, welchen sie beinahe alle jetzt noch haben.
An die Stelle des aufgelösten deutschen Reiches trat jetzt der
deutsche Bund: eine enge Verbindung aller deutschen
Staaten, 39 an der Zahl, zur Erhaltung der innern und äussern Sicherheit Deutschland's und der Unverletzlichkeit der
einzelnen Bundesglieder. Mit der Regelung der Bundesan-
gelegenheiten wurde eine zu Frankfurt am Main beständ-
dig tagende Versammlung beauftragt, bestehend aus Gesandten der 39 Staaten, unter dem Vorsitze von Oesterreich.

Die zweite oder die Juli-Revolution.

Auf Ludwig XVIII. folgte sein Bruder
Karl X. (1824), der im Jahre 1830 Algier eroberte und
zur französischen Kolonie machte. Als er aber die Rechte
des Volkes beschränken wollte, entstand ein grosser Volks-
auflauf. Die Deputirten erklärten die ganze alte Linie des
Thrones verlustig und ernannten den Herzog von Orleans,
Louis Philipp, zum Könige (1830). Karl begab sich nach
Oesterreich und bezog ein Schloss bei Prag, wo er 1838 starb.
Die Vorgänge in Frankreich wirkten auch auf andere
Länder und fanden vielfache Nachahmung; zuerst in Belgien,
wo die Belgier und Holländer sich bekämpften und endlich
sich von einander lostrennten, so dass auch Holland ein
eigenes Königreich bildete. In demselben Jahre erhob sich
auch das Herzogthum Warschau, das der Wiener Congress

unter dem Titel „Königreich Polen" dem Kaiser Alexander
von Russland zugesprochen hatte. Die Polen fochten mit
heldenmüthiger Tapferkeit, mussten aber gegen die Uebermacht unterliegen und verloren auch noch den letzten Schatten ihrer Selbständigkeit.

In der Schweiz überfielen bewaffnete Freischaarenzüge
zweimal die katholische Stadt Luzern, und da in Folge dessen
die sieben katholischen Kantone sich zu einem bewaffneten
Sonderbunde vereinigten (1845), fielen die zwölf andern Kantone über sie her, brachten ihnen eine Niederlage bei und
benützten den Sieg zu Reformen oder Umänderungen der
Verfassung in ihrem Sinne (s. Bild LXVI).

In England und Irland fallen in diese Zeit die Kämpfe
um die Gleichberechtigung der Katholiken mit den Protestanten, in denen sich Daniel O'Connell (s. Bild LXVII)
ewige Ruhmeslorbeeren erwarb.

Die dritte oder die Februar-Revolution.

Louis Philipp suchte durch das System des juste-
milieu oder der richtigen Mitte allen Parteien gerecht zu
werden; aber er konnte es gar keiner Partei recht machen.
Weil er sich vorzüglich auf die Bourgeoisie oder das Bürger-
thum stützte, entfremdete er sich die Massen des Volkes.
Dieses verlangte ungestüm Reformen des Wahlrech-
tes, und in verschiedenen Städten wurden Reformban-
kette gehalten. In Paris wurde das Reformbankett polizei-
lich verboten. Es kam darüber zu Unruhen, die sich sogar
zur Revolution steigerten, als unter das Volk geschossen und
ungefähr 50 Personen verwundet wurden. Nun wollte Louis
Philipp zu Gunsten seines Enkels, des Grafen von Paris, ab-
danken (1848). Aber die Republikaner waren Meister geworden, und es ging ihm wie seinem Vorgänger, Karl X., den
er hatte entthronen helfen. Es wurde eine aus fünf Mitgliedern zusammengesetzte Vollziehungskommission nieder-
gesetzt, welche die Regierung übernahm. Louis Philipp
flüchtete sich mit seiner Familie nach England, wo er als
Privatmann unter dem Namen eines Grafen von Neuilly lebte.
Zum Unterhalte der Arbeiterklassen wurden Nationalwerk-

stätten errichtet, die Millionen verschlangen, ohne etwas Namhaftes zu leisten. Desshalb musste man sie wieder schliessen, sollte der Staat nicht ganz verarmen. Da versuchten die Arbeiter eine neue Revolution. Furchtbarer Tumult wüthete drei Tage lang in den Strassen von Paris. Louis Napoleon, ein Sohn Ludwig Bonaparte's, des Königs von Holland, und der Hortense Beauharnais, einer Stieftochter des Kaisers Napoleon, wurde zum Präsidenten der Republik und am 2. Dezember 1852 als Napoleon III. zum Kaiser der Franzosen proclamirt. Auch diese Revolution hatte ihre Rückwirkungen auf die übrigen Staaten. Es erhob sich ein Aufstand in dem lombardisch-venetianischen Königreich, das unter Oesterreich stand; aber der tapfere Radetzky schlug die Empörer nieder. Im Kirchenstaate waren ebenfalls grosse Unruhen ausgebrochen, so dass Papst Pius IX. flüchten musste und sich nach Gaëta begab. Ein französisches Heer unter dem General Oudinot stellte die Ordnung wieder her, und der Papst kehrte im Jahre 1850 wieder nach Rom zurück. Die Schweiz erhielt am 12. September 1848 eine neue Bundesverfassung. Auch in Oesterreich fanden republikanische Schilderhebungen statt; und erst dem Kaiser Franz Joseph war es möglich, besonders das aufrührerische Ungarn zu beruhigen und der Gesammtmonarchie eine allgemein befriedigende Verfassung zu geben. Ebenso bekam Preussen erst Ruhe, als eine konstitutionelle Verfassung die alte verdrängte. Mit dem Jahre 1850 wurde es im Ganzen ruhiger in Europa, und der Friede konnte seine Segnungen wieder entfalten. Alle diese Kämpfe aber lieferten vor allem die eine grosse Lehre der Geschichte: Keine Verfassung, und sei sie auch noch so vollkommen, wird echtes Volksglück begründen können, wenn nicht das Volk dafür reif geworden ist durch regeren Sinn für bürgerliche und häusliche Tugend, durch wärmeres Pflichtgefühl und vor allem durch höhere Gottesfurcht, die erst allen Gesinnungen und Handlungen die echte Weihe gibt.

Napoleon III. suchte sich die Gunst aller Parteien zu

erwerben. Die arbeitende Klasse gewann er durch die Her-
stellung grossartiger öffentlicher Bauten, durch Errichtung
von Sparkassen, gewerblichen Vereinen und Erleichterung in
der Arbeitsgesetzgebung. Die Katholiken machte er sich durch
Unterstützung des hl. Vaters geneigt. Dann eilte er den
Türken zu Hilfe, eroberte Sebastopol und drängte die Russen immer weiter zurück. Im Jahre 1856 schlossen Russland
und die Pforte Frieden; aber er sollte nicht lange dauern.
Im Jahre 1877 brach ein neuer blutiger Krieg aus.

Ferner kämpfte Napoleon für Sardinien, das unter
Victor Emanuel die österreichische Herrschaft in Italien
stürzen und ganz Italien zu einem Reiche (Italia unita) vereinigen wollte. Der französische General Mac Mahon schlug
die Oesterreicher bei Magenta am Ticino, worauf dieselben
die Lombardei und ganz Mittelitalien dem Feinde preisgaben.
Zwar stellte sich der Kaiser von Oesterreich, Franz Joseph,
nun selbst an die Spitze seiner Truppen; er wurde aber bei
Solferino (1859) geschlagen, und der Frieden von Villa-
franka geschlossen. Ein Jahr darauf kam der König Victor
Emanuel auch in den Besitz von Neapel, wo Garibaldi sich
an die Spitze der Aufständischen gestellt und den König
Franz II. vertrieben hatte. Dieser zog sich in die Festung
Gaëta zurück und leistete dort den hartnäckigsten Widerstand. Endlich, als Nichts mehr zu retten war, übergab er
sie. Er und seine Gemahlin Maria von Bayern, die gefeierte Heldin von Gaëta, die bei den heftigsten Sturmangriffen
unter dem Blitz und Donner der Kanonen überall den verwundeten Kriegern zur Seite stand, begaben sich nunmehr
nach Rom. Victor Emanuel aber wurde am 17. März 1861
von den Kammern in Turin feierlich zum König von Italien erklärt. Zur Einheit Italiens fehlten jetzt nur noch
Venetien und Rom mit den Marken. Ersteres erhielt
der König, obwohl bei Custozza und bei Lissa von den
Oesterreichern geschlagen, im Jahre 1866; letzteres eroberten
die Italiener am 20. September 1870, nachdem Napoleon seinen
General Dumont mit den französischen Truppen aus dem Kirchenstaate zurückgerufen und den Papst im Stiche gelassen
hatte. Doch dafür hatte den Kaiser rasch die Hand Gottes

erreicht. **Am 6.** August Abends schiffte sich der französische General Dumont in Civitavecchia ein, um seine Truppen mit dem Heere in Frankreich zu vereinigen: den gleichen Abend des gleichen Tages hatte Napoleon auf dem Schlachtfelde mehr Soldaten an Getödteten, Verwundeten und Gefangenen eingebüsst, als ihm der General aus dem Kirchenstaate zuführen konnte. Nicht genug. Es kam der 2. September. Am 2. September 1860 war Napoleon vom Bannfluche der Kirche getroffen worden: am 2. September 1870 verlor er bei Sedan Krone und Thron, Heer und Ehre. Er starb in Chiselhurst den 7. Februar 1873. Fünf Jahre später verschied an demselben Tage sein Günstling und Gesinnungsgenosse Victor Emanuel; aber unmittelbar vor seinem Tode verfluchte er noch sein an der Kirche begangenes Unrecht, bat den Papst Pius IX. um Verzeihung und um seinen Segen.

B. Bilder aus der neuern Geschichte.

XLIII. Martin Luther.

Martin Luther war der Sohn eines Bergmannes. Geboren zu Eisleben den 10. November 1483, hatte er 1501 die Universität in Erfurt bezogen und sollte sich nach dem Willen seiner Eltern der Rechtswissenschaft widmen. Allein in einem Augenblicke heftigen Schreckens — ein Freund soll an seiner Seite vom Blitze erschlagen worden sein — verband er sich durch ein Gelübde, Mönch zu werden. Nicht leicht mochte Jemand zu diesem Stande weniger geeignet gewesen sein als Luther. Gleichwohl trat er im Jahre 1505 in das Augustinerkloster zu Erfurt. Schon von Natur aus zur Schwermuth geneigt und häufig von Gewissensängsten gepeiniget, machte ihn das einförmige, abgeschlossene Klosterleben noch trübsinniger. Er erzählt selbst, welchen Widerwillen er gegen alles Heilige empfunden habe. Wenn seinen Augen in einem Klostergange das Bildniß Christi begegnete, so schlug er ganz erschrocken den Blick nieder. Das Gebet konnte ihm nicht helfen, denn er war von dem Wahne befangen, um zu beten und erhört zu werden, müsse man schon ganz fleckenlos wie die Heiligen des Himmels sein. Nun aber ist der Mensch, so lehrte Luther schon damals, in Folge der Erbsünde ganz und gar verdorben, so daß sein Streben nach innerer Heiligung verkehrt und vergeblich ist. Von diesem Irrthum fiel er nach und nach in den entgegengesetzten und stellte jene Rechtfertigungslehre auf, nach welcher der Mensch durch den Glauben allein selig wird. Daher lautete sein Grundsatz: „Sündige tapfer, aber glaube noch tapferer!" So begreifen wir, warum Luther später den Ablaß verwarf. Wenn durch den Glauben allein die Verdienste Christi uns zugewendet werden, so braucht es eben keine guten Werke mehr, wie z. B. Ablaßgebete oder Almosen.

Dieser traurige Zustand Luther's wurde noch durch seine schwächliche Gesundheit verschlimmert. Da ward er auf Verwenden seines Ordensobern Dr. Staupitz von dem Kurfürsten von Sachsen, Friederich dem Weisen, nach der neu gestifteten Universität in Wittenberg berufen. Freudig folgte Luther dieser Einladung, trat in das Augustinerkloster zu Wittenberg und bestieg dortselbst den Lehrstuhl der Philosophie. Später vertauschte er diesen nach dem Wunsche seines Fürsten mit einer Lehrstelle in der Theologie und übernahm zugleich das Predigtamt an der Schloßkirche. Namentlich benutzte er diesen letztern Posten, um gegen den Ablaß zu predigen.

Den äußern Anlaß hiezu gab Papst Julius II. Dieser hatte nämlich den großen Plan gefaßt, in der Hauptstadt der Christenheit zu Ehren des Apostelfürsten Petrus eine prachtvolle Kirche, die größte und schönste der Welt, zu erbauen, und zwar in der Art, daß die gesammten Gläubigen durch vereinte Mittel und Kräfte zur Errichtung dieses Prachtbau's als Ausdruck ihrer Einheit beisteuern sollten. Zu diesem Ende ließen er und sein Nachfolger Leo X. in allen Ländern für jene, welche in wahrer Reue ihre Sünden beichten und zu dem frommen Werke der Peterskirche einen milden Beitrag leisten würden, in herkömmlicher Weise einen vollkommenen Ablaß verkünden. Mit der Ausführung dieser Verkündigung in Deutschland wurde der Kurfürst Albrecht von Brandenburg, Erzbischof von Mainz und Magdeburg, beauftragt, welcher hinwiederum den Dominikanerorden hiemit betraute. Einer der hervorragendsten Ablaßprediger, welche dieser aussandte, war der gelehrte Johann Tetzel, der sich mit seinen Genossen über ganz Sachsen verbreitete.

Es gibt wenig Personen in der Geschichte, welche so schmählich verleumdet worden sind, als gerade Johannes

Tetzel. Er sollte allen möglichen Unfug getrieben, die kirch=
lichen Gnadenmittel auf die unwürdigste Art verschachert
haben. Wir können uns leider nicht darauf einlassen, im
Einzelnen die Erdichtungen zu widerlegen, welche alle ge=
gen den ehrwürdigen Dominikaner verbreitet worden sind.
Es wird genügen, wenn wir das Urtheil des berühm=
ten Kirchengeschichtschreibers Professor J. Hergenröther
über Tetzel hier wiedergeben. Dasselbe lautet:

„Es ist mit Nichten erwiesen, daß die genauen, den
Dominikanern sowie den Beichtvätern ertheilten Vorschrif=
ten (in Bezug auf den Ablaß) überschritten wurden, noch
daß Tetzel und seine Genossen von dem damals viel
verleumbeten Predigerorden jene Uebertreibungen sich zu
Schulden kommen ließen, deren sie Parteileidenschaft
geziehen hat; die uns erhaltenen Predigten und
die sonstigen Zeugnisse rechtfertigen diesel=
ben vollkommen.... Tetzel hat um des hl. Stuhles
willen unverdient Verleumdung und Verfolgung erlitten;
er siechte vor Gram dahin, das Schicksal Deutschland's
mehr als seine eignen Leiden beweinend. Sogar Luther,
dem das Gewissen rege geworden zu sein schien, schrieb
dem alten Manne, der das Gespött unreifer Knaben
geworden war, einen Trostbrief.“

Der verdiente Geschichtsforscher Janssen hat die That=
sache hervorgehoben, daß gegen die Geistlichkeit und na=
mentlich gegen Tetzel vielfach Anekdoten und alte Schwänke
als wahrhaft vorgefallene Ereignisse verbreitet wurden,
welche bereits der italienische Novellenschreiber Boccaccio
(† 1375) in seinem bekanntesten Werke „Hundert Erzäh=
lungen“ veröffentlicht hatte.

Luther's entscheidende That war nun, daß er am
Vorabend des Allerheiligenfestes, den 31. Oktober 1517, an
der Schloßkirche zu Wittenberg fünfundneunzig Sätze,
hauptsächlich gegen den Ablaß, anschlug, um dieselben
öffentlich zu vertheidigen. Wenn Luther gegen den Ablaß

aufgetreten ist, so bestimmten ihn dazu sicherlich nicht
die Ablaßprediger, sondern seine oben angeführte An=
schauung in Bezug auf den Glauben und die guten Werke.
Er selbst hat in seinen Schriften einmal gesagt, daß er
nicht gewußt habe, was der Ablaß sei; bevor Tetzel auf=
getreten ist, hatte Luther schon Ansichten gelehrt, welche,
laut seinen Zuhörern, mit der kirchlichen Lehre im Wider=
spruch standen.

Die Sätze Luther's fanden eine rasche Verbreitung,
und sein Unternehmen gewann eine größere Bedeutung,
als man erwarten konnte. Es entspann sich vorerst ein
heftiger Federkrieg zwischen Luther und verschiedenen
Gelehrten, darunter auch Tetzel. Luther überschüttete seine
Gegner mit Hohn und Schmähungen und wußte den
Kampf zu verallgemeinern, indem er zugleich die große
Menge durch deutsche Flugschriften für seine Irrlehren
zu gewinnen suchte. Am 1. August 1518 lud ihn endlich
Papst Leo X. zur Vernehmung nach Rom; auf Wunsch
des Kurfürsten gestattete er jedoch, daß dieselbe in Augs=
burg stattfinde. Hier erschien nun Luther im Oktober
1518 vor dem päpstlichen Abgesandten Cardinal Cajetan,
leistete aber keinen Widerruf, sondern entfernte sich heim=
lich aus der Stadt. Auch seine Unterredungen mit dem
päpstlichen Abgesandten Karl von Miltiz (Januar 1519)
hatten keinen besseren Erfolg. Luther schrieb zwar an den
Papst einen demüthigen Brief; aber wie wenig ernst es
ihm mit seiner Ehrfurcht gegen den hl. Stuhl war, geht
aus einer Aeußerung hervor, die er wenige Tage nachher
niederschrieb: er wisse nicht, ob der Papst der Antichrist
(Teufel) selber oder nur dessen Apostel sei.

Luther wurde immer hartnäckiger in seinen Meinun=
gen; besonders erbitterte ihn die Niederlage, welche er
und sein Freund Karlstadt in einer öffentlichen Dispu=
tation zu Leipzig mit Dr. Eck erlitten hatten. Da Luther
nicht nachgab, verurtheilte der Papst in einer Bulle ein=

undvierzig Sätze desselben als irrig und befahl ihm zu widerrufen. Luther aber verbrannte am 10. Dezember 1520 nach einer vorhergegangenen öffentlichen Bekanntmachung an der Spitze eines großen Volkshaufens die päpstliche Bulle nebst dem alten Kirchenrechte vor dem Thore von Wittenberg, und that hiemit den entscheidenden Schritt, durch welchen er sich auf immer von der katholischen Kirche trennte.

Kaiser Karl V. berief einen Reichstag nach Worms, um die kirchlichen Streitigkeiten beizulegen. Aber Luther, sich fortwährend auf seine eigene Auslegung der Bibel berufend, verharrte auf seiner Lehre und zog sich, vom Kaiser in die Reichsacht erklärt, auf die Wartburg bei Eisenach zurück, wo er unter dem Namen Junker Jörg zehn Monate verborgen lebte, an seine Freunde aufmunternde Briefe schrieb und die Bibel übersetzte. Nachher erscheint er bald da bald dort; wir treffen ihn zu Wittenberg, Jena, Koburg, zuletzt in Eisleben.

Einmal von der Kirche losgetrennt, ging er immer weiter. Bald wurden auch das Fasten, die Beicht und das hl. Meßopfer verworfen, — Alles, gestützt auf die Lehre, daß der Mensch durch den Glauben allein selig werde. Jene Stellen der hl. Schrift, die von der Nothwendigkeit der guten Werke sprechen, anerkannte er nicht oder legte sie nach seiner Weise aus. Freilich hatte er manchmal furchtbare Kämpfe mit sich selber zu bestehen, indem das Gewissen ihm bittere Vorwürfe machte. „Wie," sprach er zu sich selber, „wenn du irrtest und so viele Leute in Irrthum führtest, die alle ewiglich verdammt werden?" Oft gestand er, selber nicht glauben zu können, was er Andere lehre. Ebenso sah er ein, daß er und seine Anhänger durch den Abfall von der Kirche schlechter geworden seien. Aber Luther unterdrückte leider immer wieder diese Regungen seines Gewissens, brach sogar sein Gelübde und

heirathete (1525) Katharina Bore, eine ausge=
sprungene Nonne. Seine Erbitterung gegen den Papst,
der zur Hebung der Glaubensspaltung ein Concil nach
Trient berief, war grenzenlos. Er verfaßte eine Schmäh=
schrift gegen ihn: „Das Papstthum zu Rom, vom Teufel
gestiftet." War er bei Abfassung dieses Buches nüchtern,
so verstand er es, sich bis zu jener Stufe des Ingrim=
mes zu erhitzen, wo der Geist der Verrücktheit beginnt.
Gegen Ende seines Lebens schrieb er auch noch gegen die
Juden und forderte die Christen förmlich auf, an die
Synagogen Feuer anzulegen. Ueberhaupt brachte Luther
die letzten Jahre seines Lebens in einer düstern Stim=
mung, in fortwährender Bitterkeit zu und äußerte oft
den Wunsch, recht bald dem Anblicke so vieler unerträg=
licher Dinge entrückt zu werden. In solchem Zustande
ereilte ihn der Tod am 22. Februar 1546 zu Eisleben,
wohin er eben zur Schlichtung eines Streites des Gra=
fen von Mansfeld gekommen war.

Es ist nicht zu leugnen, daß Martin Luther vortreff=
liche Eigenschaften besaß, frei war von Habsucht und
Geldgier und sich außerordentlich theilnehmend zeigte ge=
gen den Nächsten. Ebenso wenig dürfen wir annehmen,
daß Luther im Anfang eine solche unselige Glaubens=
spaltung beabsichtigte. Aber einmal auf die abschüssige
Bahn des Irrthums gerathen, war er zu stolz, um wie=
der umzukehren. Voll Anmaßung, seinen Mund als
„Christi Mund" ansehend, verkündete er seine neue Lehre
der Welt und riß das Volk durch seine seltene Gewandt=
heit in der Darstellung mit sich fort.

Klagte doch dasselbe ohnehin vielfach über kirchliche
Mißbräuche. Man war besonders unzufrieden über die
Verhängung kirchlicher Strafen, über die häufigen und
großen Geldsendungen nach Rom. Der Geiz, der tiefste
Grundfehler der Zeit, offenbarte sich auch innerhalb der
Geistlichkeit aller Grade und Ordnungen in der Sucht, die

kirchlichen Einkünfte, Taxen und Sporteln nach Möglich=
keit zu erhöhen; hauptsächlich kamen die Mißstände unter
der Geistlichkeit daher, daß einflußreiche Familien im
geistlichen Stande für ihre nachgebornen Söhne eine Ver=
sorgungsanstalt suchten. Ganz besonders aber hatten Geiz
und Selbstsucht in den Herzen der Fürsten Platz gegrif=
fen. Sie bezahlten keine Reichssteuer mehr; sie trugen
nichts mehr zum Reichsheere bei; das christlich germa=
nische Recht mußte einem fremden Rechte weichen, nach
welchem die Fürsten alle Macht in der unabhängigsten
Weise in sich vereinigten und das Volk durch knechtische
Leibeigenschaft drückten. Hierin haben wir vorzüglich die
damalige steigernde Unzufriedenheit in dem Volke, die
zahlreichen Bauernaufstände, den großen Umsturz in allen
Verhältnissen und den traurigen Abfall zu suchen. D e r
A b l a ß   w a r   n u r   d i e   ä u ß e r e   V e r a n l a s s u n g   z u
d e m   g r o ß e n   A b f a l l e   d e s   s e c h z e h n t e n   J a h r=
h u n d e r t s.

Wohl herrschte damals auf geistigem Gebiete die regste
Thätigkeit. Durch katechetischen Unterricht, durch die Pre=
digt, durch Uebersetzung der hl. Schrift, durch Unter=
richts = und Erbauungsbücher mannigfaltigster Art wurde
für die religiöse Unterweisung und die Förderung des
religiösen Lebens eifrig gesorgt. Unzählige, seeleneifrige,
durch Gelehrsamkeit und Tugend ausgezeichnete Päpste, Bi=
schöfe und Priester waren unermüdlich thätig, allfällige
Mißstände in der Kirche nach und nach zu heben. Aber die
oben berührten, traurigen Rechtsverhältnisse traten zu un=
heilvoll hervor. In den so reichlich aufgehäuften Brennstoff
fiel plötzlich ein Funke und entzündete denselben zur furcht=
baren Flamme einer höchst traurigen Glaubensspaltung,
welche unsägliches Elend über das so schöne Deutschland
brachte und selbst andere Länder mit in's Unglück zog.

XLIV. Karl V.

Karl, unter den Kaisern dieses Namens der Fünfte, wurde im Jahre 1500 zu Gent in Flandern geboren und daselbst erzogen. Sein Vater war Philipp der Schöne von Oesterreich, ein Sohn Maximilian's; seine Mutter Johanna, die Tochter Ferdinands von Aragonien und Isabella's von Kastilien. Schon in früher Jugend fielen ihm vermöge des Erbrechtes die herrlichsten Kronen zu. Kaum siebenzehn Jahre alt, erbte er von Seite seiner Mutter die Königreiche Spanien, Neapel und Sardinien und erhielt durch die glücklichen Entdeckungen des Columbus, Cortez und anderer Seehelden das große goldreiche Amerika. Als Sohn Philipp's war er der Erbe der österreichischen und burgundischen Stammländer seines Hauses. Dieser mächtige König, der ein so weitläufiges Reich besaß, daß die Sonne in demselben nicht unterging, strebte gleich nach dem Hintritte seines Großvaters Maximilian nach der glänzendsten Krone von allen, der deutschen Kaiserkrone. Schon sein Großvater hatte ihn auf dem Reichstage zu Augsburg den deutschen Fürsten empfohlen.

Allein neben ihm bewarb sich um die Kaiserwürde der junge, ritterliche König von Frankreich, Franz I., der weder Geld noch Versprechungen sparte, um sein Haupt mit der deutschen Kaiserkrone zu schmücken. Die deutschen Fürsten aber waren von so niedriger Habsucht erfüllt, daß sie ihre Stimmen förmlich verkauften und zwar demjenigen, der ihnen am meisten bot. Die Wahlagenten für Karl beklagten sich über Mangel an Geld, während die Franzosen solches mit vollen Händen ausstreuten. Stimmen, die erstere gewonnen zu haben glaubten, besonders die von Mainz und von der Pfalz, gingen durch höhere französische Geld- und Gunsterweise wieder verloren. Es scheint unglaublich, ist aber urkundlich festgestellt, daß ein Pfalzgraf Ludwig zuerst mit Franz I., dann mit Maximilian einen Vertrag abschloß, hernach wieder dem Franzosenkönig seine Dienste anbot, darauf durch höhere Geldsummen abermals für das Haus Habs= burg gewonnen wurde, einen Monat später jedoch um noch bedeutendere Summen und Zusicherungen seine Stim= me zum dritten Male Franz I. zu geben versprach. So tief war das Fürstenthum gesunken. Kein Wunder, wenn die kaiserliche Macht immer mehr zum Schatten wurde und die innere Verwirrung in erschreckender Weise zunahm. Nur der Anhänglichkeit des deutschen Volkes an das habsburgische Haus ist es zu verdanken, daß Karl, und nicht ein Fremder, die deutsche Kaiserkrone erlangte. Die Fürsten hatten von der Erbitterung des Volkes Alles zu fürchten, wenn sie nicht die Stimme für Karl abgaben. Daher wurde er denn endlich am 28. Juni 1519 ge= wählt, und das zahlreich versammelte Volk jauchzte laut auf, als ihm der Name König Karls verkündet wurde. Mit ungewöhnlicher Pracht ward er im folgenden Jahre zu Aachen gekrönt.

Kaiser Karl V. war ein vollendeter Staatsmann, er= füllt von einem großen, glänzenden Ideale. Nach dem hohen Begriffe des Mittelalters sah er im Kaiser das Haupt der Christenheit und den Schirmherrn der ver= einten abendländischen Kirche. Deßhalb war er unab= lässig bemüht, die Katholiken und die Protestanten wieder zu vereinigen. Er hielt Reichstag über Reichstag und drang sogar auf die Berufung eines allgemeinen Concils, um die streitenden Parteien zu versöhnen. Aber seine Bemühungen blieben umsonst; das Feuer des religiösen Aufruhres griff zu rasch um sich.

Um so glücklicher war Karl in den Staatsgeschäften. Kluge Berechnung kennzeichnet ihn überall. Nirgends sieht man ihn jagen nach eitlem Erfolge, dessen Glanz in wenigen Tagen wieder erbleicht. Er trug stets das volle Bewußtsein dessen in sich, was er beab=

sichtigte, und ging unverzüglich und entschlossen an die Ausführung seiner Pläne. Aus dem Briefwechsel, den der Kaiser mit seiner Schwester, der weisen Maria, seinem Bruder Ferdinand und dein Kanzler Granvella führte, ersieht man zur Genüge, wie klar er Alles durchschaute, wie umsichtig, gründlich und scharfsinnig er zu verfahren pflegte. Was in den sorgfältigsten Besprechungen mit seinen Räthen war beschlossen worden, das wurde ihm nochmals vorgelegt, und nach genauer Durchsicht begleitete er die Berichte mit seinen Bemerkungen. Seine rastlosen Bemühungen im Staatsleben wurden mit herrlichen Erfolgen gekrönt. Als Herr von Aragonien hatte Karl dessen Ansprüche an Italien zu wahren, hat ihm Neapel erhalten und Mailand gewonnen; als König von Castilien hat er Mexico und Peru gewonnen, colonisirt, die Grundsätze der Menschlichkeit in Behandlung der Eingebornen zur Geltung gebracht; als Herr beider Reiche und Italiens hat er ihre Küsten gegen die Seeräuber geschützt und um die Herrschaft über das mittelländische Meer gerungen; als Herr der Niederlande hat er ihrem Handel neuen Aufschwung verliehen, sie um Geldern, Zütphen und Cambrai vergrößert und Flandern und Artois von der Zugehörigkeit zu Frankreich frei gemacht; als Kaiser hat er Deutschland vor den Türken wie vor Frankreichs Uebergriffen geschützt. Karl war der mächtigste und größte Herrscher des sechzehnten Jahrhunderts.

Dabei beobachtete der große Kaiser eine höchst einfache Lebensweise. Aeußern Prunk und Festlust verschmähte er gänzlich. Er aß allein und schweigend, war im Trinken sehr nüchtern; kaum vermochten die Späße seiner Hofnarren ihm ein flüchtiges Lächeln zu entlocken. Unermüdlich arbeitete, studirte und betete er in seinem einsamen Zimmer, so daß den Deutschen jener Zeit, wo jeder Fürst den andern durch Pracht und glänzenden Aufwand wie durch massenhafte Verschwendung bei Gast-

mählern zu überbieten suchte, jenes Kaiserleben fast un-
heimlich erschien.

Als Karl den Abend seines vielbewegten Lebens herein-
brechen sah, da zog er sich in die stille Einsamkeit von
St. Just zurück, um sich zum nahen Uebertritte in eine
bessere Welt vorzubereiten. Vorher jedoch übergab er im
Oktober 1555 zu Brüssel in einer feierlichen Versammlung seinem Sohne Philipp die Regierung der Niederlande; Mailand und Neapel hatte er ihm schon früher
abgetreten. Es war ein rührender Anblick, und Männer
weinten, die nie eine Thräne vergossen hatten, als der
kranke, lebensmüde Kaiser mit Mühe, auf die Schulter
Wilhelms von Oranien gestützt, aus seinem Sessel sich
erhob und die Thaten seines Lebens kurz auseinandersetzte: Seit seinem siebenzehnten Jahre, habe er neun
Züge nach Deutschland, sechs nach Spanien, sieben nach
Italien, vier nach Frankreich, zehn nach den Niederlanden, zwei nach England und ebensoviel nach Afrika geführt, viele Friedens- und Freundschaftsverträge geschlossen
und viele Siege erfochten. Dies Alles habe er der Religion und des Staates wegen gethan, so lange seine
Kräfte hinreichten, es zu thun. Jetzt setze er aus gleichem
Beweggrunde an die Stelle eines alten, von Krankheit
aufgeriebenen Mannes einen jungen, muntern und tapfern
Fürsten mit der Ermahnung an seine Unterthanen, jenem
treu und gehorsam zu bleiben, und mit der Bitte an sie,
ihm selbst zu vergeben, wenn er während seiner langen
Regierung Etwas übersehen oder nicht mit dem Eifer gethan habe, mit welchem er es hätte thun sollen. Hierauf wandte er sich an seinen Sohn Philipp und ertheilte ihm mit der stillen Wehmuth eines scheidenden
Vaters die lehrreichsten Ermahnungen. Philipp fiel gerührt auf seine Kniee, küßte die Hand seines Vaters und
bat um seinen Segen. Karl segnete ihn unter einem
Strome von Thränen und stieg ganz entkräftet und von

seinen nächsten Verwandten unterstützt vom Throne, um ihn nie wieder zu besteigen.

Im Januar des folgenden Jahres 1556 trat er seinem Sohne Philipp auch die Regierung von Spanien

Kaiser Karl V. vor St. Just.

mit allen davon abhängenden neu entdeckten Ländern ab, und im September überließ er die Kaiserwürde seinem Bruder Ferdinand. Dann erst schiffte er sich nach Spanien ein und bezog eine kleine einfache Wohnung

neben dem Hieronymiterkloster St. Just, welches in der
Provinz Estremadura unter einem milden, heiteren Him=
mel zwischen sanft aufsteigenden Hügeln, wohlbewäs=
serten Wiesen, schattigen Bäumen und anmuthigen Gärten
lieblich gelegen ist. Hier lebte er zwei Jahre lang in
tiefster Einsamkeit und theilte seine Zeit zwischen frommen
Andachtsübungen und einigen Erholungen. Letztere be=
standen größtentheils in Verfertigung künstlicher Ma=
schinen, für welche er von jeher Vorliebe bezeigte und
die er so geschickt verfertigte, daß er sich bei manchen un=
wissenden Menschen der Umgegend den Ruf eines Schwarz=
künstlers zuzog. Vorzüglich aber beschäftigte sich seine
Seele mit dem Gedanken des Todes, den er bei seinen
gänzlich geschwächten Kräften nicht mehr ferne glaubte.
Um sich noch vertrauter mit demselben zu machen, soll
er sogar sein eigenes Begräbniß gefeiert haben, gleichwie
auch sein Großvater Maximilian seinen Sarg vier Jahre
mit sich herumgeführt hatte. In der Klosterkirche — heißt
es — wurde ein Trauergerüst errichtet, die Kirche selbst
schwarz ausgeschlagen. Seine Diener gingen paarweise in
einem Leichenzuge, mit schwarzen Fackeln in der Hand,
voraus. Er selbst folgte in seinem Todtengewande. Dann
legte er sich in den für ihn bereiteten Sarg, während
die Mönche unter Begleitung einer Trauermusik die üb=
lichen Todtengesänge und Gebete verrichteten. Allein dieses
Vorspiel ging bald in Wirklichkeit über. Schon am nächsten
Tage nach der Ceremonie wurde er von einem hitzigen
Fieber befallen, welches bald seinem Leben ein Ende
machte. Er starb 1558, acht und fünfzig Jahre alt. Unter
keinem Kaiser weder vor noch nach ihm stand das Haus
Oesterreich auf einer so hohen Stufe der Macht und des
Ansehens.

XLV. Die Wiedertäufer.

Zu welchen Verirrungen die neue Lehre Luthers das Volk hinriß, beweist außer den Bauernkriegen vor allem die Sekte der Wiedertäufer. An ihrer Spitze stand Thomas Münzer. Dieser schwärmerische Mann, der früher Weltpriester zu Zwickau gewesen, aber wegen seiner aufrührerischen Lehren von dort vertrieben worden war, rühmte sich besonderer Offenbarungen Gottes, durch welche ihm das Wesen der christlichen Freiheit weit klarer geworden sei, als Luther sie kenne und lehre. Nach diesen vorgeblichen Offenbarungen sollte jetzt ein ganz neues christliches Reich gestiftet werden, in welchem völlige Gleich= heit herrsche und alle Güter gemeinschaftlich seien. In dem neuen Reiche bedürfe es nicht der Fürsten, der Ob= rigkeit, des Adels, der Geistlichkeit; auch der Unterschied zwischen Reichen und Armen sei ein höchst unchristlicher. Zugleich verwarf er Alles, was er nicht mit klaren Worten in der hl. Schrift ausgesprochen fand, schaffte deßhalb die Kindertaufe ab und lehrte die Nothwendigkeit der Wiedertaufe für die Erwachsenen. Daher hießen seine Anhänger Wiedertäufer (Anabaptisten).

In jener unruhigen, vielfach bewegten Zeit, wo jede Neuerung haftig aufgegriffen wurde, mußte eine solche Lehre sich leichten Eingang verschaffen, besonders bei dem gemeinen Volkshaufen, dem dieselbe so ansehnliche Vortheile zusicherte. Unter der Anführung Münzers zogen die entfesselten Schaaren von Stadt zu Stadt, von Dorf zu Dorf, um jenes abenteuerliche Reich zu verbreiten. Verwüstung bezeichnete ihren Weg. Die blühendsten und volkreichsten Landschaften wurden Einöden voll rauchen= der Trümmer. Da griffen die Fürsten zum Schwerte und schlugen den Aufstand in der Schlacht bei Franken= hausen (1525) nieder.

Aber die Sekte erstand bald darauf in noch verhäng=

nißvollerer Gestalt in der Stadt Münster in Westfalen, wo schon seit mehreren Jahren eine sehr feindliche Stimmung gegen die weltliche Obergewalt des Bischofs herrschte. Die damals in den meisten größeren Städten rege gewordene Sehnsucht nach völliger Freiheit und Unabhängigkeit regte sich auch hier und gab zu lärmenden Auftritten Veranlassung. Der Bischof verließ die Stadt. Die Parteiwuth wurde noch größer, als ein Prediger, Bernhard Rothmann, lutherische Grundsätze zum Vortrage brachte und für diese einen großen Anhang gewann. Deßhalb seiner Stelle entsetzt und des Landes verwiesen, veranlaßte er mit seinem Anhange einen ähnlichen Sturm gegen den Katholicismus in Münster, wie früher Luthers Freund, Karlstadt, in Wittenberg.

Da kamen die Wiedertäufer, welche vorzüglich in den benachbarten Niederlanden ihr Wesen trieben, nach Münster. Das betrübende Bild, welches die durch innere Parteiungen zerrissene Stadt darbot, hatte die Sehnsucht nach einem besseren Zustande der Dinge rege gemacht. Und nun predigten die Wiedertäufer ihre schwärmerischen Grundsätze von einem neu aufzurichtenden Reiche Christi, in welchem völlige Gleichheit herrsche. Das trügerische Zauberbild zog die Gemüther der aufgeregten und neuerungssüchtigen Menge an. Viele ließen sich durch den abermaligen Empfang der Taufe zu Bürgern dieses neuen Reiches einweihen; auch Rothmann schloß sich an die Wiedertäufer.

Zwei der Verworfensten unter den Wiedertäufern waren Johann Bockelsohn, Johann von Leyden genannt, und Matthisen, ein Bäcker aus Harlem. Vergebens ermahnte und drohte der Bischof; vergebens wurden Maßregeln gegen die immer weiter um sich greifende Sekte getroffen; jeder Widerstand schien die Zahl der Anhänger nur zu vermehren.

Eines Tages erhob sich in Münster plötzlich ein Lärm,

als ob die Welt untergehen sollte. Heinrich Rulle, ein Prediger aus Harlem, rannte wie besessen durch die Stadt und schrie unaufhörlich: „Thuet Buße und lasset euch taufen, denn der Tag des Herrn ist nahe; und ziehet aus, ihr Gottlosen!" Dasselbe Geschrei wiederholten am Nachmittage Johann von Leyden und Bernhard Knipperdolling, ein Tuchhändler aus Münster. Mit unbedecktem Haupte, die Augen gen Himmel gerichtet, zogen sie durch die Straßen. Hinter ihnen her strömten Schaaren von Männern und Weibern und schrieen in wilder Begeisterung durch einander, „sie sehen die Herrlichkeit Gottes in den Wolken und Christus mit der Siegesfahne in der Rechten, von Tausenden der Engel umgeben, herniedersteigen, um fortan in Münster, dem neuen Jerusalem, zu herrschen." Ueber solcher Raserei vergaßen aber die Anführer ihre eigenen Maßregeln nicht, sich zu Herren der Stadt zu machen. Sie drangen auf den Markt, bemächtigten sich des Rathhauses, wählten einen neuen Rath und den wüthenden Knipperdolling zu einem der Bürgermeister. Furchtbar begann das abenteuerliche Reich. Kirchen und Klöster wurden ausgeplündert, zum Theil zerstört, Heiligthümer mit Füßen getreten, Bilder und Statuen zerschlagen, schriftliche Urkunden und Denkmale zerrissen, alle gedruckten Bücher bis auf Luthers Bibel auf öffentlichem Markte verbrannt.

Matthisen, der Prophet aus Harlem, hatte seitdem das höchste Ansehen in der Stadt erlangt. Er galt mehr als Bürgermeister und Rath; ohne ihn ward Nichts mehr unternommen; Jeder gehorchte ihm mit schweigender Angst. Als er aber im Kampfe gegen das Heer des Bischofs, welches die Stadt enge einschloß, umkam, da trat der Schneider Johann von Leyden an seine Stelle. Johann Dusentschur, ein Goldschmied aus der benachbarten Stadt Warendorf, trat auf einmal vor dem Volke auf und versicherte dasselbe, „es sei ihm Gott erschienen und

habe ihm geoffenbart, es solle Johann von Ley=
den ein König sein über den ganzen Erdboden, über
alle Kaiser, Könige, Fürsten und Gewaltige; er solle aus=
ziehen mit seinem starken Heere und alle Könige und
Fürsten tödten und nur diejenigen verschonen, welche Ge=
rechtigkeit lieben." Das ganze Volk staunte über diese
neue Weissagung. Johann aber sank in die Kniee und
sprach: „Schon vor mehreren Tagen, liebe Brüder, hat
mir Gott seinen Willen kund gethan; es war ihm aber
nach seiner Weisheit gefällig, ihn noch durch ein anderes
Werkzeug zu bestätigen. Wohlan denn, du gebeutst, All=
mächtiger, und dein Knecht gehorcht."

Von dem ganzen Volke wurde nun der Schneider als
König begrüßt. Sein erstes Geschäft war, sich einen
förmlichen Hofstaat mit königlicher Pracht anzuordnen.
Knipperdolling wurde sein Minister, Bernhard Krech=
ting sein Hofkanzler. Acht und zwanzig Trabanten bildeten
seine Leibwache. Von nun an erschien er stets in könig=
lichem Gepränge, das Scepter in der Hand; sein schar=
lachrother Mantel blitzte von Gold und Juwelen. Ihm
zur Seite gingen schön geschmückte Edelknaben, die ein
Schwert, eine Bibel, den Reichsapfel und die Krone
trugen. Acht und zwanzig Apostel wurden in alle Welt
geschickt, seine Lehre und sein Reich und den Untergang
aller übrigen zu verkündigen.

Diese Alle aber wurden, statt Bürger für das neue
Reich zu gewinnen, vom Schwerte der Gerechtigkeit er=
reicht. Ebenso ward die Stadt, in welcher die Noth und
das Elend bereits zur gräßlichsten Höhe gestiegen war,
vom Belagerungsheere des Bischofs erstürmt. Mit ver=
zweifelter Wuth kämpften die Wiedertäufer. Am grim=
migsten war der Kampf auf dem Marktplatze. Hier stand
der König mit seinen besten Leuten, und es galt, frisch
zu streiten. Die ganze Nacht hindurch währte das Ge=
würge; blutig stieg über demselben das Morgenroth empor,

und der Kampf, bei dem sich Freund und Feind erst jetzt unterscheiden konnten, wurde regelmäßiger. Die Straßen füllten sich mit Leichen, dazwischen strömte das Blut, ertönte das Aechzen der Sterbenden und das Wuthgeschrei der Sieger. Nach langem blutigen Kampfe mußten die Wiedertäufer endlich unterliegen. Am 28. Juni 1535, vier Tage nach der Eroberung, hielt der Fürstbischof Franz von Waldeck seinen Einzug in Münster.

Statt des früheren Trotzes und aufrührerischen Gebrülles herrschten hier jetzt Todtenstille, Reue und Schrecken. Mit tiefer Erschütterung sah der Bischof die schreckliche Verwüstung und das allgemeine Elend, welches aus den mageren, gelblichen Gesichtern sprach. Die drei Hauptanführer, Johann von Leyden und seine beiden Minister, wurden auf die grausamste Weise hingerichtet, ihre Leichname in drei eisernen Käfigen, der König in der Mitte, an dem höchsten Thurme in der Stadt (Lambertithurm) aufgehängt.

Diese traurigen Erfahrungen, herbeigeführt durch die neue Lehre, hatten zur Folge, daß der Katholicismus in Münster dauerhaft wieder hergestellt wurde.

XLVI. Die geistlichen Orden der neuern Zeit.

Wer hätte nicht trauern sollen über die Verwüstungen, die der große Abfall vom Glauben allüberall herbeiführte? Doch fand die Kirche einigen Ersatz in den neu erstandenen Orden, welche das katholische Leben vielfach wieder herstellten und außerdem Unzählige für den Glauben gewannen.

In den Zeiten großer Gefahr sah die Kirche immer neue Orden entstehen. Als in der Völkerwanderung mit dem Zusammensturze der alten Welt auch die Kirche in Gefahr war unterzugehen, da haben die Söhne des hl. Benedikt (Benediktiner) die Barbaren des Nordens, welche das römische Reich zertrümmerten, bekehrt und der Kirche eine Stellung verschafft, kräftiger als in den

Tagen Constantins und Justinians. Als im Anfange
des 13. Jahrhunderts mannigfache Irrlehren den Süden
von Frankreich, Spanien, Italien und die Donau-
länder ergriffen, erstanden die Orden der Franziskaner
und Dominikaner, welche die Kirche retteten. So wurden auch im Zeitalter der Reformation neue Orden gegründet. Unter diesen aber hat der Orden der Gesellschaft Jesu das Größte geleistet, durch die Bekehrung
bisher wenig bekannter Völker die erlittenen Verluste der
Kirche am besten gedeckt und die neue Lehre am entschieden-
sten und nachhaltigsten bekämpft; seine Söhne waren die
Löwen in der Schlacht.

Der Jesuitenorden wurde gestiftet von dem spanischen
Edelmanne Ignatius von Loyola, so genannt von
seinem Stammschlosse Loyola im Biscay'schen. Am Hofe
Ferdinand des Katholischen als Edelknabe herangewachsen,
trat er bald gegen die Ungläubigen in den Kampf und
zeigte ritterliche Tapferkeit. Der erfochtene Ruhm bestimmte ihn zu dem Entschlusse, die kriegerische Laufbahn
weiter zu verfolgen. Sie ward aber plötzlich unterbrochen
durch eine schwere Wunde am Beine, die er bei der Vertheidigung des Schlosses zu Pampelona gegen die
Franzosen im Jahre 1521 erhielt. Während der langwierigen Heilung, die er auf dem väterlichen Schlosse
zu Loyola abwartete, beschäftigte er sich mit dem Lesen
der Lebensgeschichte Jesu und der Heiligen; und diese Lektüre machte auf sein für alles Hohe empfängliches Herz
einen solchen Eindruck, daß er sich entschloß, der Welt
mit ihren vergänglichen Freuden zu entsagen und sich
dem geistlichen Leben zu widmen.

Nach seiner Genesung verließ er daher seine Familie, legte seinen ritterlichen Schmuck bei dem berühmten
Bildnisse der hl. Jungfrau im Kloster Montserrat (in
Catalonien) nieder und bereitete sich näher zu dem Berufe vor, den er in sich fühlte. Von einer Pilgerfahrt

nach dem hl. Grabe zurückgekehrt, widmete er sich in Barcelona, Alcala und Paris mit allem Eifer den Wissenschaften, um nicht durch frommen Wandel allein, sondern auch durch belehrenden Unterricht dereinst ein tüchtiger Arbeiter im Weinberge des Herrn zu sein. Zu Paris verband er sich mit mehreren gleichgesinnten Freunden, und diese legten am Feste Mariä Himmelfahrt des Jahres 1534 in der kleinen Marienkirche auf dem Montmartre daselbst das Gelübde ab, ihr Leben der Bekehrung der Ungläubigen in Palästina zu widmen; wofern aber dieses nicht ausführbar wäre, sich dem Papste zur Verfügung zu stellen.

Ein zwischen Venedig und der Türkei ausgebrochener Krieg verhinderte ihre Reise in das hl. Land. Ignatius begab sich daher nach Rom und entwarf dort im Auftrage der Gesellschaft die Grundzüge der Verfassung des neuen Ordens. Der Papst Paul III. bestätigte denselben unter dem Namen der Gesellschaft Jesu (1540), weil er ganz zum Dienste und zur Nachfolge Jesu gestiftet war, bewilligte ihm große Vorrechte und ernannte den Stifter zum Vorsteher (General) desselben. „Alles zur größeren Ehre Gottes!" ist der Wahlspruch des Ordens.

Kaum gegründet, trat der Orden mit Kraft und Muth den damaligen Irrlehren entgegen, vertheidigte in Wort und Schrift den hl. Glauben und führte Tausende wiederum in den Schooß der Kirche zurück.

Daneben widmeten sich die Jesuiten der Bildung der Jugend. Die Jesuiten-Schulen standen in ganz Europa in hohem Ansehen; ihre Lehrmethode galt für die zweckmäßigste und behauptete selbst noch im 18. Jahrhundert ihren Ruf. Ein freier Geist bei unablässiger Aufsicht, eine freundliche Herablassung der Lehrer zu den Schülern und eine zarte Sorgfalt für die Bewahrung ihrer Unschuld und Sittlichkeit zeichnete sie vor anderen Schulen vortheilhaft aus. Alles, was nur den Wetteifer beleben konnte, öffentliche Redeübungen, Belohnungen, Ehrentitel, wurde angewendet, den Fleiß anzuspornen. Auch der Körper wurde durch gymnastische Uebungen gebildet, und der äußere Anstand durch theatralische Darstellungen verfeinert. Im Mittelpunkte aber stand immer die Religion, auf welche Alles zurückbezogen wurde.

Ihren größten Ruhm erwarben die Jesuiten durch die Missionen. Als Ignatius am 31. Juli 1556 starb,

Der hl. Franz Xaver.

zählte der Orden in 13 Provinzen wenigstens hundert Collegien, und in alle Theile der Welt waren seine Söhne schon als Glaubensboten ausgegangen. In Europa hatten Millionen den Schooß der Kirche verlassen; doch wird die Zahl derer, welche der Orden der Kirche in fernen Welttheilen zuwandte, auf 200 Millionen gerechnet; 800 Jesuiten starben als Martyrer.

Unter allen Missionären des Ordens ragt der hl. Franz Xaver hervor. Von ihm allein wurden in einem Monate 10,000 Heiden getauft, innerhalb 10 Jahren

zwanzig verschiedene Völker Indiens für das Christen=
thum gewonnen. Nachdem der große Apostel Indien und
Japan durchzogen, wollte er auch noch China bekehren.

> „Seelen, Seelen muß ich haben,
> Sattelt euch nur hölzne Roß!
> Ueber Wellen müßt ihr traben,
> Drücket nur vom Ufer los!" (Spee.)

Aber Gott setzte plötzlich seiner Siegeslaufbahn eine
Grenze: er starb am 3. Dezember 1552 auf der einsamen
Insel Sancian im Angesichte von China.

Was Franz Xaver zu leisten nicht vermocht hatte,
das vollbrachten Andere. Die Hinopferung der Jesuiten
zur Bekehrung der Chinesen gereicht dem Orden zum
ewigen Ruhme. Was weder den Franziskanern, noch den
Dominikanern vorher gelungen war, das brachten die
Söhne des hl. Ignatius zu Stande. Um sich bei den
Chinesen Eingang zu verschaffen, studirten sie chinesische
Sprache und Geschichte, nahmen das ganze Formen=
wesen der Chinesen an, kleideten und geberdeten sich wie
Chinesen, speisten mit Stäbchen, trugen das Haar im
Zopfe. Wegen ihrer Gelehrsamkeit genossen besonderes
Ansehen die beiden Jesuiten Ricci und Adam Schall.

Nicht minder erfolgreich wirkte der Orden im fernen
Westen, an den Strömen, in den Ebenen, in den
Thälern des neu entdeckten Welttheiles. Erst durch die
Jesuiten haben wir viele Völker Südamerika's kennen ge=
lernt. Was haben diese Glaubensboten nicht geduldet,
geleistet, gelitten! Wie viele fanden nicht ihr Ende in
Stürmen auf dem Meere, im Sande der Wüste oder
durch vergiftete Pfeile der Indianer, durch den Biß
wilder Thiere, durch die Streitaxt der Wilden, — und
doch fanden sich immer wieder Begeisterte, die den Spuren
der Verlornen nachgingen und ihren Schweiß und ihr Blut
opferten, um Wilde, die oft nicht einmal eine Spur des
göttlichen Ebenbildes zu haben schienen, zu wahren

Menschen umzubilden und diejenigen zum Lichte zu
führen, welche tief in den Finsternissen und den Schat=
ten des Todes saßen! Welche Ausdauer, welche Be=
geisterung, welche Geduld, welche Klugheit! Der Mis=
sionär hatte Nichts bei sich, als sein Kruzifix, sein Brevier,
ein Musikinstrument und einige Spielsachen, und so
wagte er sich unter Menschenfresser, von deren Sprache
er kein Wort verstand. Und wie zähmte er diese
Wilden? Er spielte eine hübsche Melodie auf seinem In=
strument; die Wilden kamen herbei und hatten Freude
daran. Er schenkte ihnen Glöckchen, Glasperlen, und sie
wurden vertraulicher. Er ging mit ihnen in ihre Hütte,
er lernte ihre Sprache; er wurde ihr Arzt, ihr Lehrer.
Er lehrte sie die Wahrheit lieben und sagen; er lehrte
sie an Gott glauben und das Recht der Menschen achten;
er bändigte ihre Leidenschaften; er unterrichtete sie im
Ackerbau und in europäischen Gewerben. Tausende und
Tausende von Wilden wurden gesittete Christen, das
Land Paraguay in eine christliche Republik umgewan=
delt, wie sie die Welt weder vorher noch nachher je ge=
sehen.

Die Missionäre eilten von einem Orte zum andern;
weder Meere, noch Berge, noch Flüsse setzten ihnen Grenzen.
Wie in Asien und Amerika, so predigten sie Christum
auch in Afrika und Europa. Es gab keine Gegend
des Erdkreises, die sie nicht mit Denkzeichen großer Thaten
und Leiden erfüllten. Sie waren thätig in Konstan=
tinopel bei vornehmen Familien, wie bei den unglück=
lichen Sklaven im Bagno und auf den Schiffen des
Sultans. Sie trösteten die Sklaven der Tataren auf
der Halbinsel Krim und waren thätig im Stammland der
Armenier, wie in Ispahan, der Hauptstadt des Per=
serreiches, unter den Maroniten, wie in Aleppo in
Syrien. Der Jesuitenorden wurde zwar im Jahre 1773
aufgehoben, aber von Papst Pius VII. im Jahre 1814

wieder erneuert. Der alte heldenmüthige Geist lebt heute noch in demselben fort.

Neben der Gesellschaft Jesu blühten noch viele andere Orden. Philipp Neri, eine der seltensten und großartigsten Erscheinungen, welche die Kirche aufzuweisen hat, stiftete die Verbrüderung der Oratorianer, aus welcher sehr viele große und gelehrte Männer, wie Baronius, Raynald, Gallandi, Blosius, hervorgingen. Theresia von Jesu führte eine Verbesserung der allzumilden Ordensregel der Karmeliter ein. Um einen Klerus zu bilden, sittenrein, gelehrt, uneigennützig, tauglich, die Kranken zu verpflegen, verband sich Gaetano von Thiene mit Caraffa, Bischof von Theate, und sie stifteten den Orden der Theatiner oder Cajetaner.

Zwei der anziehendsten Gestalten der Kirche sind der nunmehr zum Kirchenlehrer erhobene hl. Franz von Sales und der hl. Vincenz von Paula. Der erstere gründete in Verbindung mit einer reichen, adeligen Dame, Johanna Franziska, Freiin von Chantal, den Orden von Maria Heimsuchung, dessen Mitglieder Kranke besuchen, Wittwen und Bedrängten ein Asyl gewähren; der andere, ein einfacher Bauernsohn aus Ranquines, stiftete Findelhäuser, gründete den Orden der filles de la Charité oder der grauen Schwestern, sowie den Verein der Lazaristen, welche Religion und Bildung auf dem Lande verbreiten mußten; er errichtete ein Hospital für Galeerensklaven und eine Versorgungsanstalt für Greise. Sein ganzes Leben ging im Wohlthun vorüber; er ist einer der größten Heroen der Menschheit.

Endlich vereinigte Anna Merici von Brescia, eine engelreine Seele, fromme Jungfrauen unter dem Schutze der hl. Ursula, um Kranke zu pflegen; Johann von Gott gründete einen Verein von Männern zu gleichem Zwecke; und Joseph Calasanza, ein Edelmann aus Aragonien, versammelte mit seinen Mitbrüdern das Landvolk und die Kinder, um sie in der Religion zu unterrichten.

Wie viel Gutes alle diese Orden stifteten und theil= weise heute noch stiften, läßt sich nicht ermessen; es steht mit unauslöschlichen Zügen eingeschrieben im Buche der Ver= geltung. Aber eine andere große Lehre bietet uns hier die Geschichte: Sobald die Kirche Gottes volle Frei= heit genießt, so erstehen in Kurzem tausend segensreiche Anstalten, deren Bedeutung für Bildung und Kultur unberechenbar ist. Deß= halb können sich Fürsten und Völker keine em= pfindlichere Wunde schlagen, als wenn sie das Leben der Kirche unterbinden oder gar jene Stätten des Gebetes, der Bildung und Gesit= tung mit frevler Hand zerstören.

XLVII. Die großen Maler des 16. Jahrhunderts.

Keine Kunst hat in diesem Zeitraume mehr geblüht, als die Malerei, und kein Land größere Maler hervor= gebracht, als das schöne Italien.

Zuerst begegnet uns Leonardo da Vinci, einer jener allseitigen Geister, die als wahre Wunder der Schöpfung hin und wieder in der italienischen Geschichte vorkommen. Er ist Maler, Bildhauer, Dichter, Baumeister, Naturforscher, Weltweiser; groß als Künstler und er= haben als Mensch und Christ, soll er zugleich von solcher Körperkraft gewesen sein, daß er ein Hufeisen mit bloßer Hand zerbrechen konnte. Er war der Sohn eines Floren= tiners, geboren auf dem Schlosse Vinci (1452)

Schon als Knabe zeichnete er viel. Sein Vater zeigte einige seiner Zeichnungen dem Maler Verocchio. Dieser staunte über die außerordentlichen Fähigkeiten des Knaben und nahm ihn als Schüler in sein Atelier auf. Die Fortschritte des jungen Leonardo waren wunderbar. Schon im Jahre 1472 galt er als Meister, nicht bloß im Malen, sondern auch in andern Künsten. Es war ihm schwer, ein Gemälde zu vollenden: er glaubte die Vollkommenheit, die er in seinem Geiste schaute, mit dem Pinsel nie erreichen zu können. Eine seiner größten Leistungen ist das Abendmahl, welches er für den Speisesaal der Dominikaner in Santa Maria delle Grazie zu Mailand malte. Das achtundzwanzig Fuß lange Bild, dessen Figuren anderthalb Lebensgröße haben, beschäftigte ihn sechzehn Jahre. Die Person Christi verkörpert die reinste männliche Schönheit, die höchste Milde und Hoheit und zugleich die festeste Zuversicht; er ist der Lehrer, der Erlöser der Menschheit. Leider ist nur mehr der Schatten von der alten Herrlichkeit des Bildes vorhanden. Unverstand und Rohheit haben dasselbe verwüstet; nur die ursprünglichen Entwürfe des Meisters und die Nachbildungen seiner Schüler geben uns noch etwelchen Begriff von dem Werthe dieser wunderbaren Arbeit. Auch von seinen andern Schöpfungen sind nur noch sechs oder sieben kleinere Gemälde als sicher von seiner Hand vorhanden.

An Leonardo da Vinci schließen wir zwei andere Künstler an, deren Größe menschliches Maß zu übersteigen scheint; sie erinnern wie ihre Namen an himmlische Mächte: Michel-Angelo und Raphael, die Vertreter der höchsten künstlerischen Kraft und Schönheit.

Michel-Angelo Buonarotti wurde am 6. März 1475 auf dem Schlosse Caprese in Toscana geboren. Da die Familie sehr zahlreich war, sollten sich die Kinder dem Handel und Gewerbe widmen. Michel-Angelo ward für die Seidenweberei bestimmt. Aber seine Neigung und sein Geschick zum Zeichnen verriethen einen anderen Beruf in dem Knaben. Der Vater übergab ihn deßhalb dem Maler Domenico Ghirlandajo. Michel-Angelo war damals vierzehn Jahre alt, übertraf aber in Kurzem nicht bloß seine Mitschüler, sondern sogar seinen Meister. Beim Anblicke einer Zeichnung des jungen Künstlers rief Ghirlandajo ganz erstaunt: „Der kann ja mehr als ich!"

Er liebte in der Kunst vor Allem das Riesenhafte, das Großartige. Daher jenes ungeheure Marmorbild, „Moses" darstellend, ein Meisterwerk, von keinem Neuern und keinem Alten noch übertroffen; daher die Peters=kirche mit der Riesenkuppel, welche ebenfalls als

das Werk Michel=Angelo's betrachtet werden muß. In der Malerei vollendete seinen Ruhm das Weltgericht in der Sixtinischen Kapelle, welches über 300 Figuren enthält. Das riesige Gemälde zerfällt in elf verschiedene Gruppen, der vollendetste Theil ist die untere Hälfte. Es ist der „Tag des Zornes", den der Maler schildert. Christus erscheint nicht als Erlöser, sondern als strenger Richter in erschreckender Majestät. Selbst Maria bebt beim

Anblicke des Sohnes und wendet ihr Auge den Seligen zu, um sich an ihnen aufzurichten. Neben Christus und Maria thronen heilige Väter, Apostel, Propheten; Martyrer zeigen die Marterwerkzeuge. Unter Christus stoßen Engel in die Posaunen und verkünden den Gerichtstag. Die Todten erstehen, aber zum Theil noch wie gefesselt von der Schwere irdischer Natur. Die Seligen steigen empor; je höher sie sind, um so freier scheinen sie zu athmen. Eltern umarmen ihre Kinder, Freunde ihre Freunde. Schrecklich ist der Anblick der Verdammten! Michel=Angelo hat noch mehr Anlage zur Darstellung des Schrecklichen, als zu derjenigen himmlischer Wonne; diese Anlage zeigen die riesige Größe und die gewaltige Kraftfülle in den Gruppen der Verdammten oder Verworfenen. Die ganze Stufen= leiter schrecklicher Gefühle: Befangenheit, Angst, Entsetzen, Grimm, Verzweiflung, — aber alle in einer gewissen Großartigkeit — treten uns da entgegen. Unvergeßlich ist jedem der Anblick des Bildes; ein inneres Entsetzen, ein Schrecken über die Furchtbarkeit des Gerichtes wehet den Beschauer an.

Daneben war dieser große Geist dienstfertig wie ein Kind; im Leben hin und wieder zornmüthig, nie aber rachsüchtig; bescheiden in seinen Sitten, verständig im Sprechen; seine Antworten waren meist sinnreich und scharf. Er war sehr mäßig, nahm in der Jugend mit ein wenig Brod und Wein vorlieb, und lebte gleich einem Armen, obschon er reich war; wegen seiner Mäßigkeit bedurfte er wenig Schlaf. In der Stille liebte er Armen zu Hilfe zu kommen. Als sein Diener krank war, pflegte er ihn während der Nacht selber, als ob es sein Bruder gewesen wäre. Michel=Angelo starb am 17. Febr. 1564.

Nicht minder stockt die Sprache, wenn es gilt, Ra= phael zu schildern. Raphael's Geburtsstätte ist Urbino. Sein Vater Giovanni Santi, ein Maler nicht ohne Ge= schick, und seine Mutter Magia Carla starben früh. Ein

Bruder der Mutter nahm sich des Knaben an und gab ihn bei Pietro Perugino in die Lehre. Seine Fortschritte waren rasch. Er eignete sich die Art seines Meisters so schnell und so vollständig an, daß man die Bilder des Einen und des Andern kaum von einander unterscheiden konnte. Von Urbino begab sich Raphael nach Florenz und studirte dort insbesondere die Arbeiten Leonardo's da Vinci. Mehr als irgend ein anderer Maler näherte er sich diesem in der Lieblichkeit der Farben. Hochgepriesen ist die Grablegung für die Kirche San Francesco in Perugia. Auch entstand damals die hl. Familie, die jetzt in München sich befindet, und in welcher jeder Farbenstrich an den Köpfen, Händen und Füßen wie mit Fleisch gemalt ist. Bald darauf wurde unser Künstler von Papst Julius II. nach Rom berufen, damit er die Säle des Vatikan mit seinen Künstlerleistungen schmücke. Jetzt folgten zwölf Jahre der angestrengtesten Thätigkeit, der höchsten Vollendung und unvergänglichen Ruhmes. Er machte sich vor Allem unsterblich durch seine Madonnen (Muttergottesbilder), die in dieser Zeit entstanden. Schönere Madonnen als die von Raphael, hat noch kein Maler gezeichnet. Der erhabene Zug, den er ihnen gegeben; die Würde des Ausdruckes, gleich edel und anmuthig; die ehrfurchtgebietende Ruhe in den liebenswürdigsten Sorgen der Mütterlichkeit; der tiefe Gedanke, den ihre reine und heitere Stirne enthält; die bedeutende Miene, durch welche sie uns oft in die Geheimnisse eines geopferten Gottes eingeweiht zu sein scheinen, — alles das lehrt uns, daß der Künstler von der erhabensten Auffassung der Gottesmutter durchdrungen war. Das Lächeln seiner Madonnen gehört noch der Erde an, ihr Blick dem Himmel und der Zukunft.

Der Schwanengesang Raphaels ist das Bild der Verklärung (jetzt im Vatikan). Mit dem Jesuskind hatte er seine Laufbahn begonnen, mit dem verklärten Gottmenschen schloß er sie. Dieses große Meisterwerk, vielleicht

das erhabenſte, herrlichſte und vollendetſte der geſammten
Malerei, entzückt die Einbildungskraft des Betrachtenden
ſo ſehr, daß er ſich, man möchte ſagen, in die Woh=
nungen der Glorie und des Friedens entrückt glaubt.
Merkwürdig, als Raphael dieſes Bild vollendet hatte,
rührte er keinen Pinſel mehr an; der Tod überraſchte ihn

ſchnell darauf in ſeinem ſechsundbreißigſten Altersjahre
(1528).

Von der Mitwelt weniger gewürdiget war Cor=
reggio, eigentlich Antonio Allegri, geboren 1494,
im modeneſiſchen Städtchen Correggio. Wir beſitzen nur
Sagen über ſein Leben. Im Selbſtgefühl ſeiner eigenen
Kraft ſoll er einſt beim Anblicke eines Bildes von Ra=
phael jenes geflügelte Wort geſprochen haben: „Anch' io

son pittore!" „Auch ich bin ein Maler!" Er war ein Meister in der Farbengebung. Seine berühmtesten Werke sind die Ausmalung der Kuppel von San Giovanni, und derjenigen des Domes von Parma, die Vermäh= lung der hl. Katharina, die Madonna della Scodella, so genannt von der Schale, welche Maria in der Hand hält, die Kreuzabnahme und die hl. Nacht oder die Anbetung der Hirten. Dieses Bild ist jetzt ein Juwel der Gallerie zu Dresden.

Eine Größe wie Correggio und ein besonderer Lieb= ling Kaiser Karl V. war Tizian. Als der große Kaiser sich in Bologna von dem großen Künstler malen ließ, fiel dem Tizian der Pinsel aus der Hand. Karl hob denselben mit den Worten auf: „Tizian verdient auch vom Kaiser bedient zu werden." Im Jahre 1532 erhob ihn der Kaiser in den Adelsstand und wies ihm einen Jahresgehalt von 200 Scudi an. Später wurde derselbe vom Kaiser nach Augsburg an den Hof Karls berufen; so oft er mit aus= ritt, hatte der Künstler den Ehrenplatz. — Tizian ver= stand es ganz besonders, die Natur im Bilde wiederzu= geben. Als einst ein Porträt Papst Paul III., in Lebens= größe gemalt, von Tizian in Rom am Fenster zum Trock= nen ausgestellt war, kniete das Volk andächtig nieder, in der Meinung, es sei der leibhaftige Papst, und erwartete, er werde den Segen spenden.

Wir haben hier nur die hauptsächlichsten Maler Ita= liens genannt; aber das ganze Volk ist so zu sagen ein Künstlervolk. Steht sie nicht einzig da, die Kunstbegeiste= rung jenes Volkes, welches die Schöpfungen seiner Künstler wie Gaben Gottes verehrte und großartige Gemälde in Procession aus der Werkstätte des Künstlers in die Kirche trug? In Deutschland wurden damals die Bilder aus den Tempeln geworfen: Italien schmückte seine Gottes= häuser mit den herrlichsten Gemälden. Rom, die Haupt= stadt der katholischen Welt, ist auch das große Heiligthum

der Kunst, und der Vatikan, die Wohnung des Oberhauptes der Kirche, enthält eine so kostbare Sammlung
von Kunstwerken, wie keine andere in der Welt vorhanden ist.

Werfen wir nun einen kurzen Blick auf die Künstler
Spaniens. Die Zeit von Karl V. bis zu Philipp IV.
war am fruchtbarsten für die Kunst. Abgesehen von
den prachtvollen Tempeln, die durch ihre Großartigkeit
und Schönheit ein glänzendes Zeugniß ablegen für den
frommen Geist und hohen Kunstsinn ihrer Erbauer, war
Spanien lange Zeit die Heimath der schönsten Kirchen-
musik. Ebenso war es reich an großen Malern. Die berühmtesten sind: Don Diego Velasquez de Silva
und Bartholomäus Stephan Murillo.

Velasquez war der Mann der Natur und der Wahrheit. „Bestände die Kunst zu malen in weiter Nichts als
in der Kunst die Natur nachzuahmen, so würde Velasquez jedenfalls der erste Maler der Welt sein,“ sagt von
diesem Künstler der Franzose Viardot in seinen Studien
über Spanien. Wie anregend Velasquez war, davon gibt
sein Diener, der Mulattensklave Juan Pareja, ein
Beispiel. Als dieser seinen Herrn malen sah, ward auch
er von der Lust zu malen ergriffen. Er versuchte sich
insgeheim; er arbeitete lange und konnte zuletzt seinen
Meister mit einem so gelungenen Bilde überraschen, daß
dieser erstaunt ausrief: „Ich glaubte nur Bilder zu schaffen
und ahnte nicht, daß ich einen Meister schaffe.“

Der größte seiner Schüler ist jedoch Murillo von Sevilla. Ein Sohn armer Eltern, aber von einem unwidersteh-
lichen Kunsttrieb beseelt, soll der Knabe seine Schulbücher,
die Wände, Alles, was ihm unter die Hände kam, mit seinen
Zeichnungen bevölkert haben. Im Jahre 1628 starben
seine Eltern, und der junge Maler gewann seinen Unter-
halt dadurch, daß er sogenannte Frauen von Guadeloupe,
d. h. die Madonna, wie sie der Schlange auf den Kopf

tritt, für den Tröbelmarkt dutzendweise, ein bis zwei
Piaster das Stück, verfertigte; sie kamen in der Regel
nach Amerika. Im vierundzwanzigsten Jahre sah er ein
Gemälde von Velasquez. Nun hatte er keine Ruhe mehr;
er arbeitete unablässig, bis er so viel Geld zusammen
gebracht hatte, um eine Reise nach Madrid, wo Velas=
quez sich aufhielt, unternehmen zu können. Er erreichte
zu Fuß die Hauptstadt. Velasquez nahm sich hochherzig
des jungen Malers an, ermuthigte ihn, gab ihm Rath
und Lehre, verschaffte ihm Arbeit und Zutritt zu allen
Kunstschätzen in Madrid. Drei Jahre lang war Murillo
unermüdlich thätig. Dann kehrte er nach Sevilla zurück,
das er bis zu seinem Tode nicht mehr verließ. Rasch
stieg er da zur höchsten Meisterschaft und zu unsterbli=
chem Ruhme empor. Die Zahl seiner Gemälde ist außer=
ordentlich groß; nicht bloß Spanien, sondern alle großen
Sammlungen Europa's sind stolz auf den Besitz der=
selben.

Auch die Deutschen sind in der Malerei nicht zu=
rückgeblieben. Albrecht Dürer (1471—1528) ist der
Vater der deutschen Schule. Sein Vater war Goldarbeiter
zu Nürnberg und der Sohn erlernte dasselbe Gewerbe.
Aber in seinem fünfzehnten Jahre konnte er dem Drange
seines Herzens nicht mehr widerstehen, ein Maler zu
werden. Rasch stieg sein Ansehen. Er wurde Hofmaler
bei Kaiser Maximilian I. und Karl V.; Kaiser Max soll
ihm sogar beim Malen zuweilen die Leiter gehalten ha=
ben. Personen höchsten Ranges warben um seine Freund=
schaft. Im Kupferstechen machte er neue Erfindungen
und lieferte Holzschnitte, die man von Kupferstichen kaum
unterscheiden konnte. Seine Kunstschöpfungen erstreckten
sich auf alle nur denkbaren Dinge: außer den religiösen
nahm er sich geschichtliche, mythologische, humoristische Ge=
genstände, Landschaften, Gebäulichkeiten, Portraits u. s. w.
zum Vorwurf; auch erfand er die Aetzkunst.

Peter Rubens ist ebenfalls ein Deutscher von Geburt. Sein Vater, ein reicher Patricier zu Antwerpen, ließ sich in

Kaiser Max bei Albrecht Dürer.

Köln nieder, wo Peter, der unsterbliche Künstler, geboren wurde (1577). Für den Dom zu Antwerpen malte Rubens die Abnahme Christi vom Kreuze, für die

Petruskirche in Köln die Kreuzigung Petri: das sind seine berühmtesten Stücke. Auch in Paris und London mußte er arbeiten. Karl I. von England schlug ihn zum Ritter und behandelte ihn als seinen Freund. Ungeachtet seines Reichthums, lebte Rubens außerordentlich mäßig, war sehr fromm und ging fast täglich aus, um Nothleidenden Unterstützung in's Haus zu tragen. In den letzten Jahren seines Lebens litt er an Gicht; seine Hände zitterten, er konnte nichts Großes mehr malen. Er erreichte 63 Jahre und wurde zu Antwerpen mit großer Pracht begraben.

Die ganze Zeit des sechzehnten Jahrhunderts ist verklärt durch die höchste Blüthe der Kunst. Es ist eine Zeit des künstlerischen Schaffens, ähnlich dem Zeitalter des Perikles, und wie auf diesem, so ruht auch hier auf allen Schöpfungen der Schimmer einer unvergänglichen Jugend: sie begeisterten jene Zeit, sie begeistern die Gegenwart. Der Herd aller Kunst aber ist die katholische Kirche; die größten Künstler sind ihre getreuesten Söhne. Während der Protestantismus nach einem treffenden Worte des Dichters Goethe „der Kunst die Flügel gestutzt und die Muse zu Fuß gehen ließ," hat die Kirche den Künstler mit den erhabensten Ideen erfüllt und zu den großartigsten Schöpfungen begeistert. Alle wahre und höchste Kunst ist katholisch. Hätten wir uns nicht auf den Kreis des sechzehnten Jahrhunderts beschränkt, so würden wir in den Kranz italienischer Maler noch einen Fra Giovanni da Fiesole eingereiht haben, den größten Meister gemüthvoller Auffassung, der ob seines engelreinen Lebens vom Papste den Namen Beato erhielt. Nie hat er den Pinsel in die Hand genommen, ohne vorher gebetet zu haben; nie hat er ein Kruzifix gemalt, ohne daß ihm die Thränen über die Wangen rollten. Alle seine Bilder tragen das Gepräge des Ueberirdischen; seine Engel und Heiligen sind so schön, als ob sie von der Hand eines Engels oder Heiligen vollführt wären. Gottinnige Frömmigkeit ist die höchste Lehrmeisterin der Kunst.

XLVIII. Die Häupter des dreißigjährigen Krieges.

So groß die Anzahl der Feldherren und Staatsmänner ist, welche in dem langen Kriege mitgewirkt und sich einen Namen gemacht haben, so sind es gleichwohl vorzüglich vier Männer, welche auf den Gang der damaligen Begebenheiten bestimmend einwirkten: Ferdinand II., Wallenstein, Gustav Adolf und Richelieu. Alle andern Mitbetheiligten des dreißigjährigen Krieges waren mehr Werkzeuge und Gehilfen der Genannten.

Unter verhängnißvolleren Umständen trat wohl nie ein Herrscher sein schweres Amt an, als Ferdinand II. Ganz Böhmen war in Aufruhr. Auch in Oesterreich, Mähren und Ungarn war alles, was der protestantischen Religion zugethan war, wider ihn in Gährung. Nur der Seelenstärke und Standhaftigkeit des Kaisers gelang es, für seine Glaubensgenossen wenigstens die Gleichheit der Rechte zu bewahren. Gerechtigkeit war eine seiner Haupttugenden. Wohl erließ er im Jahre 1627 ein Edikt, nach welchem kein unkatholischer Unterthan mehr in seinem Reiche geduldet werden sollte. Dieses veranlaßte zahllose protestantische Familien — man sagt 30,000 — zur Auswanderung. Manche haben den Kaiser hierüber hart getadelt; „aber," bemerkt ein protestantischer Schriftsteller, „protestantische Fürsten hätten unbedenklich in ähnlichen Fällen ähnlich gehandelt, wie dies unzählige Beispiele aus der Reformationsgeschichte beweisen. Als der Kurfürst von der Pfalz, Friedrich III., bisher Lutheraner, das calvinische Bekenntniß annahm, zwang er alle Gemeinden seines Landes zu demselben Schritt, und jeglicher mußte das Land verlassen, der sich dessen weigerte. Drei-

zehn Jahre darauf führte sein Sohn Ludwig das Luther=
thum wieder ein, verjagte die calvinischen Prediger und
zwang auch seine Unterthanen, wieder Lutheraner zu wer=
den. Endlich nöthigte ihnen im Jahre 1583 der Pfalz=
graf Johann Casimir, als Vormund Friedrichs IV., den
Calvinismus nochmals auf." Zugleich übersieht man,
daß damals eben der Grundsatz herrschte: Cujus regio
ejus et religio. (Wer Herr über das Land ist, der ist
auch Herr über die Religion.) Und endlich war Ferdi=
nand sich seiner hohen Pflicht wohl bewußt, als Kaiser
der höchste Schirmherr der katholischen Kirche nicht bloß
zu heißen, sondern auch zu sein. Wie die erste Stunde in
der Morgenfrühe und Abends die letzte vor dem Schlafen=
gehen der Selbsterforschung und dem Gebete gewidmet
war, wie der täglichen Regierungsthätigkeit der Gottes=
dienst in der Kapelle voranging, wie Ferdinand auch unter
Tags manche halbe Stunde der Unterhaltung und dem
Geschäfte entzog, um sie der Betrachtung und der innern
Sammlung zu weihen: so waltete der religiöse Grund=
ton durch alle Handlungen und Unternehmungen dieses
Fürsten. Es war eine ungeheuchelte Frömmigkeit, die
ihn beseelte, und seine christliche Ueberzeugung war so
innig und lebendig, daß er ohne Ueberhebung von sich
sagen konnte, was er mehr als einmal versicherte: „Ich
wäre bereit, für jeden Artikel des Glaubens jederlei Pein,
selbst den Tod zu erdulden."

Wallenstein stammte aus einer alten böhmischen
Familie und versprach in der Jugend sehr wenig. Das
Lernen behagte ihm nicht; kein Lehrer konnte seine Wild=
heit zähmen. Da brachte ihn sein Vater als Pagen an
den Hof von Tyrol.

Eines Tages schlief der Knabe am offnen Fenster des
Schlosses ein, stürzte hinab, drei Stockwerke tief, ohne sich
im geringsten zu beschädigen. Dieses Glück schrieb er der
Fürbitte der Mutter Gottes zu und trat zur katholischen

Kirche über. Die Astrologen (Sterndeuter) aber priesen ihn als ein Glückskind. Von da an spielte die Astrologie (Sterndeuterei) die wichtigste Rolle in seinem Leben. Ein namenloser Stolz erfüllte ihn; er verachtete alle andern Menschen, übte aber zugleich eine unbegrenzte Gewalt über die Gemüther aus. Durch die Heirath mit einer reichen Wittwe in Mähren kam er in den Besitz eines ungeheuren Vermögens. Deßhalb machte er, nach Kriegsruhm durstig, dem Kaiser Ferdinand das Anerbieten, aus seinen eigenen Mitteln eine Armee von 50,000

Wallenstein.

Mann zu stellen, wenn er selbst alle Offiziere wählen dürfte. Es wurde zugestanden. Zur Vermehrung seines Ansehens erhielt Wallenstein zudem den Titel Herzog von Friedland. Mit seinem Heere schlug er den Feldherrn Mansfeld aus dem Felde, jagte den König Christian IV. von Dänemark vor sich her nach den dänischen Inseln zurück und verbreitete in Deutschland, wohin er kam, Schrecken und Angst.

Immer war er ernst, schweigsam und finster; nie sah man ihn lachen. Er trug ein Reiterkoller von Elenshaut,

Beinkleider und Mantel von rothem Scharlach, wie auch eine rothe Leibbinde, einen hoch aufgestutzten runden Hut, von welchem eine rothe Feder wallte, und an den Füßen große Stulpstiefeln. Seine Gestalt war lang und hager, die Augen voll Feuer; sein Erscheinen unter den Soldaten erfüllte alle mit Grauen. Wehe dem, der seinem Befehle zuwider handelte. „Lasset die Bestie hängen!" war seine gewöhnliche Redensart. Deßhalb darf Wallenstein nie mit dem großen Feldherrn Tilly, welcher sich ebenfalls im dreißigjährigen Kriege so sehr hervorthat, auf gleiche Linie gestellt werden. Tilly und Wallenstein waren große Gegensätze. Jener bezahlt aus den Kassen des katholischen Fürstenbundes, der Liga, den Sold und erbittet sich Lebensmittel: dieser preßt aus den Ländern, durch die er zieht, was er gebraucht, unbekümmert um Wohl und Weh seiner Mitmenschen. Jener ist bescheiden und tritt einfach auf, lebt ärmlich, schläft auf hartem Lager: dieser erscheint überall mit dem größten Glanze und Pompe, hat 800 Bediente, ein Gefolge von 1100 Mann, trägt sich mit den kühnsten, eigensüchtigsten Plänen. Tilly glüht für Recht und Erhaltung des Reiches: in Wallensteins Haupt gähren weltumstürzende Pläne. War Tilly streng religiös und hielt er ängstlich die Fasten, so kümmerte Wallenstein sich wenig um Religion.

Eine andere tiefeingreifende Persönlichkeit des dreißigjährigen Krieges war Gustav Adolf. Es ist jedoch irrig, wenn man den König von Schweden vorzüglich als einen Beschützer und Vertheidiger des Protestantismus in Deutschland ansieht. Der Drang nach kriegerischem Ruhme, das war der Hauptgrund, der ihn nach Deutschland trieb. Wie vor 2000 Jahren Alexander, der jugendliche König von Macedonien, so wollte auch der Schwedenkönig erobern. Gustav Adolf gab zwar vor, er breche in Deutschland ein, um den evangelischen Glauben zu schützen. Aber wenn es ihm um den Glauben zu thun war, warum nahm er sich nicht früher seiner Glaubensgenossen an? Nie befand sich der Protestantismus in größerer Gefahr, als nach Christian's IV. Niederlage bei Lutter. Warum half er diesem den Krieg nicht führen, zu dem er doch vorher so gerathen hatte? Unsere Vermuthung wird zur Gewißheit durch das ganze Auftreten Gustav Adolfs, der nichts Geringeres im Schilde führte, als daß ein protestantischer Fürst zum deutschen Kaiser gewählt werde. Sein wahres Ziel war die Vermehrung der Macht Schwedens auf Kosten Deutschlands. Auch Gustav Adolf besaß eine wunderbare Gewalt über die Gemüther. Das Vertrauen, das er auf sich selbst hatte, flößte auch Andern denselben unerschütterlichen Glauben ein.

Nebst den genannten Männern war es endlich besonders noch Richelieu, der die Kriegsflamme fleißig schürte, um dadurch die Macht Oesterreichs zu schwächen. Schon mit 21 Jahren wurde er Bischof, später Kardinal und Minister des Königs. Als solcher führte er fast ganz allein die Zügel des Reiches. Frankreich einig, die Monarchie stark zu machen, die Grenzen Frankreichs bis an den Rhein auszudehnen und seinem Könige in Europa die erste Stellung zu verschaffen, welche damals die Habsburger einnahmen, — das war das Ziel Richelien's. Dieses Ziel suchte er um jeden Preis zu erreichen, ohne in den Mitteln gerade wählerisch zu sein. Wenn wir den Kardinal auch nicht jenen edelsten Geistern gleichstellen wollen, in denen sich die höchste Kraft und Milde verklärend durchdrungen, so erscheint er doch wie ein Riese, nicht bloß, wenn wir ihn mit allen seinen Nebenbuhlern in Frankreich, sondern auch, wenn wir ihn mit gleichzeitigen Lieblingen anderer Könige, Buckingham (in England) und Olivarez (in Spanien), vergleichen. Richelien hat den Ruhm, Frankreich in Europa furchtbar und den König von Frankreich in seinem Reiche unabhängig gemacht zu haben. Schön war sein Tod. Er empfing mit

großer Erbauung die hl. Sterbsakramente. Zu dem Prie=
ster, der an seinem Bette stand, sprach er: „Möge Gott
mich richten, wenn ich je etwas Anderes gewollt habe,
als das Wohl der Religion und des Staates."

XLIX. Tilly.

Wir treffen in dem dreißigjährigen Kriege Männer,
die schon bei ihrem ersten Erscheinen den Stempel der
Verworfenheit auf ihrer Stirne tragen; Abenteurer, die
plündern und morden, weil es in ihr Handwerk schlägt,
weil jede edle Regung ihrem verwilderten Herzen fremd
ist. Zu diesen gehören ein Ernst von Mansfeld und ein
Christian von Braunschweig. Weiter finden wir in diesem
Kriege Männer, welche die allgemeine Verwirrung und
Zerrissenheit dazu benutzen, das Panier der Eroberung
aufzuflanzen, und welche, ganz von Ehrgeiz erfüllt, den
ehernen Schritt des Soldaten auf die gedrückten Lande
setzen. Es sind dies Wallenstein und Gustav Adolf. Wir
treffen in demselben aber auch Männer, die, unberührt
von dem allgemeinen Umsturzgelüste, treu und fest an der
alten Ordnung halten, die das Schwert ziehen, um diese
Ordnung herzustellen. Zu diesen Männern zählen Kaiser
Ferdinand II. und insbesondere der fromme, biedere, men=
schenfreundliche und doch so viel geschmähte Tilly, dessen
wir nun mit einigen Worten gedenken wollen.

Johann Tserklas, Freiherr von Tilly, war
1559 auf der Burg Tilly bei Brüssel geboren und kam mit
zehn Jahren in ein Jesuitenkloster. Aber schon nach vier
Jahren begann er seine kriegerische Laufbahn unter Ale=
xander von Parma und machte sich durch seine Fähig=
keiten der Art bemerklich, daß König Heinrich IV. ihn
unter glänzenden Bedingungen für den französischen Dienst
zu gewinnen suchte. Allein Tilly hatte ein höheres Ziel:
er wollte gegen den Erbfeind der Christenheit im Osten
kämpfen und trat deßhalb in die Armee Kaiser Rudolfs II.

ein. Dort finden wir ihn als Feldmarschall in Ungarn.
Später, als Mathias seinen Bruder zu stürzen suchte,
enthüllte Tilly dem Kaiser die wahre Lage der Dinge
und wurde dadurch ein Gegenstand des Hasses und der
Verleumdung für Mathias. Wie daher Rudolf, sich selbst
aufgebend, seinem arglistigen Bruder eine Krone nach der
andern überließ, zog Tilly sich zurück, betheuerte jedoch,
daß er bei sich bietender Gelegenheit Oesterreich abermals
mit Gut und Blut zu dienen bereit sei.

Im Jahre 1610 trat er in die Dienste Maximilians
von Bayern. Kein Entschluß von Wichtigkeit wurde von
Maximilian ohne Zuziehung Tilly's gefaßt, und seine
Stimme galt in des Herzogs Kriegsrathe als eine der
wichtigsten. Da brach am 23. Mai 1618 der dreißigjäh=
rige Krieg aus. Tilly ward 1620 von den Fürsten des ka=
tholischen Bundes, der Liga, zum Feldherrn erwählt. Ob=
wohl schon ein Greis von 61 Jahren, that sein Helden=
muth Wunder der Tapferkeit. Er siegt am Weißen
Berge, bei Höchst und bei Stadtlohn, wirft den
Dänenkönig bei Lutter am Barenberge nieder, erobert
Magdeburg, wird aber bei Breitenfeld, unweit
Leipzig, von Gustav Adolf geschlagen und verwundet.
Von da an erbleicht sein Stern. Er kämpft noch einmal
gegen den Schwedenkönig, erhält jedoch eine tödtliche
Wunde und stirbt am 30. April 1632 zu Ingolstadt,
seinen Heldengeist bis zum letzten Augenblicke bewahrend.

In der Abenddämmerung des genannten Tages fühlte
der greise Feldherr das Herannahen seiner Todesstunde. Er
berief seinen Neffen, Werner Tilly, an sein Lager, reichte
ihm die Rechte und legte sie ihm dann segnend auf das
Haupt. Hierauf traten auch sein Vetter Witzleben und
der Baron Ruepp herzu, der seit langen Jahren als
Kommissär des Heeres den Feldherr auf allen seinen
Zügen begleitet hatte. Beide sanken laut weinend auf
ihre Kniee und baten gleichfalls um seinen Segen. Tilly

ertheilte ihnen denselben, empfahl Auepp seine Diener=
schaft und sammelte sich wieder zum Gebete. Er hatte
seinen Beichtvater gebeten, im letzten Kampfe ihm jene
Worte zuzurufen, an denen er so oft im Leben den sin=
kenden Muth aufgerichtet: „In te Domine speravi, non
confundar in æternum!" „Herr, auf Dich habe ich ge=
hofft, ich werde nicht zu Schanden werden!" Als die
Schatten des Todes näher traten, wandten sich die Blicke
des Helden langsam nach dem Bilde des Gekreuzigten.
Der Beichtvater ersah den Gedanken des Sterbenden, der
nicht mehr sprechen konnte, er ließ das Kreuz emporhalten,
wies auf die Worte des Königs David hin und rief mit
lauter Stimme: „In te Domine speravi, non confundar
in æternum!" Himmlische Freudigkeit verklärte bei diesen
Worten die Züge des Sterbenden. Mit einem letzten
Blicke sehnsüchtiger Liebe suchte das brechende Auge das
Bild des gekreuzigten Heilandes. Dann schwang sich der
selige Geist zu seinem Gott empor.

Tilly war klein von Gestalt, aber von schönem Kör=
perbau. Ueber der Adlernase und den lebhaften blauen
Augen wölbte sich eine breite, vorragende Stirne, und
das spitzige Kinn war von einem starken Barte umschattet.
Sein Hauswesen trug den Stempel der bescheidensten
Einfachheit; er bezahlte selbst nicht nur alle Kosten des=
selben, sondern auch die seiner Kommissionen und Ge=
sandtschaften. Seine Lebensweise war so mäßig und
einfach, wie immer möglich. Das Bett bestand aus einer
auf zwei Brettern liegenden Matratze. Er speiste allein
und nahm keinen Antheil an den Festmahlen, die ihm zu
Ehren gegeben wurden, nicht weil es ihm zu wenig, son=
dern weil es ihm zu viel war; für ihn reichten Tische
mit etwas Gemüse und Bier aus. Wenn er auch nicht,
wie man behauptet hat, so weit ging, sich des Weines
gänzlich zu enthalten, so beschränkte er doch den Genuß
desselben auf ein sehr bescheidenes Maß. Dabei zog er

jedoch eine scharfe Grenze zwischen der eigenen Enthalt=
samkeit und der Bewirthung seiner Gäste. Die Abgesandten

Tilly's Tod.

der Fürsten an ihn berichteten mit Verwunderung, wie
genau der Feldherr selbst seine Fasten halte, während
er seine Gäste ganz nach Wunsch bewirthe. Freundlich=
keit und Zuvorkommenheit bei dem Empfange fremder

Gesandten und Abordnungen rühmten auch seine Feinde
ihm nach. Gelassen und zutraulich erörterte er in sofort
bewilligter Audienz das vorgetragene Verlangen und be=
gleitete selbst die Abgesandten der geringsten deutschen
Fürsten, aller Bitten und Einwendungen ungeachtet, an
ihren Wagen zurück.

Von keiner Leidenschaft beherrscht, steht Tilly da vor
seinen Kriegsschaaren. Sein Beispiel gebietet Achtung
vor den Frauen. Würdevoll in seinem Auftreten, ist
er dennoch freundlich gegen Jedermann. In seinen Zügen
und Märschen herrscht ein fester Plan, der keine Plünder=
ungslust aufkommen läßt. Seinem Ziele stracks entgegen=
steuernd, fordert er die strengste Manneszucht und ist un=
nachsichtig gegen jede Ueberschreitung der Ordnung. Er
macht sich nicht unnahbar; er ist Allen zugänglich und ge=
stattet Jedem zu jeder Stunde Zutritt. „Vater Johann“
nennen ihn seine Krieger, und er selbst nennt sie seine
„Söhne“. Eine solche Persönlichkeit an der Spitze des Heeres
legt auch dem rohesten Söldner die Zügel der Achtung für
das Oberhaupt an und zwingt ihn, seine Gelüste zu zähmen.
Der Soldat konnte auf seinen Sold zählen und war da=
her nicht auf das Beutemachen angewiesen. Hatte der
Feldherr ein Land betreten, so beschied er zunächst die Ob=
rigkeit vor sich, entwickelte seine Wünsche und Bedürf=
nisse und überließ ihr dann die Ausführung derselben
vollständig; bedurfte er Quartiere, so hatte seine Quartier=
kommission die nöthigen Anordnungen gemeinsam mit der
Ortsobrigkeit zu treffen, nie aber dabei nach eigenem Er=
messen zu verfahren.

Der hervorstechendste Charakterzug Tilly’s jedoch, der
eigentliche Grundzug seines Wesens und die Quelle
aller seiner Tugenden war seine tiefe Religiosität,
sein lebendiger, warmer und lichtvoller Glaube. Unter
dem Harnisch des Kriegers ein Heiliger, wandelte er
inmitten der Wirren und Stürme einer gottentfrem=

beten Zeit ruhig und still die Wege des Herrn; die rauhen Gewohnheiten des Kriegslebens hatten keine Gewalt über die edle Milde seines Herzens. Das Gebet, dem er in seinem Zelte oblag wie der Mönch in seiner Zelle, und über welchem er gleichwohl nie seine Pflichten aus dem Auge verlor, war sein mächtiger Schild gegen die Auf= wallungen des eigenen Herzens wie gegen das Mißge= schick und die Beschwerden des Lebens. Täglich pflegte er zwei hl. Messen beizuwohnen und für die hl. Jung= frau hegte er jene besondere Verehrung, die reinen See= len eigen ist. Ihr weihte er seine Fahnen, und ihre Altäre durch reichliche Geschenke zu schmücken, war seine Freude. Als er am 8. November 1630 zum allgemeinen Oberbefehlshaber ernannt wurde, machte er eine Wall= fahrt nach Altötting, ehe er sein neues schweres Amt antrat. Dieses berühmte Heiligthum übte auf ihn eine ganz besondere Anziehungskraft. Schon im Jahre 1624 hatte er dort, bei Gelegenheit einer Reise nach Wien, drei Tage stiller Sammlung in inbrünstigem Gebete an den Stufen des Altares der unbefleckten Gottesmutter zugebracht. Gebeugt unter der Last einer Verantwortlich= keit, die er am liebsten von sich abgewiesen hätte, sich wohl bewußt der Unzulänglichkeit der von seinem Kriegs= herrn zu erwartenden Unterstützung, der Schwierigkeiten seiner Stellung und der wachsenden Ungunst der Verhält= nisse, fühlte er auch jetzt wiederum das Bedürfniß, vor dem Gnadenbilde der hl. Jungfrau in frommem Gebete Kraft und Trost zu suchen. Während seines damaligen Aufenthaltes in Altötting vervollständigte er seine bereits im Jahre 1626 getroffenen letztwilligen Verfügungen, weihte dem Altare der Himmelskönigin ein prachtvolles, mit Diamanten und andern Edelsteinen reichbesetztes Kru= zifix, ein Geschenk der Infantin Isabella, stiftete eine Präbende und wählte seine Grabstätte in einer besonderen Kapelle, die seitdem den Namen Tilly = Kapelle führt.

Aller irdischen Sorgen ledig, mit Gott und seinem Gewissen im Frieden, verließ der fromme Held den Gna-
denort und ergriff voll Gottergebenheit mit fester Hand
das Schwert zum letzten schweren Kampfe.

Tilly's tiefe Religiosität bekundete sich indessen nicht
allein in der treuen Anhänglichkeit an die Kirche und
deren Cultus, sie zeigte sich auch in der hohen Achtung,
die er den Rechten Anderer bewies und zwar nicht nur
in Bezug auf ihr Hab und Gut, sondern ganz besonders
auch in Hinsicht auf ihre religiösen und kirchlichen Gewohnheiten. Weit entfernt von dem finsteren Glaubens-
eifer, den man ihm angedichtet, verfolgte er Niemanden
um seines Glaubens willen. Zahlreiche Stimmen protestantischer Zeitgenossen legen Zeugniß ab von der edlen
Duldung, die er während seiner ganzen Laufbahn geübt.
Seiner wahren Frömmigkeit entsprang auch das tiefe
Pflichtgefühl, das alle seine Schritte leitete und ihn taub
und unempfindlich machte gegen Drohungen wie gegen
Versprechungen. Es ist eine schöne Seite in dem Charakter
dieses Feldherrn, daß seine erbittertsten Feinde ihn nie
der Habgier und Bestechlichkeit zeihen konnten in einer
Zeit, wo Alles um ihn her käuflich und verderbt war.
Von seiner werkthätigen Menschenliebe, seiner liebens-
würdigen Bescheidenheit, seinem Edelmuthe und der hohen
Würde seines Charakters hat die Geschichte zahlreiche
Beispiele aufbewahrt. Der bittere Reiz der Rache war
ihm ebenso fremd, als Eifersucht und kleinlicher Neid.
Beleidigungen, Schmähungen und zugefügtes Unrecht ver-
galt er durch Wohlthaten, und während er sein eigenes
Verdienst bescheiden in den Schatten stellte, versäumte er
keine Gelegenheit, den Antheil rühmend hervorzuheben,
den seine Offiziere an seinen Erfolgen gehabt. Selbst der
neidische Stolz Wallenstein's sah sich zur geheimen Anerkennung der Charaktergröße des Mannes gezwungen,
dessen errungene Lorbeeren ihm keine Ruhe ließen. Als

dem kaiserlichen Feldherrn im Jahre 1628 während seiner Zerwürfnisse mit den Fürsten der Liga durch einen
böhmischen Flüchtling die Mittheilung gemacht wurde,
Tilly strebe ihm nach dem Leben, schrieb der sonst
so mißtrauische Wallenstein dem dienstfertigen Angeber:
„Ich danke Ihnen für den Beweis von Anhänglichkeit,
den Sie mir gegeben haben, kann aber mein Erstaunen
nicht verhehlen, daß Sie mich mit dergleichen Kleinig=
keiten beschäftigen. Tilly ist ein Edelmann, der sich dar=
auf versteht, Rebellen zu Paaren zu treiben, aber nicht,
einen Meuchelmörder zu machen.“

Wohl unterlag der greise Feldherr noch am Abende
seines Lebens bei Breitenfeld, um nie mehr zu siegen.
Wie jene Niederlage die Einheit Deutschlands, die trotz
der Kirchenspaltung noch immer fortbestand, zertrümmerte
und der kaiserlichen Macht eine Wunde schlug, die nie mehr
vernarben sollte, so verdunkelte sich von jenem Tage an
auch der Kriegsruhm Tilly's; der Menschen Urtheil richtet
sich eben gewöhnlich nach dem letzten Erfolge. Doch ge=
rade da zeigte sich wieder im schönsten Glanze der Adel
der Gesinnung des biedern Feldherrn: in seinem Berichte
an den Kaiser erwähnt er nämlich mit keiner Silbe der
tollkühnen Unbesonnenheit Pappenheims, welcher doch die
Niederlage bei Breitenfeld verschuldet hatte. Immer
groß steht Tilly da, im Unglücke wie im Glücke, im Ge=
wühle der Schlacht wie im friedlichen Zelte. Er ist un=
streitig der edelste Charakter unter den Helden des drei=
ßigjährigen Krieges gewesen. Seine sterbliche Hülle ruht,
seiner testamentlichen Bestimmung gemäß, in der Kirche
zu Altötting, und noch heute ehren die Bewohner jener
Gegend das Andenken des frommen Helden, von dem
der Dichter Balde einst gesungen: „Wenn ich Tilly nenne,
so verneigen sich die Feinde, und erhebt sich der ganze
Erdkreis.“

L. Die Zerstörung Magdeburgs.

Die Stadt Magdeburg hatte sich schon dem Kaiser Karl V. widersetzt und sich der Reformation eifrig angeschlossen. Im Jahre 1628 trat der Verwalter des Erzbisthums, Christian Wilhelm von Brandenburg, dem der Kaiser die Bestätigung versagte, auf die Seite des Dänenkönigs über und suchte bei ihm Hilfe. Gustav Adolf gab ihm jedoch den Rath, sich mit Feindseligkeiten gegen den Kaiser nicht zu übereilen, sondern lieber nach Wien zu gehen, scheinbar zu unterhandeln und sich allmählich wieder in den Besitz des Erzstiftes zu setzen. Das ließ aber die Ungeduld des Mannes nicht zu. Schon etliche Wochen nach Gustav's Landung in Deutschland kehrte er nach Magdeburg zurück, ward mit großem Jubel empfangen und begann sofort in ebenso unkluger als unzeitiger Weise gegen den Kaiser zu wühlen. Durch offene Briefe wurden die Unterthanen des Erzstiftes aufgefordert, alle Feinde der evangelischen Religion als Landesfeinde zu betrachten und zu verfolgen. In Kurzem hatte sich Christian Wilhelm wieder der meisten Städte und Schlösser des Erzstiftes bemächtiget. Aber Eines fehlte, worauf man gerechnet hatte, — Gustav Adolf's Beistand. Anstatt eines Heeres hatte er nur einen Offizier gesandt, den Obersten Dietrich von Falkenberg, um die Leitung der Vertheidigungsanstalten zu übernehmen.

Von allen Seiten rückten die Kaiserlichen heran. Pappenheim kam im November 1630 mit 6000 Mann; Tilly nahte Ende Dezember. Aber erst von Mitte April des folgenden Jahres an begann Tilly die Belagerung mit allem Ernste; sein Heer bestand aus 7000 Reitern und 23,000 Fußgängern. In wenigen Tagen hatten die Kaiserlichen alle Außenwerke genommen, am 29. April räumte Falkenberg sogar die wichtige Zollschanze. Die Gefahr eines Sturmes kam mit jedem Tage näher. „Die

Sache steht so," schrieb Tilly am 4. Mai an die Mag=
deburger, „daß es in meiner Hand ist, Euch mit Weib
und Kind zu verderben. Deßhalb mahne ich Euch wohl=
meinend und ernstlich, verschließet Euch nicht die Gnaden=
thüre. Ihr werdet es doch nicht zum Aeußersten kommen
lassen, es wäre mir selber ernstlich leid." Allein die
Bürger vertrauten auf das Wort Gustav Adolf's, der ver=
sprochen hatte, Magdeburg nicht im Stiche zu lassen. Wohl
wünschten Einige die Uebergabe der Stadt; aber sie hatten
nicht einmal den Muth, sich auszusprechen gegenüber den
Wühlern, die da schrieen: „Ehe wir vom Kaiser etwas
hören wollen, soll kein Stein auf dem andern bleiben."
Noch einmal mahnte Tilly am 12. Mai die Bürger von
Magdeburg an die Pflichten gegen Kaiser und Reich.
Vergebens! Zwar war die Stimmung der Bürgerschaft
erschüttert, Viele verlangten nun die Uebergabe, aber
Falkenberg sprach gegen dieselbe bis zum letzten Augen=
blicke. Da traf Tilly, wenn auch mit Widerstreben,
Anstalten zum Sturm; sein Kriegsrath ließ sich nicht
mehr länger beschwichtigen.

Am 20. Mai früh morgens 4 Uhr sollte der Sturm
beginnen. Tilly gab jedoch das versprochene Zeichen nicht;
er hatte die Nacht im Gebete zugebracht. Pappenheim
wartete voll Ungeduld bis 7½ Uhr, dann stürmte er
auf eigene Faust. In kurzer Zeit befanden sich seine
Tapfern in der Stadt. Die Behörden waren gerade im
Rathhaussaale versammelt. Da ertönt plötzlich die Sturm=
glocke. Falkenberg wirft sich auf sein Streitroß, holt ein
Regiment herbei und stürzt den Kaiserlichen entgegen,
drängt sie zurück, wird aber verwundet und in ein Haus
getragen. Man hat weiter Nichts mehr von ihm er=
fahren, vielleicht ist er verbrannt. Dessenungeachtet fällt
es den Pappenheimern noch immer schwer vorzudringen.
Erst gegen 10 Uhr brechen die Kaiserlichen in hellen Hau=
fen wie eine Sturmfluth in die Stadt ein. Jetzt setzen

die Vertheidiger aus den Häusern den Kampf fort: aus
den Kellern, hinter den Fenstern wird auf die Einge-
drungenen geschossen, Frauen schütten siedendes Wasser,
Kinder werfen Steine von den Dächern auf sie herab.
Dies reizt die Soldaten zum bittersten Kampfe. Sie stürmen die Häuser und machen nieder, was ihnen entgegen-
kommt; am wildesten sind die Wallonen und die Kroaten.

Tilly hatte den Seinen befohlen, sich des Blutver-
gießens zu enthalten und die Frauen und Kinder zu verschonen. Er reitet durch die Straßen, bittet, befiehlt,
droht; der greise Feldherr hebt selbst ein Kind von der
Brust der getödteten Mutter zu sich empor und ruft,
während ihm Thränen über die Wangen rollen: „Das
sei meine Beute!" Er beordert 100 Mann, um die
Frauen und Kinder zu schützen, und 500 Soldaten, um
zu löschen, denn Magdeburg brannte schon an unzähligen
Stellen. Wenn auch die Kaiserlichen die Stadt eroberten,
so sollte ihnen doch der Lohn unter den Händen entschwin-
den: dafür hatten Falkenberg und seine Anhänger durch An-
häufung von Zündstoffen und Minen gesorgt. Es brannte
an mehr denn 60 Orten, auch in Stadttheilen, wohin
die Kaiserlichen noch nicht einmal gedrungen waren.
Minen flogen auf und vernichteten Sieger und Besiegte.
Die Häuser stürzten krachend zusammen und begruben
Kaiserliche wie Bürger. Um 12 Uhr läßt Tilly zum
Rückzug aus der brennenden Stadt blasen, es ist nur
Ein Ausweg am Sudenbergerthor. Da hält der greise
Feldherr und nimmt die Frauen und Kinder weg,
welche die Soldaten als ihre Beute in's Lager führen
wollten, und stellt sie unter seine Obhut, um sie gegen
jede Mißhandlung zu schützen. Bald ist die Stadt ein
Flammenmeer. Ein Sturm erhebt sich und treibt Asche
und Funken nach weit entlegenen Orten; die Gluth ist
so groß, daß auch die stärksten Mauern fallen, die Helle
so stark, daß man im Lager bei Hermesleben bei Nacht

Briefe lesen kann. Erst um 10 Uhr Nachts sinkt die Gluth zusammen und eine der reichsten Städte ist nicht mehr! 20,000 Menschen, Einwohner wie Sieger, sind umgekommen, 6 Kirchen, das Rathhaus, die Spitäler, viele Prachtbauten, 1500 Häuser sind verbrannt. Nur der Dom wurde durch die Fürsorge Tilly's gerettet, sowie die Klöster der Ursulinerinnen und der Augustiner.

Am Morgen des 22. Mai betrat der tief erschütterte Feldherr die Stadt. Er ließ die Thüren der Domkirche öffnen, schenkte allen Geretteten die Freiheit und verfuhr wie ein Vater gegen die noch übriggebliebenen Bürger. Zwei Tage nachher ward in der Domkirche zur Danksagung für den errungenen Sieg ein feierliches Hochamt gehalten. Zugleich ließ Tilly eine Schrift ausgehen, worin er mit der schlichten Sprache eines guten Gewissens berichtet, wie väterlich treu und wohlmeinend er die Stadt vor ihrem Unglück gewarnt, wie wenig aber solches gefruchtet habe. Er meldet mit Verwundern und Bedauern, wie noch während des Sturmes eine solche Feuersbrunst ausgebrochen, daß man sie nicht auslöschen konnte, und mahnt endlich alle Deutschen, treu bei ihrem Kaiser, als der von Gott gesetzten Obrigkeit, zu beharren.

Das ist der wahre Hergang der Zerstörung Magdeburgs; er beweist, daß der edle Tilly, den man dafür verantwortlich gemacht, an der Zerstörung der unglücklichen Stadt keine Schuld getragen. Fleckenlos steht der greise Feldherr da; die Thränen, die er beim Anblicke der brennenden Stadt vergoß, sind der wahre Ausdruck seiner Gesinnung, und die Stimme, welche Tilly den Urheber des Brandes nannte, ward längst von seinen unparteiischen Zeitgenossen widerlegt. Das Bild, das wir vorhin von dem großen Tilly gezeichnet, erhält durch die richtige Darlegung dieser Thatsache nur um so schöneren Glanz.

Die Feder sträubt sich beinahe, alle die Verwüstungen zu schildern, welche der dreißigjährige Krieg in Deutschland angerichtet hatte. Man konnte dort oft Tage lang reisen, ohne ein Haus zu finden; in vielen Provinzen befanden sich keine Dörfer und Städte mehr, sondern nur Aschenhaufen. In Hessen waren 17 Städte, 47 Schlösser und 300 Dörfer geplündert und verbrannt worden. In Württemberg lagen 8 Städte, 45 Dörfer und 36,086 Häuser in Asche. Dieses Land zählte im Jahre 1634 noch 313,000 Menschen und sieben Jahre darauf nur noch 41,000; der vom Jahre 1628 bis 1650 erlittene Schaden Württembergs wird auf nahezu 119 Millionen Gulden angegeben. In Schlesien und den brandenburgischen Marken war in den Städten ein Dritttheil der Häuser eingeäschert und die Bevölkerung bis auf ein Fünftel zusammengeschmolzen. In niedersächsischen Städten hatte man früher selbst Handwerker mit Goldketten um Hals und Brust gesehen, und jetzt gewahrte man mehr herrenlose als bewohnte Häuser. Nur in Karawanen wagte man von einer Stadt zur andern zu reisen. Augsburg war von 80,000 auf 30,000 Einwohner herabgesunken. Es wird des gesammten Deutschlands Verlust an Menschen auf 12 Millionen angegeben. Die Blüthe der Bevölkerung fiel; denn wie ein Geschichtschreiber des Alterthums sagt: „Im Frieden begräbt der Sohn den Vater, im Kriege der Vater den Sohn." Die deutsche Macht zur See sank, der Handel im Innern Deutschlands war völlig dahin. In Thüringen, wo gegen Ende des Krieges ein Pferd mit 30,000 Gulden bezahlt wurde, sah man von Frauen den Pflug gezogen. Das sind die Schrecken des Krieges, um deren Abwendung das christliche Volk mit Recht jeden Tag betet. „Gott Lob", ertönte daher der Friedensgesang Paul Gerhards,

„Gott Lob, nun ist erschollen
Das edle Friedenswort! —
Das drückt uns Niemand besser
In unsre Seel und Herz hinein,
Als ihr zerstörten Schlösser,
Und Städte voller Schutt und Stein;
Ihr vormals schönen Felder,
Mit frischer Saat bestreut,
Jetzt aber lauter Wälder
Und dürre, wüste Haid;
Ihr Gräber voller Leichen
Und blutigem Heldenschweiß —
Der Helden, deren Gleichen
Auf Erden man nicht weiß."

Auch die Einheit des Reichsverbandes war fast gänzlich dahin, das Oberansehen des Kaisers bedeutungslos
geworden. Die Gerechtsame der einzelnen Landesherren
wurden über die Gebühr ausgedehnt. Die einzelnen Fürsten schlossen nunmehr nach eigenem Belieben Bündnisse
mit fremden Mächten ab. So konnte denn die auswärtige
Staatskunst, und zwar insbesondere die französische, durch
die Schuld der Deutschen selbst ungestört jene Hand-
lungsweise befolgen, durch welche schon die Römer ob-
gesiegt hatten: nämlich Deutschlands Volksstämme
in Uneinigkeit zu erhalten, sie durch sich selbst
zu schwächen, und bei dieser Schwäche ein
deutsches Land nach dem anderen vom großen
Verbande loszutrennen und fremder Oberherrschaft unterthänig zu machen.
Eines jedoch wurde durch den Krieg erreicht: die
Völker fingen wiederum an zu beten —, und
das ist wohl oft der tiefere Grund, warum Gott der
Herr, der oberste Lenker aller Geschicke, die Kriege zu-
läßt. Nur in der Religion fand man die Heilung so
vieler geschlagener Wunden. Der Krieger kehrte zu den
stillen Geschäften des Ackerbaues zurück, und Sonntags

goß der feierliche Gottesdienst eine Ruhe in sein Herz, die er im Getümmel des Krieges nie gekostet hatte. Selten war wohl in Deutschland der Eifer, fromme Stiftungen zu machen, so groß, als gleich nach dem dreißigjährigen Kriege, und nie war den Deutschen das namenlose Unglück der Kirchentrennung klarer, als damals.

LII. Johann Sobieski und Prinz Eugen.

Die zwei größten Helden im Kampfe gegen die Türken sind Johann Sobieski und Prinz Eugen von Savoyen.

Johann Sobieski ist geboren am 2. Juni 1624 zu Olesko in Galizien. Er stammte aus einer uralten Familie, deren Andenken er selbst der Nachwelt aufbewahrt hat. „Die einzigen Kriege," schreibt er, „die ich gern erwähnen möchte, sind die hl. Kriege; die Helden, von denen ich abzustammen stolz bin, färbten mit ihrem Blute das Land der Ungläubigen und hinterließen mir als Erbtheil die Rache an den Barbaren. Ich will hier nur von einem meiner Vorfahren, dem Markus Sobieski, sprechen, dem Nebenbuhler des berühmten Zamoyski unter der Regierung des Stephan Bathory, welcher zu sagen pflegte, wenn er sich wegen der Vertheidigung des Vaterlandes wie in alten Zeiten auf einen einzigen Menschen verlassen müßte, so würde er keinen Augenblick Bedenken tragen, Markus Sobieski als den Helden Polens zu bezeichnen. Jakob Sobieski war der Sohn des Markus und mein Vater —, und sein Andenken bleibt tief in mein Herz eingegraben. Er machte seine ersten Feldzüge unter dem großen Zolkiewski und den Feldzug gegen Moskau mit, welcher dem jungen Ladislaus den Thron der Czaren verschaffte. Beim Sturm auf Moskau verwundet, nahm mein Vater dennoch an allen Feldzügen in dieser stürmischen Zeit Antheil. Er war es, der den ruhmvollen Frieden von Chazim mit dem Sultan

Osman schloß. Viermal ernannten ihn die Landboten im Reichstag zum Marschall, und er stieg von Stufe zu Stufe bis zum Castellan von Krakau." Vom Heldengeiste der Mutter Sobieski's gewinnen wir einen Begriff, wenn wir hören, daß sie im Sommer, wo sie ihren ruhmvollen Sohn gebar, mit ihrer Mutter und Großmutter an der Spitze ihres Hausgesindes gegen eine Bande Tataren ihr Schloß, ihre Ehre und ihr Leben glücklich vertheidigte. Wenn das Wort des römischen Dichters wahr ist, daß „von Helden Helden stammen", dann war Sobieski zum Helden geboren.

Sein Vater sorgte für eine glänzende Erziehung des Knaben. Der junge Sobieski erlernte sieben oder acht Sprachen, kannte die Literatur fremder Länder und wußte mit gleichem Erfolge den Pinsel, die Feder, die Guitarre zu handhaben; er war ein trefflicher Reiter und verstand den Säbel, die Streitart wie den Speer zu schwingen. In Mathematik, Geschichte, Weltweisheit, Staats- und Kriegskunst erhielt er Unterricht vom Vater selbst. Bald auch entfaltete er die ersten Proben jener glänzenden Beredsamkeit, der er in seinem bewegten Leben so manche Erfolge verdanken sollte. Wie später der große Chatham seinem Sohne William Pitt, so gab oft der Vater dem jungen Sobieski, den er auf einen Tisch oder eine Bank stellte, einen beliebigen Stoff auf, worüber derselbe sogleich wie vor einem versammelten Reichstage sprechen mußte. Seine Mutter stiftete ein Dominikanerkloster, damit dort stets Messen für die Mitglieder der Familie gelesen würden. Jeden Tag führte sie ihre Kinder dorthin zu den Ueberresten dieser Martyrer, zeigte ihnen den Schild im Wappen der Familie und wiederholte oft das Wort jener spartanischen Mutter: „Entweder mit ihm oder auf ihm!"

Zur weitern Ausbildung wurde Sobieski von seinen Eltern auch in's Ausland gesendet. Der Vater gab

seinen beiden Söhnen beim Abschied den bemerkenswerthen
Rath: „Beschäftiget Euch in Frankreich nur mit Wissenschaft und Kunst; denn was das Tanzen anbelangt, das
könnt Ihr mit den Tataren üben!" Die Brüder fanden
eine glänzende Aufnahme in der Hauptstadt; namentlich
erregte Johann großes Aufsehen durch seine Schönheit,
seinen Geist, sein Wissen, seine Empfänglichkeit für alles
Große und Schöne. Der große Condé schloß mit ihm
ein inniges Freundschaftsverhältniß, das sein ganzes Leben
über dauerte; er ahnte in dem edlen Jüngling den künftigen Helden. Sobieski kam auch in Berührung mit den
größten Schriftstellern und Staatsmännern jener Zeit.

Von Frankreich begaben sich die beiden Brüder nach
Italien und von da in die Türkei, um den Erbfeind der
Christenheit in der Nähe anzusehen. Sowie aber von
Hause die Nachricht von einem Einfalle der Kosaken und
Tataren eintraf, da kehrten sie eilends in ihre Heimat
zurück und stellten sich unter die Waffen. Rasch stieg
Johann Sobieski empor, da er sich im Kampfe gegen die
Feinde durch Muth, Kaltblütigkeit und Umsicht auszeichnete.
Nach einem ruhmvollen Siege über die Kosaken im Jahre
1667 gingen ihm bei seinem Einzuge in Warschau alle
Mitglieder des Reichstages zum Empfange entgegen und
überschütteten den Helden des Tages mit Lobeserhebungen.
Er aber gab ihnen die schöne Antwort: „Unsere Erfolge
verdanken wir der Macht und Güte Gottes. Wer sollte
seine Größe nicht anerkennen, da er mit so schwachen Werk-
zeugen so große Wunder vollbrachte! Er allein hat uns
gerettet; möge Er uns auch den Geist der Eintracht und
Mäßigung verleihen; dann sind wir mächtig."

Am 20. Mai 1674 wurde Johann Sobieski zum Könige der Polen ausgerufen. Der päpstliche Nuntius
meldete die Wahl dem hl. Vater mit den Worten: „Polen erfreut sich jetzt eines Königs, wie es einen berühm-
teren nie besessen hat." Man sah in Sobieski den Vor-

kämpfer des christlichen Glaubens. Und das war er in
der That. Ein über das andere Mal schlug er die Tür=
ken zurück. Den schönsten Sieg aber erfocht er vor Wien
im Jahre 1683. Die unzufriedenen Ungarn riefen die
Türken zur Hilfe herbei. Der Großwessir Kara Musta=
pha erschien an der Spitze von 200,000 Mann und ging
geraden Weges auf Wien los. Die Bestürzung der Kai=
serstadt war grenzenlos. Leopold's Heer, über welches
der Herzog Karl von Lothringen den Oberbefehl
führte, zählte kaum 33,000 Mann. Bei dem Andrange
so großer Gefahr versprach der ritterliche Polenkönig
Johann Sobieski, dem Kaiser zu helfen und das Kreuz
gegen den Halbmond zu schirmen. Auch die deutschen
Fürsten wurden ernstlich aufgemahnt und erschienen die=
ses Mal viel schneller als gewöhnlich mit ihren Trup=
pen im Felde. Der Kaiser übertrug dem edlen Grafen
Rüdiger von Stahremberg die Vertheidigung der
Stadt.

Ein Sturm der Türken nach dem andern wurde ab=
geschlagen. Da sprengte der Feind am 4. September
eine Hauptmine unter der Burgbastei. Der größte Theil
derselben flog mit einem so schrecklichen Gekrache in die
Luft, daß die Häuser bebten, die Fenster zersprangen.
Und unter dem fürchterlichsten Allahgeschrei drangen die
Türken, von dem Großwessir selbst mit dem Säbel ange=
trieben, über die zerwühlten Erdhügel und geborstenen
Mauertrümmer unter Staub und Dampf und unter dem
Blitzen des Geschützes wüthend hervor, um sich der Stadt
zu bemächtigen. Die verzweifelte Lage schien den Bela=
gerten mehr als menschliche Kräfte zu geben. Der Graf
Stahremberg flog augenblicklich mit der Besatzung herbei,
warf sich mit Ungestüm auf den Feind, der schon zwei
Roßschweife als Siegeszeichen auf der Bastei aufgesteckt
hatte, und schlug ihn wieder in seine alten Verschan=
zungen zurück. Allein mit jedem Tage wuchs die Noth

und Gefahr der Belagerten. Am 6., 7. und 8. September wurden wieder neue Minen gesprengt, und das Feuer und die Stürme mit einer Wuth verdoppelt, der die Belagerten doch am Ende hätten unterliegen müssen, wäre der Entsatz nicht so nahe gewesen. Schon hatte Stahremberg von dem höchsten Thurme der Stadt, von St. Stephan, schnell nach einander ganze Garben von Raketen als Zeichen der höchsten Noth emporsteigen lassen. Da endlich — es war den 11. September des Abends fünf Uhr — zeigten sich auf den Höhen des Kalenberges die ersten befreundeten Truppen, und einige Kanonenschüsse verkündeten die nahe Errettung. Ein Augenblick trug die Freudenbotschaft von Mund zu Mund. Ein Augenblick verwandelte die allgemeine Verzweiflung in lauten Jubel. Sobieski hatte Wort gehalten: er kam, wenn auch spät. Erst am 15. August war es ihm möglich gewesen, mit 25,000 Mann von Krakau aufzubrechen, und dies nur mit Hilfe des Geldes, das Papst Innocenz XI. gespendet hatte. Die Augen Europa's waren auf Wien gerichtet, in allen Kirchen war auf Befehl des Papstes das Allerheiligste ausgesetzt. Ein Triumphbogen in Olmütz, unter welchem Sobieski durchziehen mußte, trug die Inschrift: „Wir erwarten den Retter.“

Am 12. September, mit den ersten Strahlen der Morgensonne, stieg das christliche Heer in schön geordneten Zügen mit wehenden Fahnen und klingendem Spiele von den waldigen Höhen des Gebirges in die Ebene hinab. Sofort begann der Angriff. Die Fürsten und ihre Völker stritten mit wetteifernder Tapferkeit, allen voran aber der König Johann, der mit eigener Hand mehrere Türken erschlug und einen Roßschweif eroberte. Entsetzen kam über die Barbaren. Sie wichen bestürzt zurück. Bald wogte und tobte Alles in der wildesten Unordnung, in rath- und thatloser Flucht durch und wider einander. 25,000 Mann fielen unter dem Siegesschwerte der Christen. Erst die einbrechende Dunkelheit und die äußerste Ermüdung endete für diesen Tag den Kampf; am folgenden Morgen sollte er mit erneuerter Kraft fortgesetzt werden. Allein schon während der Nacht warf sich das ganze türkische Heer in grauenvolle Flucht. 370 Kanonen, die Fahne des Propheten, 15,000 Gezelte, unter diesen auch das des Kara Mustapha mit großen Schätzen, wurden eine Beute der Sieger. Frohlockend eilten die Wiener nach zwei schrecklichen Monaten, unter dem Geläute aller Glocken und dem Donner der Kanonen, aus den Thoren über die Wälle in das Lager hinaus. Das allgemeine Zujauchzen, der Zudrang zu dem Polenkönig, um seine Hand, seine Stiefel, seinen Mantel zu küssen, wurde beinahe lebensgefährlich.

Er selbst schrieb über diesen Sieg an seine Gattin: „Ich mußte lange mit dem Wessir fechten, ehe der linke Flügel mir zu Hilfe kam. Da waren um mich her der Kurfürst von Bayern, der Fürst von Waldeck und viele andere Reichsfürsten, die mich umarmten und küßten. Die Heerführer faßten mich bei den Händen und Füßen, die übrigen Obristen mit ihren Regimentern riefen mir zu: „„Unser braver König!"" Heute Morgen kam der Kurfürst von Sachsen nebst dem Herzoge von Lothringen zu mir. Endlich kam auch der wienerische Statthalter, Graf Stahremberg, mit vielem Volke hohen und niedern Standes mir entgegen. Jeder hat mich geherzt, geküßt und seinen Erlöser genannt. Auf der Straße erhob sich ein Jubelgeschrei: „„Es lebe der König!"" Als ich nach der Tafel wieder hinaus in's Lager ritt, begleitete mich das Volk mit aufgehobenen Händen bis zum Thore hinaus. Für den uns gesandten, so vortrefflichen Sieg sei dem Höchsten Lob, Preis und Dank gesagt in alle Ewigkeit!"

Es war ein wichtiger Augenblick in der Weltgeschichte, wichtig wie der Tag vor Tours, wo die Araber um die

Herrschaft über Europa rangen. Hätten die Türken Wien erobert, so wäre es um Oesterreich geschehen gewesen; ja, die Selbständigkeit von ganz Europa stand auf dem Spiele. Deßhalb erfüllte der Jubel über den Sieg der Christen bei Wien ganz Europa; Papst Innocenz XI., ohne dessen Geldunterstützung Sobiesti den Belagerten gar nicht hätte zu Hilfe eilen können, weinte Thränen der Freude. Der Polenkönig hatte sich an diesem Tage unsterblichen Ruhm erworben.

Unter den Fremden, die an demselben glorreichen Kampfe gegen den Halbmond Theil nahmen, war auch ein neunzehnjähriger Jüngling, klein und unansehnlich von Gestalt, von brauner Gesichtsfarbe, mit lebhaften, feurigen Augen. Es war Prinz Eugen von Savoyen. Geboren zu Paris am 18. Oktober 1663, fühlte der Knabe schon frühzeitig eine große Neigung zum Soldatenstande. Sein Vater, Eugen Moriz, Graf von Soisson, befehligte die Schweizergarde.

Das Leben Alexanders war sein Lieblingsbuch. Auch studirte er eifrig Mathematik und Geschichte. König Ludwig XIV. von Frankreich aber glaubte den schwächlichen Jüngling zum geistlichen Stande bestimmt, nannte ihn scherzend nur den kleinen Abbé und wies seine Bitte um Aufnahme in die Armee barsch zurück. Da begab sich Eugen nach Wien und fand dort beim Kaiser Leopold die freundlichste Aufnahme. Im Kampfe gegen die Türken vor Wien that sich der „kleine Abbé" so sehr hervor, daß der Kaiser ihn zum Obersten ernannte und ihm ein Dragoner=Regiment zur Befehligung gab. In den darauf folgenden Türkenkriegen verrichtete der junge Feldherr mit seinen Dragonern Wunder der Tapferkeit. Auch im spanischen Erbfolgekrieg erwarb er sich große Lorbeeren, besonders durch die Siege bei Höchstädt und Turin. Seine größten Waffenthaten gegen die Türken war die Schlacht bei Zenta (1697) und die Eroberung von Bel=

grab (1717). Ungeheuer war der Jubel, welchen die Nachricht dieser seiner letzten Großthat in Wien hervor= brachte. Kaum vermochte der Ueberbringer derselben, der Generalfeldwachtmeister Hamilton, sein Pferd durch die jubelnde Menge nach der kaiserlichen Burg zu bringen. Bis in die späte Nacht erscholl in den Straßen das Vi= vatrufen der begeisterten Wiener. Ihr Jubel fand über= all den freudigsten Widerhall. Viele gekrönte Häupter, unter ihnen besonders der König Friedrich Wilhelm von Preußen, sowie zahlreiche andere fürstliche Persönlichkeiten, beeilten sich, dem Prinzen ihre Bewunderung und ihre volle Anerkennung seiner Verdienste auszudrücken. Das gesammte deutsche Volk aber, in dessen Herz der ruhm= gekrönte Türkenbezwinger durch den glorreichen Sieg bei Belgrad seinen Namen mit unauslöschlichen Zügen ein= geschrieben, sang noch nach hundert Jahren von dem ruhmvollen Kampfe in dem Liede von Prinz Euge= nius, dem edlen Ritter, das Eugen's tapfere Krie= ger in dem nassen Feldlager vor Belgrad während der Friedensverhandlungen erdacht:

„Es war fürwahr ein schöner Tanz."

Der König Ludwig von Frankreich hat es später bitter bereut, den Prinz Eugen entlassen zu haben. Er wollte ihn auf alle mögliche Weise durch Geld und Versprechun= gen wieder für sich gewinnen. Aber Eugen hat dem Boten des Königs geantwortet: „Sagen Sie Ihrem Herrn, daß ich kaiserlicher Generalfeldmarschall bin, welches leicht so viel sagen will, als königlich=französischer Marschall. Geld habe ich genug, so lange ich meinem Kaiser treu diene."

Mit dieser dankbaren Treue gegen das Kaiserhaus verband der große Feldherr, der Generallieutenant der kaiserlichen Armeen und Reichsfeldmarschall, die rührendste Bescheidenheit. In seinen Siegesberichten sprach er nie ein Wort von sich selbst. Mitten im Kugelregen stand

er so ruhig, als ob er an seinem Schreibtische säße. Jedes
Menschenleben war ihm heilig; er schonte der Feinde, wo
er immer konnte. In den Hospitälern sah er täglich
selbst nach den Kranken und fragte sie, ob ihnen etwas
abgehe, und wehe den Wärtern und Aerzten, wenn die
Klagen der Kranken begründet erfunden wurden! In den
Winterquartieren verschaffte er seinen Soldaten alle mög=
lichen Bequemlichkeiten und Erholungen. Deßhalb liebten
ihn auch seine Soldaten wie ihren Vater. Er schlief des
Nachts nur drei Stunden, die übrige Zeit widmete er
dem Gebete, sowie dem Studium der Geschichte und der
Mathematik. Man besitzt heute noch Gebete, die der Krie=
ger mit eigener Hand für seinen Gebrauch niedergeschrie=
ben hat. Seine Frömmigkeit war eine wahre und tiefe.
In der katholischen Kirche geboren und erzogen, bewahrte
Prinz Eugen ihre Lehren sein ganzes Leben hindurch, bei
aller Duldsamkeit gegen die Ueberzeugungen Andersgläu=
biger, die entschiedenste Anhänglichkeit und Treue und
ließ sich nie die geringste Vernachlässigung seiner kirchli=
chen Pflichten zu Schulden kommen. Zweier geistlicher
Bücher, welche von der Ehre Gottes und von der Pflicht
eines Christen handeln, bediente er sich fast täglich, und
wer mit ihm in Angelegenheiten der Religion sprechen
wollte, fand stets ein geneigtes Gehör. Vor jeder Schlacht
empfing er die hl. Sakramente. „Prinz Eugen, der edle
Ritter", steht da für alle Zeiten als ein leuchtendes
Vorbild echten Heldensinnes, unerschütterlicher Pflicht=
treue und unverfälschten Seelenadels. Ein steinerner
Sarg, über demselben in halb erhabener Arbeit das Ab=
bild der Belgrader Schlacht, das Ganze von einer mit
passender Inschrift versehenen Pyramide überragt, —
dies ist das Grabmal, welches den Ort bezeichnet, an
dem Oesterreichs größter Kriegsheld und sein edelster
Staatsmann ruht.

Es sind zwei große Gestalten, die soeben an unserm

Geiste vorübergezogen; aber der Hauptruhm fällt wieder=
um auf ihre geistige Mutter, die katholische Kirche, zurück,
an deren Herzen sie so groß geworden und jenen Hel=
denmuth eingesogen; denn beide Helden, König Sobieski
und Prinz Eugen, waren treue Söhne der katholischen
Kirche.

LIII. Rußland unter Peter dem Großen.

In früherer Zeit, vor der Regierung Peter des Großen,
war Rußland noch wenig bekannt in Europa. Die Be=
wohner desselben galten im Ganzen mehr für Asiaten,
und wirklich schlossen sie sich auch diesen nach Kleidung,
Sitten und Gebräuchen enger an. Die einzelnen Völker
dieses großen nordischen Reiches standen unter Fürsten,
die man Czare (d. i. Cäsar) nannte. Nur selten traten
dieselben durch Gesandtschaften mit den übrigen europäi=
schen Fürsten in eine nähere Verbindung. So blieb Ruß=
land, bis Peter, ein Czar aus dem Hause Romanow,
das mit dem früheren Regentenhause Rurik verwandt
war, mit unumschränkter erblicher Gewalt den Thron
bestieg und nunmehr europäische Bildung und Gesittung
dortselbst einheimisch machte. Unter ihm wurde Rußland
eine europäische Großmacht.

Peter war der jüngste von drei Söhnen, die der
Czar Alexei hinterließ. Der älteste, Feodor, starb schon
1682 und hatte, da er selbst keinen Erben hinterließ, auf
dem Todbette seinen unmündigen, aber talentvollen Halb=
bruder Peter, mit Ausschließung seines schwächlichen Bru=
ders Iwan, zu seinem Nachfolger und dessen Mutter
Natalie zur Regentin während seiner Minderjährig=
keit ernannt. Hierüber war Peters Halbschwester, Sophie,
höchst erbittert; denn sie war äußerst herrschsüchtig und
hatte nichts sehnlicher gewünscht, als daß ihr vollbürtiger
Bruder, der schwache Iwan, auf den Thron erhoben
würde, um alsdann in seinem Namen regieren zu können.

In ihrer Hoffnung getäuscht, brütete sie furchtbare Rache. Sie wiegelte die Strielzi oder Strelitzen, die Leib= wache der Czaren, unter dem Vorwande auf, Nataliens Verwandte hätten den rechtmäßigen Thronerben Iwan ermordet, und veranlaßte zweimal eine gewaltige Empö= rung. Doch wurden die Strelitzen jedesmal wieder be= ruhiget. An Stelle der Mutter Peter's, Natalie, regierte die herrschsüchtige Sophie, während der junge Peter in einem kleinen Dorfe in der Nähe von Moskau sich auf= hielt und dort den Grund zu seiner zukünftigen Größe legte.

Er war ein kräftiger, feuriger Jüngling, voll Wiß= begierde und Durst nach Thaten. Sein Liebling war Le Fort, ein Kaufmannssohn aus Genf; dieser war nach manchen Reisen und Abenteuern endlich nach Mos= kau gekommen, wo der gebildete Fremde dem wißbegieri= gen Peter von fremden Ländern und Völkern viel erzäh= len konnte. Bei diesen Erzählungen schwoll das Herz des jungen Prinzen vor innigem Verlangen, daß auch er einst der Herrscher eines gesitteten und kunstreichen Vol= kes werden möge. Er hatte sich in jenem Dorfe eine kleine Kriegsschaar von fünfzig Jünglingen seines Alters errichtet, die er Potesdni, d. i. Kameraden nannte. Le Fort wurde Hauptmann derselben und richtete sie ganz auf europäischen Fuß ab. Peter selbst diente darin als gemeiner Soldat. Diese kleine Schaar war die Pflanz= schule der russischen Garde, welche die Strelitzen stürzte, Sophiens Uebermuth beugte und Rußlands Kriegsruhm gründete.

Anfangs hatte Sophie diese Kriegsübungen als ein argloses Kinderspiel angesehen; bald aber regte sich bei ihr finsterer Argwohn, und seitdem entwarf sie im Stillen einen Plan zur Ermordung des Prinzen nebst seiner Mutter und Schwester. Allein ihr Mordplan ward ver= rathen. Peter umgab sich mit seinen Potesdni und ließ seine empörungssüchtige Schwester in ein Kloster stecken. Um diese Zeit, 1689, starb auch Iwan, und Peter war fortan Alleinherrscher von Rußland.

Mit rastlosem Eifer arbeitete er nun mit seinem Freunde Le Fort an der Aufklärung seines Volkes und der Verbesserung der russischen Staatseinrichtungen. Er schickte mehrere junge Russen nach Deutschland, Holland und Italien, um sich unter diesen gesitteten Nationen zu bilden, und zog viele gebildete Ausländer in sein Reich. Die Großen des Reiches aber, wie auch die Geistlichkeit, waren über seine Neuerungen höchst unzufrieden. Sie beschuldigten ihn, er ziehe Irr- und Ungläubige in das Land, schicke die russische Jugend zu Ketzern und stürze so die Religion und verderbe die Sitten. Besonders waren die Strelitzen erbittert, weil er die Poteschni ihnen vorzog. Seine Schwester Sophie nährte von ihrem Kloster aus die Unzufriedenheit, und so entspann sich bald eine neue Empörung. Aber auch diese wurde von Peter niedergeschlagen, die Verschworenen hingerichtet.

Hierauf entschloß sich der Kaiser, selbst eine Reise in's Ausland zu machen. Im April 1697 trat er mit Le Fort die Reise an. Der Zug ging über Königsberg. Hier wurden sie von dem prachtliebenden Kurfürsten Friedrich III. von Brandenburg auf das glänzendste empfangen. Peter gab sich alle Mühe, um nicht erkannt zu werden. Aber eben dieses verrieth ihn. Bei einem glänzenden Gastmahle, das der Kurfürst gab, übernahm sich Peter so sehr im Trunke, daß er beinahe seinen Freund Le Fort getödtet hätte, weil er sich durch einige Worte von ihm beleidiget hielt. Als er wieder zur Vernunft kam, empfand er tiefe Reue darüber. „Ach," rief er schmerzlich aus, „ich will mein Volk gesitteter machen und vermag mich selbst nicht zu zähmen." Schon in Königsberg besuchte er die Werkstätten der Handwerker und Künstler und erkundigte sich mit großer Lernbegierde nach allem, was ihm Neues vorkam. Dann ging die Reise weiter über Berlin und Cleve nach A m s t e r d a m.

Amsterdam war ihm eine neue Welt. Das Gewühl der Kaufleute, der Schiffer, der Soldaten, die Schleusen, die Dämme, die Maschinen, die Schiffe, Alles erfüllte den Czar mit freudigem Erstaunen. Um weniger erkannt zu werden, trug er die Kleidung eines holländischen Schiffszimmermanns und war vom frühen Morgen bis zum späten Abend beschäftiget, mit allen Merkwürdigkeiten der Stadt sich bekannt zu machen.

Von Amsterdam setzte er nach dem nahe gelegenen Dorfe S a a r d a m über, dem Sitze des holländischen Schiffbaues. Hier erschien er als gemeiner Russe in vaterländischer Tracht und ließ sich unter dem Namen Peter Michaelow in die Liste der Werkleute eintragen. Er bewohnte sieben Wochen lang ein einfaches Häuschen, bereitete sich selbst sein Lager und seine Speise, führte den Briefwechsel mit seinen Ministern und arbeitete zugleich mit seinem Zimmermannsbeile an Mast und Kiel. Noch jetzt zeigt man zu Saardam die Hütte, welche der Kaiser bewohnt hat. Seine Mitgesellen nannten ihn nicht anders als Peter Baas, d. i. Meister Peter. Auch die Werkstatt der Schmiede, Tauschläger und Segelmacher besuchte er fleißig und erkundigte sich nach Allem. Hierauf begab er sich nach Amsterdam zurück und ließ ein Kriegsschiff von sechzig Kanonen unter seiner Aufsicht bauen, das er mit Seeleuten, Offizieren, Bauleuten und Künstlern versehen nach Archangel schickte.

Im Jahre 1698 schiffte sich Peter nach England ein. Zu London that sich wieder eine neue Welt vor ihm auf. Nichts entging seiner Aufmerksamkeit. Alles ließ er sich erklären und schickte dann einzelne Modelle in seine Heimath, sogar von einem Sarge. Vorzüglich erregte das englische Seewesen seine Aufmerksamkeit. Der König Wilhelm veranstaltete ihm zum Vergnügen ein kleines

Seetreffen. Ein solches Schauspiel hatte der Russe noch nie gesehen. „Wahrlich," rief er verwundert aus, „wäre ich nicht zum Czar von Rußland geboren, so möchte ich englischer Admiral sein!" Ueber fünfhundert Engländer nahm er in seine Dienste.

Nach dreimonatlichem Aufenthalte begab er sich durch Holland über Dresden nach Wien. Als er eben im Begriffe war, auch Italien zu besuchen, erhielt er die Nachricht von einer neuen Empörung der Strelitzen. Ergrimmt eilte er nach Moskau zurück und hielt, da der Aufruhr durch seinen General Gordon bereits gedämpft war, ein furchtbares Gericht. Der größte Verdacht fiel wieder auf seine Schwester Sophie. Da sie aber jede Theilnahme ableugnete, zog er wüthend sein Schwert und würde sie niedergestoßen haben, hätte sich nicht ein Kammermädchen dazwischen geworfen, laut schreiend: „Halt, es ist deine Schwester!" Bei diesen Worten entfiel dem Czar das Schwert. Er dankte dem Mädchen, daß es ihn vor einer Blutschuld bewahrt habe. Er ließ aber, zu einer furchtbaren Warnung, vor dem Kloster der aufrührerischen Schwester achtundzwanzig Galgen aufrichten und hundert fünfzig Schuldige aufhängen.

Nicht lange nachher starb Le Fort. Der Tod dieses edlen Mannes versenkte den Czar in tiefe Trauer. Nun ward Menzikow sein Liebling, der sich vom einfachen Diener zum ersten Minister, Feldmarschall und Herzog emporgeschwungen hatte. Dieser unterstützte den Kaiser bei seiner rastlosen Thätigkeit, die in der Fremde eingesammelten Erfahrungen in seinen Staat zu verpflanzen. Mit dem Aeußern machte Peter den Anfang und verbot die langen Kleider und Bärte. Dann legte er Schulen und Buchdruckereien an, ließ die vorzüglichsten Werke des Auslandes in die russische Sprache übersetzen, muuterte die Russen auf, zu ihrer Bildung in's Ausland zu reisen, so wie er es gerne sah, wenn gebildete Fremde in sein Reich kamen. Auch legte er im Jahre 1703 den Grund zu der Stadt Petersburg, welche bald zum Erstaunen Aller eine der schönsten und volkreichsten Städte des ganzen Erdkreises wurde.

Neben den Arbeiten im Innern beschäftigten ihn auch kriegerische Unternehmungen. Er hatte sich an einem Kriege gegen Schweden betheiligt, um auch im Westen Quellen des Handels und der Herrschaft zu erschließen. Zuerst unterlag er, aber in der Schlacht bei Pultawa (1709) besiegte er den tapfern Schwedenkönig Karl XII. und erhielt im Frieden von Nystädt (1721) von Schweden die schönsten Ostseeländer, Liefland, Esthland und Ingermannland. Am Tage des großen Friedensfestes wurde Peter feierlich als Kaiser aller Reußen (Russen) ausgerufen und ihm der Beiname des Großen gegeben.

Noch einmal machte er eine Reise in's Ausland, besuchte Paris und Amsterdam, kehrte aber diesmal schnell wieder in sein Reich zurück. Vor seinem Tode ließ er noch seinen Sohn Alexei, der den Neuerungen des Vaters abhold war, feierlich auf die Thronfolge Verzicht leisten. Aber dieser starb noch vor seinem Vater, der im Jahre 1725 das Reich seiner Gemahlin Katharina zurückließ.

Peter wollte sein Volk bilden, aber er unterband die Adern aller wahren Bildung, das Leben der Kirche. Wohl versprach er dem Papste, den Katholiken in seinem Reiche volle Freiheit der Religionsübung zu gewähren. Aber er hielt nicht Wort. Im Jahre 1719 zwang er alle Jesuiten, Rußland zu verlassen, 1724 alle Kapuziner; einmal hieb der Kaiser sogar mit eigener Hand in der Kirche einen Mönch nieder, ließ den Superior hängen und das Kloster verbrennen. Auf seine Anordnung hin wurden die schmutzigsten Schriften gegen Papst und Kirche aus dem Holländischen übersetzt, der Papst sogar öffentlich verhöhnt. Hätte Rußland der Kirche Freiheit gegeben, es würde schon lange einen hohen Grad der Bildung erreicht haben und in einem reinern und wahrhaftern Ruhme strahlen. Denn ewig wahr bleibt das Wort des großen französischen Denkers De Maistre: „Die Religion ist die Mutter der Wissenschaft. Das Scepter der Wissenschaft gehört Europa nur darum, weil es christlich ist." Rußland wurde unter Peter eine Großmacht, aber die höhere Bildung fehlte ihm, wie sie auch dem Gründer seiner Größe gefehlt hatte.

LIV. Maria Theresia.

Kaum hat je eine Fürstin gelebt, die zugleich größer auf dem Throne und makelloser im Privatleben gewesen als Maria Theresia, die Kaiserin von Oesterreich.

Seit dem neunzehnten Jahre war Theresia mit Franz von Lothringen vermählt, der in der Folge zum Kaiser gewählt wurde. Doch überließ er Maria Theresia die Regierung. Sie umfaßte alle ihre Landeskinder mit mütterlicher Zärtlichkeit, und diese hingen ihr mit Begeisterung und Liebe an. Als sie einst auf dem Tage zu Preßburg inmitten der Großen Ungarns erschien, ihr Kind auf dem Arm, auf dem Haupte die Krone des hl. Stephan, den Säbel umgürtet, strahlend vor Schönheit und Muth, da rissen die Magnaten begeistert die Schwerter aus der Scheide, schwangen sie über dem Kopfe und riefen: „Leben und Blut, wir sterben für Maria Theresia." Sie schaffte die Folter ab, mäßigte die drückenden Steuern und milderte die Frohndienste. Jedoch wurden alle diese Veränderungen nur langsam vorgenommen. Durch die vielen Kriege, die sie zu führen hatte, kam das Land in bedeutende Schulden hinein. Deßhalb schränkte sie den Hofstaat ein, vereinfachte die innere Verwaltung und verminderte die Schaar der Beamten. Fremde Moden wollte sie in ihrem Lande nicht dulden; sie selbst gab ihren Unterthanen das Beispiel edler Einfachheit. Mit festem Muthe verband sie die Standhaftigkeit eines Mannes. Vom Pfade des Rechtes wich sie keinen Finger breit. Wie sie Gewerbe und vorzüglich den Ackerbau begünstigte, so vernachlässigte sie auch nicht Künste und Wissenschaften. Sie gründete viele Volksschulen und höhere Bildungsanstalten, wie das Theresianum, das savoysche und löwenburgische Convikt, die Universität zu Wien, die orientalische Akademie, die Akademie der bildenden Künste, mehrere Ritterakademien, sowie Militär- und Kunstschulen, die Universitäten zu Lemberg und Ofen; viele wissenschaftliche Anstalten, Museen und Sternwarten in den bedeutenderen Städten des Reiches sind ihre unsterblichen Schöpfungen.

Jeden Morgen um zehn Uhr war es jedem Privatmann erlaubt, seine Bittschrift an die Kaiserin abzuliefern. Die Minister der verschiedenen Fächer hatten jeder einen bestimmten Tag in der Woche, wo sie ihren Bericht mündlich erstatteten. Bei den Berathungen aller Minister waren die Kaiserin, der Kaiser, später der Erzherzog Joseph gegenwärtig. Maria Theresia verwendete viel Zeit auf diese Berathungen. Die minder wichtigen Sachen entschied sie auf der Stelle. War der Gegenstand von Wichtigkeit, so faßte sie den Entschluß erst nach reiflicher Ueberlegung in ihrem Arbeitszimmer. Sie arbeitete mit großer Aufmerksamkeit, setzte oftmals beim Lesen einer wichtigen Sache aus und schrieb dann ihren Entschluß kurz und deutlich nieder. Bei dieser angestrengten Thätigkeit blieb ihr wenig Zeit zu den Vergnügungen, wie sie an andern Höfen damals im Schwunge waren. Am Ende ihrer Regierung, von der ein Viertel in schweren Kriegen aufging, war der Wohlstand des Volkes, das Leben in allen Zweigen der Cultur in großer Blüthe. Oesterreich, innerlich gefestiget, erhob seine Stimme mächtig in Deutschland und Europa, und ein durchdringender Gemeingeist belebte alle Theile des Landes.

Maria Theresia besaß einen lebendigen, gottinnigen Glauben; er hat sie in manch' schwerer Stunde getröstet und

Maria Theresia und die Ungarn zu Preßburg.

aufgerichtet. Alle Uebungen der Frömmigkeit erfüllte sie mit ängstlicher Sorgfalt; sie hörte täglich eine, auch zwei heilige Messen. Ihrem Gemahl war sie in treuer Liebe bis zu seinem Tode zugethan. Nach seinem Hinscheiden erschien die Kaiserin immer in Trauerkleidern. Auch ließ sie sich jedes Jahr in die Todtengruft hinunter, um dort an seinem Sarge zu beten. Die größte Sorgfalt verwendete sie auf die Erziehung ihrer Kinder. In dem stillen Familienkreise fand sie die süßeste Erholung; sie war eine zärtliche und zugleich strenge Mutter. Erzieher und Lehrer wurden von ihr oft über die Aufführung der Kinder gefragt. Es kamen Belohnungen und Strafen vor, wie bei Bürgerskindern.

Würdig ihres Lebens war der Tod dieser großen Regentin. In der zweiten Hälfte des Jahres 1780 erkrankte sie. Auch die bittersten Schmerzen konnten ihre Geduld nicht brechen; sie trug mit männlicher Festigkeit alle Leiden; ihre Heiterkeit blieb sich gleich, ihr Glaube unerschüttert. Bis zum Tage vor ihrem Tode arbeitete sie. „Ich kann nicht schlafen," erwiederte sie den Aerzten, welche auf Ruhe drangen; „ich fühle, daß ich bald vor Gottes Richterstuhl erscheinen werde." 63 Jahre alt verschied die Kaiserin. „Sie ehrte den Thron und ihr Geschlecht," sprach Friedrich der Große. Die Trauer der Unterthanen war grenzenlos, die Zeit ihrer Regierung wurde als das goldene Zeitalter der österreichischen Monarchie gepriesen.

LV. Joseph II.

Der älteste Sohn Maria Theresia's war Joseph II., ihr Nachfolger auf dem Kaiserthrone. In seiner Jugend empfand derselbe eine unwiderstehliche Lust zu reisen. Er besuchte Frankreich, Spanien, Italien, Holland und freute sich, wenn er von den Leuten nicht erkannt wurde. In einem französischen Städtchen angekommen, verlangte er einmal im Gasthofe sogleich Wasser, um sich barbiren zu können. Da fragte ihn die Frau Wirthin in höflichster Weise, ob er etwa auch zum Gefolge des Kaisers gehöre, den man jeden Augenblick erwarte. „O ja," ant-

wortete Joseph lachend, „ich bin der Barbier des Kaisers."
In Paris besuchte er nicht nur die Kirchen und Paläste,
sondern auch die Kunstsammlungen, die Bibliotheken, die
Fabriken, die Krankenstube im Hotel Dieu. In Mähren,
zwei Meilen von Brünn, ergriff er eines Tages den
Pflug, den ein Bauer gerade führte, und ackerte ein gutes
Stück Land um. Die Stelle ist durch ein Denkmal be=
zeichnet, und den Pflug zeigt man heute noch im Saale
der Landstände zu Brünn.

Obwohl Joseph durchaus nicht ungläubig war und
daher auf seiner Reise sich nicht entschließen konnte, dem
Gottesleugner Voltaire in Ferney einen Besuch zu
machen, so huldigte er dennoch den Grundsätzen der da=
maligen französischen Aufklärung und ließ sich, nach dem
Tode seiner Mutter auf den Thron gelangt, in seiner
Regierung ganz von diesen leiten.

Mit schönen Anlagen des Herzens und des Verstan=
des ausgestattet, wollte Joseph als unumschränkter Herr=
scher ganz dem Wohle des Volkes leben. Aber in den
Mitteln, die er hiezu wählte, that er die traurigsten und
verhängnißvollsten Fehlgriffe. Kaum zum Kaiser gewählt,
führte er maßlose Neuerungen ein, besonders auf kirch=
lichem Gebiete. Dabei wurde er redlich von den gott=
losen Schriftstellern unterstützt, die mit Hohn und Ver=
leumdung das Ansehen der Kirche bei allen Ständen zu
erschüttern suchten. Ebenso gelang es ihm, schlechte Geist=
liche für seine Aufklärungspläne zu gewinnen. Von den
Klöstern wurden diejenigen — etwa 700 an der Zahl
—, welche nach seiner Ansicht zum Besten der bürgerlichen
Gesellschaft nichts Sichtbares beitrugen, unterdrückt; die=
jenigen, die man wegen unverkennbarer Nützlichkeit be=
stehen ließ, wurden so gemaßregelt, daß sie sich nach und
nach von selbst auflösen mußten. Sie durften nämlich ohne
Genehmigung der Regierung keine Novizen mehr aufneh=
men. Der päpstliche Einfluß wurde vernichtet, alle Verord=

nungen der Bischöfe und des Papstes der Genehmigung (Placet) des Staates unterstellt; der Gottesdienst durfte aus Gründen der Sparsamkeit nicht mehr in so feierlicher Weise, wie früher, stattfinden. Sämmtliche Bruderschaften, 123 an der Zahl, wurden aufgehoben, dagegen eine allgemeine Bruderschaft thätiger Nächstenliebe gestiftet. Die öffentlichen Bittgänge ließ Joseph bis auf drei einstellen, im Gottesdienste sogar die Zahl der Kerzen bestimmen, welche brennen sollten. Daher denn auch König Friedrich von Preußen den Kaiser nur seinen „Bruder Sakristan" zu nennen pflegte. Zur Heranbildung der Geistlichen im Sinne und Geiste Joseph's wurden sogenannte Generalseminarien gegründet, in denen die Bischöfe nichts mehr zu sagen hatten. Die Bischöfe durften auch keinen Priester weihen ohne vorgängige Erlaubniß des Staates. Ja, man befahl sogar den Geistlichen, beim sonntäglichen Gottesdienste über Giftpflanzen, Mäßigkeit und Landwirthschaft zu predigen.

Wohl machten gut gesinnte Bischöfe dem Kaiser wegen seiner ungerechten Eingriffe in die Rechte der Kirche ernstliche Vorstellungen; wohl reiste Papst Pius VI. im Jahre 1783 persönlich nach Wien, um mit Joseph zu unterhandeln und ihn auf die traurigen Folgen solcher Maßnahmen aufmerksam zu machen. Der Kaiser hatte kein Ohr für diese wohlmeinenden Warnungen. Ja, er dachte sogar daran, sich förmlich vom Papste loszusagen und nach dem Muster der englischen Hochkirche eine österreichische Landeskirche zu gründen. Nur durch das bei ihm viel geltende Urtheil des spanischen Gesandten zu Rom konnte er von diesem Plane wieder abgebracht werden.

Wir müssen annehmen, daß es dem Kaiser Joseph II. aufrichtig um das Wohl seiner Unterthanen zu thun war, und daß er durch seine willkürlichen Anordnungen (nach ihm heißt sein Verfahren Josephinismus) nichts

Schlimmes bezweckte. Hat er doch unmittelbar vor sei=
nem Tode noch sich öffentlich mit den hl. Sterbesakra=
menten versehen lassen und mit lauter Stimme gebetet:
„Herr, der Du allein mein Herz kennst, Du weißt es,
daß ich alles, was ich gethan, nur zum Wohle meiner
Unterthanen gethan habe.“ In einer Zeit falscher Auf=
klärung lebend und von falschen Freunden umgeben, ließ
er sich eben von seinen falschen Voraussetzungen und Vor=
urtheilen zu den verhängnißvollsten Mißgriffen hinreißen.
Denn wie wenig eine solche Beeinträchtigung der Freiheit
der Kirche geeignet sei, das Wohl eines Landes zu för=
dern, springt Jedem in die Augen. Die beiden von Gott
gesetzten Gewalten, Staat und Kirche, haben jede ihr
Rechtsgebiet; keine darf beeinträchtigend in die andere
hinübergreifen; in allen kirchlichen Dingen steht der Ent=
scheid bei der Kirche. Die Uebergriffe des Staates in
das kirchliche Gebiet rächen sich früher oder später am
Staate selbst. Auch Joseph hatte das traurige Geschick,
sich noch vor seinem Ende von der Unzweckmäßigkeit sei=
ner Maßregeln überzeugen zu müssen. In Ungarn mußte
er sogar selbst alle seine Verordnungen wieder zurück=
nehmen. Diese bittern Erlebnisse brachen sein Herz. Er
starb den 20. Februar 1790; zu seiner Grabschrift aber
wählte er die Worte: „Hier liegt ein Fürst, dessen Ab=
sichten rein waren, der aber das Unglück hatte, alle seine
Entwürfe scheitern zu sehen.“ „Hätte Joseph,“ sagt ein
österreichischer Geschichtschreiber, „zu einer besseren Zeit ge=
lebt, unter günstigeren Verhältnissen, in einer redlicheren
und gläubigeren Umgebung, bei seiner rastlosen Thätig=
keit und seinem energischen Willen, der sicher das Beste
wollte und anstrebte, — er würde ein trefflicher Regent
gewesen sein und seine Völker glücklich gemacht haben:
so aber hat er sein großes Reich in stürmischer Aufre=
gung, die Kirche in Leiden und Wirrsalen, von seiner
Hand ihr bereitet, zurückgelassen; und sein unglückliches

System (Josephinismus) ist ohne Zweifel die Grund-
wurzel, aus welcher alle jene Uebel empor-
schossen, deren Folgen das herrliche Oesterreich, insbesondere in unseren Tagen, schwer
empfindet."

LVI. Johann Fisher und Thomas Morus.

Zu gleicher Zeit mit Karl V. in Deutschland regierte
Heinrich VIII. in England. Anfangs ein so eifriger
Vertheidiger der katholischen Religion, daß er vom Papste
wegen seiner Abhandlung gegen Luther den Ehrentitel
Defensor fidei (Vertheidiger des Glaubens) erhielt, ließ
er sich nachher von seiner Leidenschaft hinreißen, verstieß
seine erste Gemahlin Katharina von Aragonien
und heirathete eine ihrer Hofdamen, Anna Boleyn.
Weil der Papst diese zweite Ehe nothwendiger Weise als
null und nichtig erklärte, trennte sich der König von ihm,
maßte sich selbst die Würde eines Oberhauptes der Kirche
in England an und führte den sogenannten Supremateid
ein, einen Eid, durch welchen ein jeder, der ein Amt
antrat, sich verpflichten mußte, den König als Oberhaupt
der Kirche anzuerkennen. Von den Großen des Reiches
widersetzten sich ihm nur zwei Männer, Johann Fisher und Thomas Morus, deren Namen deßhalb mit
goldenen Zügen in die Tafeln der Geschichte eingetragen
sind.

Johann Fisher, Bischof von Rochester, war schon
ein Greis, als jene unselige Verfolgung über die Katholiken Englands hereinbrach. Treu hatte er dem Könige
stets gedient, sein Wort galt viel im Rathe des Fürsten.
Aber als dieser nun den Suprematseid von ihm forderte,
da schauderte der Bischof zurück und hielt dem Könige
in heiligem Pflichteifer die Unzulässigkeit eines solchen
Eides vor. Hierauf wurde der ehrwürdige greise Hirte
in's Gefängniß geworfen, wo er auch des Nöthigsten

entbehren und sogar Hunger leiden mußte. Fünfzehn
Monate lag er im Kerker. Nichts konnte seine Stand=
haftigkeit erschüttern. Da ward das Todesurtheil über
ihn ausgesprochen. Mit heiterem Antlitze vernahm er das=
selbe, ließ sich am Tage der Hinrichtung sein schönstes
Gewand bringen und sprach: „Das ist mein Hochzeitstag!"
Langsam wankte er, von den Henkern gestützt, auf den
Richtplatz hinaus, stieg auf das Blutgerüst und bat das
Volk um sein Gebet. „Der Augenblick ist gekommen,"
sprach der Bischof, „wo ich sterbe für den Glauben. Dank
dem Herrn, daß ich es thun kann. Bisher hat mich noch
kein Todesgedanke erschreckt; da wir aber der Gnade
keinen Augenblick entbehren können, so bitte ich Euch,
für mich zu beten, damit ich standhaft bleibe bis zum
letzten Athemzuge!" Dann ermunterte er das Volk zur
Treue im Glauben, stimmte mit gehobener Stimme das
Te Deum an, legte sein schneeweißes Haupt auf den Block
und empfing ruhig und gefaßt den Todesstreich. Sein
Kopf wurde auf einer Pike herumgetragen, aber selbst sein
todtes Antlitz leuchtete noch voll Friede und Heiterkeit.
Das gerührte Volk pries den Martyrer selig.

Noch einen Monat vor der Hinrichtung hatte der
Papst Paul III. den gelehrten und heiligen Bischof,
den auf Lebenszeit hin bestätigten Kanzler der Universität
Cambridge, mit der Cardinals=Würde ausgezeichnet.
„Entweder täusche ich mich ganz," sagte Erasmus von
ihm, „oder das ist ein Mann, mit welchem kein anderer
in dieser Zeit verglichen werden kann, sowohl was Rein=
heit des Lebens, als Gelehrsamkeit und Seelengröße be=
trifft."

Als Fisher hingerichtet wurde, saß schon ein anderer
großer Mann im Kerker, um desselben glorreichen Schick=
sals zu warten: der Lordkanzler Thomas Morus.
Geboren zu London 1480, erhielt Thomas eine strenge
religiöse Erziehung. Er besuchte die Schulen seiner Vater=

stadt und begab sich dann an die berühmte Universität zu
Oxford. Nach Vollendung der ersten gelehrten Bildung
erhielt der junge Morus durch die Bemühungen seines
Vaters Zutritt im Hause des berühmten Erzbischofs
John Mortons von Canterbury. Das Haus dieses
welterfahrnen Mannes, der Sammelplatz aller hochgebildeten Männer Englands, war dem empfänglichen Jüngling eine tüchtige Vorschule für das praktische Leben.
Die klassische Literatur war seine Lieblingsbeschäftigung;
doch vergaß er daneben nicht das Studium der Gottesgelehrtheit. Bald jedoch wandte er sich auf den Wunsch
des Vaters seinem Lebensfache, dem Studium der Rechte,
zu.

Aber keine Beschäftigung, kein Studium hielt ihn jemals zurück von den Uebungen der Frömmigkeit; im
gewaltigsten Geschäftsdrange fand er immer so viel Zeit,
vor der Arbeit sich im Gebete zum Vater des Lichtes zu
wenden; täglich wohnte er der hl. Messe bei. Dabei war
er streng gegen den Körper und wachsam gegen dessen
Lüste, schlief auf dem Fußboden und trug ein härenes
Bußgewand auf dem bloßen Leibe.

Bereits hatte Morus die Achtung des Volkes sich in
dem Grade erworben, daß er zum Mitgliede des englischen Unterhauses gewählt wurde. Schon im Jahre 1504
besaß er die Kühnheit, in dieser Eigenschaft einer unbil-
ligen Geldforderung des habsüchtigen Heinrich VII. entgegenzutreten. Der König rächte sich an Thomas' Vater
und ließ ihn in den Tower setzen. Der Sohn aber zog
sich in die Karthause zu London zurück, wo er sich der
Erlernung der neueren Sprachen und dem Gebete widmete.

Etwa 26 Jahre alt, erwählte sich Morus eine Le-
bensgefährtin in der tugendhaften Tochter eines Edel-
mannes in Essex und trat zugleich als Anwalt auf. Er
war ein vortrefflicher Advokat. Sein Ruf bahnte ihm

sehr bald den Weg zu dem einträglichen Amte eines Unter=
sheriffs der Stadt London, darauf zu dem eines Friedens=
richters. Was Thomas Morus in seiner anstrengenden
Amtsthätigkeit frisch und gestärkt erhielt, und seinen Um=
gang außerordentlich angenehm machte, war seine unver=
gleichliche heitere Laune, seine natürliche Anlage zum Witz,
eine Gabe, welche das Glück seines Ehestandes um Vieles
erhöhte. Doch sollte dieses bald durch die kalte Hand des
Todes gestört werden; schon nach wenigen Jahren starb
seine Gattin und hinterließ ihm drei Töchter und einen
Sohn. Nun verheirathete er sich mit der Wittwe Alice
Middleton. Morus war das Muster eines Hausvaters;
leutselig und freundlich, suchte er Jedem seine Verrichtungen
angenehm zu machen; seine Kinder erzog er in der Gottes=
furcht und legte besonderes Gewicht auf die tägliche Haus=
andacht, der er selbst als Kanzler noch beiwohnte. Der
Tisch wurde durch Vorlesen aus der hl. Schrift geheiliget;
die Wissenschaften blieben auch in der Periode seiner
höchsten Ehrenstellen seine Lieblingsbeschäftigung und ließen
ihn im Auslande als England's Zierde erscheinen.

Der Ruf von Morus' ausgezeichneter Rechtskenntniß
drang bis zum Hofe des jungen Königs Heinrich VIII.,
der deßwegen den gelehrten Mann in seine Umge=
bung zu ziehen suchte. Allein Morus fühlte gegen das
Hofleben eine große Abneigung. Nur dem Drängen des
Königs nachgebend, nahm er endlich am Hofe die Stelle
eines königlichen Rathes an, stieg aber bald darauf zur
Würde eines Kanzlers des Herzogthums Lancaster em=
por. Als solcher war Sir Thomas thätig bei der Ab=
schließung eines Freundschaftsbündnisses zwischen Frank=
reich und England im Jahre 1525; ebenso bei dem Ab=
schlusse des Friedens von Cambray, welcher zwischen dem
Könige von England und Kaiser Karl V. wieder Freund=
schaft und Friede herstellte. Morus' Wirksamkeit bei die=
sem für das ganze Reich so erfreulichen Ereigniß hatte

ihm seines Königs besonderes Lob und reichliche Anerkennung erworben.

Jede Zeit, die der Kanzler seinen Staatsgeschäften entziehen konnte, verlebte er im Kreise der Seinigen. In seinem Landhause zu Chelsea hatte er eine besondere Kapelle, Bibliothek und Gallerie. Daselbst brachte er wo möglich jeden Freitag in Gebet und frommen Uebungen zu, um nachher mit neuem Eifer und Geistesschwunge an seine Geschäfte zu gehen. Er hielt es für eine Ehre, dem Priester am Altare zu dienen. Gegen Arme und Kranke überaus wohlthätig, hatte er auch immer etwa einen belehrenden Spruch in Bereitschaft. So sagte er manchmal: „Viele erkaufen in diesem Leben die Hölle mit so großer Anstrengung, daß sie mit der Hälfte derselben füglich den Himmel gewinnen könnten.“

Im Jahre 1529 gelangte Thomas Morus zur höchsten Würde in England, er wurde Lordkanzler. Durch seine Gelehrsamkeit und Frömmigkeit erwarb er sich mit der höchsten Würde in Kurzem auch das höchste Ansehen. Daher war dem Könige an seinem Urtheile Alles gelegen, und als Heinrich, von der Leidenschaft geblendet, seine rechtmäßige Gattin entließ und Anna Boleyn heirathete, suchte er auf jede mögliche Weise den gelehrten Mann für seinen Schritt zu gewinnen. Aber Morus konnte und wollte zu einem offenbaren Unrechte seine Zustimmung nicht geben; er sah die Folgen voraus, die sein Widerstand hervorrufen müsse, und legte sein Kanzler=Amt nieder. Weder Versprechungen noch Drohungen konnten ihn zur Billigung der Ehe=Scheidung Heinrichs von Katharina bewegen. Da wurde er in den Tower geworfen, er, des Reiches treuester Unterthan, über den der König selbst mit Stolz einst geäußert hatte, „kein Fürst könne sich eines solchen Unterthanen rühmen.“

Kein Wort der Ungeduld kam über Morus' Lippen. Er betete und verfaßte fromme Schriften. Noch im Kerker

sollte er für die Angelegenheit des Königs gewonnen
werden; seine eigene inniggeliebte Tochter Margaretha
begab sich zu ihm. Allein Thomas Morus blieb uner=
schütterlich wie ein Held. Ueber ein Jahr saß er ge=
fangen, da suchte man ihn des Hochverrathes anzuklagen.
Er sollte den Supremat anerkennen, jene Anordnung,
wodurch der König zum Oberhaupte der englischen Kirche
erklärt wurde. Er weigerte sich standhaft. Zugleich legte
man ihm fälschlich zur Last, er habe die Aeußerung ge=
than: das Parlament könne den König nicht zum Kirchen=
oberhaupte erheben. Man machte ihm deßhalb den Pro=
ceß auf Hochverrath.

Durch die volkreichsten Straßen der Stadt ward Morus
am 1. Juli 1535 vor die Schranken desselben Gerichtes
geführt, bei welchem er einst den Vorsitz gehabt hatte.
Die Anklage legte ihm zur Last, den Supremat des
Königs verworfen zu haben, wie aus seinem Gespräche
mit Richard Rißh hervorgehe. Mit großer Fassung ver=
theidigte sich Morus Punkt für Punkt. Dessenungeachtet
kehrten die Geschwornen schon nach einer viertelstündigen
geheimen Berathung zurück und sprachen ihn schuldig.
Man kündigte dem Verurtheilten an, der König habe die
Gnade gehabt, die furchtbare Strafe des Viertheilens,
wozu er verdammt war, dahin abzuändern, daß er ent=
hauptet würde. Da sprach Morus scherzend: „Gott be=
hüte einen jeden meiner Freunde vor einer solchen Gnade!“
Alsdann ergriff er noch einmal — es war das letzte
Mal — das Wort, um unmittelbar vor seinem Tode
noch der Wahrheit feierlich Zeugniß zu geben und dieses
Zeugniß mit seinem Blute zu besiegeln. Seine Rede aber
hat der deutsche Dichter Oscar Redwitz in die schönen
Worte gefaßt:

> „Und steht im Ocean der Weltgeschichte
> Gleich einem Felsen eine Wahrheit da,
> Durch alle Stürme unerschütterlich —

Bei Gott 's ist die: Das höchste Amt der Kirche,
Die über diesen Erdkreis ohne Schranken,
Für alle Zeiten, alle Menschenkinder,
Als die katholische, die allgemeine,
Die Hallen wölbt auf der Apostel Säulen,
Die sicher auf dem Grundstein Petri ruh'n, —
Es ward durch Christi unzweideutig Wort
Nur diesem Simon Petrus übertragen,
Dem Felsen, drauf die Eine Kirche steht.
Und nimmermehr kann sterbliche Gewalt
In diesem einen hehren Dom des Heils
Ein Kirchlein bauen, drin ein ird'scher König
Zugleich die Krone mit der Mitra trüge."

Als Morus dann aus der Gerichtshalle trat, warf
sich ihm sein Sohn John zu Füßen und bat um den
väterlichen Segen. Beim Tower=Quai erwartete ihn seine
Tochter Margaretha, drängte sich eilig durch die Menge
und die bewaffneten Truppen, umarmte und küßte ihren
Vater unter einem Strome von Thränen. Am vierten
Tage nach seiner Verurtheilung schrieb er an dieselbe
noch einen Brief mit Kohle, da man ihm alle Schreib=
materialien und Bücher weggenommen hatte. Er dankt
darin seiner geliebten Tochter für ihre große Liebe, er=
theilt allen Angehörigen den Segen und schließt mit den
Worten: „Leb wohl, mein theures Kind, und bete für
mich, wie ich es für dich thue, sowie für alle Freunde,
auf daß wir einander fröhlich im Himmel wiedersehen."
Die noch übrige Zeit seines Erdenlebens brachte Morus
im Gebete zu. Als sein Freund Thomas Pope am
6. Juli 1535 ihm den Befehl des Königs überbrachte,
daß er noch an demselben Tage hingerichtet werden solle,
dankte er herzlich und tröstete Pope, der unter heftigen
Thränen von ihm Abschied nahm.

Ungefähr um 9 Uhr Morgens ward Thomas aus
dem Tower geführt. Er trug seinen Bart ungewöhn=
licherweise sehr lang, sein Gesicht war abgemagert und

Thomas Morus.

bleich, in seinen Händen hielt er ein rothes Kreuz, während
seine Augen bald auf dieses, bald zum Himmel sich rich=
teten. Am Richtplatze angelangt, betete er auf den Knieen
das „Miserere", stand auf, und nachdem er vor dem Richt=
block sich selbst die Augen verbunden und den Henker
noch ermuntert hatte, frisch und kühn seines Amtes zu
walten, „denn sein Hals sei sehr kurz," legte er ergeben
sein glorreiches Haupt auf den Block. Ein Streich des
Mordbeiles vereinigte Morus mit seinem Schöpfer. Sein
Kopf ward auf der Londoner Brücke ausgesetzt, nachher
aber von Margaretha angekauft, damit er nicht, wie es
bestimmt war, eine Speise der Fische würde.

Wie der berühmte Bischof von Rochester der Vertreter
der Geistlichkeit, so sollte dieser herrliche Mann, Thomas
Morus, jener der Laienwelt sein in dem Kampfe, welcher,
durch die Leidenschaft Heinrich VIII. heraufbeschworen,
in der Folge noch Tausenden das Leben kostete. Morus
und Fisher sollten gleichsam den blutigen Reigen eröffnen
und ihren Nachfolgern auf dem Schaffote, Priestern und
Laien, durch ihre heldenmüthige Standhaftigkeit unver=
gänglichen Muth einflößen. Zur selben Zeit, wo der
Bischof und der Lordkanzler ihr Blut verspritzten, lagen
andere 60,000 Menschen im Gefängnisse, alle desselben
Schicksals gewärtig. Namenlos ist das Elend, das der
wollüstige König über England brachte, indem er sein
ganzes Land in seinen eigenen Abfall von der Kirche mit
sich riß; aber in ewigem Ruhmesglanze stehen jene glor=
reichen Zeugen der Wahrheit da, die ihr Zeugniß mit
dem eigenen Herzblute besiegelten. Möge ihr Blut un=
aufhörlich zu Gott um Barmherzigkeit und Gnade rufen
für jenes so herrliche Volk des stolzen Albion!

In dem letztverflossenen halben Jahrhundert ist die
Zahl der Katholiken in London allein von 80,000
auf 360,000 gestiegen. Mögen die Bekehrungen von Tag
zu Tag wachsen, bis endlich die ganze Nation wieder
in den Schooß der katholischen Kirche zurückgekehrt ist!

LVII. Maria Stuart.

Maria Stuart war im Jahre 1542 geboren, aber schon ihre Wiege war von der tiefsten Trauer umgeben. Kein Jubelruf ertönte in den Hallen des königlichen Schlosses, um ihre Geburt zu feiern, denn wenige Tage später rief Gott ihren Vater aus dem Leben. Im bittersten Schmerze schloß die vortreffliche Mutter die kleine Waise in ihre Arme und gelobte im Stillen, ihr nach Kräften den Vater ersetzen zu wollen. Ganz Schottland theilte die Trauer der königlichen Wittwe, mit Ausnahme jener Partei, welcher daran lag, die unselige Aussaat der Glaubensspaltung auch in das zwar verwilderte, aber redlich und treu gesinnte Bergland zu verpflanzen. Maria's Vater, Jakob V., war ein guter Regent gewesen, der mit vollem Rechte die Liebe seiner Unterthanen genoß. Er hing fest an der hl. katholischen Religion, weßhalb er sich öfters mit seinem Oheime, Heinrich VIII. von England, entzweite, der ihn durchaus bereden wollte, der neuen, von ihm selbst eingeführten Kirche zu huldigen und dem katholischen Glauben untreu zu werden. Standhaft wies Jakob alle Drohungen, Versprechungen und Schmeicheleien zurück.

Inzwischen hatte Cardinal Beaton, der von Jakob V. zum Regenten ernannt, aber nicht anerkannt und während dieser Zeit gefangen gehalten wurde, seine Freiheit wieder erlangt. Er war dem verstorbenen Könige ein treuer Freund und Diener gewesen, und es lag ihm nun sehr am Herzen, das Wort zu lösen, das er seinem königlichen Herrn vor dessen Hinscheiden gegeben hatte, nämlich, die Sorge für die Königs-Wittwe und für Maria, die junge Königin, zu übernehmen. Wirklich gelang es seinen treuen, unablässigen Bemühungen, das königliche Kind nach Stirling, dem festesten Schlosse Schottland's, zu bringen.

Hier wurde Maria ihrem königlichen Stande gemäß mit aller Liebe und Sorgfalt erzogen. Sie zeigte schon in den zartesten Kinderjahren einen sehr lebhaften Verstand, große Herzensgüte und eine seltene Liebenswürdigkeit. Auch ihre später so viel gerühmte Schönheit entwickelte sich frühzeitig. Vier Mädchen, aus altadeligen Geschlechtern entsprossen und in demselben Alter wie sie, wurden mit ihr erzogen. Sie trugen auch ihren Namen, und man nannte sie nur die „Marien der Königin". Diese Gespielinnen ihrer Kindheit liebte Maria außerordentlich und bewahrte die Erinnerung an sie ihr ganzes Leben. Wer die Kleinen damals bei ihren kindlichen Spielen und Unterhaltungen im Garten zu Stirling beobachten konnte, ahnte wohl nicht, daß der edelsten und vornehmsten aus ihnen eine so schwere Zukunft und der Tod auf dem Blutgerüste vorbehalten war. Maria genoß das unschuldige Glück ihrer Kindheit ungetrübt, denn die Zukunft lag noch verhüllt vor ihren Augen.

Diese frohen Tage waren aber von kurzer Dauer. Wegen Kriegsunruhen mußte Maria nach Frankreich gebracht werden. Heinrich II. von Frankreich empfing die junge Königin auf französischem Boden mit der größten Freude und mit väterlicher Zärtlichkeit. Er sah in ihr bereits seine künftige Schwiegertochter, denn er hatte ihrer Mutter, der verwittweten Königin von Schottland, das Versprechen gegeben, sie mit dem Dauphin zu vermählen, sobald das junge Paar das dazu erforderliche Alter erreicht hätte. Unverzüglich wurde auch die Verlobung der königlichen Kinder gefeiert. Der Herzog von Guise und der Cardinal von Lothringen sahen ihre Nichte zum ersten Male und beschlossen sogleich, Maria in eine der vorzüglichsten Anstalten Frankreichs zu senden, wo ihre geistigen Fähigkeiten am besten ausgebildet werden konnten, und wo man zugleich hoffen durfte, daß der kindlich reine Sinn derselben vor dem Gifthauche des üppigen Hoflebens bewahrt bleiben werde. Die Königin von Frankreich, Katharina von Medicis, erfreute sich in sittlicher Hinsicht keines guten Rufes; deßwegen wollten die besorgten Oheime ihr auch die Erziehung des ihnen so theuern Kindes nicht anvertrauen.

Maria verlebte in der für sie gewählten Erziehungs= anstalt die schönsten Jahre ihres Lebens. Die vier Ge= fährtinnen ihrer ersten Kindheit, welche mit ihr von Schottland herüber gekommen waren, blieben auch hier in ihrer nächsten Umgebung, und so schloß sich das freund= schaftliche Band, das sie verknüpfte, immer fester und inniger. Das königliche Kind machte in den Wissenschaften wahrhaft erstaunliche Fortschritte. Besondere Liebe flößte ihr das Studium fremder Sprachen, namentlich der la= teinischen Sprache, ein, welche damals auch ein Gegenstand des höhern weiblichen Unterrichtes war. So erzählt man, daß sie in ihrem zehnten Jahre schon eine kleine lateinische Rede über die Vortheile eines zweckmäßigen Unterrichtes verfaßte. Sie trug dieselbe dem König, dem Cardinal von Lothringen und einem zahlreichen Hofzirkel vor und erntete dafür großes Lob. Dies ist freilich ein Beweis von seltener Begabung, früher Verstandesreife und außer= ordentlichem Eifer, und es war daher nur natürlich, wenn Maria, zumal sich die männliche Jugend damals die Wissenschaften nicht sonderlich angelegen sein ließ, am französischen Hofe als ein Wunder von Gelehrsamkeit galt.

Nach Vollendung ihres fünfzehnten Jahres (1558) verließ sie das Institut, um den Platz am Hofe einzu= nehmen, der ihr gebührte. Sie flößte Jedem die tiefste Ehrerbietung ein. Mariens ganzes Wesen verrieth bei aller kindlichen Bescheidenheit und Anmuth auf den ersten Blick die angeborne Majestät. Bald nahte der Zeitpunkt ihrer Vermählung heran. Gleichen Alters mit dem Dau= phin Franz, übertraf sie diesen weit an geistigen und kör=

perlichen Vorzügen. Doch die innige Zuneigung, welche ihr der Prinz stets bezeigte, gewann ihm ihre aufrichtige Liebe und Freundschaft. Die Vorbereitungen zur Trauung wurden mit großer Pracht und vielem Aufwande getroffen. Zu den gewöhnlichen Ceremonien, welche bei der Trauung eines königlichen Paares damals stattfanden, fügte Maria noch eine besondere hinzu, welche nicht wenig beitrug, die Feierlichkeit zu erhöhen: es war die Verleihung der Ehekrone von Seite der königlichen Braut an den Bräutigam, wodurch sie diesen als Mitherrscher ihres Reiches anerkannte.

Der König ließ sich ganz und gar von seiner ihm über Alles theuern Gemahlin leiten, und diese befolgte genau alle Wünsche und Rathschläge ihrer Oheime. Katharina von Medicis wurde den Regierungsgeschäften völlig fern gehalten. Dies erbitterte sie nicht wenig gegen die junge Königin und sogar gegen ihren Sohn Franz, dem sie überhaupt viel weniger zugethan war, als ihrem jüngsten Sohne, dem Herzog von Anjou. Sie war daher nicht sonderlich betrübt, als der König schon in dem Alter von achtzehn Jahren starb. Ein bösartiges Geschwür im Ohr brachte ihm den frühen Tod.

Mit seinem Hingange hatten Mariens glückliche Tage ihr Ende erreicht. Der Schmerz über den Verlust ihres Gemahls schlug ihrem Herzen eine schwere Wunde. Sie verlor mit dem Gatten unendlich viel, eine gleichgesinnte Seele, die mit allen ihren Neigungen übereinstimmte, alle ihre Wünsche theilte und erfüllte. Sie verlor mit ihm die schönste Krone Europa's, die Mittel, ihr gutes Recht auf die Krone von England geltend zu machen; sie verlor endlich das Land mit dem milden Himmel, wo sie erzogen worden, um es gegen das rauhe schottische Bergland mit seinen düstern Nebeln zu vertauschen. In Frankreich konnte sie nicht länger bleiben, dies sah sie wohl ein. Sie traf daher Anstalten zur Rückkehr nach Schottland.

Unterdessen war in England Elisabeth auf den Thron gekommen, welche die Rückkehr Mariens, der rechtmäßigen Thronerbin von England, auf jede Weise zu verhindern suchte. Sie sandte Schiffe aus, um Maria bei ihrer Ueberfahrt zu überfallen und gefangen nach England zu führen. Aber wunderbar, ein dichter Nebel hüllte ihre Galeere und jegliche Fernsicht in undurchdringliches Dunkel. Von Gottes Engeln geleitet, landete Maria glücklich an Schottlands Küste und wurde von ihren Unterthanen mit lautem Jubel empfangen und als Königin begrüßt.

Schottland war in dieser Zeit dem wildesten Fanatismus zur Beute geworden. Der Adel hatte größtentheils die reformirte Lehre angenommen, Johann Knox aus Genf, einen Schüler Calvins, kommen lassen und nach dem Beispiele Heinrich VIII. sich in die Kirchengüter getheilt. Aufruhr, wilde Schwärmerei und Ingrimm gegen die katholische Lehre, welche man Götzendienst nannte, Bilderstürmerei und vandalische Verwüstung der herrlichsten Denkmale der Kunst, der prachtvollsten Kirchen und Dome waren die ersten Thaten der Neugläubigen Schottland's. Obwohl Maria sehr milde gegen die Reformirten verfuhr und gar nichts verlangte, als für sich und ihre Umgebung den katholischen Gottesdienst beibehalten zu dürfen, so wurde sie doch auf's grimmigste verfolgt. Johann Knox wiegelte das Volk öffentlich gegen die Königin auf. Um ihre Stellung zu befestigen, heirathete sie den Grafen Darnley, der sowohl mit dem schottischen als mit dem englischen Königshause verwandt war. Diese Ehe fiel jedoch höchst unglücklich aus, da sich Darnley als ein roher und gewaltthätiger Mann offenbarte.

An einem Abende, an dem Maria abwesend war, flog Darnley in seinem Palaste in die Luft. Der Verdacht dieser Frevelthat fiel auf den Grafen Bothwell, dem Maria ihr Vertrauen geschenkt hatte. Denn Bothwell bemächtigte sich unmittelbar nachher der Königin und hielt sie achtzehn Tage gefangen, bis sie, gequält von dem Drängen der Lords und des übermüthigen Bothwell und getrieben von der Furcht, nie mehr aus dem Kerker befreit zu werden, endlich einwilligte, ihm die Hand zu reichen. Dadurch kam Maria in den Verdacht, daß sie selbst der Ermordung ihres Gemahls nicht fremd sei.

Der schottische Adel, erbittert über die bevorzugte Stellung, welche Graf Bothwell durch seine Vermählung mit Maria erhielt, stand jetzt gegen die Königin auf und setzte dieselbe gefangen. Es gelang ihr zwar, zu entkommen und ein Heer um sich zu versammeln. Aber als ihre Anhänger geschlagen wurden, sah sie sich genöthiget, nach England zu fliehen und sich unter den Schutz der Königin Elisabeth zu begeben. Diese war unedel genug, ihre Verwandte volle neunzehn Jahre im Gefängniß schmachten zu lassen und sie endlich vor einen Gerichtshof von 117 Lords zu stellen, welche die Unglückliche auf falsche Zeugnisse hin als der Verschwörung gegen das Leben Elisabeths schuldig sprachen. Maria betheuerte ihre Unschuld und erklärte Alles für eine abscheuliche Verleumdung. Man konnte ihr keine eigenhändigen Briefe vorlegen, und andere Papiere, die man ihr vorzeigte, verwarf sie mit Verachtung. „Was sollte," fragte sie, „aus der Königin werden, wenn man sie für das, was Andere geschrieben haben, verantwortlich machen wollte?" Am Ende traten sogar zwei ihrer Geheimschreiber als Zeugen wider sie auf. Vergebens behauptete Maria, die Zeugen seien bestochen; vergebens bat sie die Richter, dieselben mit ihr vor Gericht zusammen zu stellen. Auf die Aussage dieser Bösewichte, welche, wie es sich später erwies, wirklich bestochen worden, sprach man über sie das Todesurtheil aus, und Elisabeth bestätigte dasselbe.

Maria empfing die Todesbotschaft mit einer Ruhe und Würde, die alle Anwesenden rührte und erschütterte.

„Der Tag," sprach sie, „nach dem sie lange sich gesehnt habe, sei endlich eingetroffen; schon über achtzehn Jahre habe sie im Gefängnisse geschmachtet; kein glücklicheres und ehrenvolleres Ende eines solchen Lebens könne [sie sich denken, als ihr Blut für ihre Religion zu vergießen." Dann zählte sie die Kränkungen auf, die sie erlitten, die Anerbietungen, die sie gemacht, und die arglistigen Kunst= griffe und Betrügereien ihrer Feinde und schloß, die Hand auf der Bibel, mit den Worten: „Was den Tod der Kö= nigin, Eurer Gebieterin, anbetrifft, so nehme ich Gott zum Zeugen, daß ich nie nach demselben strebte und nie in denselben willigte."

Der 8. Februar 1587 war der Tag ihrer Hinrichtung. Die Nacht zuvor brachte sie größtentheils im Gebete zu. Um acht Uhr Morgens trat ein Diener in ihr Gemach und zeigte ihr an, daß die Stunde geschlagen habe. „Ich bin bereit," war die Antwort, und ihr Auge strahlte Frieden. Sie bat flehentlich um einen Priester, der sie auf des Lebens letztem Gang begleite; allein auch diese Tröstung ward ihr versagt. Mit einer Miene voll Ruhe und Majestät durchschritt die Königin die Halle, die zu dem Saale führte, wo das Blutgerüst aufgeschlagen war. Sie hatte ihre reichste Kleidung angelegt, wie es sich für eine verwittwete Königin geziemte. Um den Hals trug sie eine Kette, an der ein goldenes Kreuz befestiget war, an dem Gürtel hing ein Rosenkranz. Sie fand auf dem Wege ihren Haushofmeister Melville, dem seit mehrern Wochen der Zutritt zu ihr verboten war. Der alte Die= ner fiel auf die Kniee und weinte laut auf. Sie bot ihm liebreich die Hand. „Klage nicht," sprach sie, „ehrlicher Mann, freue dich vielmehr; denn du wirst das Ende sehen von Maria Stuart's Leiden. Die Welt, mein Melville, ist nur Eitelkeit, und ein Meer von Thränen würde nicht hinreichen, ihre Trübsale zu beweinen. Gott vergebe denen, die seit so langer Zeit nach meinem Blute dürsten, wie der Hirsch nach der Quelle." Dann brach sie in Thränen aus und sprach: „Lebe wohl, guter Melville, lebe wohl!"

Als sie schon die Blutbühne bestiegen hatte, trat noch der Dechant von Peterborough zu ihr und ermahnte sie im Namen der Königin Elisabeth, die katholische Religion abzuschwören. Maria bat ihn wiederholt, sich selbst und sie nicht zu belästigen; er aber hörte nicht auf zu reden und mit dem ewigen Höllenfeuer zu drohen. Entschlossen, in der Religion, in welcher sie geboren und erzogen war, zu sterben, sank sie auf die Kniee und betete mit Inbrunst für die bedrängte Kirche, für ihren Sohn Jakob und für Elisabeth. Dann wurden ihr die Augen verbunden, die Henker ergriffen sie bei den Armen und führten sie zum Blocke. Hier kniete sie abermals nieder und sprach wiederholt mit fester Stimme: „In deine Hände, o Herr, befehle ich meinen Geist!" Das Schluchzen und Stöhnen der Anwesenden machte den Henker verwirrt; er zitterte und verfehlte seinen Streich; erst auf den dritten Hieb ward ihr Haupt vom Rumpfe getrennt. Als der Henker es emporhielt, rief jener Dechant: „Mögen alle Feinde der Königin Elisabeth so enden!" Aber keine Stimme hörte man, die Amen sprach. Der Parteigeist war untergegangen — in Bewunderung und Mitleid.

Das ist Maria Stuart, die Königin von Frankreich, Schottland und England, im Lichte der Wahrheit. Vielleicht ist keine Person der Geschichte so vielfach verleumdet worden, wie Maria. Aber auch wenige stehen in solcher Hoheit und Seelengröße vor uns, wie die königliche Martyrin von Schottland, die nach in Unschuld zugebrachter Jugend ihr Leben hinopferte für den Glauben. „Ich habe," schrieb sie kurz vor ihrem Tode an Papst Sixtus V., „ich habe durchaus keine andere Absicht gehabt, und meine armen Diener, die in diesem meinem traurigen Schicksale ausharren, werden es vor Ew. Heiligkeit

Abschied der Maria Stuart von ihren Getreuen.

bezeugen und bekräftigen, wie ich vor dieser Versammlung von Ketzern bereitwillig mein Leben dargeboten habe für meine apostolische, römische, katholische Religion und für die Zurückführung derjenigen, die auf dieser Insel verführt worden sind."

LVIII. Der nordamerikanische Freiheitskrieg.

Während diesseits des Oceans die alten Staaten in ihrer Grundfesten erschüttert wurden, hatten sich im Norden Amerika's neue Staaten auf neuen Grundlagen gebildet und bestanden lange Zeit friedlich nebeneinander. Es waren dies die von den Engländern gegründeten und mit Einwanderern aus allen Ländern bevölkerten Colonieen, welche von einander unabhängig waren, jedoch alle die englische Oberhoheit anerkannten. Englische Statthalter waren über sie gesetzt, aber sie waren den Abgaben und Gesetzen des Mutterlandes nicht unterworfen. England hatte den großen politischen Fehler begangen, keine Vertreter dieser Staaten im Parlamente zuzulassen, und somit konnten die Amerikaner mit Recht behaupten, daß dessen Beschlüsse auf sie auch keine Anwendung fänden. Außer diesen Colonieen im Osten Nordamerika's hatten die Engländer auch noch in einem siebenjährigen Seekrieg von Frankreich Canada, von Spanien Florida sich erworben; aber die englische Staatsschuld war durch diesen Krieg von 74 auf 146 Millionen Pfund Sterling angewachsen. Da nun der Vortheil dieser Eroberungen vorzüglich den englischen Colonisten zu Gute kam, so hielten es die Engländer für billig, diese zur Tragung der Staatslasten beizuziehen. Aber anstatt mit den Amerikanern ein Uebereinkommen zu treffen, erließ das Parlament eine Verordnung, durch welche bei Rechtsstreitigkeiten der Gebrauch des Stempelpapiers vorgeschrieben wurde (Stempelakte 1765). Gegen eine solche Besteuerung sträubte sich das Freiheitsgefühl der Amerikaner; sie umgingen die Abgabe dadurch, daß sie gar keine Processe mehr führten, sondern ihre Streitigkeiten von Schiedsrichtern schlichten ließen. Die Stempelakte wurde nun freilich zurückgenommen, dagegen ein Zoll auf die Einfuhr von Thee, Glas, Papier und Malerfarben gelegt. Nun beschlossen sämmtliche Provinzen, diese Einfuhrartikel nicht mehr zu kaufen; ja, in Boston drangen als Indianer verkleidete Männer auf ein englisches Theeschiff, welches im Hafen

Unabhängigkeitserklärung Nordamerika's.

lag, und warfen die ganze Ladung (180 Centner Thee) in das Wasser. Zur Strafe dafür wurde der Hafen von Boston von allem Verkehr abgeschnitten. Die Gegenvorstellungen wurden nicht gehört, und man erklärte das Parlament die Nordamerikaner als Rebellen. Da England wenig Militär hatte, so wurden Truppen aus Hannover herbeigezogen, und mit den Fürsten von Hessen-Kassel, Braunschweig und Waldeck ein Vertrag abgeschlossen, wornach diese den Engländern gegen eine bestimmte Summe Geldes Landeskinder als Soldaten lieferten.

Diesen Maßregeln gegenüber beschloß der in Phila-

delphia versammelte Congreß von zwölf amerikanischen
Staaten die Errichtung eines stehenden Heeres und über=
trug dem Pflanzer Georg Washington die Organi=
sation und den Oberbefehl über dasselbe. Obwohl die
ersten Treffen für die Amerikaner nicht glücklich ausfielen,
sprach der Congreß doch die Unabhängigkeit Ame=
rika's von England aus (4. Juli 1776), und sandte
den Buchdrucker Benjamin Franklin nach Frankreich,
um dasselbe in sein Interesse zu ziehen. Französische,
polnische und deutsche Freiwillige sammelten sich unter
dem Sternenbanner, und als es gelungen war, den
englischen General Bourgoyne bei Saratoga im
Staate New=York mit 10,000 Mann gefangen zu nehmen,
erklärte sich Frankreich offen für die amerikanischen Staa=
ten und lieh denselben nicht nur Geld, sondern sandte
auch Hilfstruppen. Eine spanische Flotte nöthigte zu
gleicher Zeit England, Gibraltar zu vertheidigen und um
die westindischen Besitzungen sich zu wehren. Als nun
Washington abermals ein englisches Heer bei Yorktown
zur Uebergabe zwang, da sahen die Engländer die Un=
möglichkeit ein, den Krieg fortzusetzen, und erkannten
im Frieden von Paris die Unabhängigkeit der
Vereinigten Staaten Nordamerika's an (1783).
Die Folge lehrte auch, wie klug England daran that,
auf weitere Ansprüche zu verzichten, da der Handel mit
Nordamerika bald weit größern Nutzen brachte, als der
Vortheil war, den es aus diesen Staaten zog, so lange
sie noch Colonieen waren.

LIX. Washington und Franklin.

Georg Washington, der dritte unter sechs Söhnen
des Gutsbesitzers Augustin Washington, war geboren den
22. Februar 1732 im Kirchspiel Washington, welches
sein Urgroßvater Georg angelegt hatte. Die Washington
zogen mit Wilhelm dem Eroberer 1066 aus der Nor=

mandie nach England, waren Lehensmänner der Bischöfe
von Durham, hielten treu zu den Stuarts, und nach
einem mißlungenen Aufstandsversuch für Karl II. zur
Zeit der Republik wanderte der Urgroßvater unseres
Helden nach Virginien aus. Hier lernte Georg, der
dem Namen des Geschlechtes den Glanz unsterblichen
Ruhmes verleihen sollte, in der Dorfschule lesen, schreiben
und rechnen; nie hat er eine fremde Sprache gelernt,
überhaupt keine höhere Schulbildung genossen. Er sollte
eben nur ein guter Pflanzer werden, der im Stande wäre,
seine Besitzung ergiebig zu bebauen. Hingegen legte die
Mutter früh in sein Herz den Geist der Wahrhaftigkeit,
der Seelenreinheit und des Edelmuthes, den Grund aller
höhern Bildung und aller wahren Größe. Klarheit des
Verstandes, Genauigkeit, Pflichtgefühl zeichneten ihn aus;
er galt als der besten Ringer, Renner, Stangenwerfer,
Reiter in der ganzen Umgebung. Mathematik war seine
Freude, er wurde ein tüchtiger Feldmesser. Lord Fair=
fax, in dessen Hause Washington das feinere gesellschaft=
liche Leben England's kennen lernte, hatte seine Freude
an dem herrlichen Jünglinge und übertrug ihm die Aus=
messung seiner großen Besitzungen jenseits der blauen
Berge. Nahezu vier Jahre, nur von einem Neger be=
gleitet, brachte Georg bei dieser Arbeit im Flußgebiet des
Shenondah, im Urwald zu, fern von den Versuchungen der
Welt, unter den Eindrücken einer großen Natur. Bibel
und Natur waren die Quellen, aus denen seine reine
Seele ihre Nahrung sog. Von einem Holländer erhielt er
den ersten Unterricht in der Fechtkunst und in der Kriegs=
wissenschaft. Washington schuf in der Folge für die
Vereinigten Staaten das Heer, welches denselben die Frei=
heit erringen sollte. Er selbst stellte sich an die Spitze
desselben und errang die glänzendsten Siege über die Eng=
länder, so daß dieselben im Frieden von Paris die Un=
abhängigkeit der Vereinigten Staaten Nordamerika's an=
erkannten (1783).

Nachdem der gefeierte Held von 1783 an wieder zurückgezogen als Privatmann gelebt, wurde er 1789 zum Abgeordneten des Congresses gewählt, der den Vereinigten Staaten eine neue Verfassung geben sollte. Durch das Vertrauen seiner Mitbürger wurde er Präsident des neuen Staatenbundes. Nach Umfluß der vierjährigen

Georg Washington.

Amtsdauer ward er 1793 wieder und 1797 zum dritten Male gewählt, nahm aber das dritte Mal die Würde nicht mehr an. Seit Washington hat es kein Präsident gewagt, nach zweimaliger Amtsführung das dritte Mal als Bewerber aufzutreten. Er starb auf seinem Landgute in Vernon 1799. Georg Washington hat für Amerika nicht bloß die Freiheit erkämpft, sondern er hat auch die Krone, die ihm amerikanische Offiziere anboten, rundweg ausgeschlagen. Er sah noch das Denkmal, welches

seine dankbaren Mitbürger ihm errichteten, nämlich d i e
S t a d t W a s h i n g t o n, in ihren ersten Anfängen. Die
Hauptstraßen sind 130 bis 160 Fuß breit, die Quer=
straßen 90 bis 100, alle ganz gerade, sich unter rechten
Winkeln durchkreuzend. Auf einem Hügel steht das
Kapitol; der Palast des Präsidenten, das öffentliche

Benjamin Franklin.

Gefängniß, die Kasernen sind Prachtgebäude. Washington
ist die Hauptstadt des ganzen Freistaates und der Ver=
sammlungsort des Congresses.

Neben Georg Washington hat sich B e n j a m i n F r a n k=
l i n den schönsten Ruhmeskranz in Amerika erworben.

Sein Vater war ein Seifensieder. Wie die Eltern,
war auch der junge Benjamin fromm und arbeitsam.
Lange schwankte der Vater, was er aus seinem Sohne
machen solle. Derselbe schien von einer wahren Lesewuth

erfüllt zu sein; er hatte bald alle Bücher ausgelesen, die in Boston aufzutreiben waren, namentlich fesselten ihn Reisebeschreibungen. Da entschloß sich der Vater, den Knaben bei seinem ältesten Sohne, der eine Buchdruckerei besaß, in die Lehre zu geben. Die Brüder geriethen aber bald in Streit; der ältere war als Lehrer hart und streng, der jüngere übertraf ihn weit an Geist und Talent. Deßhalb verließ Benjamin seinen Aufenthalt in Boston.

Während Washington sein ganzes Leben hindurch vom Gedanken an Gott beherrscht war, im Namen Gottes sich jeden Morgen erhob und jeden Abend niederlegte, im Namen Gottes den Befehl zur Schlacht gab, und sein Leben wie ein klarer schöner Strom dahinfloß, gerieth Franklin in seiner Jugend in böse Gesellschaft, auf schlechte Bücher und verlor allen religiösen Glauben. Er fand Arbeit bei einem Buchdrucker in Philadelphia. Dort lenkte er die Aufmerksamkeit des Statthalters William Keith auf sich, der ihm vorschlug, eine Reise nach London zu machen, damit er sich dort in seinem Geschäfte weiter ausbilden und Typen kaufen könne.

Die bittern Erfahrungen, die Franklin in London machte, brachten ihn bald zu besserer Einsicht. Er kam zur Ueberzeugung, daß die Wahrheit, die Aufrichtigkeit, die Unbescholtenheit in dem Verkehr unter den Menschen von der größten Wichtigkeit für das Lebensglück seien, und faßte sogar schriftlich den Vorsatz, sich nie mehr, so lange er leben werde, davon zu entfernen. Der Glaube an Gott kehrte in sein Herz zurück, er beobachtete wieder die Uebungen der Frömmigkeit, und noch im letzten Jahre seines Lebens trug er im amerikanischen Congreß darauf an, daß jedesmal vor der Sitzung gebetet werden solle: „Ich habe," sagte er, „lange genug gelebt, um zu sehen, daß Gott die Angelegenheiten der Menschen regiert, und je länger ich lebe, desto überzeugendere Beweise von dieser

Wahrheit sehe ich. Wenn ohne sein Wissen nicht ein Sper-
ling zur Erde fallen kann, ist es da wahrscheinlich, daß
ohne seine Hilfe ein Reich in's Leben zu treten vermöge?"

Im Jahre 1729 kehrte Franklin nach Philadelphia
zurück und hielt anfangs mit einem Genossen, später ganz
allein eine Buchdruckerei. Er erwarb sich durch seinen
Fleiß, seine Kenntnisse, die Anmuth seiner Unterhaltung,
die Sicherheit seines Urtheils allgemeine Achtung. Er
blieb auch, als das Geschäft gut ging, ein einfacher Mann,
der das nöthige Papier auf einem Karren durch die Straßen
der Stadt in seine Druckerei führte und sein Tagewerk
nicht schloß, ehe er alle seine Geschäfte in Ordnung gebracht hatte. Er wurde der Buchdrucker der Landesver-
sammlung und gründete eine eigene Papierfabrik. Eine
Zeitung, die er herausgab, wurde bald das bedeutendste
Blatt in Amerika. Bisher hatten die Colonisten ihren
Kalender aus dem Mutterland bezogen, jetzt verfaßte
Franklin selbst einen Kalender für Amerika und theilte
in dieser Jahresschrift, die in 10,000 Exemplaren ab-
ging, seinen Landsleuten eine wahre Mustersammlung
einfacher und nützlicher Wahrheiten mit. Im Jahre 1730
vermählte er sich. Die Ehe war glücklich. Seine Frau
unterstützte ihren Mann im Geschäfte, kaufte alte Lumpen
zur Papierfabrikation, falzte die Broschüren, während ihr
Mann setzte oder schrieb. Franklin wurde Generalpost-
meister für Virginien, hob den Verkehr zum Vortheil des
Landes, erwarb ein großes Vermögen und trat dann im
46. Altersjahre von seinem Geschäfte zurück, um sich ganz
der Wissenschaft und dem Vaterland zu weihen.

Dieser Mann war unermüdlich von 4 Uhr Morgens
bis 10 Uhr Abends thätig. Wie spielend lernte er
Französisch, Spanisch, Italienisch, Lateinisch; er las
die bedeutendsten Werke, die in diesen Sprachen geschrieben sind; er stiftete eine Gesellschaft, in welcher
Fragen der Sittlichkeit, der Politik, der Staatskunst und

der Naturwissenschaft verhandelt wurden; er war die Ver=
anlassung, daß eine große Bibliothek in Philadelphia ge=
gründet wurde und eine Akademie zur Erziehung der
pennsylvanischen Jugend, daß ein Hospital entstand, eine
Feuerwehr, daß die Straßen gepflastert und beleuchtet
wurden. Auf seinen Fahrten auf dem Meer schöpfte er
die Gewißheit, daß die Temperatur des fließenden Was=
sers höher ist, als die des stille stehenden. Er erfand
einen bessern Ofen und kam mit seinem durchdringenden
Scharfsinne auf die Entdeckung des Blitzableiters
(1777). Der Ruf dieser Entdeckung, welche dem Himmel
den Blitz entriß, flog durch die Welt. Ueberall wurde
der Versuch nachgemacht; Europa wie Amerika bedeckten
sich mit Blitzableitern. Franklin's Abhandlung über die
Elektricität wurde in's Französische, Deutsche und
Englische übersetzt. Die gelehrten Gesellschaften Europa's
ernannten ihn zu ihrem Mitgliede, die Akademie in Lon=
don sandte ihm eine goldene Medaille.

Als der amerikanische Freiheitskrieg ausbrach, da
wurde Franklin, jetzt ein Greis von 71 Jahren, nach
Frankreich gesandt und lebte über ein Jahr in Passy,
einem Dorfe zwischen Paris und Versailles, bis die Siege
seiner Mitbürger ihm einen feierlichen Empfang an dem
glänzenden französischen Hofe bereiteten. Der alte Franklin
erschien dort in seinem schlichten Ueberrock, mit seinem
ehrwürdigen silberweißen Haar, einen einfachen Stock in
der Hand, dessen goldener Knopf das Bild der Freiheit
trug. Er war eigentlich der Held des Tages, an allen
Schaufenstern der Hauptstadt sah man sein Bildniß. Die=
ser einfache Mann war es, der das Bündniß zwischen
Frankreich und Amerika abschloß und im Jahre 1783
im Namen der Freistaaten den Frieden unterzeichnete,
der seinem Vaterlande die Freiheit zusicherte; dann kehrte
er nach Pennsylvanien zurück. Dreimal wählten ihn seine
Mitbürger zum Gouverneur von Pennsylvanien, und als

er 1790 starb, trauerte die ganze Nation um den großen Todten, und auch in Frankreich ordnete auf Mirabeau's Vorschlag die Nationalversammlung eine dreitägige Trauer an. Auf seinem Grabsteine aber stehen die merkwürdigen Worte, die er sich selbst als Grabschrift wählte: „Hier liegt der Leib Benjamin Franklin's, eines Buchdruckers, als Speise für die Würmer, gleich dem Deckel eines alten Buches, aus welchem der Inhalt herausgenommen, und welches seiner Inschrift und Vergoldung beraubt ist; doch wird das Werk selbst nicht verloren sein, sondern einst wieder erscheinen in einer neuen, schönern Ausgabe, durchgesehen und verbessert von dem Verfasser."

Diesen zwei großen Männern Washington und Franklin hat Amerika seine Freiheit und Unabhängigkeit zu verdanken. Wohl entstanden bald nachher Parteiungen, die das verknüpfende Band der Einheit wieder lockerten. Während die eine Partei größere Unabhängigkeit der einzelnen Staaten von einander erstrebte, wollte die andere eine noch engere Verknüpfung zu einem Ganzen. Dazu kam, daß die Südstaaten mit Hartnäckigkeit auf der Beibehaltung des Sklavenhandels bestanden, der in den Nordstaaten bereits abgeschafft war. In dem Streite hierüber haben sich im Jahre 1861 die Südstaaten von den Nordstaaten förmlich losgesagt und eine eigene Regierung eingesetzt. Es kam zu einem höchst blutigen Kriege, der vier Jahre lang zu Wasser und zu Land fortwüthete. Erst der große Sieg, den im Jahre 1865 der Oberanführer der Nordstaaten, General Grant, über den Oberanführer der Südstaaten, General Lee, erfocht, führte den Frieden wieder herbei. Das aus dem furchtbaren Kampfe siegreich hervorgegangene Nordamerika hat die frühere Union (Vereinigung) wieder hergestellt und in feierlicher Weise die Abschaffung der Sklaverei verkündet. Möge nunmehr der Segen des Friedens ein festeres Band um die wieder vereinigten Staaten Nordamerika's, die größte Republik des ganzen Erdkreises, knüpfen!

LX. Philipp II., König von Spanien.

Die Regierungsweise Philipp II., Königs von Spanien, war eine ganz eigenthümliche und verschiedene von der seines großen Vaters Karl V. Während Kaiser Karl überall persönlich erschien und gegen Jedermann offen und freundlich war, beschränkte sein Sohn alle seine Thätigkeit auf sein Cabinet und hielt sich ferne von dem Verkehre mit Andern. Er nahm nicht einmal an den Sitzungen seines Staatsrathes Theil. Alle Beschlüsse seiner Räthe von einiger Bedeutung wurden ihm auf einem gebrochenen Blatte Papier vorgelegt, auf dessen Rande er sein Gutachten, seine Verbesserungen anzeichnete. Die Bittschriften, die Briefe, die an ihn einliefen, die geheimen Berichte kamen sämmtlich in seine Hand. Seine Arbeit und sein Vergnügen war, sie in seinem Cabinete zu lesen, zu überlegen, zu beantworten. Von hier aus, zuweilen von einem ergebenen Sekretär unterstützt, oft in vollkommener Einsamkeit, regierte er die ihm unterthänige Welt; von hier aus setzte er die geheimen Triebfedern eines guten Theils der gesammten Geschäfte in Bewegung; da war er ganz unermüdlich. Wir haben Briefe, die er um Mitternacht geschrieben. So war er der allerthätigste Geschäftsmann von der Welt. Mit seinen Finanzen beschäftigte er sich ununterbrochen, und wir finden ihn über dieselben zuweilen besser unterrichtet, als seine Präsidenten. Von seinem Lande wollte er Alles wissen. Er veranstaltete, daß man Hand an eine allgemeine Statistik von Spanien legte, von welcher Arbeit die Bibliothek des Escurials noch sechs Bände aufbewahrt. In jedem Kirchensprengel hatte er einige Correspondenten, die ihm über die Geistlichen, die Inhaber der Pfründen, genauen Bericht erstatteten. Ebenso war er über die Professoren an den höhern Schulen auf's genaueste unterrichtet. Diejenigen, welche sich um ein Amt

bewarben, kannte er, ehe sie sich vorstellen ließen, gewöhn=
lich so gut wie von Person. Ebenso hatte er an allen
wichtigen Höfen nicht allein öffentliche Gesandte, sondern
auch geheime Kundschafter, deren Briefe an seine Person
adressirt waren. So lebte er in vollkommener Einsam=
keit und doch mit der ganzen Welt gleichsam persönlich
bekannt; abgeschieden von seinen Zeitgenossen und doch
ihr Regent; selber in einer beinahe bewegungslosen Ruhe,
aber dabei Urheber von Bewegungen, welche die Welt
umfaßten.

Philipp II.

Die größten Ereignisse selbst vermochten Philipp nicht
in seiner Gemüthsruhe zu stören. Als die erste Nachricht
von dem größten Siege, den die Christenheit seit 300
Jahren erfochten hatte, von dem Siege bei Lepanto,
zu ihm kam, sagte er: „Don Juan wagte sich sehr"
und weiter nichts. Bei dem größten Unfall, den er
erleiden konnte, bei dem Untergange jener Flotte, an
welcher er die Kräfte Spaniens erschöpft, an die er die
größten Hoffnungen geknüpft, die er für unüberwindlich ge=
halten, sprach er: „Ich habe sie wider Menschen und nicht
wider die Wellen gesendet;" im Uebrigen blieb er ruhig.

Mochte dieses abgeschlossene und kalte Wesen des Königs Manchen abstoßen, so verdient seine rastlose Thätigkeit dennoch unsere Bewunderung, da dieselbe auf nichts Anderes abzielte, als auf die Erhaltung des katholischen Glaubens. Philipp war ein strenggläubiger, der Kirche treu ergebener Katholik und hegte die feste Ueberzeugung, daß es sein Beruf sei, die Kirche zu unterstützen und zu beschützen. Hierin liegt der Schlüssel aller seiner Unternehmungen. Er sieht in den Moriscos, die er besiegt, wie in den Türken, die Don Juan bei Lepanto schlägt, vor allem Feinde des Glaubens; in den Niederlanden gilt sein Eifer vornehmlich der Glaubensneuerung; ebenso veranlaßten ihn religiöse Gründe, die stolze Armada zur Eroberung Englands auszusenden. War doch damals überall der Protestantismus der Haupthebel der politischen Opposition. Deßhalb konnte Philipp nur in der Einheit des Glaubens das einzige Fundament der Ruhe und Ordnung des Staates erblicken und mußte folglich die Erhaltung der katholischen Religion zur Hauptaufgabe seines Lebens machen.

In seinem häuslichen Leben traf den König mehr als ein Unglücksschlag. Er hatte nach einander vier Frauen. Von der ersten, Maria von Portugal, war ihm ein Sohn, Don Carlos, geboren. Dieser war ein sehr schwächlicher und kränklicher Prinz, dem eben deßhalb alle Nachsicht vergönnt wurde. Zum Lernen hatte er weder Lust noch Antrieb; es entwickelte sich schon früh in dem äußerst reizbaren Knaben ein Hang zu Tücke und feiger Grausamkeit. Er gefiel sich unter Anderm darin, Kaninchen, die ihm zum Spiele gegeben wurden, den Hals umzudrehen und sein Auge an ihren Todeszuckungen zu weiden. Mit den zunehmenden Jahren vermehrte sich auch die Wildheit seiner ungebändigten Natur und steigerte sich oft bis zum Wahnsinne. Keiner war dann vor den Ausbrüchen seiner Wuth sicher. Selbst gegen seinen

Vater brütete er hochverrätherische Pläne. Es war deß=
halb nöthig, die strengste Ueberwachung eintreten zu lassen;
er wurde gefänglich eingezogen. Nachdem der Staats=
rath seinen Proceß eingeleitet, die Papiere untersucht und
viele Zeugen vernommen hatte, erfolgte das Urtheil, daß
Don Carlos als Majestätsverbrecher, der Aufruhr in den
Niederlanden und Vatermord vorbereitet, den Tod ver=
dient habe, daß es aber dem Könige vorbehalten sei,
dies Urtheil zu mildern. Man findet nicht, daß der
König das Todesurtheil unterzeichnet habe.

Schon während des Processes hatte den Prinzen eine
tödtliche Krankheit befallen. Als er sein Ende heran=
nahen sah, ließ er sich bereden, die heiligen Sakramente
zu empfangen und seinen Vater um Verzeihung zu bitten.
Zwei Tage dauerte sein Todeskampf. In der letzten
Nacht besuchte ihn sein Vater nochmal, gab ihm seinen
Segen und ging weinend fort. Wenige Stunden darauf
verschied der Unglückliche, erst 23 Jahre alt. Erst der
neuern Geschichtsforschung ist es gelungen, die durch die
Partei=Geschichtsschreibung ganz entstellten Thatsachen in
ihr richtiges Licht zu stellen.

Schmerz und Gram machten Philipp II. sichtbar da=
hinwelken; er starb im Jahre 1598. Seine Leiche wurde
in dem prachtvollen Kloster Escurial beigesetzt, das er
mit dem ungeheuren Kostenaufwande von fünf Millionen
Dukaten hatte bauen lassen.

Unter seinen kraftlosen Nachfolgern schwand die ur=
alte Herrlichkeit Spaniens immer mehr dahin. Der erste,
Philipp III., fügte dem Lande einen unersetzlichen Scha=
den zu, indem er die Moriscos oder die Nachkommen
der Mauren im Jahre 1610 aus demselben vertrieb und
so gegen eine Million der gewerbsamsten Unterthanen
verlor. Das größte Unglück aber erlitt Spanien unter
Philipp IV. Unter seiner schwachen Regierung gingen
nicht nur Portugal, sondern auch die meisten überseeischen

Besitzungen verloren, und von den vielen Schlägen er-
holte sich das Land nie wieder.

LXI. Preußen unter Friedrich dem Großen.

Die ersten Regierungsjahre Friedrichs II. waren
fast ganz mit Krieg ausgefüllt. Er führte gegen Maria
Theresia, deren rechtmäßige Ansprüche auf die österreichischen Staaten er nicht anerkennen wollte, die drei
schlesischen Kriege, welche durch den F r i e d e n auf dem
Schlosse H u b e r t s b u r g beigelegt wurden (1763). Beide
Reiche blieben auf ihre früheren Grenzen beschränkt, aber
der Waffenruhm Preußens hatte sich überall verbreitet,
und in Kurzem wurde das Reich Friedrichs als die
f ü n f t e G r o ß m a c h t E u r o p a's angesehen.

Der König suchte nun die Schäden des Krieges wieder gut zu machen und die Segnungen des Friedens zu
verbreiten. Handel und Verkehr wurden befördert, verwüstete Gegenden wieder angebaut, Schulen errichtet, neue
Ansiedler in's Land gerufen. Er legte über 6000 neue
Dörfer an. Wegen seiner Strenge war Friedrich auch
von seinen Unterthanen nicht sehr geliebt; es wurden
selbst Schmähschriften gegen ihn öffentlich an den Straßen
angeheftet. Der König zürnte jedoch deßhalb nicht; er
ließ manchmal solche öffentliche Anschläge sogar weiter herunter setzen, damit sie Jedermann bequem lesen könnte.

Unermüdlich war er für das Wohl seines Volkes und
die Hebung des Landes thätig; jede Stunde des Tages
war für irgend ein Geschäft bestimmt. Im Sommer
stand er schon um 4 Uhr auf und kleidete sich selbst an.
Hierauf las er zuerst die wichtigsten Briefe, die einge-
gangen waren, und schrieb die Antwort auf den Rand;
dann wurden die Offiziere zur Berichterstattung vorge-
lassen. Hernach trank der König den Kaffee und spielte
darauf einige Zeit zu seiner Unterhaltung die Flöte.
Nun traten die Kabinetsräthe ein; hatte er mit diesen

die Tagesgeschäfte abgemacht, so las er ein Buch oder schrieb Briefe. Schlags 12 Uhr wurde gespeiset. Seine Tafel mußte immer mit den ausgesuchtesten Leckerbissen besetzt sein. Zugleich wurde dieselbe durch geistreiche Gespräche gewürzt, denn Friedrich liebte es, tüchtige Köpfe, besonders witzige Franzosen, in seiner Umgebung zu haben. Nach Tisch spielte er wiederum eine halbe Stunde die Flöte, ging in seinem Garten spazieren, arbeitete von 4 bis 5 Uhr an seinen wissenschaftlichen Werken; um 6 Uhr begann das Concert, welches eine Stunde dauerte; dann war die Abendmahlzeit. Um 9 Uhr begab sich Friedrich zur Ruhe. Im Frühling und Herbst hielt er Heerschau in den Provinzen. Im Sommer wohnte er in Sanssouci, im Dezember zu Potsdam, im Januar in Berlin. Aber überall mußten ihm seine Hunde nachgefahren werden und zwar in Kutschen; selbst während des siebenjährigen Krieges waren sie in den Feldlagern unter seinem Gefolge. Starb eines von diesen Lieblingsthieren des Königs, so ließ er es in seinem Garten beerdigen und setzte ihm ein Denkmal mit Inschriften.

Um so trauriger aber war es mit seinen religiösen Anschauungen bestellt. Der verkehrte Religionsunterricht, den er in seiner Jugend erhielt, da seine Lehrer, die reformirten Domprediger Andreä, Noltenius und Cochius seinen Kopf mit Bibelsprüchen vollpfropften, ohne seinen Sinn in der Frömmigkeit auszubilden, dann der Umgang mit französischen Freigeistern mögen in Friedrich den Unglauben begründet haben. Die Urtheile über Religion, die in seinen Schriften so häufig vorkommen, sind überaus oberflächlich und wegwerfend; die Erhabenheit und Tiefe der christlichen Wahrheit sind ihm gänzlich fremd; die Kirchengeschichte kennt er gar nicht. Anstatt Gegenbeweise zu bringen, ergeht er sich, wie sein Meister Voltaire, in gotteslästerlichem Witz und Spott. Dem „großen Philosophen von Ferney" schenkte er sein ganzes Vertrauen und verehrte ihn wie einen Halbgott. „Ihr Bild," schrieb er Voltaire, „schmückt meine Bibliothek; es hängt über dem Schranke, der unser goldenes Vließ bewahrt, unmittelbar über Ihren Werken und dem Orte gegenüber, wo ich gewöhnlich sitze, daß ich Sie immer vor Augen habe. Fast möchte ich sagen, Ihr Bild sei wie die Memnonssäule, die, wenn die Sonnenstrahlen sie berührten, erklang, und wer sie anschaute, dessen Geist ward belebt." Wenn Friedrich auch aus Staatsklugheit den Katholiken freie Ausübung ihrer Religion gestattete, so wirkte dennoch das Beispiel des Königs sehr verderblich auf seine Unterthanen. Der Unglaube fand immer mehr Anhänger und brach sich immer weitere Bahnen in die Schichten des Volkes. Erst am Ende seines Lebens gingen Friedrich die Augen auf ob den unseligen Folgen des Unglaubens. „Schaffe er mir wieder Religion ins Land," sprach er einst zu einem Minister. Und als man ihm einen Erlaß zur Beschränkung der stets sich mehrenden Ehescheidungen vorlegte, sagte er: „Gerne gäbe ich einen Finger meiner Hand, wenn ich die Sitten wieder so rein machen könnte, wie sie unter meinem Vater gewesen sind."

Friedrich II. regierte 46 Jahre; er starb den 17. August 1786. Als er die Regierung antrat, da zählte das Land 2,240,000 Einwohner, bei seinem Tode waren 6 Millionen. Das Heer seines Vaters hatte etwa 76,000 Mann betragen, das von ihm hinterlassene belief sich auf 200,000 Soldaten. Friedrich Wilhelm hatte 7 Millionen Thaler an jährlichen Staatseinkünften eingenommen, Friedrich bezog 72 Millionen. Er fand einen königlichen Schatz von 8,700,000 Thalern, und vererbte seinem Nachfolger 72 Millionen. So machte Friedrich der Große aus Preußen eine europäische Großmacht.

LXII. Die Bartholomäusnacht.

Während der Minderjährigkeit Karls IX. regierte in Frankreich seine ränkesüchtige Mutter, Katharina von Medici. Jetzt kam die Eifersucht zwischen den beiden ersten Häusern des Reiches, den Guisen und den Bourbons, die beide mit dem Königshause verwandt waren, zum vollen Ausbruche. Die Verschiedenheit der Religion erhöhte die Erbitterung der Parteien; denn die Guisen bekannten sich zur katholischen, die Bourbons zur reformirten Kirche. An der Spitze der Katholiken standen der Herzog Franz von Guise, der Marschall von St. André, und Annas von Montmorency; an der Spitze der Hugenotten der Admiral Coligny und die beiden jungen Prinzen Condé und Heinrich von Navarra. Der Streit unter diesen beiden Häusern verwickelte Frankreich in einen großen Bürgerkrieg, welcher mit der ganzen Erbitterung geführt wurde, die der Religionshaß einzuflößen pflegt; drei bis viermal durch feierliche Friedensschlüsse unterbrochen, wüthete er bereits mehrere Jahre unter unerhörten Gräueln fort. Schon waren die vornehmsten Häupter auf beiden Seiten gefallen, dennoch legte sich die Wuth der Parteien nicht; die Söhne der erschlagenen Anführer nahmen sofort die erledigten Stellen ein.

Als die Königin-Mutter sah, daß die Hugenotten durch Gewalt nicht zu beschwichtigen waren, schlug sie, der Gräuel des langen Bürgerkrieges müde, den Weg der Versöhnung ein. Sie gab ihre Tochter, Margaretha von Valois, dem Hugenottischen Prinzen Heinrich von Navarra zur Gemahlin. Die Vermählung und mit ihr das Aussöhnungsfest wurde am 18. August 1572 unter Freude und Jubel zu Paris gefeiert; der Prinz von Condé und der Admiral Coligny, begleitet von einer großen Menge ihrer Glaubensgenossen, wohnten dem Feste bei und wurden mit Auszeichnung empfangen. Der

König umarmte sogar den Admiral und versicherte, dieser Tag sei der glücklichste seines Lebens.

Der größte Theil der Guisen aber sah dieser Vermählung und den damit verbundenen Festen mit geheimem Ingrimme zu. Den Hofleuten war vorzüglich die Achtung und Vertraulichkeit des jungen Königs gegen den alten Admiral ein Anstoß. Selbst die Königin-Mutter fürchtete den wachsenden Einfluß dieses Mannes; und als einst Coligny gegen ihren Einfluß auf den längst mündig gewordenen König und dessen Regierung einige harte Worte fallen ließ, schwur sie im Stillen dem Admiral blutige Rache. Eines Tages als Coligny spät am Abende aus dem Schlosse heimging, fiel aus dem Fenster eines Hauses ein Schuß, durch welchen er am Arm verwundet wurde. Diese meuchelmörderische That erfüllte die Gemüther der Hugenotten mit dem äußersten Schrecken; und nur die innige Theilnahme, welche der König äußerte, der selbst zu dem Kranken eilte und zu ihm die herzlichen Worte sprach: „Die Verwundung trifft Sie, der Schmerz mich, mein Vater!" — ferner die vielen Anstalten, welche er zur Entdeckung des Verbrechers machte, vermochten sie wieder zu beruhigen.

Dieser mißlungene Versuch auf Coligny's Leben entflammte den Zorn der Königin-Mutter nur noch mehr. Jetzt bestürmte sie mit ihrer Partei den König, in die Ermordung Coligny's zu willigen, weil er durch Herbeirufung auswärtiger Hilfe einen neuen Bürgerkrieg erregen wolle und das Leben des Königs selbst in Gefahr bringe. Nach längerem innern Kampfe willigte Karl ein, und der entsetzliche Mordplan kam in der Bartholomäusnacht vom 23. auf den 24. August 1572 in Paris zur Ausführung.

Der Herzog Heinrich von Guise, dessen Vater vor neun Jahren von einem hugenottischen Edelmann, Poltrot, meuchelmörderisch erschossen worden war, hegte ge-

gen Coligny den Verdacht der Anstiftung dieser That
und ersah sich deßhalb zunächst ihn zum Opfer seiner
Rache aus. Er eilte mit einer Mannschaft zur Wohnung
des Admirals. Hätte der Herzog nur einige Minuten
gezögert, so wäre das blutige Vorhaben vielleicht nicht
zur Ausführung gekommen. Denn von dem Schrecken
des Gewissens überwältigt, hatten in dem Augenblicke
der ausbrechenden Gräuel der König und sein Bruder
Anjou, selbst die Königin-Mutter, den Widerruf beschlossen.
Aber ein durch die Nacht tönender Pistolenschuß verkün=
dete, daß es zu spät sei. Coligny war schon gefallen.
Auf den Zuruf: „Im Namen des Königs!" wurde seine
Pforte den Andringenden geöffnet, die Wächter augenblick=
lich erschlagen. Dann stürzten die Mörder in das Zimmer
des Admirals. Bei dem ersten Lärm war der kranke
Greis schnell aufgestanden; man fand ihn an die Wand ge=
lehnt. „Bist du Coligny?" schrie Besme, ein junger Offi=
zier. „Ich bin es," sprach der Admiral, „aber du, jun=
ger Mann, habe Ehrfurcht vor diesen grauen Haaren!"
Ein Stoß mit dem Degen war die Antwort, viele Hiebe
und Stiche folgten nach; ein anderer Mörder schoß ihm
eine Kugel durch den Leib. Dann stürzten sie den zer=
fleischten Leichnam zum Fenster hinaus auf die Straße.
Alsbald begann auch das Morden in den Straßen.
Die Glocke des Palastes gab den Parisern, die durch vor=
her ausgestreute Gerüchte von Verschwörungen der Huge=
notten waren aufgereizt worden, das Zeichen zur Ermor=
dung der anwesenden Hugenotten. Ein weißes Tuch um
den linken Arm und ein weißes Kreuz vor dem Hut
hatten sie als äußere Merkzeichen gewählt, an welchen sie
sich einander kennen könnten. Aufgeschreckt durch den
plötzlichen Lärm, stürzten die Hugenotten aus den Häusern
und fielen so ihren Feinden in die Hände. Von allen
Seiten ertönte das Brüllen der Mörder, das Schreien
und Flehen der Verfolgten, das Winseln der Sterbenden,

dazwischen das Knallen der Gewehre und das Geklirre der Schwerter. Kein Alter, kein Geschlecht, kein Stand fand Gnade.

Ueber dem blutigen Gemetzel stieg die Sonne empor und beleuchtete die Gräuel der verstrichenen Nacht. Ueberall lagen die Leichen in den Straßen umher, viele auch wurden aus den Fenstern gestürzt und durch die Straßen nach der Seine geschleppt. Noch zwei schreckliche Tage hindurch währte das Gemetzel. Dann durchzog Karl mit seinen Höflingen wie im Triumphe die leichenerfüllten Straßen. Auch Coligny's Leichnam fand er; der wüthende Pöbel hatte ihn auf alle Art beschimpft und endlich bei den Beinen an einem Galgen aufgehängt. Auch die Königin=Mutter machte den entsetzlichen Umzug mit.

Das Gerücht von diesem Mordfeste, welches man auch die **Pariser Bluthochzeit** nennt, weil nur wenige Tage zuvor Heinrichs von Navarra Hochzeit zu Paris gefeiert worden war, erfüllte ganz Europa mit Schauder und Entsetzen; in Frankreich selbst war aller Parteigeist gebrochen. Man hat die **Bartholomäusnacht** schon tausendmal den Katholiken vorgeworfen, aber dabei gewöhnlich übersehen, daß jenes **Blutbad vorzugsweise ein politischer Streich**, daß die Religion nicht so fast die Veranlassung und Ursache, als vielmehr der Vorwand dazu war, und daß die hinterlistige Katharina von Medici an nichts weniger dachte, als Etwas zur Ehre Gottes beizutragen, sondern sich eben nur eine höchst gefährliche Partei vom Halse schaffen wollte, welche ihrer Regierung von Tag zu Tag lästiger wurde. Die Religion ist weit davon entfernt, alles das zu billigen, was die Menschen in ihrem Namen zu thun sich herausnehmen, und was sie etwa mit ihrem geheiligten Mantel bedecken möchten. Deßhalb verabscheut und verurtheilt die katholische Kirche jene unbegreiflichen Gräuel, deren Erklärung man nur in der Aufregung des Bürgerkrieges, in der Arglist der Staatskunst, in dem Ingrimm der Glaubenswuth, in der Roheit und Grausamkeit der damaligen Sitten zu finden vermag. Und wenn Papst Gregor XIII. bei der ersten Kunde davon in Rom feierlich Danksagungen halten ließ, so war er eben falsch berichtet worden, nämlich, man habe eine Verschwörung der Hugenotten entdeckt, wodurch König und Reich gerettet seien.

Noch interessanter ist zu lesen, wenn ein Dichter der Schule Voltaire's den Cardinal von Lothringen einführt, wie er die Dolche der Katholiken zu diesem Blutbade einweiht; aber für die Glaubwürdigkeit dieses Dichters ist es ein ärgerlicher Streich, daß der Cardinal an jenem Tage zur Papstwahl in Rom sich befand, da Pius V. eben gestorben war. Es saß überhaupt weder ein Cardinal, noch ein Bischof, noch ein Weltgeistlicher, noch ein Ordensmann im Mordrathe; wohl aber haben katholische Bischöfe, wie der edle Johann Hennuyer von Lisieux, sogar gegen königlichen Befehl, die Hugenotten ihres Sprengels in Schutz genommen und ihren Klerus aufgefordert, sich der Verfolgten in Wort und That anzunehmen; dafür hatten sie die Freude, unzählige Hugenotten zur katholischen Kirche zurückkehren zu sehen.

Ebenso dürfen die Hugenotten nicht etwa als die unschuldig Verfolgten angesehen werden. Während der drei Bürgerkriege in Frankreich wurden von den Hugenotten fünfzig Kathedralen und 500 kleinere Kirchen der Katholiken mit fanatischer Hand zerstört. Am 29. September 1567 fand zu Nismes die unter dem Namen der Michelade bekannte Mordscene statt, in der achtzig angesehene Katholiken von den Hugenotten aus den Häusern gerissen und in einen Brunnen gestürzt wurden. Es zeugt von der Erbitterung, mit welcher die Hugenotten kriegten, wenn man liest, daß Briquemaut, einer ihrer Führer, ein Halsband von Ohren ermordeter Priester trug. Nach solchen

Vorgängen wird es erklärlicher, wie auch Katholiken ein=
mal vom Fanatismus sich hinreißen ließen zu einer
That, welche zwar von Katholiken begangen, niemals aber
von der katholischen Kirche gebilliget wurde.

LXIII. Das goldene Zeitalter Frankreichs.

Bei Ludwigs XIII. Tode war sein Sohn und Thron=
erbe Ludwig XIV. kaum fünf Jahre alt. Daher über=
nahm seine Mutter, Anna von Oesterreich, die vor=
mundschaftliche Regierung. In der That aber lenkte der
staatskluge Mazarin, welcher auch der Erzieher des
jungen Prinzen war, alle Angelegenheiten des Reiches;
das Parlament, welches durch Richelieu's langen Druck
darniedergehalten und zum unbedingten Gehorsam gewöhnt
war, wagte gegen Mazarin's Gewaltschritte anfangs nur
unbedeutende Versuche und Bewegungen. Später aber, als
Mazarin einige der kraftvollsten Parlamentsräthe, die sich
seinen Befehlen nicht immer gebuldig fügen wollten, ver=
haften ließ, kam der Unwille zu einem gewaltsamen Aus=
bruche, und vier Jahre lang, von 1648 bis 1652 war
Frankreich der Schauplatz eines großen Bürgerkrieges.
Auch mit dem Regierungsantritte des vierzehnjährigen
Königs kehrte die Ruhe noch nicht sogleich wieder, weil
der junge König ganz nach den Eingebungen seines Mi=
nisters regierte. Er war noch nicht sechzehn Jahre alt,
als er einmal auf die Nachricht, das Parlament habe sich
eigenmächtig versammelt, um gegen eine vom Hofe er=
lassene Verordnung eine Vorstellung abzufassen, plötzlich
von Vincennes nach Paris gesprengt kam, und wie er
war, in Jagdkleidern, Stiefeln und Sporen und die Reit=
peitsche in der Hand, in die Rathsversammlung trat und
in den derbsten Ausdrücken eine solche Anmaßung rügte.
Seitdem machte das Parlament nie wieder einen Versuch,
sich den Anordnungen des Königs zu widersetzen, vielmehr

bot es nur zu oft die Hand zur Ausführung der herrsch=
süchtigen Pläne desselben.

Mazarin blieb bis zu seinem Tode (9. März 1661)
an der Spitze der Staatsverwaltung. Seitdem regierte
Ludwig selbst vier und fünfzig Jahre lang völlig un=

Ludwig XIV.

umschränkt. „Der Staat bin ich!" (l'état c'est
moi) war sein Grundsatz. Und doch wird eben Lud=
wig's Regierung das goldene Zeitalter Frank=
reichs genannt. Und in der That verdient sie mit nicht
geringerem Rechte diesen Namen, als die Regierung
des römischen Kaisers Augustus; denn obgleich beide
Herrscher nicht durch persönliche Eigenschaften und Größe

ausgezeichnet waren, so wirkten doch mehrere günstige Umstände zusammen, die eine seltene Blüthe des Staates herbeiführten und den Thron selbst mit einem so außerordentlichen Glanze umgaben, daß die Zeitgenossen von staunender Bewunderung hingerissen wurden. Nie lebten in Frankreich zu gleicher Zeit so viele große Männer, deren Verdienste der König zu erkennen und zu würdigen wußte; nie entwickelte Frankreich so bewunderungswürdige Kräfte. Das stehende Heer, welches Richelieu gebildet, und das unter Ludwig durch die großen Helden Luxemburg, Schomburg, Catinat, Vendome, Louvois, Türenne und andere, die für seine Regierung geboren waren, zu einer furchtbaren Kriegsmacht umgeschaffen wurde, verbreitete Glanz und Schrecken um den Thron des jungen Königs. Der Staatsminister Colbert führte mit ebensovieler Thätigkeit als Geschicklichkeit die Verwaltung im Innern. Er belebte den Handel, baute Fabriken und ließ, um die Garonne und das atlantische Meer mit dem mittelländischen zu verbinden, den berühmten Kanal von Languedoc graben. Unter ihm entstanden Handelsgesellschaften für Ost- und Westindien, Kolonieen in Amerika und Afrika. Nebst Schifffahrt und Handel beförderte er auch den Ackerbau und eröffnete so dem Staate die unversiegbarsten Quellen des Wohlstandes.

Auch die Künste und Wissenschaften gediehen unter Ludwig zu einer seltenen Blüthe. Er ehrte sie, weil sie ihn ehren und verherrlichen sollten. Jedes ausgezeichnete Talent wurde hervorgezogen und unterstützt. Als Dichter ersten Ranges glänzten unter seiner Regierung Corneille und Racine, Molière und Boileau.

Peter Corneille ist der Schöpfer des französischen Trauerspieles. Er brachte erhabene Charaktere auf die Bühne; seine Stoffe wählte er fast ausschließlich aus der römischen Geschichte. Er starb, 78 Jahre alt, am

1. Oktober 1684, in Rouen in der Haltung eines frommen Christen, wie er es sein ganzes Leben hindurch gewesen war. Corneille war sehr einfach, nichts zeigte in seinem Aeußern den Mann von Genie und so großem Ruhme an. Die Schale war rauh, der Kern vortrefflich; sein Herz war edelmüthig, selbst den bittersten Feinden konnte er leicht verzeihen. Er blieb stets ein treuer Gatte und vortrefflicher Vater, seine Sitten waren rein. Mit seinem Bruder Thomas, der gleichfalls als dramatischer Dichter von Bedeutung ist, lebte er unter dem gleichen Dache in zärtlichster Freundschaft; sie hatten Schwestern zu Frauen und waren um Vermögensverhältnisse so unbekümmert, daß sie nie an Theilung nur dachten. Dabei aber besaß Peter Corneille eine durchaus unabhängige Seele; er verstand nie zu kriechen.

Bald stieg neben Corneille ein nicht minder glänzender Stern auf, Johann Racine. Wie die Deutschen streiten, wer größer sei, Schiller oder Goethe, so gibt es bei den Franzosen zahlreiche Schriften über Corneille und Racine. Wer ist größer? Jeder ist groß, jeder einzig in seiner Art. Bei Corneille finden wir Kühnheit, Erhabenheit, bei Racine die vollendete Durchbildung und Anmuth. Corneille ist hochfliegend, kraftvoll, Racine weich, zart, tief, ein feiner Zergliederer des menschlichen Herzens, der Maler der Frauen, die viel schwerer zu schildern sind, als die Männer; — in mehr als zwei Dritteln seiner Stücke spielen die Frauen die Hauptrolle. Die zwei schönsten Blüthen seines Genius sind Esther und Athalie. Christliche Frömmigkeit und hellenische Formvollendung stehen hier im Bunde. Die Chöre in Athalie sind Meisterstücke der französischen Lyrik. Racine hatte sich trotz seiner guten Erziehung während seines Lebens auf Abwege verirrt, sah aber später seine Irrthümer und Fehltritte ein und bat bei seinem Tode Alle um Vergebung, denen er Aergerniß gegeben habe.

Auch seine Lustspieldichter hatte damals Frankreich. Der berühmteste ist Molière, der sich auszeichnet durch seine Kenntniß der Menschen und des Lebens, durch die Schärfe seiner Beobachtung, durch die unübertreffliche Zeichnung der Charaktere, durch die zwanglose Anlage seiner Stücke und die Naturwahrheit der Situationen, durch die Frische und Anschaulichkeit der Sprache. Mehrere seiner Stücke sind klassisch.

Von höchster Bedeutung jedoch für die Entwickelung der französischen Literatur ist Boileau, „der Gesetzgeber des Geschmackes", wie ihn die Franzosen nennen. Er ist einer der gelesensten Schriftsteller in Frankreich: 60 Ausgaben seiner Schriften erschienen schon während seines Lebens, im Jahre 1830 zählte man 250 Ausgaben. Boileau ist kein schöpferischer Dichter ersten Ranges; Richtigkeit des Urtheils und Ehrenhaftigkeit des Charakters sind seine Hauptvorzüge. Er trat den falschen Richtungen in der Literatur entgegen und wurde gleichsam der Wegweiser für alle seine Genossen.

Die Zeit Ludwigs XIV. ist auch die Zeit der großen Theologen und Kanzelredner. Namen wie Bossuet, Fenelon, Bourdaloue, Flechier, Massillon haben einen unsterblichen Klang.

Bossuet ist wohl der größte Kanzelredner Frankreichs, vielleicht auch der größte Schriftsteller, den es überhaupt hervorgebracht hat. Wegen des hohen Fluges seines Geistes, wegen der Schärfe seines Blickes und seiner großartigen Anschauung, heißt er wohl mit Recht der Adler von Meaux. Als Bossuet die Fastenpredigten am Hofe hielt, wurde sein Ruf immer größer, der Zudrang immer stärker. Ganz unerreicht aber ist er in seinen Trauerreden (Oraisons funèbres). Noch nie hat Jemand schöner und ergreifender menschliche Größe in ihrer Nichtigkeit gegenüber der Hoheit Gottes darzustellen verstanden und an den Hingang eines Sterblichen erhabnere Gedankenreihen zu knüpfen vermocht, als es Bossuet in diesen Meisterwerken der Beredsamkeit gethan. An der Großartigkeit der Bilder, an der Gedrängtheit der Worte sieht man, wie seine Seele sich fortwährend nährte an dem Geiste der hl. Schrift. Ergriffen von seinem Stoffe, ergießt der Redner seine Gedanken in Strömen. Um manchen der Hingegangenen kümmert man sich nur noch, weil Bossuet ihm in seinen Reden Unsterblichkeit verliehen hat.

Auch als Schriftsteller erlangte er große Berühmtheit. Sein Abriß über die Weltgeschichte (Discours sur l'histoire universelle) wird auch von Gegnern des großen Bischofs als das Meisterwerk französischer Prosa gefeiert.

Als Bossuet im Jahre 1669 die Kanzel in Paris verließ, begann wieder ein anderer großer Redner, Bourdaloue, seine Stimme dort ertönen zu lassen. Dieser ist vorzugsweise Sittenlehrer. Man ging mit einem gewissen Schrecken in seine Predigten, in denen ohne Scheu dem Hohen wie dem Niedern die Wahrheit gesagt, die Larve vom Gesichte gerissen wurde.

Gefeiert als Redner, noch heute viel gelesen und als Meister des Styles bewundert ist Flechier, ein anderer Zeitgenosse. Sein Ruhm sind die Gedächtnißreden; die Reden auf Türenne und Bossuet gelten für seine Meisterstücke.

Neben den Genannten glänzt noch Massillon, gewöhnlich nur der Racine der Kanzel und der Cicero Frankreichs genannt. Der schönste Redeschmuck umrankte seine Gedanken, seine Stimme war melodisch, sein Vortrag voll Anmuth, so daß ihm einer am Hofe sagte: „Herr Pater, es ist süß, von Ihnen verdammt zu werden."

Aber fast hätten wir in der Reihe der berühmten Männer Frankreichs einen großen Mann vergessen, Fenelon, den Schwan von Cambray. In seinen Vor-

Weltgeschichte. 24

trägen spürte man die Kraft der Ueberzeugung, die Stärke des Geistes, der seine Lehren ungezwungen in die schönste Form kleidete; er bedurfte keiner Vorbereitung, um das Schönste und Tiefste zu sagen und die Herzen fortzureißen. Fenelon hat eine ungemein gefällige und natürliche Art der Darstellung, sie ist lebendig und mannigfaltig, die passendsten Worte, die schönsten Bilder strömen von seinen Lippen. Klarheit, leichte und anziehende Wendungen, Anschaulichkeit, Reinheit sind die Hauptvorzüge seines Styles und machen seine Schriften unsterblich. Das gelesenste Buch Fenelons ist sein „Telemach", das unzählige Auflagen erlebte und in alle Sprachen Europa's, sogar in's Lateinische, Griechische und Armenische übersetzt wurde.

Die Größe Frankreichs wirkte jedoch in mancher Beziehung sehr nachtheilig auf die übrigen europäischen Völker. Der Glanz des französischen Hofes erfüllte ganz Europa mit blinder Verehrung und verleitete fast alle Fürstenhöfe, besonders die deutschen, zur lächerlichsten Nachäffung des Fremden. Jeder Fürst wollte ein Ludwig im Kleinen sein; jeder bildete einen besondern Hof, wo in Pracht und Verschwendung, in Sitten und Moden, in Sprache, Literatur und Kunst der französische Hof als Vorbild galt. Mit dem Hofe nahm auch der Adel in Deutschland die französische Sprache an und schämte sich der guten alten Muttersprache. Paris galt als der Mittelpunkt der europäischen Cultur, der feineren und höheren Lebensbildung; aus allen Gegenden von Deutschland wurden sogenannte Bildungsreisen dahin gemacht. So verbreitete sich das prunkende Franzosenthum immer weiter über die höheren Stände; kaum noch blieben die unteren Volksklassen dem ernsten und biedern Sinne ihrer Voreltern getreu und retteten vaterländische Sitten und Gebräuche von fremder Ansteckung.

LXIV. Die Hinrichtung des Königs Ludwig XVI.

Die Wuth der entfesselten Massen zur Zeit der französischen Revolution kannte keine Grenzen. Die Blutmänner ruhten nicht, bis das Haupt des unschuldigen Königs selbst unter dem Beile der Guillotine fiel. Am 17. Januar 1793 wurde er von dem Convente trotz der glänzenden Vertheidigung seiner Freunde Tronchet, Malesherbes und de Seze zum Tode verurtheilt, der 21. Januar zum Tage der Hinrichtung bestimmt. Man theilte dem Könige das Todesurtheil mit, er war gefaßt. Er bat um einen Beichtvater, seine Bitte wurde gewährt. Es war ein Irländer, der Abbé Edgeworth, dem man den Zutritt gestattete. Der König legte die heilige Beichte ab. Aber eine furchtbare herzzerreißende Scene stand ihm noch bevor, — der Abschied von seinen Angehörigen. Sonntag den 20. Januar, Abends halb 8 Uhr, kam die Königin mit dem Dauphin, die Prinzessin Elisabeth mit des Königs Tochter. Sie fielen dem Könige um den Hals und mehrere Minuten vergingen in Schweigen und Schluchzen. Dann führte sie der König in sein Speisezimmer, und hier waren sie noch fast zwei Stunden allein beisammen. Sie schieden nicht, bis der König ihnen das Versprechen gab, sie am nächsten Morgen, ehe er zur Hinrichtung geführt würde, nochmals zu sehen. Er versprach es.

In der nächsten Nacht schlief der König ruhig. Kaum dämmerte der Tag — es war der 21. Januar 1793 —, als Ludwig von seinem Lager aufstand und seinen Beichtvater Edgeworth zu sich rief. Er hörte mit inbrünstiger Andacht die Messe und empfing aus der Hand des Priesters das hl. Abendmahl. Unterdessen wurde es in den Straßen von Paris immer lebhafter, der Generalmarsch wurde geschlagen, die Kanonen aufgefahren, das Getöse der Menschen und Pferde drang schon bis zum Thurme. Der

König horchte und sprach gelassen: „Es scheint, sie nähern sich!" Jetzt wollte er von den Seinigen Abschied nehmen; allein sein Beichtvater bat ihn dringend, diesen den Schmerz einer so schrecklichen Trennung zu ersparen. „Nun, so sei es denn", seufzte er, „aber ach, wie viel kostet es mir, zu scheiden, ohne sie zu sehen!" Um 9 Uhr nahm der Lärm zu, die Gefängnißthüre ging auf, und Santerre, der Held des Tages, trat mit der Wache ein, ihn abzu= holen. „Einen Augenblick!" sagte der König, und trat zurück, sank betend in die Kniee und empfing von seinem Beichtvater den Segen. Dann bestieg er mit seinem Beichtvater und zwei Gensdarmen den bereit stehenden Wagen. Eine doppelte Reihe von Soldaten, welche vier Mann hoch standen, hatte ohne Unterbrechung die Stra= ßen, durch welche der Wagen fuhr, besetzt; an allen Ecken waren Kanonen aufgefahren, und eine Bedeckung Rei= terei umringte den Wagen. Alles, was nicht zum Dienste befehligt war, und alle Einwohner von Paris hatten sich in ihre Häuser zurückgezogen, und so herrschte eine fürchterliche Leere in den Straßen. Die Stadt war einige Stunden lang wie ausgestorben. Eine finstere Stille und ein trüber Himmel schienen die Tage des Mordes und des öffentlichen Elendes zu weissagen, die auf diesen Tag der Trauer folgen sollten.

Um 10 Uhr langte der Wagen auf dem Platze Ludwigs XV. an, in dessen Mitte das Blutgerüst, die Guillotine, stand. Mehr als 15,000 Mann zu Roß und zu Fuß bildeten einen großen Kreis um dieselbe. Während der Fahrt hatte der König im Gebete Trost gesucht. So= bald sie angekommen waren, wurde der Schlag geöffnet; der König stieg aus und betrat mit der Geduld eines Gerechten, der mit dem Himmel im Frieden ist, die Stufen des Schaffotes. Die Henker umringten ihn und wollten ihn entkleiden; Ludwig wies sie mit Hoheit zurück, legte selbst das Kleid ab und entblößte seinen Hals. Dann umringten sie ihn auf's neue, um ihm die Hände auf den Rücken zu binden. „Was maßt ihr euch an?" rief er unwillig; „thuet, was euch befohlen ist, nur binden lasse ich mich nicht." Schon wollten die Henker Gewalt anwenden, als der Beichtvater hinzutrat und den König an das Beispiel Jesu erinnerte. Und gelassen streckte jetzt Ludwig seine Hände hin und sprach: „So bindet sie denn, damit ich den Kelch der Leiden bis auf die Neige trinke." Dann trat er auf die linke Seite des Gerüstes und rief: „Still, Trommelschläger!" Sie hielten ein, und Ludwig

Ludwig XVI.

sprach mit vernehmbarer Stimme: „Franzosen, ich sterbe unschuldig an allen Verbrechen, deren man mich anklagt; ich verzeihe den Urhebern meines Todes und bitte Gott, daß das Blut, welches ihr jetzt vergießen wollet, nie über Frankreich komme. Und du, unglückliches Volk . . . !" Diese letzten Worte wurden von dem Getöse aller Trommeln verschlungen, die auf Santerre's Gebrüll zu wirbeln begannen. Sogleich ergriffen die Henker ihr Opfer und führten es unter das Fallbeil. Der Beichtvater kniete neben dem König und rief ihm die Worte zu: „Sohn des hl. Ludwig, steige hinauf gen Himmel!" Da fiel das Beil, und das Haupt des unschuldigen Königs wurde vom Rumpfe getrennt. Einer der Henkersknechte hob es triumphirend empor und zeigte es dem Volke, während von allen Seiten das Geschrei ertönte: „Es lebe die Nation! Es lebe die Freiheit!" Hüte und Mützen flogen in die Höhe, und singend tanzte der Pöbel um das Blutgerüst. Der besser gesinnte Franzose aber verbarg, aus Angst vor jener Rotte, seinen tiefen Schmerz in stiller Brust. — So ward von Frankreich, wie 144 Jahre früher von England an Karl I., das entsetzliche Verbrechen eines durch Richterspruch verhängten Königsmordes vollführt, ein Verbrechen, von dem wir in der ganzen Geschichte des Alterthums kein zuverlässiges Beispiel finden. Aber so weit kann der Mensch kommen, wenn er, aller Religion baar, nur der Leidenschaft gehorcht. Wo die Grundlagen der Sittlichkeit, des Rechtes und der Ordnung, wo Gott und sein Gebot abhanden gekommen, da wird auch die gesellige und staatliche Ordnung selbst erschüttert und bricht endlich zusammen, und auf ihren Trümmern herrscht, schwelgt, raubt und mordet die entfesselte Leidenschaft.

Man konnte nicht hoffen, daß die Königin ihren Gemahl lange überleben würde; denn sie war bei der Hefe des Volkes noch mehr als er der Gegenstand des Hasses. Am 16. Oktober 1793 wurde Maria Antoinette, die einst allgebietende Königin von Frankreich, Maria Theresia's Tochter, Schwester zweier Kaiser und eines noch lebenden Kaisers Muhme, wie eine gemeine Verbrecherin, mit rückwärts gebundenen Händen, auf offenem Karren nach dem Richtplatze geführt. Auf dem Blutgerüste warf sie noch einen wehmüthigen Blick auf die Tuilerien und empfing dann mit Ergebung in den Willen Gottes den Todesstreich. Dasselbe Schicksal hatte am 10. Mai 1794 Ludwigs tugendhafte Schwester, die Prinzessin Elisabeth.

Mit der Ruhe einer Heiligen stand sie am Fuße des Schaffots, wartend, bis fünf und zwanzig Andere vor ihr hingerichtet waren, und ihr frommes, in Rührung schwimmendes Auge blickte in Demuth und Vertrauen betend aufwärts. Das traurigste Loos aber traf den kleinen Dauphin, der einem verworfenen Bösewicht übergeben und durch eine Reihe der gröbsten Mißhandlungen, Prügel, Frost, Schlaflosigkeit, Hunger, Entbehrung jeder Art, zu Tode gequält wurde. Er starb am 8. Juni 1795, erst acht Jahre alt. Glücklicher war Ludwig's Tochter. Sie wurde am 19. Dezember 1795 aus ihrem Gefängnisse und Vaterlande entlassen und an Oesterreich gegen mehrere gefangene Franzosen ausgewechselt.

LXV. Napoleon I. und Pius VII.

Napoleon Bonaparte, der Sieger bei den Pyramiden und mächtige Kaiser der Franzosen, wollte in seinem Stolze keine Macht der Erde neben sich dulden. Sogar das Oberhaupt der Kirche, der Papst, sollte sein Unterthan sein und sich ganz nach seinem Willen richten. Daher hätte er ihn am liebsten in Paris selbst in seiner Nähe gehabt. Ohne irgend welchen Grund ließ er im Jahre 1808 durch seinen General Miollis Rom besetzen und vereinigte am 17. Mai 1809 den Kirchenstaat mit dem französischen Reiche. Der Papst erließ sofort einen feierlichen Protest gegen solch' unerhörte Gewaltthat. Da Pius VII. diesen Schritt schon längst vorausgesehen hatte, so war auch für diesen Fall das letzte Vertheidigungsmittel, eine Exkommunikationsbulle, vorbereitet worden. Am 10. Juni 1809 des Morgens verkündeten die Kanonen der Engelsburg das Aufhören der päpstlichen Regierung, und am Abende desselben Tages war die Exkommunikationsbulle gegen die Räuber des Erbgutes des hl. Petrus an den drei Hauptkirchen in Rom angeheftet. Napoleon spottete über den Bann

und schrieb unter Anderem an den Vicekönig von Italien: „Glaubt denn der Papst, daß ob des Bannes meinen Soldaten die Waffen aus den Händen fallen werden?"
Aber schon drei Jahre später heißt es in einem Armee-
bericht von den Schneefeldern Rußlands wörtlich: „Unsern Soldaten fallen die Waffen aus den
Händen."

Es wurde nun dem Papste auf alle mögliche Weise
zugesetzt, seiner weltlichen Regierung zu entsagen, seine
Residenz in Paris zu nehmen und von dort aus die
Kirche zu regieren. Der Papst blieb unerschütterlich fest.
Da wurde er in der Morgendämmerung des 6. Juli 1809
in einen Wagen gesetzt und gefangen nach Frankreich abgeführt. Weil er aber dort zu viele Theilnahme fand,
schleppte man den todschwachen Greis nach Savona im
italienischen Gebiete zurück. Damals stand Napoleon
auf dem Gipfel seines Glückes. Der ganze Continent
beugte sich vor ihm, nur der wehrlose und gefangene
Papst wagte es, ihm entschiedenen Widerstand zu leisten.
Napoleon ernannte neue Bischöfe, — der Papst erklärte
deren Wahl für null und nichtig. Dafür wurde demselben sogar alles Schreibmaterial weggenommen. Zu
seinem Unterhalte erhielt er täglich nur fünf Paoli, so
daß er von den Bürgern Savona's Almosen nehmen
mußte. Aber dieses unerhörte Verfahren gegen den Vater der Christenheit verwickelte den Kaiser in endlose Ver-
legenheiten und bereitete seinen nahen Sturz vor.

Im Jahre 1812 unternahm Napoleon seinen ver-
hängnißvollen Zug nach Rußland und erließ von
dort den Befehl, den Papst von Savona nach Fontainebleau bei Paris zu bringen. Die Reise war für
den schwachen und kranken Greis eine schmerzvolle, und
da man schonungslos mit ihm fort eilte, kam er zu Fontainebleau in einem Zustande an, daß man für sein Leben
fürchtete. Bald kehrte der Kaiser, — zum ersten Male

Pius VII. und Napoleon I.

vom Kriegsglücke verlassen und gedemüthiget — aus Rußland zurück. Mehr als jemals lag ihm jetzt daran, sich mit dem Papste auszusöhnen. Auch der Papst, von Leiden ganz gebeugt und über den Zustand der französischen Kirche in tiefe Trauer versenkt, wünschte nichts sehnlicher, als seiner Kirche den Frieden wiederzugeben. Ueberdies wurde Niemand bei ihm zugelassen, mit dem er sich im Vertrauen hätte berathen können. Der Kaiser unterbreitete ihm zur Unterzeichnung elf Artikel, welche als Grundlage einer künftigen Vereinigung dienen sollten. In diesen Artikeln machte der Kaiser manche Zugeständnisse, erwähnte aber mit keiner Sylbe der Wiederherstellung des Kirchenstaates. Als daher Napoleon dieselben eigenmächtig schon als eigentliches, mit dem Papste abgeschlossenes Concordat publiciren und diesen Sieg überall durch ein Te Deum feiern ließ, hatte es den Anschein, als ob der Papst auf den Kirchenstaat verzichtet und die Rechte der Kirche preisgegeben habe. Darüber versank der hl. Vater in tiefe Trauer und erklärte nun sogleich in einem eigenhändigen Schreiben an den Kaiser jene Artikel für null und nichtig, da sie ja nur als Grundlage einer etwaigen Vereinigung gelten konnten und noch weiter hätten berathen werden sollen. Ohne Rücksicht darauf erklärte Napoleon die Artikel als Reichsgesetz. Doch Gott verläßt seine Kirche nicht; dem Uebermuthe folgt die Strafe auf dem Fuße nach.

Noch im selben Jahre (1813) fand die Völkerschlacht bei Leipzig statt, wo der Kaiser eine neue furchtbare Niederlage erlitt. Und nun folgte ein Schlag des Unglücks auf den andern. Napoleon schlug nicht mehr die Schlachten von Jena, Austerlitz, Wagram; das eigene Land sollte er nun decken gegen diejenigen, die er vorher an seinen Siegeswagen gefesselt hatte, und die nun für seinen Uebermuth und seine unersättliche Ländergier Rache forderten. Die verbündeten Monarchen von Oesterreich,

Rußland und Preußen rückten nach Paris, nahmen es und zogen am 31. März 1814, gegen Mittag, an der Spitze ihrer siegreichen Heere triumphirend in die stolze Hauptstadt ein, die seit Jahrhunderten keinen Feind innerhalb ihrer Mauern gesehen hatte. Noch am Tage des Einzugs verkündete Alexander, Kaiser von Rußland, in seinem und seiner Verbündeten Namen, daß sie weder mit Napoleon, noch mit einem Gliede seiner Familie unterhandeln würden. Da wurde Napoleon, der sich eben in Fontainebleau befand, am 2. April vom Senate abgesetzt. Am 4. April unterzeichnete der Kaiser seine Abdankung in demselben Fontainebleau, an demselben Tische, wo er vorher den hl. Vater, Papst Pius VII., durch List gezwungen, seine Abdankung der Rechte der Kirche Gottes zu unterzeichnen. Hier in Fontainebleau, wo er den Papst und die Cardinäle auseinander gerissen, sieht er sich nun von Weib und Kind getrennt, für immer, um auf dieser Erde niemals sie wieder zu sehen. Er bekam die kleine Insel Elba nebst einem Jahrgehalte.

Noch einmal erschien Napoleon mit einem Heere in Frankreich, zog im Triumphe in Paris ein, brach gegen die Verbündeten auf, die ihm unter Anführung Blücher's und Wellington's entgegentraten, wurde aber bei Waterloo gänzlich geschlagen und nach Paris zurückgetrieben. Abermals mußte er dem Throne entsagen und nun nach St. Helena in die Verbannung gehen, wo er am 5. Mai 1821 starb, umgeben von seinen Generälen Bertrand, Montholon, Gourgaud und Las Cases.

Pius VII. aber war schon am 24. Mai 1814, in demselben Jahre, wo Napoleon abgesetzt wurde, unter großen Feierlichkeiten und unermeßlichem Jubel des Volkes in Rom eingezogen, und im folgenden Jahre wurde durch den Wiener Congreß der Kirchenstaat in seinen alten und rechtmäßigen Grenzen wieder hergestellt. Pius wandelte vom Kerker auf den Thron, Napoleon ward vom Throne in die Verbannung gestoßen. Die Länder, die er beherrscht hatte, wurden getheilt, die Republik Venedig, die vierzehnhundert Jahre gedauert, blieb von der Karte verschwunden, das ehrwürdige, tausendjährige deutsche Kaiserthum erstand nicht wieder, ganz Europa nahm eine neue Gestalt an; — nur das Papstthum und die Kirche blieben stets unverändert, und alle, die sich mit frecher Hand an ihr vergriffen, haben den Kopf an dem Felsen zerschellt. Es war wohl der süßeste Augenblick im Leben Pius' VII., als Napoleon, in seiner Einsamkeit und Verlassenheit auf St. Helena zur Besinnung gekommen, im Vatikan um den Segen desjenigen bitten ließ, den er vorher in so unerhörter Weise verfolgt hatte. Und der Segen und das Gebet des Papstes umstanden wie Schutzengel das Sterbebett des großen Kriegshelden, des ehemaligen „Kaisers von Rom", dessen Gebeine auf einer Felseninsel beigesetzt wurden und dort noch unbeachtet lagen, als man die sterbliche Hülle des hl. Vaters, des rechtmäßigen Herrschers von Rom, in der Kirche des Felsenmannes St. Peter bestattete.

LXVI. Die Ereignisse in der Schweiz.

Es war nicht anders möglich, als daß die Umwälzungen in den Nachbarlanden, besonders die Reformation, auch auf die Schweiz ihre Rückwirkung hatten und dort mannigfache Kämpfe hervorriefen. Die größten Veränderungen aber in dem schweizerischen Staatshaushalte führte die französische Revolution herbei.

Im Jahre 1798 ging mit dem Untergange aller bestehenden Ordnung auch die alte Eidgenossenschaft unter; sie wurde in eine untheilbare helvetische Republik umgeschaffen, und eine sogenannte Einheitsregierung eingeführt, an deren Spitze ein Senat und ein Großer Rath als gesetzgebender Körper und ein Direktorium aus fünf Mitgliedern als vollziehende Gewalt standen. Nach dem Volksaufstande gegen die helvetische Regierung machte Napoleon, der sich zum Vermittler der Schweiz aufwarf, aus der helvetischen Republik im Jahre 1803 wieder eine Eidgenossenschaft von neunzehn Kanto-nen. Wallis und Genf wurden mit Frankreich vereini-get, und Neuenburg dem Grafen Berthier geschenkt. Durch diese neue Verfassung, welche man Vermitt-lungs- oder Mediationsakte nannte, wurden die ver-schiedensten Volksstämme und Landestheile zusammenge-würfelt, und was durch Geschichte, Gewohnheiten und re-ligiöses Bekenntniß nichts miteinander gemein hatte, mußte unhistorisch und unnatürlich bei der Bildung der neuen Kantonsgebiete vereiniget werden. So entstanden jene ge-mischten Kantone, wo die fortwährende Reibung zwischen den verschiedenen Bekenntnissen und Volkselementen wahre Brutstätten des gesetzlosesten Radikalismus erzeugte. Auf dem Wiener Congreß (1815) erhielt die Schweiz wie-derum ihre alte Unabhängigkeit gegenüber Frankreich und einen Zuwachs von Wallis, Neuenburg und Genf.

Es folgten nun fünfzehn segensreiche Friedensjahre, die einzig durch die große Hungersnoth vom Jahre 1817 getrübt wurden. Künste, Wissenschaften, Landbau und Handel blühten auf erfreuliche Weise. In kirchlicher Be-ziehung wurde das große, alte Bisthum Constanz, dem der größte Theil der deutschen katholischen Schweiz angehörte, aufgelöset und schweizerischer Seits durch das neu errichtete Bisthum Basel ersetzt (1828). Die Ur-kantone wurden durch den edlen Generalvikar Göldlin, Probst zu Münster, verwaltet und nach seinem Tode provisorisch dem Bisthum Chur unterstellt. An Luzerns alter und berühmter Lehranstalt lehrten ausgezeichnete Männer, wie Probst Widmer, Geiger, Gügler, P. Girard, Troxler und andere. Kaum war Papst Pius VII. nach Napoleon's Sturz aus der französischen

Gefangenschaft heimgekehrt, so stellte er den Jesuitenorden wieder her. Die bald hierauf gegründeten Jesuitenkollegien in Wallis und Freiburg wurden außerordentlich zahlreich besucht, man zählte in Freiburg einmal 700 Zöglinge.

Doch da kamen die unheilvollen Julitage des Jahres 1830, wo der Sturz des französischen Königs Karl X. wie ein Blitzstrahl die meisten Länder Europa's berührte. Fast überall regte sich jetzt ein ähnlicher Geist. In der Schweiz war die Bewegung so groß, daß in zwölf Kantonen die Regierungen gestürzt wurden. Trotz der ernstesten Bemühungen des katholischen Volkes, des Papstes und einzelner Kantonalstände ging die in Bern beschlossene rückhaltlose Handhabung des staatlichen Placet (Genehmigung) über alle Erlasse des Papstes und der Bischöfe, die Einrichtung und Beaufsichtigung der theologischen Lehranstalten und geistlichen Seminarien, unbedingtes Aufsichtsrecht über die Klöster und ähnliche josephinische Gewaltthätigkeiten in die Kantonal-Verfassungen über. Das war die Drachensaat, aus der die blutige Zukunft der katholischen Kantone aufwuchs; die bedauernswertheste Verkümmerung der Glaubens- und Gewissensfreiheit wurde das Erbe der Schweiz bis zur Stunde. Am 20. Januar 1841 wurden im Aargau sämmtliche Klöster mit einem Schlage aufgehoben. Umsonst erhoben sich dagegen auf mehrern Tagsatzungen die katholischen Kantone, unterstützt von den reformirten Mitständen Neuenburg, Basel-Stadt, Zürich und Genf. Wo man damals die Klöster noch nicht aufheben konnte, erschwerte man deren Fortbestand durch das Verbot der Novizenaufnahme, wie im Thurgau und bei der Benediktinerabtei Rheinau.

Inzwischen hatte Luzern, dessen Regierung 1840 wieder gutgesinnt war, die Jesuiten zur Leitung seines Gymnasiums berufen. Gegen diesen Entscheid suchte man die protestantischen Kantone aufzuhetzen, indem man auf jede Weise das Wirken der Jesuiten als ein verderbliches darzustellen sich bemühte. Allein Luzern erklärte, die Je= suiten nicht zu entlassen, wenn nicht Aargau die Klöster wieder einsetze. Da sammelten sich aus verschiedenen Kan= tonen sogenannte Freischaaren und drangen, wohl bewaffnet, 7000 Mann stark, den 31. März 1845 bis vor Luzern, wo General Sonnenberg, von den Un= terwaldnern, Urnern und Zugern unterstützt, sie am andern Morgen schlug. Manche fielen, 2000 wurden gefangen und ihre Kanonen fast alle auf der Flucht bei Nacht, im Dorfe Malters von einem Luzerner Hinterhalt erbeutet.

In der Nacht vom 19. auf den 20. Juli wurde der biedere Volksmann Großrath Joseph Leu von Ebersoll meuchlings in seinem Bette erschossen. Hiedurch erschreckt, schlossen die sieben katholischen Kantone, Luzern, Uri, Schwyz, Unterwalden, Zug, Freiburg und Wallis, zur Wahrung ihrer staatlichen und kirchlichen Rechte ein Bünd= niß (11. Dezember 1845), welches von den Gegnern Sonderbund genannt wurde. Dagegen erlangten die Freisinnigen (Radikalen) in Zürich, Genf und St. Gallen wieder die Oberhand und so die Stimmenmehrheit auf der Tagsatzung, welche sofort die Entfernung der Jesui= ten und die Auflösung des Sonderbundes verlangte und auf Weigerung der sieben Kantone beschloß, ihn mit Waf= fengewalt aufzulösen. Der alte Genfer General Düfour erhielt von der Tagsatzung die Oberleitung der 100,000 Mann starken Armee. An der Spitze der Sonderbunds= truppen stand Oberst Johann Ulrich von Salis= Soglio; sein Hauptquartier war in Luzern. Die ka= tholischen Truppen unterlagen, Sigwart Müller, da= mals der Chef der Luzerner Regierung, entfloh mit den Häuptern der katholischen Partei nach Italien. Die Sieger forderten eine große Summe als Kriegsentschädi=

gung, lösten den Sonderbund und alle bisherigen Regie=
rungen desselben auf und ließen neue, freisinnige oder
radikale Regierungen wählen. Am 12. Herbstmonat 1848
wurde eine neue **Bundesverfassung** angenommen,
der Staatenbund in einen einheitlichen Bundesstaat um=
geschaffen. Noch zweimal bis auf unsere Zeit wechselten
die Verfassungen, die Parteien liegen stets im Kampfe
mit einander. Dieses herrliche Land, vom Himmel so
reich gesegnet, das glücklich sein könnte, wie kein anderes,
treibt mit der Abnahme des religiösen Glaubens und
Lebens einer immer unheilvolleren Zukunft entgegen.

> „O unglücksel'ge Stunde, da das Fremde
> In diese stillbeglückten Thäler kam,
> Der Sitten fromme Unschuld zu zerstören;
> Das Neue dringt herein mit Macht. Das Alte,
> Das Würdige scheidet, andre Zeiten kommen,
> Es lebt ein anders denkendes Geschlecht."

LXVII. Daniel O'Connell.

Nachdem zwischen England und der „Insel der
Heiligen", wie Irland wegen seiner vielen Glaubens=
boten genannt wird, schon Jahrhunderte lang ein Ra=
cenkrieg des sächsischen mit dem keltischen Stamme ge=
wüthet hatte, trat mit dem Abfall des ehebrecherischen
Heinrich VIII. zum Protestantismus auch noch ein Reli=
gionskampf hinzu. Die katholische Kirche wurde in Ir=
land mit Gewalt unterdrückt, ihres Besitzes beraubt und
geschändet. Als jedoch trotz aller Verfolgung die Irlän=
der dennoch katholisch blieben, begannen Englands Könige
systematisch die Bevölkerung Irlands auszurotten.
Das Land wurde verwüstet, der Ackerbau vernichtet, die
Herden geraubt, die Menschen ohne Unterschied von Alter
und Geschlecht gemordet und das Volk so sehr dem Hunger
preisgegeben, daß man in Irland unter der Regierung
der vielgepriesenen Königin Elisabeth vom Fleische aus=

gegrabener Menschenleichen lebte. Man trieb das Volk in die unfruchtbarsten und entlegensten Provinzen, verkaufte Tausende von Kindern und Jungfrauen als Sklaven nach Amerika und verpflanzte unter Cromwell 80,000 Irländer nach Westindien; von diesen waren nach sechs Jahren noch zwanzig Personen am Leben.

Im Jahre 1691 schlossen die Irländer mit den Engländern den Vertrag von Limerik, in welchem ihnen freie Religionsübung, Rückgabe ihres Eigenthums und allgemeine Amnestie versprochen wurde, und statt dessen, was geschah? England führte die Strafgesetze ein, welche bis zum Jahre 1778 auf's grausamste durchgeführt wurden. Nach diesen durfte kein Katholik ein Testament errichten oder einen Protestanten beerben. Der Sohn, der protestantisch wurde, erlangte dadurch das gesammte Vermögen seines Vaters. Wer seine Kinder von Katholiken unterrichten ließ, verlor sein Vermögen, ebenso jedes Kind, welches im Auslande katholisch erzogen wurde. Ja die katholischen Irländer mußten sogar den Zehnten von ihrem jährlichen Pachtertrage für die Unterhaltung der protestantischen Geistlichkeit bezahlen, protestantische Kirchen aufbauen und ausbessern helfen. Dabei waren sie von allen politischen Rechten ausgeschlossen, kein Katholik konnte irgend ein Staatsamt bekleiden, Offizier oder Beamter werden.

Wir entsetzen uns beinahe ob solch' unerhörter Grausamkeit, die wahrlich im Stande gewesen wäre, Tausende zum Abfalle vom Glauben zu bestimmen. Aber die Irländer blieben felsenfest; unter der Devise: Für Gott und Vaterland! kämpfte diese Nation, blutend und zerschlagen, aber treu und katholisch, dreihundert Jahre lang.

In diese Schreckenszeit fällt die Geburt eines Mannes, der vom Himmel zum Retter des irischen Volkes bestimmt war. Den 6. August 1775 wurde zu Carhen,

Weltgeschichte.   25

in der Grafschaft Kerry, **Daniel O'Connell** geboren. Als Knabe von neun Jahren saß er einst sinnend am Tische und lauschte still den Gesprächen und Klagen über die Bedrückung Irlands. Einer der Anwesenden bemerkte es und fragte Daniel, worüber er denn nachdenke. Da erhob sich der neunjährige Knabe mit seinen feurigen Augen und rief gleichsam in prophetischem Tone: „Ich will noch einmal einen Rumor in der Welt anfangen." Dieses Wort sollte sich bald erfüllen. Mit sechzehn Jahren wurde O'Connell zur weitern Ausbildung in das Jesuitenkollegium zu St. Omer in Frankreich gebracht; er mußte aber wegen Kriegsunruhen schon im nächsten Jahre wieder in seine Heimath zurückkehren, wo er sich dem Studium der Rechtswissenschaft widmete. Im Jahre 1797 ließ er sich als Anwalt in Dublin nieder und erfreute sich gleich bei seinem ersten Auftreten großer Erfolge. Nichts desto weniger weihte er von nun an den größten Theil seiner Kraft der Rettung seines unterdrückten Vaterlandes.. **Die Gleichstellung der Katholiken mit den Protestanten und die Selbständigkeit des irischen Parlaments:** das waren die beiden Angelpunkte, um die sich sein ganzes Kampfesleben drehte. „Die Emancipation der Katholiken Irland's und England's," sagt Lacordaire in seiner Leichenrede auf O'Connell, „war der herrschende Gedanke seiner Tage, war der fortwährende Traum seines Genie's," war und ist auf ewige Zeiten, fügt die Geschichte bei, der größte Ruhm seines Lebens. Er stellte sich an die Spitze der irischen Katholiken, stiftete die **große katholische Association,** an welcher, da der monatliche Beitrag nur in einem Penny bestand, nebst der katholischen Priesterschaft und dem Adel das ganze katholische Volk den lebendigsten Antheil nahm. In ganz Irland wurden Volksversammlungen abgehalten, sog. Meetings, in welchen die große Sache des Vaterlandes besprochen wurde; ausgezeichnete

Redner widmeten sich neben O'Connel dem Dienste des Vaterlandes; mit den Geldbeiträgen des Vereines wurden die Processe gegen die Bedrückungen der Beamten und anderer Dränger bestritten; der Regierung, welche seit Jahrhunderten an dem katholischen Irland gefrevelt hatte und fortwährend ihre Gewalt nur zum Drucke desselben mißbrauchte, war durch diesen Verein gleichsam eine andere schützende Regierung gegenübergestellt. Indeß mußte sich dieser Verein, in Folge Parlamentsbeschlusses, im Jahre 1825 auflösen, wurde jedoch sogleich wieder

Daniel O'Connell.

in einer andern von dem Gesetze nicht verbotenen Form hergestellt und gelangte zu größerer Ausdehnung als vorher.

Als im Jahre 1826 die Parlamentswahl wieder kam, sprach sich O'Connell für einen den Katholiken gutgesinnten Protestanten aus. Dieser siegte wirklich gegenüber seinem vornehmen Gegner, der wegen seines Reichthums die meisten Wähler in Abhängigkeit erhielt und deßhalb bisher stets unbedingt gewählt worden war. Nun war nur noch ein Schritt bis zur Wahl eines Katholiken in's Parlament. O'Connell that diesen Schritt im Jahre 1828: er trat selbst als Kandidat auf und wurde mit einer Mehrheit von 1075 Stimmen gewählt. Nur Eines stand ihm noch im Wege, jener gotteslästerliche Eid, welcher sagt, „daß die Verehrung der Gottesmutter und der übrigen Heiligen schändlicher Götzendienst sei;" diesen Eid mußte Jeder vor dem Eintritt in's Parlament schwören. O'Connell verlangt, daß dieser Eid aufgehoben werde. Ganz London, ja das ganze protestantische England ist voll Bestürzung über diese Kühnheit. Allein es geschieht, der Eid wird abgeschafft, O'Connell hat gesiegt. Eine Parlamentsakte vom 13. April 1829 stellte für die Katholiken statt des Suprematseides einen mit dem katholischen Glauben vereinbaren Staatsbürgereid auf, durch dessen Leistung jeder Katholik das Recht erhielt, in's Parlament und mit wenigen Ausnahmen zu allen Staats= und Gemeindeämtern gewählt zu werden.

O'Connell hatte seinem Volke die religiöse Freiheit erkämpft; die politische, die Selbständigkeit des irischen Parlamentes, errang er nicht mehr. Er wurde sogar der Verschwörung angeklagt, von einem Gerichte, das aus seinen heftigsten Gegnern bestand, ungerechterweise verurtheilt und in den Kerker geworfen. Durch das zweite Urtheil freigesprochen, nahm er seine Thätigkeit für das Vaterland wieder auf, begann aber bald zu kränkeln. Der zweiundsiebenzigjährige Greis, dessen Testament war: Meinen Leib nach Irland, mein Herz nach Rom, wollte am Abende seines Lebens noch eine Wallfahrt nach Rom unternehmen. Aber der Tod ereilte ihn auf der Reise zu Genua, am 15. Mai 1847, nachdem der große Irländer in den letzten vierzig Stunden seines Lebens unaufhörlich gebetet hatte. Die glänzendsten Talente waren in diesem Manne mit der innigsten Frömmigkeit gepaart. Deßhalb war er von der göttlichen Vorsehung zum Retter seines Volkes ausersehen worden. Ja, O'Connell ist Irland, das ist der wahre Gesichtspunkt, unter dem man diesen be-

rühmten Mann betrachten muß, um ihn nach seinem gan=
zen Werthe zu schätzen. O'Connell ist Irland; er ist die
Personifikation eines Volkes von sieben Millionen Men=
schen, eines mehrere Jahrhunderte hindurch unterdrückten
Volkes, welches, das schrecklichste denkbare Elend leidend,
sein Dasein in Unglück dahinschleppt, von beispiellosen
Erniedrigungen und Schmerzen überschüttet ist. O'Con=
nell ist Irland, und seine Donnerstimme ist die Stimme
eines großen Volkes, welches schreit: Genug, genug Un=
gerechtigkeit und Unterdrückung! O'Connell ist Irland,
und sein Sieg ist der Sieg seiner Nation.

*   *   *

Mit dem Bilde dieses großen und einzigen Mannes
schließen wir die neuere Geschichte. Große Geister, ge=
wandte Staatsmänner, gefeierte Helden, Heroen des Glau=
bens, berühmte Künstler und Gelehrte sind an unserm
Geistesauge vorübergezogen; aber dennoch waren es im
Vergleiche zum Mittelalter mehr vereinzelte und seltene
Gestalten. Wie ein blutrother Faden ziehen sich fast
unausgesetzte Kriege durch die Geschichte der Neuzeit,
angefangen von der großen religiösen Umwälzung des
16. Jahrhunderts bis zu den unerhörten Schreckensauf=
tritten der französischen Revolution. „Jene glücklichen
Tage, jene schönen Zeiten sind vorüber, wo Europa ein
christliches Land war. Ein großes gemeinschaftliches In=
teresse verband die entlegensten Provinzen dieses christlichen
Reiches. Ohne große weltliche Besitzthümer lenkte und
vereinigte ein Oberhaupt die großen politischen Kräfte.
Wie wohlthätig, wie angemessen diese Regierung, diese
Einrichtung war, zeigte das gewaltige Emporstreben aller
anderen menschlichen Kräfte, die harmonische Entwicke=
lung aller Anlagen, die ungeheure Größe, welche einzelne
Menschen in allen Fächern der Wissenschaften, des Lebens
und der Künste erreichten." So spricht in wehmüthiger

Erinnerung an jene Zeiten vor dem großen Glaubens-
abfalle des 16. Jahrhunderts der edle und geistvolle protestantische Geschichtschreiber Novalis. Heute noch lasten die
namenlos traurigen Folgen jener großen religiösen und
politischen Umwälzungen auf Fürsten und Völkern und
bestätigen mehr als jemals das Wort Goethe's: „Das
eigentliche, einzige und tiefste Thema der
Weltgeschichte ist der Conflikt des Unglaubens
und des Glaubens. Alle Epochen der Weltgeschichte, in welchen der Glaube herrscht, sind
glänzend, herzerhebend und fruchtbar für Mit-
und Nachwelt; alle Epochen dagegen, in denen
der Unglaube einen kümmerlichen Sieg behauptet, verschwinden vor der Nachwelt." Das ist die
größte Lehre, welche die Geschichte uns bietet. Die Völker
sind für Gott geschaffen, sie sind bestimmt, in der Kirche
Jesu Christi, des menschgewordenen Gottessohnes, ihr
Heil zu wirken. Folgen sie dem Rufe Gottes, so sind
sie glücklich, und ihr Wirken ist segensreich; entfernen sie
sich aber von ihrem höchsten Ziele, so bricht mit Riesenschritten das Unglück herein; im Dienste ihrer Leidenschaften stehend, verlieren sie alle großen Gedanken und
hohen Entschlüsse. Der Bruder vergreift sich an seines
Bruders Gut und Leben, Kriege entstehen, die blühendsten
Provinzen werden zu trostlosen Einöden. Wie einfach
und natürlich ist diese Lehre, aber von wie Wenigen
wird sie beachtet! Wenn es einen großen Fehler gibt
beim Studium der Weltgeschichte, so ist es vor allem
der: Man lernt Nichts von der Vergangenheit! „Alle
Epochen in der Weltgeschichte, in welchen der Glaube
herrscht, sind glänzend, herzerhebend und fruchtbar für
Mit- und Nachwelt; alle Epochen dagegen, in denen der
Unglaube einen kümmerlichen Sieg behauptet, verschwinden
vor der Nachwelt": auf unzähligen Seiten der Geschichte
steht diese Wahrheit geschrieben, — und dennoch arbeiten

täglich Hunderttausende an der Untergrabung des Glau=
bens und damit an dem Ruin der Einzelnen und ganzer
Völker. Möge daher die Weltgeschichte für einen Jeden
werden, was sie in der That ist: eine Erzieherin
der Menschheit für Gott! Möge sich Jeder beim
Studium der Geschichte auf jenen höchsten und einzig
richtigen Standpunkt stellen, den der Dichter in unserm
Motto ausspricht:

„Nur wer sich auf den Mittelpunkt gestellt,
Auf Golgatha, vom Licht der Welt umflossen,
Versteht die alte wie die neue Welt; —
Den Uebrigen bleibt ihr lichter Geist verschlossen.“